21世纪应用型本科系列教材·文化产业类

文化产业案例

第二版

殷亚丽　胡晓明　主编

中山大学出版社

·广州·

版权所有　翻印必究

图书在版编目（CIP）数据

文化产业案例/殷亚丽，胡晓明主编．—2版．—广州：中山大学出版社，2017.7

（21世纪应用型本科系列教材·文化产业类）

ISBN 978-7-306-05991-8

Ⅰ.①文…　Ⅱ.①殷…②胡…　Ⅲ.①文化产业—产业发展—中国—高等学校—教材　Ⅳ.①G124

中国版本图书馆CIP数据核字（2017）第021126号

出 版 人：徐　劲
策划编辑：邹岚萍
责任编辑：邹岚萍
封面设计：林绵华
责任校对：刘丽丽
责任技编：黄少伟
出版发行：中山大学出版社
电　　话：编辑部 020-84111996，84111997，84113349，84110779
　　　　　发行部 020-84111998，84111981，84111160
地　　址：广州市新港西路135号
邮　　编：510275　传　真：020-84036565
网　　址：http://www.zsup.com.cn　E-mail：zdcbs@mail.sysu.edu.cn
印 刷 者：佛山市浩文彩色印刷有限公司
规　　格：787mm×960mm　1/16　19.75印张　404千字
版次印次：2011年3月第1版　2017年7月第2版　2019年1月第6次印刷
印　　数：12001～14000册　定　价：40.00元

如发现本书因印装质量影响阅读，请与出版社发行部联系调换

内 容 提 要

案例教学是高等院校应用型学科专业经常使用的一种教学手段,通过分析、比较各种鲜活的成败案例,拓宽学生的视野,提高学生综合能力和实践能力。文化产业是一门实践性很强的学科,在实际教学中引入专门的案例,对帮助学生提高课堂教学的质量和效果,启发学生对现实社会中相关事例的反思非常重要。本书选取国内外文化产业经典案例进行深入研究,可以作为高等院校文化产业管理类专业的教科书,也是从事文化产业学术研究的学者以及从事文化产业工作领导和工作人员的重要参考资料。

第二版前言

《文化产业案例》自 2011 年面世后，6 年多来一直作为相关课程的教材和参考资料，受到开设文化产业管理、艺术管理、影视制片管理等相关专业及方向高校师生的认可。为进一步改进教材质量，提高案例时效性，我们推出了第二版，在第一版基础上主要做了如下修订。

一、更换案例

为了更好地提高所选案例的代表性，第二版中我们替换了第一版的一些行业代表性较弱的案例：电广传媒资本运营的案例，更换为中南出版传媒资本运营案例；上海世博会营销案例，更换为上海国际车展品牌化运作案例；另外，删除了淘宝网案例，新增了国际文化产业案例——CAA 经营模式及启示。

二、增加新数据及新资料

随着时间的推移，每个案例都在发展和变化，第二版中我们对变化较大的案例做了一些新数据新资料的增补：

《光线传媒：不可复制的光线传奇》：着眼于光线传媒最近几年的发展状况，主要增加了对光线影业、彩条屋影业、青春光线、先看网、七维科技等电影业务和新媒体业务的介绍，补充和更新了电视节目制作和发行业务、大型活动业务、电视剧业务、艺人经纪业务的相关内容。同时增加了对光线传媒运营模式的优势分析，并对光线传媒的未来发展进行了展望和小结。

《横店影视城：从山区小镇到"中国好莱坞"》：各章节均有不同程度的数据资料更新，修改了资料中不准确的说法，添加了图片素材，修正了部分脚注，增加了参考文献。

《文化造镇 创意宋庄》：在原有资料基础上，总结梳理宋庄艺术产业集群从初级阶段到发展的历程，并根据波特理论对宋庄的竞争力要素优劣势进一步诠释和扩展，提出相应的对策建议。

《从水乡古镇到文化小镇：文化乌镇的转型模式》：根据乌镇最近几年的发展状况，聚焦乌镇从观光小镇、度假小镇到文化小镇的转型发展，在标题中突出文化乌镇的转型；更新了第二部分的全部内容，增加了"乌镇的古镇转型发展的策划团队""乌镇古镇转型的发展阶段"，以及"乌镇古镇转型的发展模式"的内容。

《全球娱乐王国——迪士尼》：将对世界五大迪士尼乐园的介绍扩充为对

世界六大迪士尼乐园的介绍，增加了上海迪士尼的相关内容。

《中国文化产业的大集市》：依据营业推广在现代营销中的发展状况，对营业推广的概念和作用进行了修改，使之更加符合现代营销的特征；对中国国际文化产业博览交易会（以下简称"文博会"）发展做了修订，并依据修订后的数据，对文博会进行了分析。具体来说，本案例的数据包括文博会从首届到第11届的内容，数据更具体、更全面，因此也更科学。同时还对案例涉及的大部分数据进行了实时更新。

《〈印象·刘三姐〉成功引领旅游演艺市场》：主要更新了近几年的发展数据，特别补充了近年来取得的成绩，对旅游演艺产品发展中的代表性作品《宋城千古情》的资料进行了完善，并在旅游演艺发展前景部分就党的十八大政策中关于加强旅游产业融合发展的内容进行了简单介绍。

殷亚丽　胡晓明
2016年12月1日

目 录

绪论 …………………………………………………………………………（1）

区域文化产业篇 ……………………………………………………………（5）
 案例1 猎猎大唐风 巍巍华夏碑
     ——西安文化产业发展的曲江模式 ……………………（5）
   思考题 ……………………………………………………………（31）
 案例2 审视区域性文化资源
     ——安徽宿州文化产业调研 ……………………………（32）
   思考题 ……………………………………………………………（47）

传媒产业篇 …………………………………………………………………（48）
 案例1 以戏带建 以建兴旅
     ——无锡影视基地的影视旅游共生模式 ………………（48）
   思考题 ……………………………………………………………（60）
 案例2 光线传媒：不可复制的光线传奇 …………………………（61）
   思考题 ……………………………………………………………（68）
 案例3 看资本市场 谁是高手
     ——中南出版传媒集团资本运营之路 …………………（69）
   思考题 ……………………………………………………………（80）
 案例4 优酷：视频网站的版权保护之路 …………………………（81）
   思考题 ……………………………………………………………（90）
 案例5 横店影视城：从山区小镇到"中国好莱坞" …………………（91）
   思考题 ……………………………………………………………（112）

艺术产业篇 …………………………………………………………………（113）
 案例1 文化造镇 创意宋庄
     ——从画家村到艺术产业集群的发展之路 ……………（113）
   思考题 ……………………………………………………………（131）
 案例2 惊梦·寻梦·圆梦
     ——从青春版《牡丹亭》看文化的创意与传承 …………（132）

　　　　思考题 …………………………………………………………………(146)
　案例3　《印象·刘三姐》成功引领旅游演艺市场 ……………………(147)
　　　　思考题 …………………………………………………………………(167)
　案例4　争抢原创市场　提升文化出口
　　　　——常州国家动画产业基地 ………………………………………(168)
　　　　思考题 …………………………………………………………………(182)
　案例5　日本动漫业的精华　全球动漫迷的天堂
　　　　——日本东京秋叶原 ………………………………………………(183)
　　　　思考题 …………………………………………………………………(195)

旅游会展产业篇 ……………………………………………………………(196)
　案例1　从水乡古镇到文化小镇：文化乌镇的转型模式 ………………(196)
　　　　思考题 …………………………………………………………………(218)
　案例2　中国文化产业的大集市
　　　　——中国国际文化产业博览交易会 ………………………………(219)
　　　　思考题 …………………………………………………………………(238)
　案例3　驶向品牌化、国际化"车道"
　　　　——上海国际汽车工业展 …………………………………………(239)
　　　　思考题 …………………………………………………………………(250)

国际文化产业篇 ……………………………………………………………(251)
　案例1　全球娱乐王国——迪士尼 ………………………………………(251)
　　　　思考题 …………………………………………………………………(273)
　案例2　儿童畅销书是这样炼成的
　　　　——以"哈利·波特"系列为例 …………………………………(274)
　　　　思考题 …………………………………………………………………(288)
　案例3　洋为中用
　　　　——CAA 经营模式及启示 …………………………………………(289)
　　　　思考题 …………………………………………………………………(304)

绪　论

在教学和科研工作中，我们普遍感到，文化产业是一门实践性较强的学科，在实际教学中，专门的案例教学非常重要。实践证明，好的案例有助于提高课堂教学的质量和效果，增加学生对专业学习的热情和积极性，并且能起到举一反三、触类旁通的作用，启发学生对现实社会中相关事例与情境进行深入观察与思考。

一、案例教学概述

案例教学是一种通过模拟或者重现现实生活中的一些场景，让学生走进案例场景之中，通过研讨来进行学习的教学方法。教学中，既可以由老师通过分析、比较，研究各种各样的成功经验和失败教训，从中总结出一般性的结论或原理，也可以让学生通过自己的思考或者他人的思考来拓宽视野，从而丰富知识。运用案例教学，是活跃课堂教学的有效手段，也是全面提高学生综合能力和实践能力的重要步骤，在专业课程的学习中具有十分重要的地位。

案例教学法起源于 20 世纪 20 年代，由美国哈佛商学院（Harvard Business School）所倡导，当时采取了一种很独特的案例型的教学，这些案例都来自商业管理的真实情境或事件，此种方式有助于培养和发展学生主动参与课堂讨论的能力，实施之后颇具绩效。但这种案例教学法到 20 世纪 80 年代才受到师资培育的重视，1986 年美国卡耐基小组（Carnegie Task Force）在提出的《准备就绪的国家：二十一世纪的教师》（*A Nation Prepared: Teachers for the 21st Century*）的报告书中，特别推崇案例教学法在师资培育课程的价值，并将其视为一种相当有效的教学模式。我国教育界开始探究案例教学法，则是 20 世纪 90 年代以后的事。

如今，案例教学已经向各学科门类渗透，在许多应用性学科专业中，案例教学运用得更为普遍。案例教学法非常适合于开发分析、综合及评估能力等高级智力技能，通过案例分析，理论研究与现实操作得以更好地结合，案例教学已经成为联系两者的桥梁，同时也使传统的人文社会科学与现实的联系更为紧密、更为直接。

二、案例教学的价值

在教学过程中，我们发现，学生从案例教学的运用中获得了很多知识，其原因可以归结为以下几点：

（1）案例教学能够使学生从课堂环境观照现实生活。换言之，案例分析使学生无需耗时费力去参观或实习就能看到一个组织机构是如何运作的。

（2）案例教学可使教师开发由学生集体参与的、合理的、高标准的课堂教学。运用案例分析，教师可以引导学生主动学习而非填鸭式教学，这是一个双向交流的过程，可以激发学生学习的积极性。在案例教学课程中，教师可以问："如果你面对这种情况你将如何做？为什么？"这样，学习将变得积极主动而非被动接受，而且学生也能从中受到鼓励，从而在这些案例分析工作中提出自己的观点和理论。

（3）案例教学能使学生明白可以用多种多样的方法处理一个特定的文化产业问题，这里并不存在简单的对或错的答案。这可以帮助学生理解组织运行和文化产业发展中问题的复杂性，在文化产业领域，任何投机取巧的方法都难以解决实际问题。

（4）案例教学能使学生领会文化产业发展中各个组织和部门的不同作用以及对待问题的不同观点。案例教学可以让学生在最大程度上了解文化产业各组织在现实生活中能起到什么实际作用，或者让学生理解不同的部门、组织或个人在文化产业问题上的不同作用。他们可能被要求扮演比在实习时被安排的或大学毕业之后的第一份工作更重要的角色，这可以使他们明白，在实际工作岗位上，他们需要战略而非简单的战术。

（5）案例教学能使教师区别对待理解能力不同的学生。越是那些理解能力强和知识面广的学生，越有能力进一步提高自己，尤其是把他们与具有相当能力的个体放在一起时，发挥的作用更大。能力相对弱一些的学生可以结合个人实际情况，通过参与案例讨论，最后得出一系列拓展他们思维的结论。整个过程组织有序，可以使学生学会处理实际问题，同时能够帮助他们在群体环境中形成自己的观点。

（6）案例教学有利于教师开发学生的情感与智力技巧。在案例分析中，学生被要求评估不同的情况，作出正确的决策，拿出令人信服的计划。他们经常不得不考虑如何进行决策，这就为教师们提供了增进学生知识、发展个人技能、提高教学质量的有效方法。同时，一些案例可由学生自己写，比如要求学生写成文章或用于开卷考试，这种思考式的考试代替了机械式考试，要求学生在考试过程中利用提供的资料发挥自己的观点，如果教师采取这种类型的教学策略，应当向学生讲授一些撰写案例分析的要点。

三、案例教学的要求

案例教学是非常重要的，但是，在课堂上使用案例教学也有较高要求，如果达不到这一要求，案例教学有可能导致种种不足。

（1）案例教学对教师的素质提出了较高的要求。有些教师会讲授有争议性的案例，以提高学生的兴趣。但是不可否认，也有些教师缺乏相应的技巧与能力，他们讲授的案例十分枯燥、乏味、肤浅。

（2）案例教学鼓励学生向教师提出问题。由于要求教师也参与讨论和发表意见，对有些教师来说，这或许只是一个小小的挑战，但是对那些缺乏实践经验的教师来说，则可能是一种威胁。因此，案例教学法要求教师对实践有充分的认知。

（3）案例教学要求学生在课堂学习过程中更加活跃，激发自己的思想与灵感。并非所有学生都愿意参与讨论，提出自己的观点，向心目中的专家——教师提出挑战，这样的事例屡见不鲜。在教学过程中引进评估策略，对引导那些在讨论过程中观点有所保留的学生积极发言是十分必要的。

（4）案例教学的时效性很强，更新速度很快。对于教师来说，经常寻找一些新的案例是非常重要的。

四、案例教学的方式

根据学生的知识与水平，案例教学可以使用多种方式。我们在教学实践中经常使用的案例教学方式可以归纳为以下几种：

（1）案例教学仅用作说明一个特别的问题。这种案例通常比较简短，仅说明给出的几个观点，可用于传统教学或个别指导之中，供教师简单地讲解，或分小组开展小规模的讨论。在案例陈述之后，也可以要求学生去完成某些活动。

（2）案例教学与授课或一系列的理论性阅读一起使用。这意味着可在授课或阅读中掌握理论与概念，而案例中的一些问题可在作业中进一步讨论。这种方法能够使学生将理论与案例分析的实践有机结合起来。

（3）案例教学用于以小组为单位的情景讨论，而且在讨论之前最好不要作理论阐述。学生需要通过小组的案例讨论，在案例实践的基础上，陈述自己的想法，形成自己的理论。根据经验，当学生在案例分析实践中扮演特别角色，比如人事主管、市场主管等时，这项讨论就显得特别有效。这就需要案例分析中有相应的角色，或者要求教师在案例讨论课前创造这些角色作为附加信息。这种方法尤其适合大学四年级学生或研究生，因为他们已具备一定的学术理论基础，能够接受案例分析中的理论。根据经验，在案例分析课程结束、给学生讲授相关理论时提出个人的观点，也是非常有价值的。

（4）案例教学用作开卷考试的工具。根据经验，可以要求学生在考试之前自己撰写案例；或者教师在考试之前为学生提供具体案例，由学生自己组织案例分析。后者的优点是可以巩固学生的研究技能，缺点是学生可能缺乏案例组织的研究技能或没有时间去这样做。开卷考试安排案例分析可以使学生充分发挥想象力，积极思考问题，而不是机械记忆事实。

　　文化产业管理是一门应用性很强的专业，要想学生将来步入社会能学以致用，成为为社会所需的人才，所学的知识就必须与现实社会具有密切的联系，要充分认识和了解文化产业在现实中的具体发生情况。案例教学正是为了达到这一目标而设置的，它可以使学生与社会直接接触，培养学生重视案例、观察案例并主动收集案例的意识，使理论教学与实践教学密切配合。案例教学非常重要，对于造就文化产业管理的创新型人才来说，它已成为培养学生应用能力与实践能力的重要环节以及教学的重要手段。

区域文化产业篇

案例 1

猎猎大唐风　巍巍华夏碑[*]
——西安文化产业发展的曲江模式

西安市曲江新区是国家级文化产业示范基地,在我国文化产业发展过程中处于领先地位,有着丰富的经验和资本,对我国文化产业的发展和历史文化的保护与开发都具有重要的现实指导意义和理论研究意义。

曲江新区借助西安得天独厚的优势开发大唐文化,对于如何建设和保护富有特色的历史文化名城,并赋予其新的生命,使城市化发展和城市品位的提升取得双赢,为国内外提供了一条独具特色的探索之路;对于树立西安的国际形象,促进大西安战略的实施,改善西安的投资环境,加快西安经济发展,提高居民生活质量,均具有重要意义。曲江模式不同于中国其他地区的文化产业发展,它开创了一种新的模式:文化+旅游+人居+商业,四者结合,互不冲突,完美融为一体,既获得了很好的经济效益,又获得了较好的社会效益。研究曲江模式对我国传统历史文化保护和开发具有指导意义,同时对如何利用传统文化使之适应市场经济并实现增值具有极大的借鉴意义。

不同的地区对怎样根据自身资源传播民族传统文化有不同的做法,但无论是保护还是开发,都应强调历史文脉的延续,如此才能将历史融入现代文化之中,提升城市的品位,达到经济和社会效益的统一。在国内,丽江、苏州、开封三个有代表性的古城,在发展中遵循的第一原则都是延续古城文脉,丽江古城面对的是如何保持延续千年的民族的"活文化";苏州面对的是如何在保护古城风貌的基础上发展新城;开封则是运用经典记录,恢复古代的民俗风情,提升城市品位,三者各有所侧重;而西安面对的问题却是三者的综合,三者对西安的发展都有参考意义。

西安作为中华民族文化重要的发祥地,比丽江有着更为丰富的历史文化遗迹,比苏州有着更为厚重的历史文化,比开封有着更为完整的历史记录。但是这座历经沧桑的古都,地表古建筑较少;虽然历史遗迹较多,但受到国家法律的保护,禁止开发,城市的发展处处受到限制。如何延续古都文脉;如何在保

---

[*] 本案例改编自黎荔、吕晓宁、王庆生《以旅游业为突破口,推动西三角经济区的建构和发展》(《陕西省改革发展研究会 2009 优秀论文集》,2010 年)。

留旧城风貌的前提下促进城市的发展；如何恢复城市记忆，向人们展示鼎盛时期的唐代民俗风情，提升城市品位，传播民族传统文化，这些问题都摆在西安开发者的面前。

西安古城和历史文化遗址的保护、新城区的发展、城市品位的提升不是三者模式的简单挪用拼装，而是要将这三个方面结合起来，探索既能保护旧城和历史文化遗址，又能促进城市发展，提升城市文化品位的道路，发挥文化底蕴的优势，使历史活起来的新路子。

在我国改革开放后城市化迅速发展大潮下，具有深厚历史文化底蕴的古城西安在发展城市化与保护和开发历史文化资源的博弈中的道路该怎么走？作为国家文化产业示范区的西安曲江新区担负起提升西安城市品位、发扬大唐文化的重任，在多年实践中，走出了一条适合自己发展的道路，在一定程度上阐释了文化产业创新的理念和民族传统文化的传播模式，探索出了使发扬大唐文化、保护开发历史文化资源和城市化发展相适应的道路。

一、大唐文化引爆曲江

（一）西安的历史文脉

西安的历史就是一部中华民族的文化史。西安（古称长安）是我国历史上建都时间最长的都城，与雅典、开罗、罗马并称为世界四大古都。公元前1136年，周文王在今天西安西南沣河西岸建立了沣京，武王即位以后又在沣河的东岸建立起另一座都城镐京，合称沣镐，由此，西安作为中国历史上时间最长的都城亮相历史舞台。公元前350年，秦孝公迁都咸阳，即位于今天渭河的北岸，后来又在渭河的南岸建立了长乐宫、阿房宫等代表性的建筑。汉代张骞开通了丝绸之路，将世界古代文明发祥地中国、印度、两河流域、埃及以及古希腊、古罗马等国连成一个整体。由西周开始，在这里建都的有秦、西汉、新朝、隋、唐等大一统的朝代。历史动荡时期，在这里建立政权的有前赵、前秦、后秦，南北朝时期有西魏、北周，再加上东汉初年的刘玄和赤眉军，唐末的黄巢、明末的李自成等也都在这里建立过都城，在这里建都的先后有6个统一的朝代和11个政权，都城史延绵1900多年。

西安作为中国的古都，最辉煌的时刻莫过于唐朝。西安地处关中平原，自古就是人文荟萃之地，山川秀丽，物阜民丰，宛然天府之国。隋唐长安城的建设，自隋开皇二年（582）开始，隋文帝颁令在汉长安城东南（今西安城址）营建新都大兴城，至唐高宗永徽五年（654），都城建设基本就绪，历时72年。城市面积84.1平方公里，布局规划整齐，东西严格对称，分宫城、皇城和外廓城三大部分。城市结构布局充分体现了封建社会巅峰时期的宏大气魄，在中国建筑史、城市史上具有划时代影响。公元7—9世纪的近300年间，长安城人口稠密，百货俱丰，人口达100万，是当时世界的贸易、文化中心，最大的国际性城市。提起西安，自然让人想到大唐盛世，它是中华民族传统文化的优秀代表。大唐盛世留给我们的不仅是辉煌的物质文化和丰富的精神文化遗产，最重要的是给我们留下了中华民族的自信心，我们完全有能力屹立于世界之巅，开创盛世，这一点对于目前的中国尤为适用。这些都给了我们开发唐文化、传播唐文化的理由。

如何开发唐朝文化呢？开发唐朝文化就应该彰显唐朝的文化气质。首先要在西安恢复唐朝风貌，包括大唐的建筑、大唐的生活方式、大唐的习俗等，让世人通过重塑的盛唐风貌获得亲身体验，将盛唐人恢弘大气的精神风貌、长安城作为国际化大都市的气度以及重塑盛唐带给我们的荣耀、西安未来的发展展现出来。

（二）西安的区域社会环境

新中国成立以来尤其是改革开放以后，我国的城市化速度加快，到1999年，城市化率已经达到29.5%。进入21世纪，城市化将以前所未有的速度推进。根据发达国家的经验，城市人口超过总人口的30%，城市化率每年将提高1%～2%，这就意味着我国每年都会有近1500万人涌入城市。① 因此，住房需求、生活需求、就业需求必将引发大规模的城市化建设，具有深厚历史文化底蕴的城市的建设与文化遗产保护的矛盾便会日益突出。

在我国，"改造旧城"还是"跳出旧城，发展新区"的问题争论已久，从新中国成立之初就是每一个历史文化城市要面对的问题。很多历史文化名城在城市化建设中迷失方向，失去自己的传统特色，忽视对历史建筑的保护，导致历史文化街区和历史城市特色淹没在杂乱无章的新建筑群中，"除旧布新"，高楼大厦平地起，同质化程度高。历史性的街区积淀了丰厚的文化底蕴，有完整丰富的城市记忆，占有较好的区位优势，因此也是开发商高价争夺之地，一些地方政府搭上旧城改造的顺风车，将城区破坏殆尽，严重影响了旧城区的历史文化价值和历史环境。

要总结历史文化古城开发的经验，不得不提到"梁陈方案"。1950年2月，梁思成和陈占祥先生从历史遗迹的保护出发，共同提出《关于中央人民政府行政中心区位置的建设》，史称"梁陈方案"，它体现了当时世界上最先进的城市发展理念，本着"古今兼顾，新旧两利"的原则，梁陈两位先生对新中国的首都作了科学的规划。一方面，从整体保护的构思出发，建议把中央行政中心放到西郊，为未来北京城的可持续发展开拓更大的空间，避免大规模拆迁的发生，降低经济成本，自然延续城市社会结构及文化生态；另一方面，提出平衡发展城市的原则，增进城市各个部分居住与就业的统一，防止跨区域

---

① 参见单霁翔《城市化发展与文化遗产保护》，天津大学出版社2007年版，第8页。

交通的发生。① 这个理念也是以后西安进行规划和曲江新区发展城市文化产业、传播大唐文化决策的重要依据。

新中国成立初期，西安的城市发展选择了新旧混合式，新城围绕旧城建设，旧城中又加入了大量新的建筑，在旧城改造中对积淀着深厚历史文化底蕴的旧城区破坏空前。特别是改革开放以后，在旧城区的范围内增添了很多高层建筑，聚集了很多人口，高层建筑破坏了原有的以低层建筑为主体的历史风貌。据2005年全国第五次人口普查显示，西安市常住人口突破800万人，达到807万人。城区面积才14平方公里，人口密度相当大，人地矛盾突出，旧城区远不能满足人口住房需求。

有了前车之鉴，加上摆在面前的现实，足以让西安的开发者们警醒，要规划西安，第一原则是保护历史文化古迹和历史遗址。西安最终选择了建立新城的方案，将发展眼光跳出十几平方公里的旧城，从延续古都文脉的角度，以新的人文观念和更广阔的空间着手解决历史城区保护的难题。一方面，"只拆不建"，停止古城墙以内新建项目的规划审批，决心用50～70年的时间逐步降低中心城区的建设密度和高度；另一方面，"疏解功能"，将过分集中于历史城区的行政、金融、商贸、交通、居住等功能向外逐步分解，首先将行政中心从历史城区迁出，以带动相关城市功能的转移，全面实施"新旧分治"。

西安经历了四次大的规划，才奠定了今天的发展格局②。

第一次规划（1953—1972）。当时西安城区面积只有13.2平方公里，城区人口39.6万。根据国家保护文物的指示，避开了汉唐遗址，最后形成的总体设想是：规划用地131平方公里，到1972年总人口为120万。西安老城区得到充分利用，为了保护古城，工业区放在旧城外的东西两侧，并且定位为轻型精密机械制造与纺织工业区。旧城作为行政中心，南郊作为文教区，铁路北作为仓库区和发展备用区，用半个八角形的环状放射型道路系统把上述用地联系起来。第一次规划奠定了以后三次规划的基础，具有三个突出特点：第一，确定了棋盘式的格局，道路正向，主干道宽而明确，充分显示了唐风。第二，引进了广场体系。当时的苏联专家在棋盘式的道路整体布局上把欧洲干道广场体系移植过来，这使西安的形象避免了棋盘式的呆板。第三，已经注意到文物保护。西安对大遗址和地面建筑周围都作了绿化，比如将兴庆宫开辟为公园，种植环城林带，曲江此时也被规划为公园。③

第二次规划（1980—2000）。结合日本的文物古迹保护方案，提出在保护古都风貌的基础上，确定以精密机械制造和纺织工业为主，科研、文教、旅游

---

① 参见梁思成、陈占祥著，王瑞智编《梁陈方案与北京》，辽宁教育出版社2005年版，第72页。
② 参见西安市规划局《西安市城市总体规划》，2005年。
③ 参见阎琦《重现盛唐风貌的西安选择》，载《三联生活周刊》2008年第36期，第26页。

事业发达，有特色的城市，城市用地为169平方公里，规划人口为180万左右。城市布局除东北郊外，北郊、西北郊仍加以控制，原先规划的西南预备工业用区仍予以保留。新规划的一个突出贡献是体现了对历史文化名城的保护，确定把保护、恢复、重新利用历史文化遗址、风景名胜和古建筑与发展现代城市的功能结合起来，把西安众多文化古迹连接起来，组成一个点线面的整体古都。保护明城的基本格局，显示唐城的宏大规模，保护周秦汉唐的伟大遗址，对遗址作了绿化，建立遗址公园，并将历史上的皇家园林如曲江池纳入园林规划中。将古代文物遗址划分为绝对保护区、文物环境影响区和环境协调区，加以分级保护。

第三次规划（1995—2004）。由于城市发展速度快，原来的规划方案已经不符合实情，出现多中心的外围城市结构。西安市的外围有许多大遗址，怎么才能让它们错开，使建设和保护不冲突，这就需要西安重新作出城市规划。这次规划强调了保护古城、降低人口密度、控制规模、节约土地、改善中心、发展组团、保护环境、基础先行的精神，在古城保护和城市现代化建设的结合上，在提高城市品位和环境质量上，再上一个新台阶。第三次规划面积为275平方公里，人口控制在310万。

第四次规划分为近期（2004—2010）、远期（2011—2020）、远景（2020年以后）。城市发展速度越来越快，第三次规划又被突破。2004年西安市政府又作出了第四次规划，这一年进行的第四次规划，针对城市出现多中心格局的趋势，提出拉大城市骨架，逐步形成"九宫格局、一城多心"的空间结构，形成新古分治、历史文化与现代文明交相辉映的大都市形态。未来的西安将是大西安格局，东有临潼，西有咸阳，南有长安，北有三原。《"西安唐皇城"复兴规划》[①]提出西安行政中心将北迁，退出老城，在距市中心约10公里的北城张家堡地区建设现代化新城。可以看出，雄心勃勃的市委市政府要通过城市扩张的三级跳，立马张家堡，剑指渭河两岸，在西安地理版图和经济发展史上写下浓墨重彩的一笔。2004年12月16日，第四次规划方案宛如"梁陈方案"的再现。2002年以后的曲江新区获得新生，处在上升期的曲江新区的目标在于运用自身的经验、资金、媒介等资源，借助第四次规划的契机，积极配合西安市政府的大西安战略，做大做强西安的文化产业，提升西安的软实力。曲江新区在大西安战略中是极为重要的板块。

虽然走过弯路，但是历次规划在壮大城市发展的同时兼顾历史文化遗址的保护，本能地成为西安发展的第一原则并一脉传承。区域内的现实状况给了曲江新区以契机，加上曲江新区本身就继承了大唐丰厚的历史文化底蕴，因此，保护性地开发历史文化遗址也成为曲江新区传播唐朝文化的原则和基调。

---

① 和红星：《西安"唐皇城"复兴规划》，《2007年中国城市规划年会论文集》，2008年。

二、创生曲江

西安曲江新区原名西安曲江旅游度假区,是西安市政府于1993年批准设立的省级旅游度假区,以旅游功能为主,房地产为辅。当时规划面积为15.88平方公里,西安市政府为了整合西安的旅游资源,在城市的东南方向二环和三环之间设立了一个政府的派出机构,主要目标是发展西安的历史文化旅游业,改变西安的发展模式。现在的曲江新区内已有的景区有唐大慈恩寺遗址、大雁塔南北广场、青龙寺遗址、大唐芙蓉园、曲江海洋世界、曲江池遗址公园、曲江国际会展中心和2009年10月落成的大唐不夜城等;正在开发的有寒窑遗址、秦二世陵、汉宣帝杜陵遗址、唐城墙遗址公园等。2007年又被授命开发宝鸡法门寺佛文化景区、周至县楼观台道文化景区和唐大明宫遗址,至此曲江新区开发面积已达93平方公里。2006年8月,大唐芙蓉园、大雁塔景区、曲江海洋世界三个项目同时被国家旅游局评定为4A级景区。2007年8月11日,国家文化部授予曲江新区"国家级文化产业示范园区"的荣誉。2008年5月,曲江新区又获得了首届中国文化产业创新奖。[①]

西安市政府当初规划时为什么要选择曲江新区作为西安发展的主要方向呢?发展曲江对西安有何意义?

(一) 识读曲江

西安承载了中华民族几千年的历史,虽然改朝换代时经历战火,地表的东西存在很少,但是地底下还是为我们留下了丰富的物质遗产,这座连修地铁都要上报国家文物部的城市,发展处处受到限制。综观西安,四处都有古迹:西有秦皇宫遗址、沣镐二京遗址;西北有汉长安城遗址、阿房宫遗址;北部有大明宫遗址;南部是大慈恩寺遗址和大雁塔;东部是临潼秦陵兵马俑、浐灞生态园区。绕西安一圈下来,能扩张的只有三个方向,首先是西南,对历史文化破坏最少,其次是东南曲江一带,接下来是北部,绕过大明宫也可发展。1991年开发区选址的时候,毫无争议地选择了靠着文教区和工业区的西南方向。1996年后西安又在北部设经济技术开发区,但是必须绕过大明宫遗址。划出这两片开发区是因为它们避开了历史文化遗址,同时缓解旧城压力,疏散人口。

接下来的城市发展似乎与规划者们期望的不太一样,紧紧依靠产业区外移,对中心城区人口压力缓解效果不大,相反,随着城市化加快,大量人口集中到城市,旧城的压力仍然很大,原因在于行政功能和旅游功能高度集中,虽然以前的几次规划都提出了分散旧城的功能,但在实际建设中没有达到目的。

---

① 参见《曲江文化产业集团企业简介》,http://www.qjculture.com/info/info1.asp,2010-04-21。

于是规划者的目光开始转向具有深厚历史文化底蕴的曲江。

要发展曲江,首先要读懂曲江。曲江具有丰厚的历史文化底蕴,早在2200多年前,秦人就利用曲江地区原隰相间、山水景致优美的自然特点,开辟一处专供帝王游猎的禁苑宜春宫。苑中著名的风景点隑州,是曲江江畔错落有致的小岛,宜春苑、隑州作为中国古典园林文化的源头被载入史册。汉武帝时沿用秦"上林苑"的名称,在京城长安周边辟建了规模宏大的苑囿300里,并重修"宜春苑",称为"宜春下苑",成为上林苑内一处重要的宫苑。汉武帝对宜春苑旁的水泉进行了疏浚,使水面扩大到周边近六里的规模,并因其河岸曲折、形状仿佛广陵的曲江,而起名"曲江"。汉宣帝时,曲江一带不仅景色秀丽,而且沃野膏腴,农业生产十分发达,曲江北部地势较高之处被辟为乐游苑,在曲江东南选址造陵,是为杜陵。公元元年—5世纪,历经东汉、魏晋南北朝,长安几经战乱,几番复苏,几番毁坏,长安东南的这块山水佳景被湮没在历史的长河中,未有记载。公元581年,隋朝建立,隋文帝命城市规划和建筑工程专家宇文恺在汉长安城东南另造城址,建造都城——大兴城,将曲江纳入城池之内,命名为芙蓉园,正式将这里从郊野的离宫变为都城中的皇家御苑,3月上巳日在"芙蓉"曲江池畔宴饮群臣。宇文恺开凿黄渠,引终南山义谷的水流注入曲江,"青林重复,绿水弥漫",成为都城一处风景秀美的游览胜地。唐朝定都长安以后,历代皇帝在此修建寺院和亭台楼阁,玄宗时达到高峰。他修建了大明宫至芙蓉园之间的"夹城",可以让自己通过封闭的御道直达芙蓉园,除开挖黄渠外,还进一步拓展水域,在曲江池下游修建了两条支流,将曲江水面和附近的亭台楼阁连成一片,并使得芙蓉池下游的北池水面扩大,官民可以随意进入,自此赋予了长安公共性景观的特性。

唐朝时候,全国每次参加科举考试的人多则两千人,少则千人,但最终能够被录取的不过三四十人。进士及第后,有一系列的优待:首先是"喜报家书"。主司以黄花笺书其姓名,花押其下,使人持以报之。其次便是"曲江游宴"。及第进士在向主司谢恩、行座主门生之礼以后便齐赴期集院,开始各种宴游活动,同年们饮于曲江,其宴称为"曲江大会"。再次是"雁塔题名"。唐朝时夏天到大慈恩寺中游览的人很多,这里是一个避暑的好地方。新科进士张莒来此闲游时,偶发奇想,将众同年的名字一一书写于大雁塔上,因此唐神龙年间以后形成了"雁塔题名"的传统。

值得一提的是自唐玄宗时期开始,在每年正月晦日、3月上巳与9月重阳三大节日,赐宴百官于曲江亭或乐游苑,基本形成了每年三节赐钱、放假、游宴的制度。三节赐宴百官于曲江亭是曲江流饮的主体活动之一。流饮即开宴会酒,在曲江多采取曲水流觞的文雅方式,故"曲江流饮"也成为酒文化最具代表性的风情,后来成为关中八景之一,流传千古。曲江宴规模宏大,等级很高,具有国宴性质,皇帝派太常辖左右教坊及梨园子弟悉集曲江,奏乐歌舞,各尽所能;同时,皇帝还派彩舫船数只载着宫廷特酿的御酒,泛彩舟到楼亭台阁，向参加曲江宴的百官们赐酒，一时盛况空前。

刚刚开发曲江时，开发者们很难把这个具有深厚历史价值的曲江和现代文明结合起来。20世纪80年代以前，西安城就是明清时期的旧城，20世纪50年代搞过一些民族形式的现代建筑，但是随着改革开放，西安的旅游业得到极大的发展，外国友人来到西安，对这里的景观提出了批评。比如日本游客批评西安搞明清风格不对路，原因在于西安是盛唐的帝都，它见证了中华民族最繁盛的时期，应该发展唐朝风格。日本的古都京都、奈良都保留有完好的仿唐建筑，而西安没有，令他们很失望。西安的唐风建筑开始于著名的建筑大师张锦秋，华清池的大门以前是明清风格，遭到日本游客的强烈批评，20世纪70年代张锦秋设计了一座仿唐的大门，得到好评。

然而，最先读懂曲江的却是日本人。西安在20世纪80年代开始搞"三唐工程"①。中日建交后的20世纪80年代，西安和日本建立友好城市，日本"三井"不动产帮助西安完成三个项目建设：唐华宾馆、唐歌舞厅、唐历史博物馆。日本"三井"不动产将唐华宾馆选址曲江，将曲江定位为休闲旅游景区，修建唐华宾馆就是希望开发一条丝绸之路的商业路线，以它作为这条路线的起点，延伸至甘肃敦煌一带，沿线建立宾馆。

唐华宾馆建好以后，由于一些原因，接下来的项目没有继续进行，但是这次开发给国人的启示有两点：①历史文化资源可以通过商业开发得到复兴，它有可能变成连接历史和现实的桥梁。②用盛唐文化破解发展命题，实现古代文化与现代文化的对接和贯通。唐朝的历史文化资源可以成为现代西安一种新的增长模式，这也是开发曲江新区对西安的意义所在。

（二）打造大唐文化传播的环境

曲江新区成为城市品位最高点，也是西安地价最高的区域，这不是炒作起来的，而是由5700亩公共空间与文化空间的硬环境支撑起来的。那里有6个文化场馆，国际化音乐厅和剧院都在曲江，在西安具有唯一性。大雁塔周边有1000多亩的公共空间，芙蓉院1000多亩，曲江池1500亩，唐城墙1000亩，大唐不夜城1000亩，总计有5700亩的公共空间。

1. 满足公众回归感

曲江升值成功，首先告诉开发者现代城市如何在空间上满足人们的回归感。随着城市化建设的开展，城市的公共空间开始远离公众：公园由于游乐园的进驻一改往日的沉寂，变得喧嚣起来，人们可以互动的开放的私密空间越来越少；街道变成了交通干道，不再是孩子玩耍、邻里街坊交往的地方；现代化的街区都被开发为消费性很强的商业区，这样的公共空间很难让人们毫不设防

---

① 参见张锦秋《理解环境　保护环境　创造环境——"三唐"工程创作札记》，载《建筑学报》1987年第9期，第13页。

地去接受。曲江新区开发的大雁塔景区、曲江池遗址等都为公众免费提供大尺度公共空间，一切都是开放的，增强了公众在公共空间的互动性和回归感。

2. 塑造文化认同性

文化的认同对公众而言具有不可替代性。文化是相对稳定的，可以在无形之中影响生活在其中的人们的思维方式和观念，文化氛围的塑造能够给受众带来心理上的愉悦。我们对古代人生活方式的了解往往借助于古代文学作品、官方历史资料、物质文化遗产等，而曲江新区认识到"心时代"①的到来，坚持对公众负责，展现历史本来面目，通过创造性的建设，积极开发人性化的大唐文化，让民众看到了城市的过去和现在，使其融入公众的生活中，直指人心，感动公众，重塑荣耀感，给予公众心理上的满足，重现大唐风貌。

3. 打造传播利剑：曲江文化产业集团

文化产业发展取决于城市的文化底蕴。文化底蕴不同，文化创意产业精神内核自然不同。对于曲江而言，承载着深厚的历史文化底蕴，而文化底蕴在唐朝时达到极致。如何将盛唐的历史文化转变为现实的文化产业？解决历史古城发展的关键在于让"埋在地下的"转化到现实中来，"兑现城市价值"，借此展现盛唐风貌，恢复城市记忆。虽然经历了四次规划，形成了一个非常理想的框架，但是要把这个规划变为现实，还需要诸多方面的努力。

曲江文化产业投资集团有限公司是曲江新区宏观统筹发展中的一颗重要棋子。曲江新区将支撑大唐文化传播的硬环境打造出来，但是它意识到，仅仅靠公共空间环境和基础设施无法涵盖万国来朝的大唐帝国宏大的精神气度，因此组建了文化产业集团，打造唐风建筑，让公众体验到真实的唐代氛围。曲江文化产业集团将"议程设置"理论用于舆论宣传工作实践，主动制造良性关注点和兴奋点，发挥"意见领袖"的影响力、辐射力，策划组织诸多主题宣传活动，不失时机地把人们在这个氛围中所体验到的荣耀感和回归感以直接的感性方式展现在公众面前，有效引导社会舆论，取得了显著效果。

曲江新区构建文化产业发展的核心平台，实现了产业集聚。西安曲江新区管委会设立的国有独资有限公司——曲江文化产业投资集团有限公司成立于1998年，到2009年总资产已达170亿元人民币，它构建起了西安乃至陕西省发展文化产业的坚实平台，形成了以旅游、影视、会展、演艺等为核心的文化产业集群，目前已成为引领中国文化产业大发展大繁荣的龙头企业，2009年集团被中国企业联合会评为中国服务业500强企业、中国文化产业九强企业，旗下秦腔剧院被评为"全国文化体制改革先进企业"。②

曲江文化产业投资集团有限公司依托丰富的历史文化资源，通过创意和规

---

① 这是文化学者曹世潮在其专著《心时代：一个情感化的世界及其经济图景》中提出的概念，认为人性、情感正在成为经济、社会和文化发展的资源，成为核心竞争力。

② 《曲江文化产业集团企业简介》，http://www.qjculture.com/info/info1.asp，2010-04-21。

划，实施重大文化旅游工程，既提升了曲江新区的影响力，又促进了影视、演艺、会展等其他产业的联动发展，衍生出与大板块开发相适应的上下级产业链，逐步构建起庞大的产业体系。集团下辖全资子公司11个：西安曲江大明宫投资（集团）有限公司、西安曲江文化旅游（集团）有限公司、西安曲江国际会展（集团）有限公司、西安曲江影视投资（集团）有限公司、西安曲江文化演出（集团）有限公司、西安曲江建设集团有限公司、西安曲江大唐不夜城文化商业有限公司、西安曲江秦腔剧院有限责任公司、西安曲江出版传媒有限公司、西安曲江职业围棋俱乐部有限公司、西安唐华宾馆有限公司；控股企业4个：陕西文化产业投资控股有限公司、陕西法门寺文化景区建设有限公司、西安曲江国际会展投资控股有限公司、西安曲江大秦帝国文化传播有限公司等。

三、激活曲江
——新区运营模式

（一）曲江昔日

曲江的功能最初被定位为"旅游度假区"，但是刚开始开发者并没有意识到将文化资源的保护、开发和旅游功能联系起来，缺少一个整体的核心竞争力来统领开发。当他们试图把曲江新区规划到西安市发展时却发现阻力重重：一是此处文物古迹多，历史丰富，在开发的时候需要保护。二是此处离城区较远，偏僻，开发难度较大，因此地价低廉。1995年规划开发之初，规划者们就有一定的市场意识，他们把曲江新区分割成52个小项目，对外招标，想利用市场的力量来开发建设曲江。但是这里的开发难度很大，而且认购土地的人们大多是看中了曲江低廉的地价，想以低价拿到土地，然后伺机高价卖出，从中得到差额利润。从1996年开始，曲江经济的发展几乎停滞。2002年新的曲江新区管委会领导班子在清理时发现很多项目的土地都几易其手。西安交通大学副校长、管理学院教授席酉民总结了曲江失败的教训："没有公共空间和基础设施的投资，这里的整体环境就无法得到改善，土地价值无法提升，先来的投资者就无法得到效益，当然也无法吸引进一步投资，更重要的是，……在开发过程中，开发者的主体角色始终不够清晰"。"经济发展的主体应该是企业，然而涉及区域性，一个新区的发展，它必须有政府强有力而且富有远见的整体策划和规划，这样才能保证这个区域发展的合理性。但是政府又不能作为一个战士冲到第一线"。[①]

---

① 转引自朱文轶：《曲江：5700亩公共空间的城市价值》，载《三联生活周刊》2008年第36期，第16页。

(二) 曲江新区的运营和环境建设

曲江新区将体制改革和环境塑造结合在一起进行。体制改革为曲江新区放手开发历史文化资源、大手笔塑造环境开辟道路，而环境的塑造见证了体制改革的成功，成为最有说服力的依据。在环境的塑造中，曲江新区以"曲江速度"先后开始了历史文化资源的开发：大雁塔广场、大唐芙蓉园、曲江池遗址公园、大明宫遗址开发等。曲江新区为何要开发这个遗址？开发的作用是什么？曲江新区是如何将传播学上的"议题设置"理论成功应用到实践中去的？以下将一一作出分析。

1. 体制改革

2002年是曲江新区焕发新生的一年，以段先念为首的曲江管委会新领导班子上任。这个团队既有政府背景，又有地产操作经验，替政府冲到了第一线。段先念以新的理念对曲江新区的规划建设进行了大胆的改革，事实证明，他的曲江模式成功了。段先念将他的团队定位为"城市运营商"，他说："我觉得所谓城市运营，第一，要在市场经济而不是计划经济条件下进行。第二，如果一个城市财政能力有限，要充分依靠市场的力量。这个市场的力量在于它是与历史遗产的结合点，是城市面貌重建的基础。第三，城市运营商必须有政府背景，政府要把为城市与市民营造优越的安居环境，挖掘这个城市与历史的传承关系，变成房地产的开发动力，政府要变化控制城市发展的手"。"城市运营商是一个承政府之上启开发商之下的角色，这才能在缺钱的背景下具备很强的融资能力和号召能力"。①

2002年，段先念担任曲江管委会主任，之前的曲江发展非常缓慢，原因是土地资源分散在各个开发商手中，他们各自为政，等着土地升值转手，很少建设，难以凝聚起来共同建设文化环境，用以吸引投资的基础设施、公共空间都得不到改善，土地价值自然就升不起来。因此，房地产商出身的段先念提出了他的"倒序法"，即规划—预售—征地—建设—商家进驻—带动环境，再次升级。这个方法在以前的高新区试验过，证明了其可行性。段先念将"倒序法"应用到面积十倍于高新试验区的曲江。他提出先把城市基础设施和文化理念等硬环境和软环境一次做足，提升该地的土地价值，再让其他产业进来。大雁塔广场成为段先念的第一个试水区。

2. 环境建设

（1）大雁塔广场。大雁塔建于唐代永徽三年（652），是玄奘为藏经典而修建的，塔身7层，通高64.5米，是西安市著名的旅游地，被视为古都西安的象征。段先念以大手笔打造大雁塔文化广场，大雁塔北广场计划投资4.5亿

---

① 转引自谭洪安：《土地运营求变，成功模式难复制》，载《中国经营报》2004年7月20日。

元。开发区是不管曲江新区财政问题的，曲江新区融资走的是市场化道路，进行市场化操作，即在未来的大雁塔广场周围推销规划预留商业建筑，用投资者的钱改造环境。曲江新区将还在图纸上的20万平方米的规划预留商业区预售给投资者，这些投资者当然会看到这个有政府背景的曲江新区进行的巨大改造后面蕴藏的巨大商业利益，纷纷表示出强烈的出资意向。①

有了资金，接下来要解决的是土地问题。2002年，为了调控局部地区房地产投资增幅过大价格增长过快的问题，国务院几个部委联合发布了《关于加强房地产市场宏观调控促进房地产市场健康发展的若干意见》，政府首次提出和强调政府部门职能，并将房地产调控的重任落实到各级政府的头上，这等于将土地冻结起来。对于刚刚接手曲江管委会准备大手笔开发的段先念来说无疑是雪上加霜。后来曲江管委会一致决定清理当年52个开发项目，从这里入手。针对大部分开发商当初收购这个项目而没有进行开发的状况，曲江新区提出共建这些项目，大部分开发商感到无力开发和继续维持，便纷纷以高于原来收购的价格转手卖给曲江新区。然而，冻结土地并没有断绝段先念的发展思路，相反给了他很大的帮助。国家的调控客观上有助于房地产界内部的兼并和结构性调整。冻结了土地，意味着开发商的资金被"套牢"，承受力弱的开发商急于把手里的土地变为现金，此时的曲江新区举债以高价收购大量土地，成为最大的受益者。土地越来越集中到大的开发商手中意味着手里的土地升值了。地价也以越来越短的时间段飞速上升，到2007年每亩土地已经达到了300万元。同时，曲江的城市投入不断增加。

大雁塔北广场的大气与大唐的气度相称，它的建成既没有削弱大雁塔的主体地位，也有了自己的生命。大雁塔北广场的东西两边全是仿唐商业建筑，北边设计了一群开放式的建筑作为门户迎接客人，既有唐风的牌坊，又有仿敦煌造像的几座万佛灯塔，既可以照亮夜空，又可以作为空间的分隔，南边和大慈恩寺交接的地方采用了唐风和宗教题材的浮雕作为过渡。北广场上还安放了1万多米长的可以坐的凳子，这是一个可以同时容纳3万人的空间。大雁塔广场1万多平方米的喷泉区域的水舞表演区是亚洲最大的，而且采用了互动式设计，公众可以自由出入，行走其间，一切都使人想到大唐开放恢弘的气度。大雁塔南广场在大慈恩寺的正门，为了突出宗教氛围，建设成以玄奘雕塑为主体的"佛文化广场"。别的广场树木用的是3000元一株的国槐，段先念坚持用1.5万元一株的银杏，只因佛教圣地一般用银杏，与大雁塔相契。现在大雁塔南北广场的参观者每天络绎不绝。

大雁塔和大雁塔广场真正成为西安的城市名片，改变了西安没有大型广场的局面，对于长期缺乏宽阔广场的西安市民来说，到大雁塔北广场休闲是理想

---

① 参见李邦田《高执行力，科学发展跨越发展之根》，载《济宁日报》2009年4月28日。

的选择，这里成为了西安人民的"会客厅"。大雁塔广场作为曲江系列开发的序幕，运作非常成功，成为西安文化复兴的一个旗帜。

（2）大唐芙蓉园。这是继大雁塔北广场后的又一个大的投资项目，曲江新区计划投资13亿元。大唐芙蓉园是我国西北地区最大的文化主题公园，也是我国第一个全方位展示盛唐风貌的大型皇家园林式文化主题公园，令"国人震撼、世界惊奇"。2009年"大唐芙蓉园"品牌获得中国驰名商标荣誉称号。

大唐芙蓉园占地1000亩，水面300亩，其建设创下了多项纪录：拥有全球最大的水幕电影、全球最大的户外香化工程；中国第一个"五感（视觉、听觉、嗅觉、触觉、味觉）"公园，全国最大的仿唐皇家建筑群和中国园林及建筑艺术的集大成者。①

规划者以保护历史文化遗址为己任，并没有在唐代芙蓉园原址上修建，"而是选择了原来被称为曲江池的北池，这样既保持了它位于唐代大雁塔东南的方位和距离，让它与历史记载大体一致，又避开了遗址保护、故旧恢复等一系列问题，从而做到历史风貌、现状地形和现代旅游的有机结合"，设计者——中国工程院院士张锦秋如是说。大唐芙蓉园是建立在曲江池遗址上的唐代山水文化的复兴，是文化恢复，不是具体建筑古迹的恢复。大唐芙蓉园与开封的清明上河园有异曲同工之处。

大唐芙蓉园能在开园四年多的时间里扬名海内外，给人的启示是广泛和深刻的。

首先，对特色历史文化底蕴的深入挖掘。现代的旅游业已经不仅仅是单靠风景竞争，必须做出自己的特色，特色背后是深厚的历史文化底蕴。大唐芙蓉园的发展很好地阐释了这一点。从秦朝的宜春苑到隋朝的皇家园林再到大唐皇家禁苑，大唐芙蓉园利用各种表现形式充分、自然地展示盛唐文化，使游客既能领略到神圣恢宏的皇家文化，又可以看到"百帝游曲江"的规模盛大的大唐仪仗队，其中更有杏园探花、雁塔题名、曲江流饮、入仕出相等主题活动。进入芙蓉园，每个建筑和各个景观都有着迷人的典故传说。大唐芙蓉园以它独特的魅力和无可比拟的历史地位，成为华夏子孙寻根追梦的文化基地和重温盛世的精神家园，它将公众带入中国唯一的盛唐文化之旅，"全方位展示盛唐风貌的大型皇家园林式文化主题公园"的文化定位在一开始就取得了成功，大唐芙蓉园承载了文化复兴和旅游振兴的重任。

其次，曲江新区遵循"内容为王"的原则，以精品意识打造大唐芙蓉园，精益求精构筑优质工程。大唐芙蓉园从细节入手，注重观光式旅游和体验式旅

---

① 参见柏定国、欧阳友权、李广川《大唐芙蓉园：特色塑造形象　文化树立品牌》，载《中国文化报》2006年12月18日。

游相结合，体现了以人为本的经营理念，在继承盛唐文化大气与脱俗的同时，一开始就以国际化标准、精品意识统筹包装。园内唐式古建筑在建筑规模上全国第一，是世界上最大的建筑群，集中了唐时期的所有建筑形式，简直就是一本完整的唐代建筑教科书。大唐芙蓉园仿唐建筑遵循仿古建筑持久性的原则，建筑材料设计均采用砖瓦混凝结构与木材结构相结合，既保存了唐代建筑的原貌，又能使仿古建筑长久不受损害。景观创意、主题设计、园区文化包装、大型活动策划、同名电视连续剧《大唐芙蓉园》的拍摄，甚至一个标牌设立、一次广告创意、每一次接待或每一个演出细节，凡是关联园区对外形象的，大唐芙蓉园都追求完美。每晚上演的全球最大水幕电影，集音乐喷泉、激光、火焰、水雷、水雾为一体，带给游客震撼的立体效果。

最后，制造"议题"，广泛参与社会公益活动，引起社会的关注。旅游项目离不开社会的支持，以服务求发展、以贡献求支持是大唐芙蓉园的做法。在社会公益活动中，他们积极参与，用实际行动为社会作出自己的贡献。2008年奥运会火炬的传递牵动着亿万人民的心，大唐芙蓉园作为2008年奥运会火炬西安传递的终点站，突出了芙蓉园在西安旅游中的价值和芙蓉园的知名度。为陕南灾区捐款；中秋佳节到儿童福利院，关心孤残儿童；"六一"节，为贫困儿童捐助学习用品、衣物和现金；主动邀请肾病患者游园；"五一"劳动节邀请劳动模范参观大唐芙蓉园；为艾滋病人捐款；等等，这些活动把芙蓉园良好的形象树立在市民游客面前，把爱心播撒给社会，展现了良好的社会责任，有极高的美誉度。

正所谓"栽下梧桐树，引得凤凰来"。大手笔地营造公共环境和基础设施建筑，把其他产业引进来了。大唐芙蓉园和大雁塔广场的价值一方面在于旅游景点的重新启动和带动曲江新区的旅游产业价值；另一方面在于对整个曲江房地产、芙蓉园周边地块的提升价值，带动整个区域土地的升值。正如段先念所说的那样，"曲江模式某种意义上实现了城市组团多中心的格局，现在曲江新区的房价是城墙内的两倍。同时房价意味着需求，它也说明曲江确实已经为西安旧城的居住人口疏散产生了作用"。

"强者越强，弱者越弱"的现象称为马太效应，任何地区，任何群体，一旦在一方面获得成功，就会产生一种积聚的优势，这种优势继而为一个地区、群体创造更多的机会，取得更大的成功。大雁塔广场和大唐芙蓉园的建成丰富了曲江新区开发历史资源的实践经验，提升了曲江新区的公信度，使公众看到了曲江新区的能力和气度，为后来曲江新区的资本积聚和产业集聚奠定了基础。

（3）曲江池遗址。正如前文所说，曲江是盛唐游宴之处，是古都长安最著名的风景区，官民可以随意进入，具有长安公共性景观的特性。曲江池遗址依循山水格局，以秦汉、隋唐曲江池为基础，最大限度地恢复了曲江池水系的历史原貌。整个公园以曲江池水面为中心，分为八大景区，总共占地1500亩，水域近700亩，对市民免费开放。建立曲江池的目的就是提升城市空间的功能性，它与周边的大唐芙蓉园错层互补。与1300年前相比，曲江的二次复兴无疑被规划者赋予了更多的意义。曲江池遗址公园设计策划之一——美灵机构估算过，作为城市公共公园的曲江池，肯定要用周围400多亩的土地升值和房地产项目来弥补一系列文化项目的投入，估计要比大唐芙蓉园17年收回成本周期快。

开发曲江池，在基础设施开发投资上与金地集团合作，走开发项目带动周边地价弥补开发费用的路子。建设一个庞大的唐式建筑群来提升西安在全国旅游市场上的竞争力，它不仅在于可以为市民免费提供生活空间，还能借助这个空间将各种旅游设施、唐代乐舞表演、节日游园活动表现出来，这也是1300年前唐朝人都能参与的盛事。而今唐朝的游乐休闲、交友的景象开始出现在这里，即将重新回到"三月三日天气新，长安水边多丽人"的时代。

曲江池遗址几乎不存在，史书上对此记载也很少，只是一个地理位置上的考据。所以，建设曲江池遗址公园的时候，重在复兴唐代的山水文化，仿古建筑仅仅是衬托这一文化的工具。但是在曲江池整体景观的设计上，张锦秋强调，曲江池力图依托整体性的原则："比如曲江池的水面是南高北低，落差有3米，我们就在水面上设计了一个景观叫江滩叠水，既体现了水起水落的景致，也可以让游人通过水面上的石台穿越整个水面，水中种植的芦苇和亚洲枯草等沉水植物，既呼应了唐代关于曲江诗篇中的描写，也起到了绿色净化水体的作用。"

在缜密的整体设计背后，如何保证对曲江池遗址公园环境的动态保护和它作为公共空间的便利性？曲江文化产业投资集团副总经理周德嘉说："曲江作为旅游开发区，不允许兴建任何污染性的企业，在和金地集团签订土地转让合同时，曲江管委会就已经提出各种环保和景观规划的要求，比如临湖开发的房地产项目不得高于6层，曲江遗址公园的用水来自曲江水厂的退水，不会对黑河的流量和整个西安市的饮用水供应产生影响。在公共交通方面，曲江新区南界紧邻绕城高速公路，而公园附近的会展中心已经被建成一个公共交通枢纽，未来这里的交通状况也会是全西安最好的。"但是，我们还要看到，曲江池遗址刚刚开发不久，每天来游玩的人很多，这里还是缺乏足够的服务配套设施。大唐不夜城位于曲江池遗址公园、大唐芙蓉园、大雁塔广场的核心地带，大唐不夜城以购物、餐饮、娱乐设施等弥补了大遗址公园旅游消费体验的盲点和空白。

四、升级曲江
——大明宫遗址公园和法门寺佛文化景区的开发

(一) 大明宫遗址公园的价值

1. 唐史研究价值

在唐代长安城禁苑中,大明宫位于城东北部的龙首原,建于贞观八年(634),原名永安宫,公元662年,唐高宗扩建后迁入大明宫执政,从此成为唐帝国近300年的政治中心。大明宫周长7.6公里,面积约3.2平方公里,是唐代最为宏伟的宫殿建筑群,同时也是世界史上最宏伟和最大的宫殿建筑群之一。大明宫集中展现了唐代的社会风采,是研究唐代的政治、经济、文化的最珍贵的实物资料,遗憾的是,公元896年大明宫毁于兵乱。

2. 发展"道北"

西安过去的北城,仍然是乡镇小路,陇海线从这里穿过,人们记住了"道北"这个词,这里曾经是西安治安最差的地方,环境恶劣,到处挤满了两三层高的民宅,是西安棚户区集中的地方。1961年国家将大明宫遗址定为全国首批重点文物保护单位,不允许大规模建设,没有繁荣的市场,因此北城开发难度很大,给人一种荒凉的感觉。过去西安城有"北贫南富"的说法,这里聚集了很多外来贫困人口,对于开发商来说,拆迁成本很大,土地价值和房屋价值上不去,认为这个地方没有开发价值。开发大明宫遗址对于"道北"的发展、实施大西安战略具有重要意义。

3. 大西安战略价值

西安2004年以来的第四次规划提出了建设"大西安"的战略,要扩大城市骨架,向北发展,开发古城西安曾经落伍的北城,以未央区和经济技术开发区为核心发展区域,规划改造形成重要的产业基地、商贸物流中心和交通枢纽。2007年10月29日,西安市市委市政府研究通过了《大明宫遗址区保护改造实施方案》,拉开了大明宫遗址区域整体保护的序幕。曲江新区以丰富的经验和雄厚的实力,成为西安市政府开发大明宫遗址的首选。

(二) 如何开发大明宫遗址

曲江新区对大明宫遗址进行了文化环境的塑造,提升该地区的城市品位,主要从基础设施的建设和文化活动的塑造两方面来展开。

1. 基础设施的建设

按照方案,在大明宫遗址区域19.16平方公里的范围内,将逐步形成"一心两翼三圈六区"的基本格局。所谓"一心",即大明宫国家遗址公园;"两翼",指以火车站北广场为轴心,沿陇海线形成东西两大城市改造板块;"三圈",即形成未央路、太华路、北二环三个商业圈;"六区",为规划建设文化旅游区、商贸服务区、商务核心区、改造示范区、中央居住区、集中安置区六个功能区（如图1所示）。

图1　一心两翼三圈六区

曲江新区主要负责全面实施大明宫遗址保护改造工程，具体负责遗址及周边地区征地拆迁、产业发展、招商引资、规划建设、土地管理和遗址公园建设。成立西安曲江大明宫投资（集团）有限公司，隶属曲江新区管委会，承担大明宫遗址区19.16平方公里保护改造的项目招商、投融资、基础设施建设、土地开发和经营管理工作。①

经过对大明宫遗址现状和开发的可行性分析之后，曲江新区预计大明宫遗址整体区域开发资金需求量逾千亿元，仅大明宫核心区域3.2平方公里，就需要80亿元。曲江新区还是按照政府主导和市场化相结合的原则，发挥引领与聚合社会资本的作用，通过整合市场资源，凝聚全社会的力量共同开发大明宫遗址，形成一个总体规划方案。最终与中建总、中铁建、中海、大连万达等国内外多家知名公司达成了广度的合作意向。开发遗址的过程中，政府的重视和全社会的关注也是对大明宫遗址的最好宣传。

在征地拆迁过程中，段先念估计到大明宫地区土地的升值潜力，一改以往其他地区的"滚动拆迁"模式，提出了整体拆迁、整体建设的思路，即开发商出钱整体拆迁，由政府主导土地的一级开发，"现状挂牌，净地交付"。在具体工作中，保护机构围绕遗址保护核心目标，在项目招商、投融资、基础设施建设、土地开发和经营管理相关领域，培育和引进若干个大型战略投资商，

---

① 参见倪明涛《创新唐大明宫"大遗址"保护模式　建设具有鲜明历史文化特色的现代城市示范区——西安大明宫遗址保护展示示范园区建设理念与实务综述》，中国改革时空网，2008年12月6日。

参与土地一级开发,承担起城市配套、融通资金、激活市场等功能,从而示范、带动整个区域的发展。①

在遗址保护和规划过程中,曲江文化产业集团对此持高度重视的态度,对规划方案进行全球招标,引起了国际上建筑行业、一流设计公司的极大热情。对规划方案论证采取市民旁听的制度,广泛征求社会、专家、学者的意见。最终,由西安建筑科技大学与以色列设计公司合作编制的《大明宫国家大遗址保护展示示范园区暨遗址公园总体规划》得到了专家的高度评价,顺利通过了国家文物局组织的专家论证。

2. 文化活动的锻造

在大明宫的开发中,曲江新区成功地将"议题设置"理论运用到大明宫的造势宣传中来。所谓议题设置理论,是指大众传播只要对某些问题予以重视,为公众安排议事日程,那么就能影响公众舆论。议程设置功能,传媒的新闻报道和信息传达活动以赋予各种议题不同程度的显著性的方式,影响着人们对周围世界的大事及重要性的判断。② 塑造文化氛围,主要通过曲江演出公司和曲江影视公司的宣传引起公众参与和新闻聚焦。

(1)曲江演出公司与"2006·盛典西安"。2006 年曲江集团举办了以"人文奥运,盛典西安"为主题的"2006·盛典西安"文化活动,打破了大明宫遗址千百年不能"冒犯"的神话,让大明宫走向了世界,成为北京奥运会人文精神的最好阐释。盛会结束后,以这次演出的班底为主力,成立了曲江演出公司。曲江演出公司的成立也为以后的宣传奠定了基础,成为曲江新区"议题设置"的工具之一。

"2006·盛典西安"选在唐长安城三大宫室建筑中规模最大的大明宫含元殿遗址举行。曲江集团对大明宫的定位是:大明宫是唐朝近 300 年的统治中心,代表了盛唐文化的巅峰,象征着"开放、包容、和谐"的大唐精神,与"更快、更高、更强"的奥运精神交相辉映,完美结合,是中华民族引以为自豪的世界级文化遗产。

"2006·盛典西安"文化活动创造性地选择了唐大明宫遗址,著名导演张艺谋为晚会掌舵,把大历史、大遗址与北京奥运会紧密结合,把弘扬大唐文化与奥运精神紧密结合,各界名流因为这次活动走到了一起,文艺名人、体育明星效应与推介大明宫遗址、宣传人文陕西和西安文化旅游紧密结合。本次活动仅演职人员就达 5000 多人,达到了 4 万人观看演出、1 亿人关注、3 亿人知晓的预期影响目标。盛典活动推崇包容盛唐文化和奥运精神元素的原创音乐及歌

---

① 参见倪明涛《创新唐大明宫"大遗址"保护模式 建设具有鲜明历史文化特色的现代城市示范区——西安大明宫遗址保护展示示范园区建设理念与实务综述》,中国改革时空网,2008 年 12 月 6 日。

② Maxwell McCombs, Donald Shaw. *Study of the role of the media in 1968 presidential campaign*,见 http://en.wikipedia.org/wiki/Agenda - setting_theory#cite_note - miller - 1,2010 - 04 - 15。

曲，请来了"三高"之一的卡雷拉斯演唱中国民歌《在那遥远的地方》，为人们所津津乐道。"2006·盛典西安"文化活动中，让动物参加演出，增加了节目的观赏性外，更为重要的是体现了人与动物和谐相处的立意。盛典活动充分彰显了人与自然、人与宇宙、东方文明与西方文明、历史与现代的和谐，使更高、更快、更强的奥运精神和开放、包容、大气的大唐精神相互交融。

这次文化活动取得了巨大成功，2006年10月20日、21日晚，央视《新闻联播》连续两天报道"2006·盛典西安"的盛况，后来央视又重播了8次。《人民日报》发表通讯和评论，称赞这次活动是"北京奥运会开幕式的总预演"，是"对人文精神最生动的展示"。"2006·盛典西安"引起了国内外的广泛关注。巨大的新闻聚焦效应使得古都西安将这个沉寂已久的大明宫重新推向世界，再次成为公众的焦点，展现在公众面前。

由于紧扣奥运主题，经过激烈的竞标，曲江演出集团为这次演出购入的价值七八千万元的大型灯光音响设备也被北京奥组委租用，为2008年北京奥运会服务，这让曲江演出集团最引以为自豪。曲江演出集团走的是国际化精品路线，直接引进国际精品，对西安城市文明素质的提高、文化氛围的塑造、演艺市场的发展以及培育起到了巨大的作用。演出集团2009年先后成功举办重大文化演出110余场，累计接待观众20万人次，成为陕西演出市场的行业旗舰。①

（2）曲江影视公司与区域文化剧目创作。2006年4月29日，经西安曲江新区管委会批准，由西安曲江文化产业投资（集团）有限公司投资，注册资本1亿元的曲江影视公司挂牌成立。成立之初，曲江影视管理层即表示，将以西安深厚的历史文化为基础，以曲江雄厚的资源和资金实力为依托，以先进的机制和优惠政策为导向，构建影视产业集群。从影视业的发展来看，影视业投资数额大、周期长、利润低，在中国很少有能够获得银行贷款拍摄影视的企业和导演，但是影视业带有很大的联动性，还会带动其他产业如文化旅游的发展。因此，曲江影视集团的成立，肩负提升城市品位、树立区域形象、发展区域经济的重任。

曲江影视集团开始了周密的改革措施。首先是整合陕西的影视行业，为许多影视企业和年轻导演提供发展的平台。曲江设置了一个4.5亿元的风险投资基金，制定了很多吸引影视企业的措施，以吸引影视公司入驻。比如，购买影视器材，提供税费支持，低息贷款，补贴场地租赁费用，专项基金的扶持，对国内外有重要影响、对区域产业发展有战略性带动作用的新入区影视企业及其重大项目实行一事一议，予以重点扶持，等等。其次，建立影视剧风险评估体系。曲江影视集团有自己的优势，作为一个政府背景的国有独资公司，有政府的信誉和自身的资产作支撑，可以获得银行贷款资助影视业的发展。为此曲江

---

① 参见凌霄华《文化产业：梦从这里开始》，载《三联生活周刊》2008年第36期，第50页。

影视公司建立了一套风险评估体系,科学评估影视剧的风险和回报,确保将风险降到最低。

如今曲江影视公司已成立4年多,已有包括北京小马奔腾、香港银都机构、陕西光中影视、丫丫影视等在内的50余家制作实力雄厚的影视企业入驻曲江,拍摄、制作影视作品80余部、2300余集。影视作品《大明宫》《法门寺》在国内外反响强烈;《纺织姑娘》获第33届加拿大蒙特利尔国际电影节"评审团大奖"及"全球专业影评人大奖";《窃听风云》《机器侠》票房飘红,热销全国;《大秦帝国》全面热播,秦文明系统工程全面启动,"大秦帝国"成为曲江又一响亮的品牌;秦腔剧院顺利完成事转企改制,走向市场化、精品化、产业化的发展道路;《柳河湾的新娘》荣获全国"五个一工程奖";2009年8月西安秦腔剧院被评为"全国文化体制改革先进企业"。①

曲江文化产业集团作为文化产业的巨无霸,优势在于可以协调资源配置。旗下11个子公司各尽所能,曲江影视集团作为曲江文化产业集团的首要战略性公司,成为配合曲江文化产业集团其他项目开发的主要力量。综观曲江影视集团,所拍摄的题材大部分带有区域文化的特色,以区域文化为立足点,向外推广。比如影视剧《大明宫》,通过曲江文化产业集团雄厚的现代科技和导演的精心策划,以优质的影视作品作为切入点,吸引受众了解大明宫的前世今生,揭开千古之谜,被称为一部"恢复城市记忆的经典之作"。以免费的形式在西安各大高校和影院轮番上映,配合曲江大明宫集团正在开发的大明宫遗址,使古城6月刮起了"唐风"。同时还满足了受众的自豪感和自信心的回归,提升了大明宫地区的城市品位,改变了大明宫地区的城市形象,成功带动了大明宫周边区域土地升值。

经过全面的遗址公园建设和文化环境的塑造,大明宫遗址将成为"西安城市中央公园区",充分展示以盛唐文化为特色,集文化、旅游、商贸、居住、休闲服务为一体,具有国际水准的城市新区。"区域的总体建设目标是创建具有世界意义的文物保护示范工程,建设世界一流的国家遗址公园,改善人居环境,创造规划和建设的国际典范,实现历史与现代、经济与社会、文物保护与城市建设的和谐共融、协调发展,促进文化、旅游产业大发展,实现区域科学、快速、创新、和谐发展。"②

(3) 曲江会展集团与中国西部文化产业博览会。提到文化产业,近年来一个新崛起的朝阳产业不得不被提及——会展产业。近年来,我国已经有40多个城市把会展产业作为城市经济发展的支柱产业。会展产业对拓展城市发展空间、提升城市国内外地位起到了极其重要的作用。会展经济的价值不在于本

---

① 参见"西洽会"特别报道《打造中国文化产业"巨无霸"》,载《西安晚报》2010年4月9日。
② 倪明涛:《创新唐大明宫"大遗址"保护模式 建设具有鲜明历史文化特色的现代城市示范区——西安大明宫遗址保护展示示范园区建设理念与实务综述》,中国改革时空网,2008年12月6日。

身的盈利，而在于它对周围产业的拉动效应。曲江国际会展集团总裁王建军说："会展业是城市的新经济增长点，它以1∶10的效率带动经济引擎。"

2006年4月，曲江文化产业投资集团打造占地4300亩、计划总投资60亿元的集会展、办公、物流、餐饮住宿等为一体的曲江国际会展产业园区，2007年3月24日一期工程已经建成使用，2008年年底二期工程完工，启动了会展酒店、国际会议中心和三个现代化展馆。到现在，曲江会展集团已经有10万平方米的国际水准的展馆。花香蜂蝶自然来，有了规格较高的完备的基础配套设施，曲江会展产业蒸蒸日上。比如2008年在曲江国际会展中心举行的中国西部第四届文化产业博览会，汇集了西部12个省的文化资源和文化产业发展状况，并且将以前每两年一届、西部12省轮流举行的文化产业博览会永久性地纳入西安。2009年开办会展111个，累计接待观众110万人次，成为西部首屈一指的行业领头羊。会展拉动周边的旅游、餐饮、物流、办公、宾馆等行业，间接拉动的是西安城市形象和城市文化的传播。会展对周边经济的另一个拉动是土地价值，2007年会展一期工程结束后，曲江的地价已经从2002年的每亩20万元上涨到300万元，如今这里的土地价值更高。

王建军指出，"曲江会展模式"实行的所有权和经营权的分离是会展创新模式的最大亮点。成立曲江会展控股公司，拥有会展产业园的开发权，投资建设400亩核心区的展馆和会议中心等基础设施，打造国际会展产业园的硬件平台。成立曲江会展集团，对展览馆进行国际化、现代化、专业化管理运营的同时，整合西安乃至中西部会展优势资源，聚集产业集群，打造产业链，丰富和完善国际会展产业园的软件内容。同时，曲江会展控股公司拥有周围3700亩土地的开发经营权，发展地产业来投资会展中心的运营。当与周边的地产形成一条龙后，会展中心的收益和周围产品的附加值相比只是很小的一环。①

（三）开发法门寺景区的价值与策略

1. 开发法门寺景区的价值

（1）助力区域协调发展。位于宝鸡市扶风县境内的法门寺景区的开发是对曲江新区的区域协调战略的一个极好阐释，也是曲江新区实力壮大模式得到认可的见证。2007年3月，宝鸡市政府决定与曲江新区管委会联手，他们看到了曲江开发大雁塔广场和大唐芙蓉园在西安的成功，认为曲江有开发历史文化资源的能力和经验，又有成熟的团队。拥有如此珍贵的文物资源，对这些文物资源进行保护的同时又利用其带动地方经济的重任摆在宝鸡市政府面前。

（2）扩大佛文化影响力。法门寺因安置释迦牟尼佛指骨舍利而成为佛教圣地，是中国西部旅游的一个热点。1981年8月24日，法门寺修建于明朝的13级宝塔由于连日阴雨半边倒塌。1986年宝鸡市政府决定修复宝塔，1987年

---

① 参见凌霜华《文化产业：梦从这里开始》，载《三联生活周刊》2008年第36期，第50页。

2月底开始动工。适逢4月初八佛诞日，"从地涌出多宝龛，照古腾今无与并"，在沉寂了1113年之后，2499件大唐国宝重器，簇拥着佛祖真身指骨舍利重回人间。据佛典记载，释迦牟尼的弟子从其遗体灰烬中拣出1块头顶骨、2块肩胛骨、4颗牙齿、1节中指指骨和众多珠状舍利子。唐代时，这枚指骨舍利曾被6次迎请至皇宫供奉。公元874年最后一次被迎请供奉后，这枚舍利被密封珍藏于扶风法门寺塔下地宫，直到1987年重新面世。1988年，法门寺正式开放并举办了国际性的佛指舍利瞻礼法会。海内外诸山长老及各界代表共300余人参加法会。20多年来，法门寺在前任方丈澄观、净一法师的住持下，相继建成大雄宝殿、玉佛殿、禅堂、祖堂、斋堂、寮房、佛学院等仿唐建筑。①

地宫内出土的稀世珍宝，在中国社会政治史、文化史、科技史、中外交流史、美术史等方面的研究上，都具有极其重要的价值。

2. 如何开发法门寺佛文化景区

法门寺文化旅游景区规划面积为9平方公里，分为东西两区，即东部佛文化展示区和西部综合服务区两大部分，总投资超过10亿元，涵盖现有的"法门寺文化景区"。其中，佛文化区占地大约5平方公里，按照佛教三宝"佛、法、僧"呈品字形布局，三区各占地1000亩。佛区建设安奉佛祖真身指骨舍利和合十舍利塔以及供僧俗四众瞻礼朝拜的10万人广场，这一部分于2009年5月9日落成；法区以当代法门学科研究和科技发展成果为基础，全面展现世界佛教2500年、中国佛教2000多年的历史文化及唐代地宫珍宝之精华；僧区以大唐法门寺瑰琳宫二十四院为蓝本，再现唐代法门寺"极人间之焕丽"的壮丽景观。西区4平方公里作为综合配套区，将为游客提供吃、住、行、游、购、娱的服务，给旅客以全方位的体验感，带给他们"在法门寺多留一夜"的消费习惯。该项目意在打造供奉佛指舍利的圣地和21世纪世界佛文化中心，成为集僧众朝拜、举办大型佛教文化交流、观光旅游、休闲度假为一体的主题公园。

"我们的想法是，把法门镇按照建设新农村的思路，重新做整体规划，"西安曲江管委会副主任、文化景区建设有限公司负责人刘兵说，"未来规划中，处于景区中央位置的佛光大道，就是法门镇上最繁华的一条街，仅拆迁费就达到2.5亿元。"大手笔背后，是曲江管委会和文化景区建设有限公司对景区巨大增长潜力的信心。根据曲江管委会提供的数字，景区除对旅游业的拉动，造就的土地运营收入也将带动整个法门镇，乃至成为宝鸡经济发展的强大动力：在法门寺佛教文化景区周边，可以利用的土地面积为2890亩，土地运营年收入在8600万元左右，5年预期总收入超过28亿元。

---

① 参见韩金科《法门寺与法门寺文化》，载《文博》1993年第4期，第8页。

五、大唐文化传播模式与城市文化品位的提升

(一) 城市品位之源

西安位居中国八大古都之首,承载了中华民族的半部历史,见证了中华民族最为骄傲和繁盛的时期。汉唐以来,长安声名远播,文化的交流融合盛况空前。从贞观四年(630)3月"诸蕃君长诣阙,请太宗为'天可汗'"起,中国长达几个世纪的分裂、战争、民族危机、社会混乱,给人们带来的彷徨、失望、颓废心理烟消云散。四夷征服、物阜民丰、政治开明的盛世现实,引起了文化心理氛围的变化,中华民族的自信从那时起就流淌在血液里。

唐末战乱,长安城被破坏殆尽,从此慢慢淡出了人们的视线,虽然后来历朝历代都以西安作为西北重镇,但是昔日辉煌不再。新中国成立以后,西安由于有众多历史文化古迹和文化资源,受到国家政策保护,历史文化遗址的开发被禁止,其发展处处受到限制。

西安在困难时期并没有坐以待毙,看到许多历史文化城市在发展中曾经走过的弯路,失去了自己的个性,对历史文化资源造成很大的破坏,从中吸取教训,开始了自己的规划探索之路。几经波折,西安作出了保护历史文化资源"跳出旧城,发展新城"的决定。新中国成立至今,西安经历了四次规划,形成今天的格局,从目前正在实施的第四次规划可以看到雄心勃勃的西安开发者们走的是大西安的发展之路。西安市政府在历次规划中,始终不变的是以保护历史文化资源为主题,更将其与园林建设完美相结合,相得益彰,历史文化赋予了城市园林内涵,提高了城市品质,这是其他城市没有的。

(二) 大唐文化传播模式总结

在开发历史文化资源促进经济发展上,1996年西安市政府批准成立曲江新区管委会以负责历史文化资源开发旅游项目。曲江管委会是政府的一个派出性机构,背后有市政府的支援。市政府决定支持曲江只搞旅游,不搞其他产业,不衡量曲江的GDP,这对曲江管委会来说无疑是一种解脱,所以放下包袱的曲江才能够在西安这座城市里面有这么强的特色。但是在初期开发中,开发者想运用市场的力量,将土地资源分散成为52个项目的建设,缺乏明确的发展思想和统一的核心竞争力来引领,使曲江发展几乎停滞。直到2002年,一个新的曲江管委会领导班子出现,终于探索出一条既能保护历史资源又能推动经济发展的模式,西安现在的发展证明了这个模式的可行性。

段先念上任曲江管委会主任后,凭借其丰富的地产开发和高新区建设的经验,在曲江新区开创了一种新的模式。曲江模式成功地解答了"像西安这种文化名城,如何建设保护利用文化遗产?如何让文化遗产成为城市的骄傲,成

为人民心中的一种向往？如何让人们自觉地去传承文化，弘扬文化"等诸如此类的问题，曲江让西安人找到了一种文化自信。现在的曲江模式已经成为一种可供其他历史文化名城参考的模式。

曲江模式的成功前提是在市场经济条件下，以有政府背景的公司主导进行。如今的曲江新区是文化产业的"巨无霸"，有整体的品牌优势。美国营销大师、凯洛格管理学院教授菲利普·科特勒对曲江模式作出注解："它（曲江）相当巧妙地将一个区域的独特文化特征与新城市区域的发展有效结合起来，在城市建设、开发、运营、管理等商业链条上，吸引了众多的参与者。"①

（1）历史文化资源显性化。芒福德曾经说过，城市最好的模式是关心人。有了人的活动，城市才会充满生机。历史文化名城不应该是文物的堆砌，而是融入市民的生活中去。曲江秦汉唐的历史遗存特别多，地下的宝物也很多，所以定位为文化区域、旅游区域，要把这里的历史遗存作为一种旅游产品开发起来。

曲江新区的成功之处在于其十分注重对遗址和周围环境的整体开发，建设了很多遗址公园，注重受众的参与性；成功地把地下的东西搬到地面上，把消失了的、把我们记忆中的传说故事和典故融入现实生活中，告诉人们残存的这些文化符号代表了什么，说明了什么，给后代留下了什么，给老百姓做了些什么。曲江把它们做成一种可感受、可体验、可消费的产品呈现出来，以感性的方式满足了公众的消费需求，也满足了西安人的自豪感。同时，用文化演绎、文化创意的方式渲染大唐氛围，让公众体验到唐朝文化，提升历史文化资源周围环境的品位。比如把唐诗写出来，画成壁画，用各种方法表达出来，让儿童容易理解，让普通老百姓也能感受到这种历史文化。曲江始终把握这片土地上具有文化遗产存在的优势，统领曲江的发展。

在历史文化资源的开发中，时刻注意体现唐朝恢宏大气，按照段先念的说法是把环境做大做绝，即使资金短缺、举债也在所不惜。大雁塔广场、大唐芙蓉园、曲江池遗址公园、大明宫遗址公园和法门寺佛文化景区等处处体现精品意识，将"内容为王"发挥到了极致，在这些地方再配以文化产业集团的演出、影视、展览等直观感性方式，让公众体验唐代人的生活方式。

（2）历史文化资源价值化和产品化。应该说曲江新区进行大项目的建设，没有依靠政府财政，而是充分利用市场化的手段。以历史为文化复兴的动力，利用做大做绝的环境气势和政府的信用进行融资。曲江坚信造环境就是招商，有了好的环境，商家自然就进来了。

曲江新区将优质的公共空间建设起来，比如大雁塔广场、曲江池遗址公园、大唐不夜城的公共场馆等都是免费对公众开放。如此各方都能获得利益：公众的自豪感、认同感和团结精神得到回归；商家凭借源源不断的客流获得丰

---

① （美）菲利普·科特勒：《国家营销》，俞利军译，科学出版社2003年版，第137页。

厚的商业利润；曲江新区凭借营造环境带动周边土地升值，开发地产带来收益。再通过房地产收益来补偿塑造文化资源的费用和历史文化遗址公园等基础设施的运营维护费用，达到良性循环。这就是曲江地产模式，是曲江新区做大做强的经济来源。

当然，对一些文物古迹的仿造引起了很多非议，有的人认为这是对文物古迹的歪曲甚至破坏。曲江人却有自己的思考，没有在历史古迹上进行"建设性的破坏"，而是另选地方建设。比如，大唐芙蓉园没有任何历史记载，只是经过考察后发现有这么一个地方存在，曲江就在大体方位上把它做成一个主题公园。芙蓉园的一些建筑与古代的风格、习惯不同也引起了大家的争议。段先念如此回答："我们修建的不是文化遗产，是文化财产，而今天的文化财产就是明天的文化遗产。我们建设大唐芙蓉园就是要告诉后人，芙蓉园始建于隋，盛于唐，而在公元2005年，西安市政府对其进行了修缮。"

但是，不论别人对曲江仿造文物古迹作何评论，曲江都以精品意识打造每一个历史文化遗址，做好每一次文化创意活动。比如大唐芙蓉园的建造，体现了室外装饰室内化原则，如将整个园子当做家居中的"客厅"，那么景观就是家中摆放的盆花和盆景。园内多用木制品、石材进行装饰，铺地选用石材、艺术砖、木制品等真材实料，不用水泥制品。此外，园区的养护、管理也参照星级酒店的标准来进行。演出活动也是如此。"2006·盛典西安"大型文化活动中卡雷拉斯演唱中国民歌《在那遥远的地方》，这是盛典活动推崇原创音乐及歌曲的一个有力证明；大力推崇原创音乐，不仅仅为个别歌手量身定做歌曲，还把演出背景音乐的制作作为一个重头戏，使这些原创音乐包容盛唐文化及奥运精神的多重元素。

（3）历史文化产品价值的延伸化。

1）在保护和开发历史遗址时十分注重与园林的绿化相结合。目前，西安市在大遗址和地面建筑周围都做了绿化。比如第二次规划时，拓宽构成原唐城中轴线的朱雀大街，从体育路、明德门遗址到莲湖路的承天门遗址，全线开拓为50米宽的林荫道。在规划兴庆宫遗址为公园时，只能种树不能盖房子，城墙周围也建成了环城林带。近年来，曲江新区也不断加强对环境综合治理的投入，生态、人居等指标处于西安市的前列，35%的绿化率，万亩生态森林，1400多亩的水面，使曲江成为西安最适合休闲、居住的区域，被称为西安的后花园。这些绿化工程不仅对文物环境起保护作用，还为改善城市空气质量、保持市民良好的生活环境作出了贡献，极大地提升了区域价值，丰富了城市形态，激活了旅游市场。

2）城市大面积公共空间的营造。它提升的是城市人民的生活质量，潜移默化地改变了公众生活方式。比如，以前亲朋好友相聚的时候，庆祝的主要方式就是吃吃喝喝玩玩，现在这种方式正在悄然发生转变。生活方式的变化对人们转变旅游方式起着决定性的作用，休闲时代的到来使休闲旅游成为必然，曲江抓住人们对旅游升级的要求，对此做了补充。现在接待朋友，带着他们去曲江赏景，可以深切地体验到西安人生活环境的提升，感受历史的变迁，提升作为西安人的自豪感，这种感受过程就是一种体验。现在的曲江在西安已被视为文化和财富的象征。

3）基础设施建设的配套。大遗址开发项目带动周围基础设施建设，配套逐步完善，而且在这些历史遗址公园里经常举办演出等各种文化活动，城市品位不断提升，公众素质得到提高。大唐不夜城中的西安音乐厅，每天都有精彩节目奉送给公众。

（三）展望

曲江的成功带动了周边各个区域的发展，古都西安不再因为文物太多却不知道该如何保护而困惑，而是以文物多而自豪。曲江模式有可借鉴之处，也有不可复制之处。"曲江"不仅指曲江这个地方，它已经辐射到全市全省。如今，曲江模式博得了国内外文化产业操盘手的广泛关注，总结其核心要点便是：以文化项目带动区域板块联动，以开发的速度和产业规划的亮度来提升区域价值。

到2020年西安市政府的第四次规划完成之时，西安将会以前所未有的面貌呈现在世人面前。未来的西安在旧城内以步行为主，或者配备带有唐朝文化特色的交通工具。来自世界各地的游客可以在唐朝风格的大街小巷中体验唐朝的生活方式，这不是完全的复古，而是真正使城市的"文化遗产"转变为"文化财产"，将历史文化遗产融入现代化城市建设中。那时，古老的西安和现代的西安会被表现得淋漓尽致，西安将会成为对中国特色做最好阐释的历史文化名城。

参考文献

[1] Michael E. Porter. *The Competitive Advantage of Nation* [M]. NewYork：The Free Press，1985.

[2] 焦艳丽. 我国历史文化资源保护利用文献综述 [D]. 南京：南京农业大学，2007. 中国硕士学位论文全文数据库.

[3] 柯可. 文化产业论 [M]. 广州：广东经济出版社，2001.

[4] 周鸿铎. 区域传播学导论 [M]. 北京：中国纺织出版社，2005.

[5] 樊海强，袁寒. 大遗址保护与利用互动发展新模式——汉长安城保护与利用总体规划 [DB/OL]. http：//www.cqvip.com/onlineread/online-read.asp，2008 - 2.

[6] 杨军. 大型文物遗址类旅游资源开发的另一种思路 [DB/OL]. http：//www.davost.com/Intelligence/Expert/2010/01/22/1027437638.html，2010 - 01 - 20.

[7] 须俭,陶伯华. 活力城市文化建设 [M]. 江苏省2001—2010年文化大省建设规划纲要,2001.

[8] Raúl Prebisch. Commercial Policy in the Underdeveloped Countries [C]. *American Economic Review*, Vol. XLIX, 1959.

[9] 柯卓英. 唐代文化软实力与西安城市品位 [N]. 西安晚报,2009-11-19.

(撰稿人：黎　荔　杨鸿远)

思考题

1. 西安市遗址保护和城市建设、经济发展之间的矛盾突出，文物保护经费缺口大，文化建设面临着巨大的困难，以"文化+旅游+城市"为内核的曲江模式是如何将一直以来是西安发展负担的"文化遗产"转化为"文化财产"的？

2. 曲江模式的独特之处，在于其文化遗产与公共文化事业，以及影视、演艺、会展等其他产业的联动发展，你如何理解曲江文化产业发展"国有民营"的运行机制以及其公共文化事业和文化产业的并举共建？

3. 曲江通过大资本运营、大产业布局、大项目带动，正在迅速改变着陕西文化产业的格局，但曲江目前几乎"垄断"了陕西文化遗产开发，过度商业开发是否会使陕西文化单一化、表象景观化，进而破坏中华文明发祥地的文化多样性、厚重感？其操作模式是否有文化搭台、地产唱戏之嫌？

案例2

审视区域性文化资源
——安徽宿州文化产业调研

在安徽宿州市委市政府及中国传媒大学南广学院领导的重视下，南广学院媒介管理系（现文化管理学院）专门成立了宿州文化产业调研课题组，于2009年7月13日开始对宿州文化产业进行为期一个月的实地调研。

在宿州市委组织部、宣传部及市文化局的协调下，课题工作组10名师生通过召开局领导座谈会的方式，调研了宿州市及埇桥、萧县、灵璧县、泗县等下辖区县的文化局、新闻出版局、广电局、旅游局、体育局、商贸局、发改委、文物管理所等各相关职能部门，实地参观考察了陈胜吴广起义旧址——涉故台、花鼓戏剧团（淮北花鼓戏）、五柳风景区、闵祠、萧县书画一条街、灵璧钟馗书画一条街、奇石大市场、市直剧团等文化项目及相关文化机构，共整理会议记录资料20万余字，摄像资料时长160分钟，拍摄图片资料580张，发放调查问卷60份（问卷调查对象仅为相关职能局领导及文化产业专业人士），收集二手资料30余份。课题工作组会同顾问组专家，从定性和定量角度，对数据进行分析，深度调研宿州文化产业的发展状况和存在问题。

一、宿州文化产业调研计划

为充分挖掘宿州市文化资源潜力，整合资源，提升宿州市文化产业在全国的影响力，结合宿州市文化资源及文化产业发展现状，宿州市委市政府召集相关部门认真研究宿州的"文化立市"战略，提出了将宿州打造成为全国一流文化产业强市的战略目标。

受宿州市委市政府委托，中国传媒大学南广学院承担了宿州文化产业调研课题——《宿州文化产业调研报告》，对宿州市文化资源及文化产业做出全面的调查了解，并对其现状进行分析，为市委市政府制定宿州文化产业发展规划提供决策参考。

（一）调研环境

宿州是一个有着悠久历史文化以及深厚人文气息和艺术气息的魅力之城，素有"中国书画艺术之乡、马戏之乡、观赏石之乡"的美誉，文化资源开发和利用前景十分广阔。在宿州经济日趋发展的今天，如何进一步加强文化建设，大力发展具有鲜明地方特色的文化经济和文化产业，增强文化产业的整体实力和竞争力，提高文化产业对国民经济的贡献率，已成为宿州在经济高速发展的同时必须考虑的重要课题。宿州市文化资源形式多样，文化产品多姿多彩，文化氛围浓厚，有着诸如埇桥马戏、泗州戏、灵璧石、钟馗画、乐石砚制作等影响深远的文化资源基础，其中泗州戏被列入首批全国非物质文化遗产保护名录。

随着市场经济的不断发展，文化产业在经济中的地位越来越受到重视，国内部分省市重金打造特色文化产业园、主题公园，加大新媒体在文化产业开发中的价值，逐渐形成一定的规模，并创造了可观的经济收益。就目前宿州文化产业发展的总体情况而言，相关部门领导已经认识到文化产业发展的重要性，但是由于地方产业经济不强，核心产业无法凸显，没有形成特色品牌文化区，文化资源优势未能形成合力，缺乏形成统一的文化产业市场体系和宽松的发展环境，优势资源得不到充分发挥，文化产业管理以及经营方面的专业人员缺乏。因此，在现有文化资源的基础上，如何对其有效整合并科学规划和管理，已成为宿州当下发展文化产业的重要课题。

（二）调研目的

（1）整合宿州优势文化资源，加快宿州文化市场的发展步伐和宿州文化产业的竞争力。

（2）充分考察调研宿州文化产业的现状、存在问题，并寻找对策。

（3）为宿州形成新的奇石产业、马戏产业、书画产业、文化旅游业、广播影视业、出版业、节庆会展业等文化产业大型项目的开发提供翔实资料和对策。

（4）为宿州市与中国传媒大学南广学院建立全面科研教学合作奠定基础。

（5）为中国传媒大学南广学院研究区域文化产业课题提供材料。

（三）调研内容

调研包括文化遗产资源、自然遗产资源、文学艺术资源、奇石资源、马戏资源、书画艺术资源、新闻出版资源、网络文化资源、文化人才资源、广播电视电影资源、文化设施资源、广告会展资源等方面的基本现状，宿州文化产业发展现状、存在问题及对策。

（四）调研对象

（1）宿州市委宣传部、发改委、文化局、广播电视局、新闻出版局、体育局、商贸局、旅游局、统计局、宿州市文联、各局团等相关职能部门领导、文化企业管理者及相关文化产业从业者，50~100人。

（2）宿州市文化产业重点项目。

(五) 调研方法

调查中采用多种方法，如问卷调查、座谈会等。最后将调查数据录入电子表格，利用SPSS统计软件进行分析，得出较为科学的结论。

1. 座谈法

（1）举办由宿州市委市政府相关职能部门领导参加的座谈会。

（2）举办宿州市下设区县相关职能部门领导及人员出席的座谈会。

（3）举办宿州具有代表性的文化企业负责人、文化事业单位负责人以及文艺团体参加的座谈会。

（4）邀请宿州本土艺术家、民间艺人以及文化学者等相关人员进行专题座谈。

（5）专访宿州多名知名人士，听取他们对宿州文化产业的看法和建议，为决策提供专业意见。

2. 实地走访

调研组成员实地进入宿州及下辖各区县，对当地文化资源进行考察和记录，主要包括：

（1）当地文化资源的实际存在状况。

（2）当地文化资源的发展状况（主要通过门户访问、座谈以及二手资料获得）。

（3）当地文化资源的使用情况，包括使用频率、使用方式、文化资源保护情况（如何传承，是否有相关政策，等等），现存文化资源在当地群众中的接受程度。

（4）访问当地群众，了解当地百姓的生活方式和对当地文化艺术的感知状况，调查当地文化氛围。

（5）搜集当地的民间（特色）文化艺术资源。

3. 二手资料收集整理

（1）搜集宿州文化资源及产业规划的相关资料（形式：文字或视频；内容：经济社会发展五年规划、政策文件、书籍、原有调查统计成果、重点项目资料等）。

（2）搜集宿州及下辖各区县重点文化项目、文化企业和艺术团体的相关资料。

（3）收集整理全国主要城市的文化资源状况及文化产业规划，通过对发达城市文化产业的二手资料分析，得出国内文化产业发展状况的综述。

4. 调查问卷

通过制作关于宿州文化资源以及文化产业的定性、定量问卷并组织人员作答，从而得到一部分调研数据，并对数据进行科学的现状分析。

（六）样本分析

（1）专业市场调研人员进行前期搜集资料的初步整理。
（2）在调研过程中，实际所得材料和数据的整理以及分析。
（3）分析运用 SPSS 进行调研数据的集成和分析。
（4）集合文化产业领域相关专家和学者以及当地主管领导，对调研期间数据资料进行整理、分析和论证。

二、宿州文化产业调研问卷设计

1. 宿州文化资源丰富程度在全国的地位

问题：您认为宿州的文化资源丰富程度如何？
①非常好　②很好　③一般　④还好　⑤不太好

调查结果显示：57%的领导干部认为宿州文化资源"很好"，说明宿州的文化资源在国内算不上一流，但已相当不错。

2. 宿州市政府对于文化产业发展的重视程度

问题：您认为宿州市政府对于文化产业发展的重视程度如何？
①非常重视，作为一项执政要务　　②比较重视，建立了比较完善的制度
③一般重视，鼓励发展　　　　　　④不太重视，没有专门政策

调查结果显示：绝大部分领导干部选择了"比较重视"，说明宿州对文化产业发展的重视程度仍然不够。

3. 发展文化产业对于宿州最大贡献的认识情况

问题：您认为发展文化产业对于宿州最大的贡献是什么？（只能选一个）
①精神文明程度得到提高　　　　　②城市品牌形象与声誉得到提高
③拉动产业经济发展　　　　　　　④城市综合竞争力得到提升

调查结果显示：发展宿州文化产业对宿州的最大贡献，11 人认为使"城市综合竞争力得到提升"，19 人认为"拉动产业经济发展"，18 人认为使"城市品牌形象与声誉得到提高"，5 人认为使"精神文明程度得到提高"，说明宿州文化领导干部对文化产业的作用认识比较到位。

4. 结合宿州的情况谈谈对文化产业提法的认识

问题：您认为目前国内关于文化产业的提法，哪个最适合宿州？
①文化产业　②创意产业　③文化创意产业　④其他

调查结果显示：结合宿州的特点，在提法上，32 人认可"文化产业"，16 人认可"文化创意产业"，极少数人认可"创意产业"，说明宿州创意产业比较薄弱。

5. 传播宿州文化最有效的途径

问题：您认为传播宿州文化最有效的途径是什么？

①新闻媒体　　②文化产业园　　③主题公园　　④演出团体　　⑤其他

调查结果显示：52%的人觉得传播宿州文化最有效的途径是"新闻媒体"，36%的人认为是"文化产业园"，对"主题公园"和"演出团体"的选择较少，说明宿州对文化传播的认识有待进一步深化。

6. 发展宿州文化产业的主要优势

问题：您认为发展宿州文化产业的主要优势是什么？（最多选三个）

①丰富的文化遗产资源　　　　②文化人才优势
③强大的文化需求　　　　　　④迅速发展的宿州经济
⑤文化产业在宿州的战略地位高　⑥其他

调查结果显示：31%的人认为发展宿州文化产业的主要优势是"丰富的文化遗产资源"，19%的人认为是"文化人才优势"，17%的人认为是"迅速发展的宿州经济"。

7. 宿州演出产业发展应该参考的模式

问题：您认为宿州演出产业发展应该参考什么模式？

①上海时空之旅（国际化）　　②云南映像（品牌化）
③河北吴桥杂技（产业链）　　④其他

调查结果显示：宿州演出产业发展，27人认为应该参考"河北吴桥杂技"，20人认为应该参考"云南映像"，4人认为应该参考"上海时空之旅"。

8. 影响宿州文化产业发展的主要问题

问题：您认为宿州文化产业发展存在的主要问题有哪些？（最多选三个）

①整体处于起步培养阶段，文化产业规模小，结构不合理，科技含量不高，缺乏有影响力的品牌

②文化资源管理分散，存在管理体制性障碍，资源分配机制缺乏有效整合和集聚

③文化消费水平有待提高，文化消费市场有待培育和激活

④体制改革仍然滞后，文化产业理念不清，思想解放不够，文化产业政策还有待完善和进一步落实

⑤文化资源存在浪费和闲置。现有的一些文化资源未能有效地挖掘和开发，文化资源总体数量不足，结构不合理

⑥文化产业社会投资不积极，文化产业设施落后

⑦高层次、高素质的文化人才缺乏，尤其缺乏高层次的文化产业经营和管理人才、科技人才和领军人物

⑧其他

调查结果显示：影响宿州文化产业发展存在的主要问题排在前四位的是：①文化产业规模小，缺乏有影响力的品牌；②社会投资不积极，文化产业设施落后；③文化资源管理分散，缺乏有效整合和集聚；④文化资源存在浪费和闲置，有些资源尚待开发，分别占比23%、17%、14%、14%。

9. 宿州应该采取哪些主要对策做大做强文化产业

问题：您认为宿州应该采取哪些主要对策做大做强文化产业？（最多选三个）

①加快文化体制改革的步伐，加强科学规划，完善扶持政策

②深化体制改革，培养市场主体。培育文化产业龙头企业及项目，打造自主品牌

③拓宽投融资渠道，建立多元化投融资机制。制定政策，鼓励民营资本进入文化市场

④优化产业结构，建设特色文化产业园区

⑤建立健全文化创意产业中介机构和行业组织。搭建文化产业协会、文化产业基金会等产业辅助平台

⑥着力打造同一品牌下的文化、旅游、演出、教育、文化用品产业链

⑦加快高层次、高素质文化人才的引进和培养

⑧其他

调查结果显示：关于做大做强宿州文化产业的对策，23%的人选①；19%的人选⑥；17%的人选②；17%的人选③。

10. 宿州文化产业支柱产业

问题：您认为哪些子系列的产业可以列为宿州文化产业的支柱产业？（最多选三个）

①演出产业　　②工艺美术产业

③传媒产业（新闻出版、广播电视等）　　④文化旅游产业

⑤体育产业　　⑥文化娱乐产业　　⑦会展产业

⑧动漫网络游戏产业

⑨创意设计产业（工业设计、建筑设计、广告设计、时尚设计等）

⑩其他

调查结果显示：宿州文化干部认为可作为宿州文化产业支柱产业前三位的是：文化旅游产业、工艺美术产业、传媒产业，分别占比26%、16%、15%。

11. 宿州书画产业发展应该参考什么模式

问题：您认为宿州书画产业发展应该参考什么模式？

①深圳大芬村（复制）　　②北京宋庄画家村（原创）

③江苏胥口（产业链）　　④其他

调查结果显示：宿州书画产业发展模式，55%的人认为应参考"北京宋庄画家村"；39%的人认为应参考"江苏胥口"；6%的人认为应参考"深圳大芬村"。

三、宿州文化产业调查分析

（一）宿州市各职能局领导座谈观点摘要

1. 宿州文化资源丰富

宿州历史源远流长，文化底蕴丰厚，有新石器时代遗址、隋唐大运河文化遗产等。宿州自古以来便是诸侯必争的军事要地，历史名胜众多，文化名人资源丰富，如陈胜、吴广、刘邦等。宿州市是中国书画艺术之乡、中国马戏之乡、中国书法之乡、中国观赏石之乡，连续三届举办灵璧石文化节。马戏、泗州戏、灵璧石是宿州的文化名片。

课题组点评：宿州文化资源丰富，要注重重点文化资源的开发，注重文化品牌与城市品牌的关系。宿州几大节庆活动可以合成一个来做，影响力会更强。

2. 宿州文化产业发展路径问题

宿州成立了6个产业招商组，由市委宣传部等职能部门直接领导，并分别明确了各自联系的单位。宿州文化产业发展的现状存在很多不足，各政府职能部门对宿州文化产业发展的路径、抓手、切入点和突破点不是很明晰，认识到了文化产业的重要性，但缺乏具体措施和做法。宿州的艺术家虽多，但形成的具有代表性的成果却不多。宿州文化产业要结合地域特色，根据已形成的文化产品，打造经典，做到极致。传统文化产业要品牌化，新兴文化产业要有创新战略。

课题组点评：宿州市职能部门领导积极探索宿州文化产业的发展，但对如何实现文化产业发展的路径不清晰。建议组织职能部门领导不定期到高校集体学习，到全国各地参观考察，汲取异地文化产业发展经验；利用文化节庆活动举办文化产业论坛，探讨文化产业发展的理论与实践。

3. 宿州文化产业园区建设

宿州对文化产业的概念并不明确。中国文化产业发展概念上大下小，客观上地方文化资源配置缺乏，没有报业集团、出版集团，造成文化产业发展薄弱，文化产业相对萎缩。就宿州市的书报刊产业来说，重在抓出版市场，申办建造了书刊专业市场，占地7万平方米，一期已经建成，已经列入省委省政府发展计划。现阶段重在研究建成后如何填充此市场。宿州市已经规划建设印刷园产业区，目前占地300亩，并和多家企业签订合作意向，成为市文化招商的重要项目之一，同时，宿州的印刷和包装究竟有多大市场，还有待调研。

课题组点评：文化产业项目软件和硬件同等重要，在开发建设文化产业园区的同时要注重园区的经营管理。

4. 宿州体育产业

体育事业大体分为群众体育、竞技体育、体育经济三方面。奥运会之后，文化和体育已经成为发展经济的排头兵。宿州市群众体育和竞技体育的发展势头良好，但体育场馆的缺乏，制约了体育经济的发展。市委市政府已经认识到了这一点，逐步加大了对体育设施建设的投入，这对发展体育经济很有利。但宿州体育经济受总体经济发展的制约，发展规模较小，发展步伐相对滞后。目前，体育彩票收入是宿州市体育经济的铁饭碗，弥补了政府对体育经济发展的投入不足。

课题组点评：体育产业应因地制宜，宿州体育产业发展应该以产业链下游的体育用品制造业为主导。

5. 宿州文化产业规划

对文化产业的概念不明确，对宿州文化产业如何发展也没有总体思路。国家"十一五"计划主要是对教育事业的发展，所以，文化的发展应该会提到"十二五"时期的重要发展议程上，这也是地方文化产业发展的机遇。

课题组点评："十二五"计划是宿州文化产业发展的机遇，但要提前做好充分的准备工作。

6. 宿州文物资源丰富

隋唐时期大运河遗址，宿州境内约有140公里，两次发掘共出土500件文物，有地下瓷器宝库的美名。除了文物之外，还发掘了几十万片瓷片。宿州应借鉴其他地区的经验，把文物景点和旅游结合起来。要发展文物复制市场、玉器市场，做好文物遗址的保护与开发，可以参考蚌埠仿制品市场。

课题组点评：文物资源应该更多地采取非营利性发展方式，而不适合于与旅游开发相结合等营利性方式，否则会造成盈利不多口碑又不好的后果。

7. 宿州文化人才建设

近年来，市委市政府的观念和行为逐步转变，在文化上的投入逐步增加，宿州市文化投入居全省前五位。政府要利用名人效应，加大投入，加强艺术队伍建设。宿州文化资源丰富，但经济条件落后，关键在于市委市政府领导态度和观念的转变，加大对文化事业建设的投入。

课题组点评：加强文化产业经营管理人才的建设，通过产业化发展开发宿州文化名人资源。

(二) 埇桥区各职能局领导座谈观点摘要

1. 埇桥区文化资源

宿州市埇桥区在文化产业方面起步较晚，对文化产业概念理解较为模糊，但有一个核心的发展思想，就是以文化事业为主的发展模式。该区是文化资源大区，却谈不上是文化产业强区。埇桥区最为著名的是马戏，可以说埇桥拥有全国最多的马戏表演艺术团，占到了全国马戏表演市场的2/3。但是，在该区马戏之乡的埇桥却看不到马戏，想看埇桥马戏必须到外地去，出现了"马戏之乡看不到马戏"的现象。埇桥区正在规划建设一个"马戏城"，保证马戏在当地的演出，远期规划是建设一个"马戏大世界"——这将是一个集动物的繁殖、驯养、表演为一体的场所。在非物质文化遗产方面，另一项非物质文化遗产就是淮北花鼓戏，以前大家总是提凤阳花鼓，但是淮北花鼓戏比它的历史还要悠久，现在已经是国家级非物质文化遗产项目。还有符离集烧鸡，拥有上千年的历史，现在已经是市级非物质文化遗产，正在申报国家级非物质文化遗产，正筹划举行符离集烧鸡美食节，对这一非物质文化遗产进行推广。在石文化方面，还拥有乐石。乐石和灵璧石是一个山脉体系的，但是乐石鲜为人知，它的特点就是有五色，主要用于制作砚台和石壶，工艺也是相当精美。可以说埇桥区已具备大量的文化资源，现在的主要目标就是如何形成产业。

课题组点评：埇桥马戏资源极具稀缺性，其品牌建设应该是战略性的，应该做好系统的产业规划与品牌规划，同时配套政策、人才、资金等资源。

2. 埇桥广电产业

埇桥区于1998年设立，它位于安徽省的北部，面积2868平方公里，有人口180万，可以说是全国最大的县级区，80%的人口在农村。但是，就是这样一个大区，却是一个"三无区"，没有广播电台，没有报纸杂志，没有电视台，这对于埇桥区的文化产业发展、宣传是一种阻力。

课题组点评：受体制限制，埇桥的广电产业在战略上应该走产业链下游路线。

3. 埇桥马戏产业

埇桥作为马戏之乡，有很高的专业演出水准，但是在埇桥当地基本上看不到马戏，这主要是受演出场馆的限制，没有一个正规的场地进行演出，平时也主要是在下面的乡镇流动演出。关于马戏大世界建设，现在林业部门对动物表演这方面的审批比较严格，尤其是涉及一些保护动物时，审批更加困难。而且现在的马戏团基本上都是家族式的，在设施、资金等方面很不规范，这给埇桥马戏的发展带来了一些困难。

课题组点评：马戏产业的消费群体是全国性的，马戏产业的发展要把握好"走出去"和"请进来"的关系。用大型的马戏演出基地吸引全国的消费者，伦敦西区和百老汇是我们学习的榜样。项目可以学习和借鉴太阳马戏团、时空之旅、云南映像、吴桥等的做法。

4. 埇桥文化旅游产业

宿州五柳绝对是一个好地方，因为周边地区都是大平原，没有这样美的山山水水。对于五柳景区，着重打造的就是"休闲品牌"，该地有泗州戏、梆子戏、淮北花鼓，可以改良，也可以在景区内湖面上作这样的表演，包括借用埇桥马戏，使之成为每天的常规表演，这样的市场化运作相信效果会非常好。

课题组点评：文化产业和旅游产业的融合是大趋势。五柳景区的整体规划、开发和品牌包装很重要，目前的规划建设亮点还不够。

（三）萧县各职能局领导座谈观点摘要

1. 萧县书画产业

萧县能提笔书画的人员达2万多人，拥有装裱店68家，多为家庭作坊形式，都是自己销售，或别人上门来买。所存在的问题主要是如何把萧县书画产业做大做强，把作品当作商品推出，成批量销售，形成规模产业。目前萧县文化艺术城还在规划建设中，为扩大萧县书画产业，我们将用118亩土地来筹建这个萧县文化艺术城。建成后的艺术城将包括博物馆、名人馆、展览馆、演播厅和花鸟市场等。这个项目是由黄山的公司投资开发的。

课题组点评：萧县的书画资源非常丰富，但需要培育书画中介机构、各级书画市场形式等，以规范萧县的书画文化产业。

2. 萧县广电产业

由于受经济条件的限制，萧县广电局发展规模较小，主要为政府做宣传，很少有自己的文化产品。有线电视节目传输，由于全省网络整合已经都划归省里所有，一年能收入2000多万元，但县里留下的只有100万元左右。

课题组点评：受体制限制，萧县的广电产业在战略上应该走产业链下游路线。

3. 萧县文化旅游产业

萧县的旅游资源丰富，有很多国家级文化遗产，其中国家4A级景区皇藏峪自然风景区旅游资源十分丰富。从文化产业的发展情况看，该县要解决的最主要问题是从哪方面进行投资。建议将旅游与文化相结合，在旅游景点建立展览馆、销售纪念品、进行文艺演出等，对萧县的资源充分开发利用。

课题组点评：中国的文化建设由文化事业和文化产业组成，目前国内的整体趋势是文化、旅游、广电、新闻、体育等的大融合。萧县可以把文化产业的范围做得更大一些。萧县的旅游主要是做好皇藏峪的规划、开发与品牌包装。

（四）泗县各职能局领导座谈观点摘要

1. 泗县演艺产业

泗县有专业剧团一个、业余剧团100多个，分布在各乡镇，以唢呐、泗州戏和歌舞为主，主要服务红白喜事。县剧团每年演出150～200场，在职职工28人，财政拨款每年约45万元。为弘扬泗州戏文化，2006年和2008年，泗县联合省文联、省戏剧家协会，连续成功举办了两届中国（泗县）泗州戏文化艺术节。

课题组点评：泗县应大力发展演艺产业，考察学习国内目前较成功的室内和室外大型演出。对泗州戏既要保持传统的金字招牌，又要探索产业的新途径。南京甘熙故居的昆曲会所可以作参照。

2. 泗县大型旅游项目

石龙湖湿地保护区人文和生态环境优良，有植物100多种，动物几千种，保护区北部有邓愈故里，东北部有淮北地区保存最完好的霸王城。县委县政府把石龙湖湿地生态园作为重大项目，规划投资10亿元，近期投资5亿元，利用10～15年时间，建设环湖公路、植物园、生态园、农业观光园、节制闸、霸王城、点将台、度假村、邓公岛、垂钓中心和农家乐等主要景点，把石龙湖湿地保护区打造成为4A级皖北生态旅游胜地，该项目的融资渠道主要为政府投资、银行贷款和对外招商引资。已经建成的项目有植物园、生态园度假村、苗寨风情园等。

课题组点评：石龙湖湿地生态园的开发可以参考杭州西溪湿地公园，但要结合泗县特色，增加具有文化底蕴和内涵的项目。

（五）灵璧县各职能局领导座谈观点摘要

1. 灵璧文化资源

灵璧县为文化大县，拥有三大文化资源：①楚汉文化。具体资源包括垓下古战场遗址、虞姬墓、霸王城等。②钟馗文化。包括钟馗画、钟馗酒文化。③灵璧石文化。包括赏石、玩石文化等。钟馗文化起于唐代，兴于宋、明、清时代，"文革"期间遭到严重破坏，后经老艺术家的抢救性修复得以继续发展；其艺术流派较多，产业发展较好。灵璧石产业发展较好，已建成奇石大市场，目前正在筹建的有中国石林公园、国际奇石交易中心等，相信在建成之后必定能以奇石产业带动旅游业的发展。2006年，灵璧县被国家文化部命名为"全国文化艺术之乡"，本县的剪纸、高跷等民间艺术极具艺术特色。灵璧县从2007年开始多次将关于文化方面的报告及规划呈报上级，其中包括总投资1.2亿元的虞姬文化园、总投资2.5亿元的灵璧县钟馗文化园及已举办的灵璧县民间艺术节、筹办中的钟馗文化节等。

课题组点评：灵璧的石文化产业是灵璧县支柱产业，产业基础好，通过交易市场的规模扩大和产业升级等方式培育出石文化特色产业。但灵璧石的工艺水平和市场运作还有待提高，建议遵循结合城市品牌做强灵璧石品牌—加强灵璧石产业集群及延长灵璧石产业链—扶持灵璧石文化企业及建设灵璧石交易市场的发展思路。

2. 灵璧广电产业

灵璧的广电产业很不发达，存在的问题主要有：①缺乏专业人才，如主持人、编导、导演等。②设备老化，缺乏资金扶持。③产业文化不发达，除电台、电视台外，广电系统无其他文化发展空间。比如，媒体网络已经被个体承包。地区经济发展薄弱，政府无力扶持，人才引进较难；政府有意建设广电中心，但还未决定；目前已通过各种方式广纳人才，比如举办全省电视节目主持人大赛，并从中选拔了四名主持人，以优厚待遇与其签约。总之，还是缺乏政策、资金、人才等的支持。

课题组点评：灵璧广电产业的发展思路对其他区县广电产业是一个参考，应该实事求是发展本地的广电产业，要进行产业多元化探索。

3. 灵璧演艺产业

关于艺术团体方面，现有民营团体1000多家，但还存在较大问题，比如演员素质不高，文化市场不规范，舞台、服装的艺术效果不好，等等。泗州戏流传300多年，剧团现存在的问题包括：①缺乏人才资源，留不住人才，后继人员培养存在较大问题。因此解决人才后续保障问题是关键。②市场存在困扰。剧团编排的《霸王别姬》《钟馗嫁妹》等作品的投入产出不成比例。文化需要传承，还要保证传承人有饭吃、有收入。③老人占编制，新人无编制，每年演出300多场，其中100场为义演。

课题组点评：建议做大做强一个项目，变成常态性的演出，比如《霸王别姬》。

四、宿州文化产业发展对策

宿州文化产业要发展，必须进一步解放思想，更新观念，把发展文化产业放到国民经济和社会事业发展的重要位置来抓，放到宿州城市综合实力提升的战略上来抓，要遵循市场经济规律和文化生产规律，整合宿州各类文化资源，着力培育具有宿州特色的支柱文化产业及项目品牌，努力构建多种结构和多种所有制经济共同发展的新格局。具体对策如下。

1. 积极制定并落实有利于文化产业发展的政策，为宿州文化产业发展提供良好的政策环境

文化产业是特殊产业，需要政府依靠政策、行政、经济等手段来支持它的发展。要尽快制定具体的文化产业政策，包括产业组织政策、投资融资政策、财政税收政策、分配激励政策和文化资源保护利用政策等，逐步使文化政策覆盖宿州文化产业的主要领域。要进一步调整和完善文化体制的所有制结构，尽快制定鼓励非文化企业、非公有制经济创办文化产业的政策，明确文化开放领域的市场准入标准、准入程序及管理监督办法，降低文化产业准入的门槛。同时，科学规划文化产业总体发展战略，确定重点发展的文化行业门类及品牌项目，形成文化产业的中长期整体发展规划，完成现代文化产业体系的整体设计。

2. 加强宿州文化遗产及民俗文化的科学分级及挖掘整理，为文化产业发展提供文化资源

宿州文化资源丰富，文化积淀深厚，文化传统悠久，马戏、书画艺术源远流长，历史名人辈出，民间民俗文化丰富多彩。要积极加强宿州文化资源的科学分级及挖掘整理，要开发和保护好埇桥马戏、萧县书画、泗州戏、灵璧石、

砀山梨花等特色非物质文化遗产及其他本土文化资源项目，在上档升级上下功夫。积极支持和鼓励马戏、灵璧石、书画等不同门类的文化生产，努力打造文化产业精品项目。

3. 支持重点产业，通过组建文化产业集团、举办节庆活动等方式推进宿州文化产业快速发展

一是做大做强演艺产业。鼓励发展埇桥马戏、泗州戏及其他宿州特色的演艺产业，通过产业规划、政策支持、人才引进、节庆活动、组建产业集团、项目合作、全国乃至全球的品牌演出等多种方式培育演艺产业，使之成为宿州拉动文化产业、旅游产业及其他产业发展的引擎。二是做大做强灵璧石产业，通过培育灵璧石产业集团和灵璧石交易市场、举办灵璧石交易会、举办节庆活动等方式，形成灵璧石产业链。三是做大做强文化旅游产业，重点培育五柳、皇藏峪、石龙湖等项目，形成大型旅游产业集团。

4. 建立多元化的资金投入机制，筹建宿州文化产业发展基金

设立文化产业发展基金，将其作为加快文化产业发展的引导资金，主要用于文化产业建设项目的贴息或补助，以更多地吸引银行信贷资金和社会投入；坚持"谁投资，谁受益，谁承担风险"的原则，动员社会力量，形成多元投入。要真正推进文化产业的发展，解决宿州文化产业发展所面临的资金、人力资源、管理资源等不足的矛盾，鼓励企业、个人、社会各界对文化产业的投入。大力发展民营文化产业，实现文化产品民营化战略。通过相应的文化投资体制改革，实现文化产业投资主体多元化、社会化、公共化，以此构筑宿州文化产业体系。

5. 建设各类文化产业发展基地，培育宿州文化产业发展的集聚力

以凝聚文化资源、培育特色产品、打造文化品牌，加速产业集聚、落实分类指导、增强横向交流、促进产业融合为主要目的，建设宿州文化产业基地星级管理体系。各类文化产业基地不分隶属关系和所有制性质自愿申报，文化产业主管部门或委托非政府组织制订标准，定期评估，及时指导，动态管理。

建立"宿州文化产业示范基地"。选择实力、规模、绩效俱佳，外向发展能力强和具有较强示范带动作用的文化产业组织，授予"文化产业示范基地"称号。通过示范基地的建设，形成文化机构的链状集中和块状聚集，带动一批文化机构迅速走向规模化和网络化经营，提高特色领域的整体实力。

建立"宿州文化产业发展研究基地"。确定一批有文化产业战略与政策研究基础的机构，发挥其专业性和综合性的文化产业发展战略、文化产业政策及产业宏观发展问题研究的主体地位，凝聚一批文化产业专家。跟踪国内外文化产业发展，逐步提升产业发展的战略研究水平。鼓励各有关机构在文化产业发展研究基地的框架下，展开全面、深入、多视角、多学科的文化产业理论和实践研究，开展文化产业及管理部门高层管理人员的培训工作。

6. 鼓励民间资本进入文化产业

认真落实国务院《关于非公有资本进入文化产业的若干决定》和安徽省《非公有资本进入文化产业指导目录》、文化产业税收优惠、规费减免和奖励政策，有效降低民营文化企业生产经营成本，引导民间资金转化为民间资本。落实民营文化企业和国有文化企业在资源配置、市场准入、项目鼓励、支持和引导、政府服务、法律监管、土地使用、职称评定、金融和税收支持等方面享有同等待遇，为民营文化企业创造平等竞争机会。简化对农村个体文化经营户和民营文化企业的登记审核程序，鼓励、支持和引导农村文化经营单位和个体经营者。鼓励民营资本进入基层文化站，开展项目和经营合作。

7. 支持文化政策、理论和产业信息研究，强化文化产业发展的理论支撑和信息基础

加强文化产业发展研究，为文化产业和文化创新奠定理论基础；加强战略性和基础性产业门类的发展战略研究，以理论引领产业发展，提高产业发展的科学性。支持文化产业政策、行业规范和产业发展战略研究，使宿州市文化产业发展建立在科学管理的基础上，定期出版《宿州市文化产业蓝皮书》。完善文化产业统计与文化资源调查制度，将文化产业和文化资源调查工作制度化、常规化，为文化产业发展宏观决策提供信息支持。编辑《宿州市重点鼓励发展的文化产品与文化产业投资指南》《文化产业重点项目信息库》《文化产业人才资源信息库》《宿州市文化产业优惠政策查询系统》，编制《宿州市数字文化地图》，动态反映文化产业发展的资源需求和空间变化，为文化产业投资者、经营者和消费者提供可靠的参考信息。

8. 建立宿州文化产业发展的组织保障和协调机制

成立宿州文化产业发展领导组织，拓宽文化产业战略决策的国际视野。成立"宿州文化产业振兴领导小组"，加强振兴文化产业和推进文化强市的职能。成立"宿州市文化产业专家委员会"，受市文化产业振兴领导小组的委托，负责制定鼓励、支持和引导文化产业发展的政策及其实施细则，起草宿州文化产业规划、宿州文化产业基地认定标准及管理办法，为文化产业基地等级认定提供专业评审意见，加强与国内外著名专业机构的交流与合作，拓宽宿州文化产业发展战略的国际视野。

9. 推动和引导文化企业组建行业协会，强化行业自治与行业自律

鼓励文化企业依法组织各类文化行业协会，实现政府与行业协会的分离，支持文化行业协会发展。强化行业协会集中办理公共事务、维护共同利益、降低运作成本、规范行业行为、提高行业发展质量等职能，提高行业协会的向心力和凝聚力。引导行业协会借鉴国际文化产业运作规则，统一调配资源，统筹规划，提高文化产业运作水平。在会员单位中建立落实演出季、展出季、活动季、会展季和比赛季制度。

10. 实行"城市文化发展总规划师制度",推动文化产业可持续发展

设立宿州专职城市文化发展总规划师,作为宿州市文化事业和文化产业发展的总策划师、总规划师,组织实施宿州文化建设总体规划,主持编写和落实重点文化行业的发展计划和特色文化项目的培育计划,主持制订和落实文化产业经营管理队伍的培育计划,制订和实施宿州市文化艺术节庆和重大专项文化活动的系统设计方案。城市文化发展总规划师集中调动一切积极因素,共同完善宿州文化产业价值增值链,推动文化产业集群和产业生态建设,引导宿州市文化产业快速健康发展。

11. 开展文化产业发展主题年建设活动

围绕宿州文化产业发展目标,通过开展主题年建设活动,每年重点解决一些文化产业发展的"瓶颈"问题,有计划地落实发展目标和任务。

(1)"文化体制改革年"。集中解决制约文化产业发展关键性的体制、机制和市场环境问题。通过集团化改革和建设,实现政企分开、政事分开和管办分离。建立科学化、制度化的管理框架,理顺管理体制,完善运营机制。

(2)"文化产业人才队伍建设年"。制订和落实文化产业专业人才发展计划、文化产业管理人才发展计划。

(3)"文化产业基地与文化产业孵化器建设年"。制定文化产业基地的评选标准和管理办法,落实鼓励、支持和引导文化产业基地建设的具体政策措施,建设文化产业基地的工作网络与信息平台,完善组织领导、发展计划和工作机制,促进文化产业基地的健康发展。发展文化企业孵化器和文化项目孵化器,培育和引进创新源,开展增值服务和高端服务。

(4)"文化行业协会与特色文化产业建设年"。理顺政府与行业协会的关系,规范行业协会行为,培育企业家精神,建立企业家的发展辅导机制,降低行政运行成本。发展和保护知识产权,充分发挥企业、政府和协会的作用,围绕特色产品和特色活动做大特色文化产业。

12. 加强各类高层次文化人才的培养和引进

目前宿州市文化人才较为匮乏,高层次文化人才更是奇缺。文化人才特别是标志性文化代表人物,对于宿州市实现文化资源大市向文化产业强市跨越的意义重大。要实施高层次文化人才培养工程,抓紧培养文化创意与策划等方面的专门人才,抓紧培养文化产业的经营管理、技术创新方面的专业人才,抓紧培养熟悉市场规则、了解文化规律的文化经纪人才,造就大量的高层次文化专业人才、文化管理人才、文化经纪人才。要拓宽高层次人才引进渠道,制订高层次人才引进计划,特别是加强对紧缺人才的预测和规划,定期或阶段性发布人才需求目录。通过以上措施,为宿州市文化强市建设建立一支高素质的文化产业人才队伍。

(课程组成员:胡晓明 陈建华 程秀花 朱长春 孙 静 王育栋 柳丝雯 彭顺婷 孙 路 赵 慧)

思考题

1. 如何撰写区域文化产业调研计划？试以家乡区域文化产业为调研对象撰写调研计划。
2. 如何进行区域文化产业调研问卷的设计、调查及统计？
3. 如何开发区域特色文化资源，打造区域支柱性文化产业？
4. 如何寻找区域文化产业发展对策？

传媒产业篇

案例 1

以戏带建　以建兴旅[*]
——无锡影视基地的影视旅游共生模式

中央电视台无锡影视基地坐落于江苏省无锡市美丽的太湖之滨，是我国首创的大型影视拍摄基地和文化旅游胜地，是影视文化与旅游文化完美结合的主题景区，也是国家首批5A级旅游景区。无锡影视基地始建于1987年，占地面积近100公顷，可使用太湖水面200公顷，依山傍湖而建，尽享太湖之灵气、秀气。太湖是我国第三大淡水湖，面积2250平方公里，水面浩瀚如海，雄奇壮阔。[①] 中央电视台（以下简称央视）按照"以戏带建"的方针，为拍摄电视连续剧《唐明皇》《三国演义》和《水浒传》，相继建成了唐城、三国城和水浒城三大景区。无锡影视基地以其富有特色的文化旅游产品、良好的知名度和美誉度、热情周到的服务和科学严谨的管理，每年接待200万名游客和20多个影视摄制剧组。然而，随着近年来影视旅游的兴起，各地大肆兴建各种影视城，给无锡影视基地的健康运营带来了一定挑战。下一步该如何发展？中国的影视旅游业路在何方？个案将从现状、模式、竞争及发展四个角度透视无锡影视基地的往昔、今朝及未来发展构想。

一、筹建缘起：电视剧制作取景之便[②]

20世纪80年代，拍摄电视剧取景问题令很多剧组颇为头疼，为拍一部电视剧四处奔波，"走遍祖国大好河山"，费时费力，制作成本高昂。广电部希望选择一处清静场所，集中一批优秀剧作家，专心创作影视作品。如果能够依托影视基地拍摄，批量快速生产，从制作周期、成本上来说都是明智的选择，也能更好地满足当时人民群众日益增长的文化生活需求，特别是对电视剧节目

---

[*] 本案例改编自郭文、王丽《影视型主题公园旅游开发共生模式研究及其产业聚落诉求——以央视无锡影视基地为例》（载《旅游学刊》2008年第4期），刘滨谊、刘琴《中国影视旅游发展的现状及趋势》（载《旅游学刊》2004年第6期），郑泽国《一条古战船载动39万游客》（见中国营销传播网，2004年6月18日）。

[①] 根据中视传媒无锡影视基地官方网站资料收集整理。

[②] 本节内容主要选自郭文、王丽《影视型主题公园旅游开发共生模式研究及其产业聚落诉求——以央视无锡影视基地为例》，载《旅游学刊》2008年第4期。有改动。

的需求。建设外景基地的想法呼之欲出，其主要功能就是为电视剧制作提供外景取材。顺应时势，根据广电部"以戏带建"的方针，以景促游、以游助建，央视在江浙两省进行广泛考察和认真研究之后，希望通过为剧组提供拍摄场景服务，带动景区的旅游发展，建设外景基地，最终确定在无锡筹建外景基地，以适应当时电视剧生产基地化的需求。

20世纪80年代末，为了收集整理电视连续剧《西游记》拍摄遗留的布景道具，基地投资40万元，建造了中国第一个人造景观——西游记艺术宫。限于当时的条件，该艺术宫十分简陋，但是，以8角钱的低廉门票对外开放后，居然万人空巷，游客爆棚，一天收入上万元，让人们看到了发展影视旅游的前景。① 由此偶然发现，"影视旅游"这一影视副产品市场巨大，效益惊人。

1991年10月，基地正式挂牌不久，央视决定拍摄《唐明皇》，唐城随即又在大孚山麓苍翠清幽的群峰环抱中破土动工。之后有《杨贵妃》《武则天》等名噪一时的影视剧在此取景。受影视剧热播的影响，当时游客最多时一天达5万人，无心插柳的影视旅游热现象令原本专为创作而设计的场所变成了新型旅游业态，出人意料的成功使本来旅游资源并不丰富的无锡找到了一条捷径。②

1992年，央视为拍摄84集电视连续剧《三国演义》兴建大型影视文化景区，三国城开始建设。三国城面积比唐城大三倍，"刘备招亲""火烧赤壁""横槊赋诗""草船借箭""借东风""诸葛吊孝""舌战群儒"等十多集重场戏均在此拍摄。三国景点内建造了影视文化特色和具有浓郁汉代风格的"吴王宫""甘露寺""曹营水旱寨""吴营""七星坛""跑马场""点将台"等几十处大型景点，建筑面积达8.5万平方米。后因发展需要，又陆续添置了"桃园""九宫八卦阵""火烧赤壁特技场""竞技场""赤壁古栈道"等景点，丰富、充实了景区文化内容。

1995年，为拍摄大型电视连续剧《水浒传》，基地利用唐城、三国城的回收资金，启动建设水浒城，并于1997年建成。1996年3月《水浒传》剧组进驻开拍，1997年3月8日正式开放。水浒城南面与三国城相邻，西濒太湖，依山傍水，占地580亩，可供拍摄的水上面积1500亩。水浒城主体景观可分为州县区、京城区、梁山区三大部分。我国古典园林构筑讲究"咫尺山林"，影视城则是"咫尺天涯"。如果说三国城将吴王宫、甘露寺、赤壁等相距数百千里的地域凑集在数百千米之间，水浒城则将梁山泊搬到了宋王城的边上。城内建筑风格统一而形式多样，有由皇宫、御街、高俅府、大相国寺、汴河两岸、艮山寿岳等组成的宋朝京城，有由"狮子楼""西门庆药店""武大郎饼店""王婆茶馆"等店铺组成的紫石街，有由忠义堂、水寨等组成的梁山

---

① 参见郑泽国《一条古战船载动39万游客》，中国营销传播网，2004年6月18日。
② 参见邵培仁、杨丽萍《金钱的声音：中国影视基地的运作、盈利模式及其困境与对策》，载《文化产业导刊》2010年第9期。

泊……上自皇宫相府，下至民宅草屋、衙门监牢、寺院宗庙、街市店铺、酒楼客栈以及水泊梁山大寨，从各个不同的阶层，充分再现了宋代独特的历史背景和浓郁的风土人情。①

唐城、三国城、水浒城收纳了中国古典人文景观，而欧洲城则将多个国家的建筑比邻而建，由太湖影视城与澳门怡联有限公司合资兴建，占地200亩，投资1亿元人民币，其规划着眼于文化特色，融汇、设计了多种使用功能，既能制景拍摄，又能为游人提供充满异国情调的游乐审美新享受。欧洲各地的著名建筑、景点仿建其中，有法国的凯旋门、古希腊的宙斯神坛、葡萄牙的贝伦塔、意大利"水庭院"、挪威的乡村教堂、英国"史前石阵"、雅典的卫城、荷兰的风车……这些建筑都由专家们精心考证设计，真实地再现了当时历史背景下的建筑风貌。

影视基地的建设带动了无锡旅游业的突破，历经多年的徘徊后终于跨上了一个台阶。影视城经常有电影、电视剧在其中拍摄，游人们有时会遇上拍摄场面，并能见到一些影视明星。影视城为了吸引游人，还组织了演出团，每天演出人们熟知的历史故事片断。丰富多彩的演出节目是无锡影视基地的旅游亮点，这里每天有20多场马战、歌舞、影视特技类的节目连续上演。其中有气势磅礴、扣人心弦的"三英战吕布"，有展现影视特技拍摄奥秘的"铁血丹心"，有古典华丽的"华夏古韵"，有身怀绝技的"武功集锦"，还有"燕青打擂""连环计""杨志卖刀""唐风流韵"，等等。这些节目运用影视表现的手法，集中展示了《三国演义》《水浒传》等历史名著中家喻户晓、脍炙人口的经典故事。节目中强烈的视听冲击效果令观众如临其境，回味无穷。影视基地还推出"乘古船游太湖"项目，可让游客乘船泛舟湖心，饱览太湖的美景神韵，体味江南的水乡雅致。古船上的江南地方戏曲演出深得客人喜爱。

央视在基地拍摄了上百部影视剧和各种影视节目，而随着在无锡外景基地拍摄的《唐明皇》《三国演义》的播出，无锡影视基地迅速发展为中国规模最大、游客最多、效益最好的影视拍摄基地和旅游景点，无锡特别是无锡旅游业在全国名声大振。

二、共生模式：影视文化与旅游文化的完美融合

影视文化作为一种大众喜闻乐见的通俗娱乐形式，以文化资源的形式进入旅游资源开发行列，这一独具魅力的旅游形态使得以影视作品为主题的特殊主题公园随即成为现代旅游业的重要组成部分。影视旅游是一种新型的专项旅游形式，是旅游发展到一定阶段与影视产业相结合的产物。影视旅游最早产生于20世纪二三十年代的美国，随后发展到世界各地，世界各地的影视拍摄地旅

---

① 根据中视传媒无锡影视基地官方网站资料收集整理。

游、以影视内容为题材的主题公园旅游渐渐兴起并发展到今天。① 综观国内外影视城，影视旅游已经成为影视城不可缺少的一部分，借用影视城的影视拍摄资源发展旅游业逐渐盛行。

影视型主题公园是主题公园发展到一定阶段细分化的产物，是现代旅游产业的一种重要类型和补充，它作为一种新型旅游产品，带给旅客的是高强度、全方位、综合性的休闲娱乐感受和全新的生活体验。它的产生和发展经历了一个漫长的积累、转化和提升的过程。

在这一过程中，影视城作为影视产业发展的必然产物，逐渐为人们所熟知，并且随着影视旅游的发展而成为一类特殊的旅游活动场所。归结起来，无锡影视基地的成功因素主要是依托管理主体的特殊性、区位选址的优越性、影视旅游的融合性以及文化共生的运营模式。

（一）"集团+基地"的管理共生

集团与基地双重管理，采用股份制上市公司的市场化运营方式，增强了影视基地规避风险的能力，双方成为资金和产业链条上相互的支持者，保证了旅游开发成功地由单一型向多元方向发展。央视无锡影视基地是国有制事业单位，1996 年 10 月，经中国证监会批准，影视基地作为 5 家发起人之一的大股东，与央视下属的其他 4 家共同筹建了无锡中视央视基地股份有限公司，于 1997 年 6 月在上海成功上市，其中，央视控股 67% 的股份。无锡影视基地旅游开发管理带有股份制上市公司经营模式的特性，影视基地受央视管理机构的委托，成为景区经营旅游业务的常务机构，主要管理央视在无锡的资产，负责央视对无锡当地政府部门及企事业机构的联系协调工作；景区管理机构承担景区旅游开发等职能。上市公司依靠巨大的资本优势、有效的经营机制、强大的专业优势和人才优势，可以保证对景区影视拍摄设施、旅游项目进行深层次开发。这一模式是将所有权与经营权分离、旅游资源保护与开发权不完全分离的经营模式。

这种所有权与经营权分离的模式从根本上保证了无锡影视基地的设立与管理符合现代企业管理的基本规律，同时，旅游资源的保护与开发不完全分离又使得在后期资源整合利用中具有较大的灵活性与自主性。

首先，在集团运作战略中，公司上市在极短的时间内可以募集到大量资金，并能把资金投入旅游开发建设和景区维护中，这样可以保证有足够的资金投入景区开发建设中，解决了影视型主题公园建设"规模大、投资大"的难题。同时，社会参股使社会更加关心无锡影视基地的旅游开发，对景区开发及其资源的保护、维修十分有利，而且在某种程度上打破了长期利益分配的平均

---

① 参见佚名《焦点研究：我国影视城路在何方——影视旅游的升级与转化》，http://www.cis163.com/zt/yanjiu - 6. htm。

主义，极大地调动了各方的积极性，也吸引了大批剧组前往。统计表明，从1997—2006年，无锡影视基地在游客人数稳定增长的条件下，每年纯影视旅游收入保持在5118.6万元左右，显示出优势资源与资本市场、企业机制结合下的效益优势。

20世纪90年代，《三国演义》《水浒传》的热播，使无锡影视基地一炮而红，在把影视城推向巅峰状态的同时，无锡也一跃成为华东旅游线上的明星城市。无锡影视基地利用了央视极好的营销平台，在全国媒体展开极大的宣传攻势。1998年元旦之际，影视城又利用央视黄金时段播出《水浒传》之际，推出"相聚水浒城元旦晚会"，利用影视基地与央视"联姻"的便利优势，依托大众化、娱乐化的电视栏目进行宣传，市场反响强烈。

(二)"地理+经济"的区域共生

无论是影视基地，还是主题公园，其区位选址尤其关键。无锡影视基地占据了原生态环境保存完好的1800亩太湖水面，这是一笔天然资源。凭借地理空间上得天独厚的区位优势及区域产品差异化经营，利用集聚优势，保证了客源及消费能力；利用太湖优势，因地制宜，占得发展先机。

长三角是全国有名的鱼米之乡，我国第一个无障碍旅游区及我国三大经济圈之一，交通优势特别明显，人口众多，人民生活水平较高，经济发达。长期以来，无锡周边城市主要依托园林、古村镇等传统旅游资源吸引游客，无锡影视基地的存在为华东线增加了新的旅游形态，以差异化旅游资源开发为取向，既利用了聚集效应，又为吸引游客上了"双保险"。

影视基地积极开拓太湖水上产品，给"亲水情结"较浓的游客以旅游体验的满足感。虽然国内水上游览项目众多，但是，用拍摄大型电视连续剧《三国演义》《水浒传》保存下来的古代战船运载游客却独此一家。2001年，开发古战船游览太湖水上线路，是"景点+表演、再现影视拍摄场景"这一影视文化旅游概念的自然延伸。目前，央视基地+古代战船+太湖美景，三大概念组合，既有知名度，又有新鲜感，满足了外地游客对"江南水乡"心驰神往的潜在心理需求，取得了其他景点无可比拟的竞争优势，而这种优势，恰恰是与得天独厚的区位优势和精心选址并存的。

(三)"影视+旅游"的产业共生

影视旅游是指把影视文化与旅游活动结合起来，以与影视拍摄、制作、宣传等有关的一切事物为客体，融观赏性、知识性、参与性于一体的专项旅游活动。据网易新闻网2010年1月25日报道，张家界南天一柱正式被更名为《阿凡达》哈利路亚山。导演卡梅隆表示，《阿凡达》通过慢放发现，影片中大概有25分钟完全是张家界的山水风光，"潘多拉星球"中的大量原型来源于张家界群山，其中"南天一柱"图片（图1）就成为"哈利路亚山"（图2）即悬浮山的原型。

图1　张家界南天一柱　　　　　　　　图2　《阿凡达》哈利路亚山

（图片来源：http：//www.huanqiu.com）

随着《阿凡达》的热播，张家界向游客推出"阿凡达之旅"，根据影片中的场景让游客感受现实版的"阿凡达"，迎来一拨又一拨旅游热潮。虽然每年的冬季是张家界的旅游淡季，可是到张家界感受"阿凡达之旅"的游客在逐步增加，同比2008年增加了近两倍。无独有偶，一部经典电影《罗马假日》把罗马的旅游带旺得多年未见退热；《冬季恋歌》中济州岛浪漫的飘雪令人向往，使得游客对韩国济州岛的极致美景充满无限憧憬；《勇敢的心》中，忧伤的苏格兰风笛让全世界影迷为之陶醉；2001年《指环王》在全球的热映，使得新西兰美景家喻户晓，新西兰旅游业更是飞速发展，每年接待的游客数目是以前的10倍；《十面埋伏》在蜀南竹海景区取景，每年至少为景区带来了10%的游客量增长率。携程网曾对2500余名旅游爱好者进行调查，其中有超过四成的人表示，会因为喜欢某部影视作品，而专程去相关外景地旅行。可以毫不夸张地说，影视剧对旅游业尤其是旅游目的地、影视基地的带动效应是相当明显的。

无锡影视基地同样是借助"影视＋旅游"的产业融合，最大限度地发挥影视旅游的无穷吸引力；同时，还利用基地的相关资源，再现历史上大型活动、大规模军事战争场景。如《三英战吕布》《智取高唐州》等。各种表演使景区游览高潮迭起，影视拍摄能让游客通过亲眼看见、亲身体验，最大限度地实现游客与影视作品所描述场景的融合，很好地满足了游客的心理诉求。另外，在主题展演中，还利用如古战船、水车等道具及演播厅，让游客参与、感受影视特技表演，除观看表演外，还可以与明星派对、邀明星合影、请明星签名，参与影视特技表演、骑马信使、燃放古炮，体验惊险场面；唐城"皇帝上朝"演出节目也组织游客参与表演，改变了只有建筑道具和历史故事改编、传统的以"静态"为主的"中国式游园"，实现了游客对影视的"印证"和"寻梦"，充分体现了活动功能的动静结合，增进了游客兴趣（如图3所示）。

图3　无锡影视基地"影视+旅游"的产业融合

央视股份还实施影视业与旅游业实效组合机制,如在影视城内举行大型旅游活动"玫瑰婚典""江南影视旅游文化研讨会"等卓有成效的宣传组织活动,促进了旅游与影视的巧妙组合,和谐互动。

(四)"吴文化+古文化"的文化共生

无锡影视基地旅游开发的成功,还在于依托吴文化,以吴国的建筑、饮食、歌舞、蚕桑、纺织、水利、舟桥等传统地方文化为吸引力元素,不断挖掘地方特色。凭借吴地文化的沉积,以影视博物馆的形式展示吴方言地域内仿真建筑、饮食、歌舞、纺织、舟船的传统文化,挖掘和维系了地缘文化;以家喻户晓的三大古典名著为蓝本,通过对非自然景观的时空物化,为游客填补了一项空白。

《三国演义》《水浒传》《唐明皇》均属我国历史题材的经典著作,几百年来脍炙人口,在世界许多国家都有极大的知名度,尤其是《三国演义》《水浒传》属于我国四大名著,妇孺皆知,影响深远。与之相对应的三大城区各有各自的古典文化氛围,三大主题"大唐盛世""三国演义""水浒传奇"都堪称影视历史文化博物馆,在此主题的牵引下,传递着反映中国历史发展过程中东周列国、汉、唐、宋的政治、经济、文化、社会生活现象,使游客仿佛置身历史长河的画卷当中。让游客置身于古典名著描述的背景中,将时间、空间进行切割、糅合,模糊了古代、现代的时空界限,满足了游客求新求异的需求,使游客感受到吴文化与古文化的极好融合。

无锡影视基地成功的意义在于对我国同类产品开发的引领和示范作用,其成功的经验虽然无法被其他影视基地完全移植或复制,但不乏可借鉴因素。

三、腹背受敌：市场跟进者风生水起

央视无锡影视基地的成功崛起，在国内旅游市场激起巨大波澜，"羊群效应"随之出现。1995 年以后，就在央视无锡影视基地所处的这个 28 平方公里的半岛上，继唐城、三国城、水浒城之后，又建了中华民俗风情园、镜花缘、太湖欢乐世界等人造景观，规模和投入一个比一个大。追求数量和规模的经济发展思路使全国人造景观到处开花，影视基地也纷纷落成。影视旅游开始在国内盛行，影视城建设项目也纷纷上马，掀起一股"造城"的热潮。到了 1997 年年初，大大小小的影视基地，形形色色的人造景观，在华东，在全国，已是遍地开花。仅西游记艺术宫，全国就达 460 个。① 据不完全统计，我国目前有各种影视城三四十座，还有 20 多座规划建设的影视城正在热火朝天地施工和招商之中。目前，无锡影视基地比较大规模的直接竞争者主要有如下几个。

（一）浙江东阳横店影视基地

横店影视城是位于中国浙江东阳市横店镇的影视主题公园，是中国四大影视基地之一，同时也是中国唯一的影视产业实验区，基地占地面积 4963 亩，建筑面积 495995 平方米，汇聚了 315 家影视公司。②

1996 年，著名导演谢晋为香港回归拍摄献礼片《鸦片战争》，找不到场地，横店集团为影片投巨资兴建了 19 世纪南粤广州街。景区在横店镇岩前村一片荒山上建成后，当地村民尝到了前所未有的甜头，大量的劳动就业机会由此而来。道具、布景、搭景等都需要就近请劳力，还需要大量的群众演员，当年，为扮演清兵，仅剃光头的就有 4000 人。1997 年，为拍摄历史巨片《荆轲刺秦王》，横店建起第二个拍摄基地——秦王宫。自 1996 年以来，横店集团累计投入 30 亿元资金兴建横店影视城，现已建成 8 座大型仿制拍摄基地［广州街香港街拍摄基地、明清宫苑拍摄基地（仿故宫）、秦王宫拍摄基地、清明上河图拍摄基地、江南水乡拍摄基地、屏岩洞府拍摄基地、大智禅寺拍摄基地、横店老街拍摄基地］以及 6 座在建基地（上海滩、唐宫唐街、华夏文化园、九龙大峡谷、情人谷、电影梦幻世界）等 14 个跨越几千年历史时空、汇聚南北地域特色的影视拍摄基地和超大型现代化摄影棚。短短十几年，横店已成为中国影视旅游业界的一座丰碑，被美国《好莱坞报道》（*Hollywood Reporter*）称为"中国好莱坞"。

从 2002 年开始，横店影视城就借助影视文化的积淀，积极实施从"看影视城建筑群"到"影视文化体验"的转型升级，陆续开发了《英雄比剑》

---

① 参见佚名《央视无锡影视基地旅游市场营销案例》，http://www.jsyzl.com/。
② 根据横店影视城官方网站首页简介相关资料整理。

《怒海争锋》《汴梁一梦》等几十个影视场景再现节目，让游客在游玩中体验影视真实场景。影视产业转型升级向其他领域拓展。横店集团2004年新建38个高科技摄影棚，全部免费供剧组使用，同时进军全国院线领域，占领终端发行市场。

2007年，共有83部中外影视作品及20个中外著名品牌广告在横店影视城拍摄。论影视剧组的接待量，横店影视城在全国众多影视拍摄基地中一枝独秀。2007年，共有478万人次的中外游客赴横店影视城度假休闲旅游。横店影视城通过打造高科技影视表演《梦幻太极》等，成功地把"影视文化体验"作为卖点推介，实现产业升级，开辟了影视发展的"蓝海"。横店提出以"影视为表，旅游为里，文化为魂"的发展目标，利用影视文化元素，把"影视文化体验"作为卖点，并且借助剧组多、明星多、演艺元素多等优势，推出了影视旅游的核心产品——演艺类旅游产品。"影视旅游"这一全新的旅游概念，也因横店影视城的丰富实践而受到业界的广泛关注，被称为"横店传奇"。

(二) 涿州央视影视基地

中央电视台涿州拍摄基地始建于1990年12月，位于距北京南60公里的河北省涿州市，又是一处突出影视特色的新兴人文景点，总占地面积2197.3亩。基地在"上戏带景"的方针指导下，近年来已投资3亿多元，先后建起了体现唐代、汉代和明清时代风格的景点。并分为外景区、内景区、传统民居景区以及工作生活区等。[①]

外景区——通过拍摄大型历史剧《唐明皇》建造的唐代景区，占地150亩，主要景点有：长安城楼、汴梁城楼、洛阳城楼、御花园以及王府院、唐代城池、驿站、集贸市场、客店、铺面、军营军寨、民间住宅等。通过拍摄大型历史剧《三国演义》建造的汉代景区占地500亩，主要景点有：2.1公里长的汉代城池、魏、蜀、吴三国街景，许昌城楼、徐州城楼、荆州城楼、建邺城楼和成都城楼以及汉王宫、太子宫、宰相府、知府院等。宏伟壮观的铜雀台景点，建筑面积13248平方米，高26米，集亭、台、楼、阁、廊、桥、院、阙于一体，是世界建筑风格的一大独特景点。

内景区——两个各为1200平方米的摄影棚，棚内可建景，有化妆室、候播大厅、监控机房。棚外有大型道具制作车间。1997年在铜雀台下建起了仿清代的景点乾清宫、养心殿、东暖阁、西暖阁、军机处等。

传统民居区——主要为剧组演职员解决食宿问题。有仿清四合院建筑桃园招待所，80个床位。有仿明四合院建筑竹园招待所，100个床位。有仿唐楼式风格的梨园多功能厅，可同时容纳600人用餐，丰俭由人。现代风格的梅园，

---

① 参见佚名《中国影视基地之旅，寻找中国好莱坞》，http://www.tvtour.com.cn。

有套房、单间，备有中央空调，共有120个床位。

近几年，为改善旅游环境，投放了大量的人力、财力，维修增设新景点，建起了北京民俗景点四合院，并不断扩大绿化面积，形成了别具一格的园林特色。基地对剧组除可提供内景、外景服务外，还可提供服装、化妆、道具的租赁、制作，以及组织群众演员，安排吃、住、行等一系列服务。1992年中秋，中央电视台在基地成功举办了中秋文艺晚会和扬州灯展；1997年中秋，中央电视台、国家旅游局和河北省旅游局又在这里联合举办了中秋赏月大联欢活动，美国、日本、新加坡、马来西亚、泰国、菲律宾、印度尼西亚、澳大利亚等国家以及台湾和香港地区纷纷组团参加了这次活动；1995年，基地作为第四届世界妇女大会安排的参观点，成功地接待了大会组织的参观活动，获得了大会中国组委会的通令嘉奖。几年来，先后接待了100多万名中外游客。

（三）镇北堡西部影城

宁夏镇北堡西部影城原址为明清时代的边防城堡，过去只是一个边防戍塞。在宁夏，像镇北堡这样的边防戍塞有20多个。1961年，尚在农场劳动改造的张贤亮发现了它，并在20世纪80年代初期将它介绍给了电影界。迄今为止，这里已拍摄了获得国际国内大奖的《牧马人》《红高粱》《黄河谣》《黄河绝恋》《老人与狗》，以及《大话西游》《新龙门客栈》《绝地苍狼》《嘎达梅林》《书剑恩仇录》等60多部影视剧。镇北堡西部影城在中国众多的影视城中以古朴、原始、粗犷、荒凉、民间化为特色，是中国三大影视城之一，也是中国西部唯一著名影视城，在此摄制影片之多，升起明星之多，获得国际、国内影视大奖之多，皆为中国各地影视城之冠，故被誉为"中国一绝"。因其对中国电影事业的特殊贡献，享有"中国电影从这里走向世界"的美称，现在这里已成为中国西部题材的电影电视最佳外景基地。现在说的镇北堡，由新堡和老堡两部分组成，清乾隆五年，宁夏曾发生过一次大地震，震毁了镇北堡，后来就在距老堡不远的地方修筑了一座与老堡规模相当的新堡。①

镇北堡西部影城是集观光、娱乐、休闲于一体的4A级旅游景点，它保留和复制了在此拍摄过的电影电视的场景。主要景点为电影资料陈列馆、古代家具陈列室、艺术摄影展示厅，另有放映厅、餐厅茶座、陶艺坊、旅游纪念品商店、古装摄影、骑射等多项娱乐设施，配有免费全程导游服务，并有现代科技设备可为游客提供场景、道具制作MTV、影视短片，表演"模仿秀"，以及随团拍摄旅游录像片，录制成VCD光盘，在个人的家庭影院中欣赏。"来时是游客，走时是明星"，这在世界各地的影视城中是独一无二的。

---

① 根据镇北堡西部影城官方网站首页简介相关资料整理。

（四）上海影视乐园

上海影视乐园是一个集影视拍摄、文化传播、旅游观光为一体的主题乐园，由上海电影电视集团公司暨上海电视制片厂建造。乐园规划占地面积1200亩，总投资逾15亿元人民币，首期工程已于1998年10月竣工。上海影视乐园现已建成的全布景式的"南方街道"和实景式场地景"30年代南京路""上海里弄民居"，为影视创作提供了理想的拍摄场景，也为人们重睹旧上海五光十色的风情开辟了全新的途径。目前，已有30多部影片及数百集电视剧在这里拍摄。

上海影视乐园还将建设四座大型和三座小型的摄影棚，以及"上海老城厢""大世界游乐场""城隍庙""卡通世界""明星广场""博览中心""银幕天地""特技场""码头港区""狩猎射击场"等景点。这些千姿百态的景点，通过电影艺术特有的表现手段和现代高科技、新工艺，真实而艺术地展现了上海的历史风貌和人文景观，使这里成为休憩娱乐场所，也成为了解和熟悉上海发展衍变轨迹的画廊。南京路、先施百货、马勒别墅、宋子文旧居、徐家汇天主教堂、电车、电话亭等充满旧上海风情的建筑把人带回到那个纸醉金迷的年代。乐园中随处是电影元素。从周璇、阮玲玉、上官云珠、巩俐等著名影星的蜡像，到电影服装展示，还有《日出》《非常大总统》等影片的经典场景，无不勾起人们对经典影片的记忆。①

上述为无锡影视基地的主要竞争者，或者在区位上比较接近，或者在运作方式上比较相似。另外，就在全国各地影视基地四起、影视城旅游方兴未艾的同时，一些传统旅游地由于影视作品的带动也重新焕发了活力，成为影视外景地，加入到影视旅游的竞争大战中，其中包括四川的九寨沟、蜀南竹海、云南的丽江、香格里拉、陆良彩色沙林，湖北的神农架林区，浙江的雁荡山、象山、桃花岛、仙居、乌镇，陕西的秦兵马俑、壶口瀑布，北京的故宫、太庙，等等。和这些影视外景地相比，影视城就观光旅游来讲，具有明显的劣势，即影视城中的景点往往是人造的，对旅游者的吸引力不是很大。如果当地没有将影视城纳入旅游线路，影视城的生存将仍然十分困难，因为里面很多的东西都是仿造的、应急的、粗糙的，毕竟和历史上真砖实瓦建造的建筑不一样。"人造景观热"于是受到全国媒体的"围剿"。在这种大气候下，央视无锡影视基地的旅游业务开始下滑。②

---

① 根据上海影视乐园官方网站首页简介相关资料整理。
② 参见郑泽国《一条古战船载动39万游客》，中国营销传播网，2004年6月18日。

四、理性反思：影视旅游路在何方

盲目追求扩张、粗放经营的发展思路最终会受到市场规律的无情惩罚。尽管影视城数量不少，但真正成功的影视城却屈指可数。一个基本事实就是，我国绝大多数影视城处于亏本经营的状态，只有少数知名影视城处于温饱和盈利状态，尤其是"一部戏留下一座城"，景点局限性更大，很难吸引更多剧组。① 无锡影视基地的其余项目也未能再创辉煌。就中视股份而言，激烈的市场竞争也使三大景区中面积最大、投资最多的水浒城，没能再超越唐城和三国城的辉煌。但是在全国众多的人造景观中，水浒城毕竟还成为在几年中收回投资的少数范例之一。因此，不少影视城最后被迫转向旅游，变成主题公园。但由于影视城景点都是新造的，对旅游者吸引力并不大。而剧组拍摄期间又希望不受游人干扰，这使得影视城左右为难。尤其是近年来荧屏古装剧大幅降温，剧组对布满仿古建筑的影视城需求急剧减少，更使处于困境的众多影视基地雪上加霜。

当然，我们也没有必要过于悲观。一个直观的成功范例就是：与无锡影视基地仅一省之隔的横店影视城的游客在2006年就超过了300万人次，旅游收入达4亿多元。

由繁荣到衰退，反思无锡影视基地的昨天与当下，不难发现，目前我国影视开发中主要存在着如下问题：

（1）产品单一。主要是观赏型的旅游活动，即提供影视拍摄场景、服装、道具等，供游客参观，参与型、体验型的旅游产品较少，难以满足游客的需要，旅游吸引力不足。

（2）影视城重复建设。在经济利益的驱使下，各种影视城旅游项目盲目上马，缺乏必要的科学论证，各地的影视城风格雷同，特色不突出，建设缺乏合理规划，忽略旅游发展的特点和规律，产生了诸如景区布局不合理、景区环境差、旅游配套服务设施不完善、接待能力较低等问题。

（3）影视作品质量低，旅游促进作用不强。

（4）影视城缺乏规划，旅游功能薄弱。

以上一系列缺憾亟待解决，还需要第三方力量加以引导。

政府不仅要为完善影视旅游产业链创造良好的硬件环境，更要营造影视旅游产业升级换代的协调能力和制度环境，出台相关政策，加强对影视产业区的支撑服务体系建设。

影视旅游共生的模式已经经过了十几年的市场洗礼，这一新的旅游形态到

---

① 参见佚名《国际旅游管理协会，影视旅游需要升级与转化》，http://travel.yidaba.com/，2009-09-28。

底如何继续发展,仍需结合自身特点和发展状况,在风雨中探索前行。

参考文献

[1] 崔屹平. 发挥影视特色,拓展两个市场 [J]. 电视研究,2000(1).

[2] 佚名. 中国影视基地之旅,寻找中国好莱坞 [DB/OL]. http://www.tvtour.com.cn.

(改编者:蒋昀契)

思考题

1. 无锡影视基地影视旅游共生模式的主要不足是什么?如何克服?
2. 在具体的运作方面,可以采取哪些措施应对跟风的竞争者?
3. 从竞争战略视角谈谈影视基地的产业化发展需要注意哪些问题。

案例2

光线传媒：不可复制的光线传奇

民营传媒，是指以民间资本为资本来源，以独立身份从事电视传媒行业经营活动的市场主体。近年来，借助文化体制改革，我国民营传媒业在市场化较充分的电影、出版和动漫等领域，充当了产业主力军的角色。然而，作为新兴经济主体，民营传媒的内部成长机制与制度结构不够完善，发展缺乏足够稳妥的制度供给。光线传媒是中国最大的民营传媒和娱乐集团，其发展轨迹和运营模式对我国民营传媒业有着标杆意义。光线（控股）由北京光线传媒股份有限公司（简称"光线传媒"）、北京光线影业有限公司（简称"光线影业"）两个独立运营的公司组成。光线传媒业务板块囊括了当前影视娱乐相关领域，包括电视节目制作和经营业务、大型活动和颁奖礼业务、电视剧投资制作和发行业务、艺人经纪业务以及新媒体业务。光线传媒以上板块业务都分别在该领域名列前茅，光线传媒10年来持续盈利，经营规模不断扩大，是一个处在高速增长期的成长型传媒企业。

一、名列前茅的品牌业务

（一）电视节目制作和发行业务

自1999年《娱乐现场》节目开播以来，光线就一直是中国民营传媒领域的先锋和领袖。光线传媒是中国最大的电视节目制作和发行商，每天制作超过6小时的电视娱乐节目；拥有国内最大的地面节目播出网络，节目每日在全国1200台次播出，同时为全国性数字付费频道《新娱乐》频道提供整频道视频内容；2010年年中，建成由150家全国城市台构成的节目联供网。光线卫视工作室为全国超过10家主要卫视频道提供高质量的活动和综艺节目。

光线传媒旗下的品牌电视节目包括：国内收视率最高的王牌娱乐资讯节目《娱乐现场》、最有影响力的综合音乐品牌节目《音乐风云榜》、全国唯一的日播大型明星访谈节目《最佳现场》、大型民生类日播节目《帮帮忙》、大型日播电影电视剧排行节目《影视风云榜》、日播时尚节目《完美造型团》、大型综艺真人秀节目《音乐风云榜之音乐学院》，以及大型综艺活动节目《慈善歌会》，全面占领中国娱乐节目市场。光线正将在各地分散播出的节目，整合到每个城市一个完整频道播出，以构建中国第一个娱乐频道网，目前已有20家城市台加盟，目标是覆盖200个以上的重要城市。光线传媒目前提供10个以上的日播及周播节目，因其强势的节目品牌和资源共享的节目群体效应，成为最大的娱乐界信息传播平台，每日多次交叉覆盖中国10亿观众。光线的E标已经成为家喻户晓的传媒娱乐标志，吸引了全球500多个著名品牌成为光线的客户。

（二）大型活动业务

光线传媒是中国最大的活动公司，每年主办超过10个著名的娱乐颁奖礼和上百场娱乐活动。光线传媒一直致力于打造国内最具权威与公信力的专业颁奖典礼，其中"音乐风云榜颁奖盛典"连续8届成功举办，被媒体誉为"中国的格莱美"；年度"娱乐大典"是光线传媒王牌娱乐资讯节目《娱乐现场》的年度总评榜，是国内唯一的年度综合性娱乐颁奖典礼；每年一届的"电视剧风云盛典"，是国内唯一以收视数据为基础的电视剧颁奖礼，已成为电视剧行业的旗帜性活动，2008年的"国剧盛典，回响30年"在改革开放30周年之际对中国电视剧市场的盘点，更是获得空前的反响，在同时段收视率排名全国第一；"时尚风云榜颁奖盛典"是时尚界最具开拓性和影响力的颁奖盛事，也是目前国内唯一专业的时尚颁奖礼；而"模特大典"则是中国目前唯一的模特界年度颁奖盛典。

光线传媒旗下大型娱乐活动品牌"嘉华丽音"，是中国第一演艺活动品牌，以承办各种大规模、高水准、高难度及国际化的活动著称。"嘉华丽音"同时承办国内"华表奖""金鸡奖""百花奖"等多个电影专业奖项颁奖活动，也是国内最专业的电影首映式承办机构，承办了包括《卧虎藏龙》《十面埋伏》《集结号》《功夫之王》《赤壁》《梅兰芳》《非诚勿扰》等大片的首映礼；同时还承办央视电影频道《电影之歌》、央视品牌节目《同一首歌》等数十场演出晚会及大型娱乐活动以及张信哲、陈奕迅等港台明星在内地的商业演出活动。如今已成为中国承办演出制作量最大的民营演出公司之一，演出及活动总制作量超过200场，拥有丰富的演艺活动运营经验，在演艺活动的各个主要领域处于领导地位，文化部特批拥有涉外演出资质的民营演出公司。

2010年，光线将自制近百场品牌晚会、颁奖典礼，制造年度持续热点。其中包括"中国格莱美"的音乐风云榜颁奖礼，娱乐圈顶级盛世《娱乐大典》、全面盘点影视界风云的《国剧盛典》、模特界第一专业奖项"模特大典"等。同时包括华语大片的首映式都在光线承制中。尤其值得一提的是，连续两年举行的"真维斯——真的更精彩慈善歌会"，2009年举行的第二季巡回长沙、西安、合肥、郑州、杭州等全国八大城市。该慈善歌会第一季于2008年首度推出，3个月足迹遍布全国六大城市，累计参与观众多达10万人。光线另一主题活动"成就音乐梦想"全国选秀活动，依托蒙牛酸酸乳音乐风云榜音乐学院这个全国独一无二的音乐培训大本营，从2009年4月中旬开始，经过600多个城市的地面选拔，58省级晋级，以及10个中心城市的决赛；同时举办 S. H. E、飞轮海等蒙牛巨星巡回演唱会，活动吸引高达 20 万人参与其中。光线成为中国主承办活动数量最多、规模最大、范围最广的活动公司。

（三）电影业务

光线传媒强大的宣传平台、超强的活动组织能力和销售发行能力为光线影业的迅速崛起提供了独一无二的资源优势。目前，光线影业已跻身国内民营电影公司前三甲。光线传媒旗下的光线影业、彩条屋影业、青春光线、先看网、七维科技等业务全面展开，积极吸引有志之士的加盟。

1. 网络影院

2014 年 12 月 24 日，光线传媒与奇虎 360 签署《合资协议》，共同出资设立先看网络，其中光线传媒以人民币近 4800 万元作为出资，认购先看网络注册资本的 40%；360 公司认购先看网络注册资本的 45%；先看网络员工持股平台新余奇光投资管理合伙企业（以下简称"新余奇光"）认购先看网络注册资本的 15%。

光线传媒董事长王长田曾对外透露，该公司的目标是将网络院线建立成中国的 Netflix。但是这一美好的设想并没有得到现实的印证。360 公司称，经过一段时间的磨合，双方一致认为电影在线付费模式与视频聚合模式不宜并存，双方同意将原 360 影视业务交还给 360 继续运营，360 不再持有先看股份，转而以商务合作模式支持先看。

2015 年 8 月 25 日，名为"先看"的微信公众账号正式上线，并开始小范围推广。先看微信里介绍了在先看网络院线上线的最新电影大片，包括《杀破狼 2》《速度与激情 7》《王朝的女人》《谜城》，全部付费观看，且全站无广告。8 月 29 日，先看在新浪微博的账号"先看网"也低调上线，简介上写道："和不在一起的你，看一场在一起的电影"。每天更新先看的动态消息和粉丝福利活动。9 月 11 日，带有"先看 Hello Movie"字样的品牌 logo 露出，焦点图上是"先看全新上线，大片半价看"的优惠活动。刚刚下映的院线大片《命中注定》《王朝的女人》《张震讲故事》等已经可以在"先看"上付费观看。另外，电影《煎饼侠》于 9 月 13 日 24 时在先看网络院线全网抢先登陆。经历了 58 天的漫长上映之后，已经成为华语电影历史票房冠军的《捉妖记》终于超越《速度与激情 7》，登顶中国电影市场历史上的票房冠军，9 月 17 日 24 时正式登陆先看网络院线。未来更多影片将持续同步登陆先看网络院线。

2. 彩条屋影业

2015 年 10 月 25 日光线传媒宣布成立"彩条屋影业"动漫集团。光线传媒总裁王长田表示，未来动画和真人的结合将是电影的一大趋势，在未来几年，真人奇幻电影可能成为电影的最重要的类型，真人奇幻电影将会是彩条屋影业重点发展的类型。

事实上，彩条屋影业早在两年前就已提前布局。彩条屋影业总经理易巧现场介绍了彩条屋影业的业务构成，并首次公开了彩条屋投资的公司名单。

彩条屋两年来共投资了13家动漫公司：十月文化、彼岸天、蓝弧文化、全擎娱乐、光印影业、可可豆动画、玄机科技、颜开文化、中传和道、魔法动画、易动传媒、通耀科技、青空绘彩。13家公司横跨三维动画、二维动画、漫画、游戏、国外版权等。

发布会上，彩条屋还公布了游戏计划，彩条屋将与通耀科技合作《AKB0048》《蜡笔小新》《Hello Kitty》《命运石之门》《大叔鸡蛋》《机器人少女Z》《约会大作战》《数码宝贝》等8款游戏。同时，彩条屋也将陆续推出《星游记》《大鱼·海棠》《星海镖师》等数十款游戏。

（四）电视剧业务

2006年以来，光线传媒斥资上亿元，投资近20部电视剧，包括《新上海滩》《暴雨梨花》《房前屋后》《中国兄弟连》《落地请开手机》《鹰与枭》《A计划》《都是爱情惹的祸》《福祸相依》等一批热播电视剧，总数已达300多集，成功跻身中国电视剧制作业一线公司行列。光线旗下的《630剧场》拥有《闲人马大姐》等1500集情景剧版权，2007年成功推出中国最长的系列情景喜剧《闲人马大姐》的续集《新马大姐》100集；2008年，光线传媒继续推出了100集《新马大姐》、40集《超人马大姐》，以及另一部100集情景喜剧《桂花打工记》。光线计划将在未来三年内投资制作600集常规电视剧及情景喜剧。以产业化、规模化为思路，坚持和一线剧作家合作，起用一线导演，网罗一线明星，占据一线宣传平台，使光线的电视剧业务同样名列前茅。

随着互联网在各领域的全面渗透，光线传媒也在互联网和新媒体方面做出布局。网络院线方面，王长田表示正在考虑对股权结构做出调整，让光线持有更大的主动权。据财报显示，除了传统电视剧的投资之外，光线传媒下半年将重点制作超级季播剧，配合电影同时制作网络剧。

（五）艺人经纪业务

依托自身的娱乐传媒背景，光线传媒是与内地、港台、日韩等地艺人合作量最大的国内公司，目前已开始全面进军主持人、影视演员和歌手经纪业务。光线传媒被称为"中国著名娱乐主持人的摇篮"，曾一手培养过李霞、索妮、何炅、谢娜、沈星等一大批深受中国年轻人喜爱的娱乐主持人，光线新生代主持人柳岩、谢楠，大多已经成为中国娱乐主持界新生代代表人物。同时，国内一线大牌主持刘仪伟、李彬、赵子琪等也均是光线签约主持人。

（六）新媒体业务

新媒体业务方面，光线传媒早在2000年就创建了当时国内最大的网上明星俱乐部"E视网"。光线传媒是新浪博客首批内容提供商,《娱乐现场》博客更是在短期内点击率突破千万而一举夺得机构博客排行榜首位。而《娱乐现场》播客目前则已突破3500万的点击大关,成为中国娱乐节目"第一播客"。

2008年3月,光线传媒获得广电总局颁发的网络视听许可证,是首批获得此牌照的三家民营企业之一。光线传媒正计划将库存的6万小时娱乐视频素材全部数字化,将E视网打造成为中国最大的娱乐视频博物馆,成为互联网视频和明星社区的领军网站。

2016年1月13日,光线传媒对外发布《对外投资公告》,拟以自有资金6150万元向杭州当虹科技有限公司(以下简称"当虹科技")投资,本次投资完成后,光线传媒持有当虹科技14.5%股权。

当虹科技成立于2010年,曾是虹软(Arc Soft)的全资子公司,拥有虹软的视频知识产权、业务及团队等,其主营包括Arc Video企业级解决方案和虹视云视频云服务运营两部分。

光线传媒认为,此次投资当虹科技是涉足多媒体市场,开拓光线传媒业务,拓展其产业链布局的需要。当虹科技将为光线传媒关联公司北京先看网络科技有限公司的网络院线提供整套视频云服务,提供面向全终端(手机、PC+H5、OTT、VR)的视频解决方案,并将为其提供创新的视频互动产品支持。

二、光线传媒运营模式的优势分析

光线传媒定位为中国最大的多媒体视频提供商和运营商。其中,公司的主营业务是电视节目和影视剧的投资制作与发行业务。2012年光线传媒的利润总额达到了3.9亿元,比2011年增长了82.61%。

(一)工业化的流水线作业方式

在王长田的眼里,对一个靠内容产品生存的企业来说,"能让内容好的方式"重要过"好的内容"。在这一思想的指导下,光线独创了娱乐工业化流水线的作业模式,使生产流程专业化、集中化、规模化。光线建立了一个完善的节目生产循环系统,包括策划、制作、包装、发行、广告和增值业务六个环节,各个环节分别设置不同的工作组,各工作组同时操控多档节目,"整个公司共享信息、生产设施等资源,许多部门跨行业、跨部门工作,流水线生产被纳入完整的媒介产业化经营链条中"。光线独创的工业化节目生产流程,不同于传统电视台的事业部机制,以框架的稳定性消除传媒产品的风险性,减少了对个别人员的依赖,保证了光线多档节目的稳定质量,增强了光线品牌的统一性和可识别性。

（二）独特的发行与营销网络

2012年光线投资的喜剧片《泰囧》收获12.6亿人民币的票房，为光线带来超过5亿元的分账收入。《泰囧》的成功离不开光线强大的自有电视节目联供网、独特的驻地营销系统和丰富的营销经验。光线传媒的电视节目联供网主要包括时段联供网、频道联供网、付费数字频道和新媒体联供网等，覆盖全国包括卫视在内的1200个频次、307个地面频道、300个大学校园以及地铁、机场、医院等众多城市公共领域，是全国最大的地面电视节目发行网。除了立体交叉联供网，光线还有全国唯一的四年"驻地营销系统"，两者配合能促进影片票房提高30%。不同于其他电影发行公司主要在北京运作全国市场，同院线打交道，光线传媒直接与终端影院联系。光线在我国60个主要城市配备了相应的发行人员，总部负责电影整体的营销指导与沟通，而真正的营销活动由驻地人员开展。驻地人员"贴近"当地影院、市场、影片放映的实际情况，能有效增强营销活动的深入性和针对性。此外，光线传媒还拥有专业的营销团队和多年来制作、举办大型活动积累的经验。

（三）上市的资本优势

上市拓展了光线的融资渠道，能满足光线现阶段发展对资金周转的巨大需求，减轻因播出机构违反合约、拖欠节目款带来的财务风险，并能使光线获得银行和大型投资集团的巨额贷款和投资，在国内民营传媒业形成"马太效应"。资本运作是影响目前我国民营传媒发展壮大和日常运营的重要一环，光线传媒独立上市成功，建立了一条良好的产业链，为节目制作和运营提供资本支持。

三、光线传媒的未来发展

当前，光线传媒仍面临诸如产业政策风险、市场竞争加剧、盗版和创新困难等问题，瞬息万变的传媒市场对光线传媒未来的发展提出新的课题。

（一）运用新媒体技术，拓展产业链

由于政策原因，国有广电集团垄断了我国所有电视频道资源，民营电视传媒的产业链被人为隔断。目前，民营传媒这一"天生缺陷"有望被数字和网络技术引领的技术变革改变。新媒体技术给民营电视传媒带来了新的内容输出渠道、新的市场、新的消费模式和盈利手段。光线传媒要拓展产业链，应当对新媒体的传播特性和消费特性进行考察，适时调整节目制作和发行方式，促进不同娱乐产品的融合。

（二）加大影视业务投资，逐渐从代理发行转向投资、制作

中国影视市场发展迅猛，光线传媒虽早已涉足影视行业，却一直不温不火。《泰囧》给了光线新的经营策略和投资信心，未来光线会加大影视业务投资，但会从发行转向制作层面，以实现对投资风险的主动把控，借此提升自身内容制作水平、丰富节目联供网内容资源和提高收视率。

（三）加强与强势卫视的合作，电视节目制作发行走精品化道路

新媒体和影视业务虽"炙手可热"，但受市场和政策影响风险较大，而电视栏目广告能提供稳定的业绩来源，是光线最擅长的业务板块。在信息爆炸和分众时代，光线传媒仍需坚持原有电视内容制作商和运营商的定位，与强势卫视合作，向精品化和专业化转变。当前境外传媒纷纷抢滩中国市场，加剧了竞争，却也成为我国民营传媒学习境外媒体运营模式，发挥贴近中国市场和灵活高效的组织机构、运营机制的好机会。

小　　结

作为中国最大的民营电视节目制作商之一，光线传播总裁王长田提出光线市场定位的三位一体概念：中国最大的多媒体视频内容提供商和运营商，中国娱乐界健康文化的前进方向，中国最先进企业产品的市场通路的大平台媒体。

在目前全国娱乐资讯节目市场里，光线占据着最大的市场份额。这样的地位，来自于对细微竞争中商机的敏感发现和把握。《体育界》的前期运作，已经和当初完全凭电视人和新闻人对市场的感性认识和直觉决策的方式拉开了距离。通常电视内容制造商一门心思靠节目质量的精雕细琢来打开销路、争夺市场，是"以产定销"的生产方式，虽然在市场需求方面不无探索（如收视率调查等），但思维方式的根本出发点不是市场，而且操作方式粗糙，结果可信度低。光线电视要走的是先找买家、"以销定产"的传媒产品经营路子：新产品诞生之前，先找人买单（广告），再通过调研寻找市场需求，然后才开工生产。比如"体育娱乐化"这样的概念，这不是拍脑袋想出来的，而是需求导致了我们的发现。过去电视台对体育主要做赛事报道。赛事报道一般都是铁杆的体育迷才会关注，而体育节目的观众显然不应该只是铁杆体育迷，它的范围应该更大。"娱乐化"就是把一些边缘观众包括进来。"实际上体育是一种娱乐业"。创办《体育界》节目之初，王长田先把样片给广告商看，得到了普遍的支持，然后在观众调查中反响也不错，这种情况下王长田才决定推出这档节目。开播不久，《体育界》的收视率就打败了一些具有五六年历史的老牌体育报道节目。而《体育界》的播出是选择了全国60多家最好电视台的综艺频道，扩宽了节目的收视群。关注娱乐的青少年和关注赛事的铁杆球迷也很喜欢

体育内幕、赛事背后、体育人物、体育花边、体育故事等。《体育界》的制作人员除了娱乐节目制作人、纯体育节目的，还有原来与这两方面都不相关的人员。

光线没有像在国有体制下那样被强制定位扼杀了创造性及开拓精神，商业经营顺应了中国电视市场的深刻变化，如制播分离。令人满意的广告收入，以及《体育界》开播后的巨大反响再次验证了光线的成功，并且带动了一大批民营电视制作公司（TCP，电视节目内容提供商）跟进，电视栏目制作顿时被验证为有着高额利润空间的暴利产业。

除电视节目制作以外，光线传媒的经营业务还涵盖商业性娱乐活动策划、演艺经纪、图书出版、音像制品制作、娱乐研究与教育等。王长田在传媒领域创造了不可复制的光线传奇。

参考文献

［1］谭维旭：我国民营传媒业制度创新与发展研究［D］.复旦大学硕士学位论文.2012.

［2］北京光线传媒股份有限公司2012年年度报告［R］.http://q.stock.sohu.com/cn/gg/117/229/11722948.shtml.

［3］胡俊超：现行政策下中国民营电视公司发展探析［D］.山东大学硕士学位论文.2011.

（改编者：程秀花）

思考题

1. 光线传媒的传奇之处表现在哪几个方面？
2. 光线传媒的运营经验对当今传媒企业的启示有哪些？
3. 结合案例，阐述传媒公司的未来发展趋势。

案例3

中南出版传媒集团股份有限公司（以下简称"中南传媒"）由湖南出版投资控股集团有限公司主营业务和资产重组改制而来，成立于2008年12月25日，现有注册资本17.96亿元人民币。2010年10月28日，其以超募130%，募集资金总额42.43亿元的业绩成功在上海证券交易所挂牌上市，成为我国第一支全产业链整体上市的出版传媒股。中南传媒经营业务涵盖图书、报纸、期刊、音像、电子、网络、动漫、电视、手机媒体、框架媒体等多种媒介，集编辑、印刷、发行各环节于一体，是典型的多介质、全流程、综合性出版传媒集团，形成了出版、印刷、发行、报刊、新媒体五大产业格局。作为曾经的中国资本市场上最吸引投资者的"传媒概念股"，6年多的时间，中南传媒在中国资本市场上一路走来，在经历了最初的热闹、追捧和辉煌之后，随着其本身对政策的过分依赖、传统业务的衰退、盈利模式的单一等问题的逐渐暴露，主营业务利润徘徊不前。为改变困局，谋求更快更好的发展，2013年开始，中南传媒重新布局，实施跨领域、跨行业、跨地区的并购，实施多元化发展，大力发展数字媒体，积极布局养老产业和金融业。

资本市场不缺传奇，资本市场也不缺传媒，关注中南传媒6年来的资本之路，在中国资本市场的漫漫征途上，中南传媒坚守"传媒控制资本，资本壮大传媒"的发展理念，创新了传媒资本运营的新模式，充分利用资本平台，完成了从传统媒体向现代传媒集团的转型。

一、中南传媒进行资本运营的必要性

（一）是我国优秀文化企业深化体制改革的必由之路

从1992年成立的第一家出版集团开始，我国传媒业的"事业单位，企业化管理"体制改革已经开展了20多年，然而，不少出版发行传媒集团的改革局限于体制内，其在改革前后，集团体制、经营机制等并未发生实质性的化学变化，而传媒企业要与资本市场对接，实施资本运营，就必须遵循市场的要求，遵守资本的规则，建立相应的经营机制和经营管理制度。所以资本运营能够促进中南传媒进一步深化体制改革，加强内部企业化管理。以资本为纽带，依靠资本市场的力量，以市场价值为取向，打造我国优秀文化企业合格体制的

必由之路。

（二）是我国优秀文化企业应对激烈竞争、做大做强的首选之路

一方面，传媒领域新技术、新产品迅猛发展导致传媒企业面临巨大的市场风险；另一方面，随着拥有雄厚的资金、技术优势海外传媒集团的进入，中南传媒面临的市场竞争压力越来越大。而资本运营是文化传媒企业调整产品结构，降低市场风险，适应市场环境变化的有效手段。中南传媒必须依赖资本运营迅速扩张，克服其产业结构、经济来源单一的缺陷，进行跨媒介、跨地区、跨行业经营，取得规模效应和范围经济，提高其产业资本利用率，优化资本结构，拓展盈利模式，从而最终提高其抗风险能力和竞争能力。因此，中国传媒进入资本市场，最大限度地筹集和盘活资金，实现超常规发展，加快实施资本运营的步伐，是其做大做强的首选之路。

总之，实施资本运营，是中南传媒乃至中国出版传媒业积极应对市场环境变化、壮大自身实力，在激烈竞争中脱颖而出的客观要求和必然选择。

二、中南传媒资本运营的主要方式及其效果

（一）打造全产业链，上市公开发行股票

作为我国文化体制改革中率先崛起的代表和文化产业的领军企业，中南传媒以独特的"多介质、全流程"为特点，打造了"编、印、发、供、媒"的全流程产业链业务，涵盖了除广播和电视之外的几乎所有媒体形式，塑造了公司领先品牌的形象，辅之以优秀业绩，凭借"传媒概念"和"全产业链概念"带来的发展前景和经营业绩，2010年10月28日上市后，成为我国第一支全产业链整体上市的出版传媒股。次日再次强劲拉升，市值一度突破248亿元，一跃成为出版传媒板块的新龙头。

1. 中南传媒IPO的背景

（1）国家相关产业扶持政策为中南传媒的IPO提供了较好的政治经济环境。2010年，新闻出版总署出版产业发展司司长范卫平表示："新闻出版总署将一如既往地支持符合新闻出版产业整体发展战略部署的骨干企业上市融资，推动数字出版、网络出版、手机出版等战略性新兴产业的骨干企业上市，并以整体上市推动公司结构不断完善"。"在未来一段时间内，将陆续有一批转企改制到位、经营业绩优良、发展效果良好的新闻出版企业登陆资本市场"。同年8月，湖南省出台加快培育和发展战略性新兴产业系列规划，文化创意产业被纳入湖南省的七大战略性新兴产业之中，成为"十二五"发展的重中之重。而中南传媒就作为文化湘军、出版湘军组建的最核心、最具竞争力的王牌军，如能借此契机实现上市，可谓事半功倍。

（2）相关传媒集团的实践为中南传媒提供了可供参考的经验。从现实状况看，随着政策放宽，不少传媒集团先行一步，开始进行资产、业务重组，通过与国外传媒公司进行各种形式的合作，以巩固现有市场，并引进先进的内容资源与媒体运营、管理经验，最后借助资本平台上市，这样，为后来者提供了不少可供参考的经验。

（3）上市是中南传媒做大做强成为行业领军企业的首选之路。资本市场除了给上市企业带来巨额的发展资金以外，其对上市企业也有着较高的行为标准。只有经过保荐人推荐，通过中国证监会严格的审核程序审核以后的企业才能上市，因此，从某种意义上来说，只有优秀的企业才能进入资本市场，能够进入资本市场的企业本身必然有着雄厚的实力，股票市场在某种意义上，是当前社会公认的一个评价优秀企业的标准。正如其董事长龚曙光所言：中南传媒把上市视为获得进入好企业俱乐部的身份证。由于中国过去文化产业的发展带有比较强的行政色彩、事业性质、区域特征，而绝大部分文化企业经营规模相对较小，中国的文化企业要做强做大，资本化和证券化就应该成为首选之路，因此中南传媒在一开始就将 IPO 提高到中南传媒发展的战略层面，为此，进行了多轮体制改革，为中南传媒上市奠定了良好的基础。2008 年，新闻出版总署对全国 24 家出版集团做过调查，结果 17 家完成转企改制的出版集团公司，平均总资产增长 66.2%，利润总额增长 25.3%，而 7 家未改制的出版集团，平均利润负增长 43%，这也再次证明了中南传媒体制改革的必要性。此外，企业一旦上市，将受到证监会和资本市场的严格监管，受到证券法、公司法的严格约束，也将受到广大投资者的关注，因此，其经营行为等必将更透明化、规范化，企业将在更符合国际商业准则和运行模式的背景下来发展。这也意味着中南传媒必须遵循资本市场要求，找准定位，优化经营模式，不断突破，增强资源利用效率，才能抢占文化产业中的核心地位，成为文化产业的领军企业。

2. 中南传媒 IPO 历程

第一步：深化体制改革，主、副分离，引进战略投资者，充实资本。

自 2000 年 6 月，湖南出版业首轮体制改革启动，以"集团化、集约化"为核心组建湖南出版集团。2004 年 9 月，第二轮改革再掀浪潮，湖南出版集团彻底转制为国有企业，并更名为湖南出版投资控股集团有限公司，构建起母子公司的管理体制；为了强力推进集团整体改制上市工作，2008 年 3 月，湖南出版投资控股集团实行主、副业分离，组建拟上市公司中南出版传媒集团股份有限公司。

同时，为了确保国有资产的增值保值，也为了完成企业多元产权结构的改造，保证中南传媒顺利实施资本运营战略，2009 年 7 月中南传媒以增资扩股非公开定向发行形式引进湖南红马创业投资有限公司、深圳市达晨创业投资有限公司等 5 家战略投资者，共筹集资金 4.55 亿元。

第二步：高瞻远瞩，战略部署新媒体。

在全球出版业正在经历传统出版向数字出版的变革背景下，中南传媒要在日趋激烈的出版业竞争中脱颖而出，获得资本市场的青睐，必然要大力发展新媒体战略，在成立以来，在进行改制上市工作的同时，已经从战略层面上全面规划、论证、启动和推进基于三网合一新媒体的布局，积极筹划向数字出版转型。一方面，中南传媒早期并购红网、创办名师网、启动手机报等业务；另一方面，中南传媒于2010年获得了建设国家级数字出版基地的批准，与国际技术领先的日本角川集团合作，搭建了国际化的数字出版平台。同时与湖南移动强强联手，战略合作，打造手机阅读平台，建设数字图书馆，实现了中南出版传媒集团新华书店、物流、投递和湖南移动营业厅、网络等渠道资源和技术资源的整合，在TD电路租赁、视频应用、无线综合平台、基础集团产品、客户中心等方面全面合作。从战略到战术，从硬件到软件，从在销产品到研发产品，中南传媒已经吹响了向数字出版全面进军的号角。此外，在其IPO招股说明书中，也布局了将有5亿元直接投资于新媒体项目。中南传媒在新媒体战略前瞻性的部署也获得了机构的高度认可。

第三步：资产重组，重塑流程，提升业绩，打造品牌规模优势。

为了突出中南传媒"多介质、全流程"的独特资源和经营优势的特色，中南传媒母公司湖南出版集团通过将其旗下分公司湖南教育出版社和湖南出版中心改制为中南出版传媒的分公司，将湖南人民出版社、湖南文艺出版社等7家改制为中南出版传媒全资子公司，对湖南省新华书店、湖南省教材有限公司、湖南天文新华印务有限公司等进行重组改制，将其股权和资产全部投入中南出版传媒，达到将出版、印刷及物资供应、发行、报纸及网站等主要经营性业务及相关资产投入中南传媒、充实资产的目的。

依托"多介质、全流程"的业态调整，中南传媒主营业务涵盖了图书、报纸、期刊、电子出版物、音像制品、网络、手机媒体、户外框架媒体等多种媒介形式，包括当地最大的日报、最大的框架式的数字媒体、最强势的地方网站，其本身在出版领域的深耕细作，多年沉淀，使得其构筑了出版、报媒、网络多层次、影响力深远的华语传媒平台，企业集团通过对资源的重复使用和多次开发，实现了不同介质之间、产业链上下游之间的高效对接，减少了中间环节，降低了交易成本，提高了管理效率和营利能力。上市之前，产业化、市场化的因素的加强，使得中南传媒管理水平提升带来较大的业绩改善空间，中南传媒公司在湖南省内教材教辅市场已经占据绝对主导地位，印刷行业市场空间还很大，业绩优异，每股收益由2008年的0.31上升到2009年的0.37，稳定增长。

第四步：积极路演，成功上市。

酒香也怕巷子深，为了更好地与资本市场对接，中南传媒高管团队积极准备，在2010年10月12—15日的深圳、上海、北京三地路演中，一对一拜访了十余家机构,举行了三场大型推介会,与公募基金、保险公司、证券公司等机构代表就公司的基本面和投资亮点进行了交流,赢得了相关机构的高度认可和热烈反馈。这些机构随后发布的新股投资价值分析报告都给予了中南传媒较高的询价区间。由于受到资本市场的高度认可,中南传媒一上市便成为2010年我国传媒业界和资本市场的标志性事件,创造了A股市场出版传媒业多项历史纪录,为当年A股市场传媒板块融资规模最大的IPO项目。

3. 中南传媒IPO后的效果

(1) 扩大了中南传媒品牌效应,深化了社会影响力。中南传媒的成功上市,实现了传统出版传媒产业与现代资本市场的成功对接,实现了发展模式从单一的产品经营向产品经营与资本运营相结合的战略转型,传媒集群影响继续扩大,品牌图书保持强势市场地位,在第二届中国出版政府奖和第三届中华优秀出版物奖评比中,公司荣获11项大奖,奖获数位居全国地方出版传媒集团第一,伴随公司在出版传媒行业龙头地位的确立,公司社会关注度和影响力迅速攀升,荣获2010年中国版权产业最具影响力企业奖,为中南传媒后期的跨越发展奠定了良好的基础。

(2) 企业治理结构水平提升,经营管理提质,各项经济指标屡创新高。根据其招股说明书,中南传媒发行所募集资金将用于与公司主营业务密切相关的出版、发行、印刷、信息系统建设板块中8个核心业务环节项目的建设及补充流动资金。从2010年年报看,效果明显,公司的主要经济指标再创历史新高,各产业销售额全线上扬,市场占有率排位前移,公司总资产规模达97亿元,销售收入47.6亿元,比2009年增长18%,全年利润总额6.01亿元。而2011年,公司实现销售收入58.57亿元,利润8.06亿元,同比分别增长22.97%和34.09%,发行业务收入和报媒业务收入分别增长19.21%和30.52%,每股收益由2010年的0.41元增长到2011年的0.45元。

(3) 数媒产业布局进一步完善,市场拓展突破有力。在资本的助力下,2010年,中南传媒各项投资稳步进行,潇湘晨报全媒体布局战略开始实施,中南E库建设全面启动,已汇聚16000多种图书音像数字资源。天闻数媒与湖南联通、华为技术达成战略合作,与电信运营商、终端厂商、芯片商等九大营销通道建立了深度合作关系。数媒转型加速,传播链大创新,国内拓展全面开花,教辅市场拓展在东北和南方各省取得突破性增长。湘版一般图书成功进入10多个省份的政府采购项目;湖南天闻新华印务有限公司与《南方周末》等20余种报刊建立长期合作关系。国际市场成果丰硕。公司2010年完成版权输出204项,海外印刷业务拓展蓄势待发。红网全国市场份额排名第九、地方排名第一,连续8年实现盈利,荣获"全国新闻出版业网站'十一五'成就奖"。2011年开通96360热线,上线运营"长啦"网站,升级改造iPhone、iPad客户端,全媒体综合传播平台建设快速推进。

表1 招股说明书募集资金用途

类别	序号	募集资金项目	募集资金使用量(万元)
出版板块	1	出版创意策划项目	29695.00
	2	中南基础教育复合出版项目	20013.00
	3	数字资源全屏服务平台项目	30262.00
发行板块	4	湖南省新华书店区域中心门店改造升级项目	31982.13
	5	湖南省新华书店电子商务平台项目	59888.00
	6	全国出版物营销渠道建设项目	69772.43
印刷板块	7	湖南天闻新华印务有限公司技改项目	19991.00
信息系统建设板块	8	中南出版传媒集团出版发行信息平台	15118.00
补充流动资金	9	补充流动资金	18500.00

资料来源：中南出版传媒集团2010年招股说明书。

（二）并购、合作经营实现"跨区域、跨行业、跨所有制"的发展

由于文化产业发展空间广阔，过去10年，党中央、国务院作出的深化文化体制改革、促进文化产业发展的战略决策，积极出台各项国家政策扶持，促使文化产业的迅速发展，近年来，各类资本不断涌入，行业并购重组风起云涌，上市公司与各类资本联姻的文化产业基金发展迅速。上市只是中南传媒资本运营的第一步，在并购重组已成为文化传媒企业拥抱互联网和移动互联网时代，实现跨越式发展的重要手段的时刻，随着文化产业被定义为国家战略性发展产业，中央对文化产业不断出台改革支持政策、税收优惠政策，同时伴随着文化产业并购窗口的打开，传媒行业跨媒介跨区域并购限制的逐渐放松，中南传媒不断关注新一轮经济布局结构调整带来的机遇，积极主动寻求国内外优势资源，重点瞄准在线教育、老年产业、大数据服务、互联网金融、互动娱乐等领域，寻找新的并购项目和合作机会，采用并购、合作经营等多种资本运营方式，实现了战略共赢。

1. 并购合作经营背景以及主要事件

"十一五"期间，一方面，国家新闻出版总署提出，要大力调整报刊产业结构，形成10家左右具有较强辐射能力的报刊出版产业集聚中心，形成10家左右跨地区、跨行业、跨媒体经营的大型国有报刊传媒集团；要继续推动新华书店跨地区兼并重组，形成几家全国性新华发行集团。另一方面，随着互联网和通信技术的飞速发展，文化与科技的融合不断加深，新媒体对传统媒体的冲击越来越大，如果中南传媒不能够在夯实其传统出版业务的基础上，迅速调整

战略方向,吸收和应用先进的数字技术,大力发展以数字化内容、数字化生产和网络化传播为主要特征的数字媒体、新媒体业务,则很容易在未来的市场竞争中丧失主导地位。在此大背景下,中南传媒将并购、合作经营作为其壮大自身体量、加速新领域的布局的重要手段之一,2006年,战略并购整合了红网,2007年并购民营发行公司湖湘公司,重组后成立了湖南联合教育出版物发行公司,主营教辅发行,与新华书店形成了较好的协同效应。2010年又与日本角川控股集团合作,共同推动动画、漫画事业发展;旗下红网与拓维信息合资设立北京掌上红网文化传播股份有限公司,致力于3G技术应用的数字出版、无线互联网等新媒体、新技术领域的拓展。与华为合资重组的天闻数媒公司,与湖南联通达成战略合作,与电信运营商、终端厂商、芯片商等九大营销通道建立了深度合作关系。

"十二五"期间,一方面,政策的利好为中南传媒实施兼并重组创造了良好的政经环境。2012年中央和国家新闻出版总署等部委陆续出台《国家"十二五"时期文化改革发展规划纲要》《关于加快出版传媒集团改革发展的指导意见》等文件,强调破除地区封锁和行业壁垒,支持出版传媒集团通过并购实现跨媒体、跨地区、跨行业、跨所有制、跨国界发展。2013年,国务院开展新一轮政府机构改革,合并组建了国家新闻出版广电总局,为跨行业、跨媒介的整合和变革带来新的机遇。2014年,中央全面深化改革领导小组第四次会议审议通过了《关于推动传统媒体和新兴媒体融合发展的指导意见》,提出推动传统媒体和新兴媒体在内容、渠道、平台、经营、管理等方面的深度融合,着力打造一批形态多样、手段先进、具有竞争力的新型主流媒体,建成几家拥有强大实力和传播力、公信力、影响力的新型媒体集团。另一方面,中南传媒自身的业绩状况也促使其必须加快并购重组合作经营的步伐,从2010—2012年的年报来看,虽然中南传媒在传统业务依然具有优势,其出版、发行收入稳步增长,但这个行业已基本饱和并属于低增长行业,行业发展整体放缓,毛利率增幅减缓甚至出现倒退,中南传媒自身已经意识到,传统业务虽然够吃老本,但要谋求未来的发展,中南集团必须开发新兴业务,拓展市场。2011年,中南传媒与中国联通阅读基地合作开展精品专营,与知名民营出版机构博集天卷达成战略性合作,成立中南博集天卷公司,天闻印务成功并购上海凯基印刷公司,介入短版商业印刷领域并实现异地扩张;取得湖南省政府采购印刷定点企业资质,获得省财政票据定点印刷资格。中南传媒将2013年设定为合作并购年,储备70多亿现金,加快并购等的资本运营步伐。2013年8月与湖南教育电视台合资建立"湖南教育电视传媒有限公司",弥补了视听业务的不足;2013年10月,收购中南博集天卷文化传媒有限公司部分股权并增资项目,子公司天闻数媒科技(北京)有限公司收购国鑫立方文化传播(北京)有限公司原股东100%的股权。

"十三五"元年年初,中南传媒在纽约与法兰克福书展签署战略合作框架协议，在原先基础上，双方将进一步拓宽合作领域，涵盖搭建书业国际影响力评估系统、版权在线交易、资本合作以及打造系列高端出版交流平台等更高层次的新业务，同时，随着中国大力推进"一带一路"战略，双方将围绕"一带一路"战略，致力于培育和打造中国图书海外推广平台及版权贸易评估系统，实现双赢。

2. 效果

通过"跨区域、跨国界、跨行业、跨所有制"的合作经营并购布局，中南传媒以资源整合为基础，以资本经营为杠杆，完成了相关产业并购，并且初具成效。2010—2014 年主营业务收入和净利润稳步上升，每股收益和净利润增长率也由 2012 年之前的下跌和缓慢上升趋势转变为加速上升趋势（如图1、图2 所示）。

图1　中南传媒2010—2014 年主营业务收入和净利润

资料来源：根据中南出版传媒集团股份有限公司2010—2014 年资料整理。

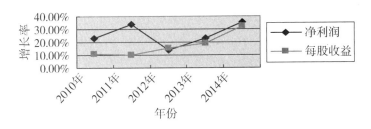

图2　中南传媒2010—2014 年净利润和每股收益增长率

资料来源：根据中南出版传媒集团股份有限公司2010—2014 年资料整理。

此外，从其出版发行行业的毛利率来看，2011—2013 年止跌回升，由 2011 年的 -2.81% 转变为 2013 年的增长 0.57%，这其中，2013 年被收购的中南博集天卷文化传媒有限公司功不可没，其使中南传媒在畅销图书领域的市场领先地位进一步巩固，2014 年发行收入更是取得了同比增长 31.16% 的佳绩；而其数字出版业务则在 2013 年出现了井喷式的增长，取得营业收入为 13423.40 万元，是 2012 年的 12.7 倍，2014 年主营业务收入较 2013 年增长

71.48%。在天闻数媒公司确立以在线教育和数字文化两条产品线为重点发展方向后，以"云课堂产品和区域教育云产品为核心的"天闻数媒公司数字教育产品及大众阅读项目成功对接市场取得重大突破，打造了一系列精品内容产品，以"三通两平台"、海外市场为支撑的产品新格局，利润贡献超2000万元，使得中南传媒教育平台业态全面升级，传统产品生产和销售的数字化方式运用更加深入。发行板块主营业务收入较上年同期增长17.82%的佳绩。2015年，中南传媒作为目前已上市出版传媒类公司中业务最全、规模最大的企业，成功跻身世界同行前列，在Rüdiger Wischenbart 2015年最新发布的"2015年世界出版企业50强"中排名全球第七。

由此可见，中南传媒在清晰的战略指导和经营思路领导下，完成了相关战略并购和合作经营，兼并重组、合作经营是其拓展产业链、寻找新的利润增长点的重要发展路径。

（三）多元化经营及其效果

2013年，中南传媒提出"文化与金融结合"的战略方针，为了强化公司资金的统筹利用，培育新的利润增长点，进一步发挥资本市场的资源整合功能，实现多元化发展，中南传媒加大资本运营力度，仅用3个月时间筹建了中国文化行业首家财务公司——湖南出版投资控股集团财务有限公司，为公司推进产融结合、搭建全新金融平台奠定了先发优势。2014年文化部、中国人民银行、财政部联合出台了《关于深入推进文化金融合作的意见》，推动文化产业成为国民经济支柱性产业。基于此，中南传媒在其经营计划当中更是提出由单一产业经营向产融结合、财团发展模式转型升级的方针。财团发展模式就是产业与金融结合、混业经营高速发展的模式。通过聚焦文化产业的专业金融，为整合创意资源、经营文化资产两大方向提供金融服务。2014年，中南传媒金融服务收入大幅增加，短短8个月时间，由2013年的4849万元提高到2014年的1.3亿元，增长率高达63.63%，净利润达6700余万元，资金集聚和利润贡献能力持续增强，为中南传媒2014年的业绩作出了较大贡献，有效地推动了公司产融结合、财团式发展战略的实施。

此外，中南传媒积极布局老年产业业务。首先，以全国发行量最大的老年报纸《快乐老人报》、老年健康专业杂志《康颐·活过一百岁》、老年生活服务网站枫网、老年定制出版服务机构快乐人生出版事务所、专注老年旅游的美时美刻国际旅行社为基础，加速完成了"从运营媒体到形成产业、从圈定人群到激活用户"的转变，按照"以健康和快乐为总揽，以数据和平台为基础，以整合和创新为手段，以科技和资本为驱动"的模式发展老年产业。其次，以枫网为平台，以媒体和实体相结合形成数据库，把数据变成实实在在的用户，继续扩充网站的社区、购物、众筹等实用性功能，增加媒体黏性，提供更精准的服务。最后，以开放平台和资本杠杆打通老年全产业链，积极加快由媒体向老年购物、老年养生、老年公寓等实业领域拓展，形成连锁式的社区老年服务新业态。2014年,《快乐老人报》发行突破168万份,牢牢占据中国老年第一纸媒地位。枫网正式上线以来流量增长迅速,成为有重要影响力的中国老年类网站。

三、启　示

中南传媒在资本市场上的成绩有目共睹,其资本运营的方式和特点也为其他文化传媒企业提供了一定的参考价值。

(一) 提前布局,找准定位,选择并且抓住合适的资本运营时机

只有把作品变成产品、把资源变成资本,出版传媒企业找准定位,将自身的价值凸显出来,提前筹划,才能抓住时机,与资本市场成功对接。综观中南传媒IPO之路,如果没有在成立之初的提前布局,没有IPO的雄心壮志,又如果不是得到国务院和中国证监会对未满三年企业的特别豁免政策的支持,如果不是国家将文化产业列入战略性发展产业的高度,如果不是新闻出版总署在2010年承诺将一如既往地支持符合新闻出版产业整体发展战略部署的骨干企业上市融资,那么,中南传媒要凭借不足3年的改制时间,在资本市场上登陆,是具有极大困难的。而中南传媒的并购也是随着国家对传媒产业跨媒体、跨区域并购限制和门槛的放松而逐步进行的,由此可见,产业政策的支持,无论是国家还是地方,大到产业环境,小到对公司具体的扶持,政策的保驾护航可起到事半功倍的效果,因此,选择并且抓住合适的资本运营时机,是文化传媒企业在进行资本运营时要首先考虑的问题。

(二) 资本运营应当服从公司战略,有的放矢

中南传媒上市也好,并购也好,合作经营也罢,不仅仅是在追求一种资本的良性互动,更是以服从和实现其公司战略的角度为出发点的。为了抢占文化产业的核心地位,争做文化产业的领军企业,中南传媒以"多介质、全流程"为特点,打造"编、印、发、供、媒"的全产业链业务和优秀的业绩,完成了在资本市场上的第一次华丽转型。随着传媒业竞争的加剧,新一轮经济布局结构调整,中南传媒为了全力实施"传播数字化、业态市场化、品牌集群化、经营国际化、运营资本化、管理标准化"六大发展战略,其与华为深度合作,建立数字出版组织机构和骨干队伍,举办"中南传媒首届优质数字资源奖"评选活动。壮大升级中南E库,无不是与其数字出版战略相匹配的。同时,为积极推进跨地区、跨行业、跨所有制的跨界战略发展,加快战略性整合出版资源,其借力资本市场平台,通过金融资本的充足支持,以积极的姿态整合优质出版资源,公司传统业务转型和新业务拓展成效显著,将线上与线下结合、文化与金融结合,与相关单位的跨界合作,发展金融财团,大力推进数字媒体业务,兼并收购,多元化发展,以至于布局养老产业,以新业态的培育和股权投资产

生利润为目的，推动新的产业板块的重构和强化，最终取得了销售收入和每股收益的连续增长，形成核心产业集群，成为了创意资源和文化资产的整合者，中国文化产业重要的战略投资者。因此，要达到资本运营的目的，不管投资也好，融资也好，首先应当服从公司的战略，这样才能取得事半功倍的效果。

（三）创新资本运营模式，合理控制风险

首先，IPO之前通过私募形式引进战略投资者，开创了中国出版传媒企业资本运营的新模式，标志着中南传媒实施资本运营战略迈出了里程碑式的重要一步。但同时，中南传媒引入战略投资者也曾经引发PE腐败问题，引发市场对中南传媒的种种不利猜测，为此，中南传媒创新资本运营模式，对增资扩股也采用新股发行询价的全新市场化发行模式，并邀请纪检部门对增资扩股进行全程监控，确保了信息公开、机制公平和程序公正。

其次，不管是上市还是并购，中南传媒业都曾面临募集资金投资项目的收益风险、市场风险、改革风险、控制权分散、整合不力、人才流失等风险，为此中南传媒突出主业设计，做强主业链条，做强出版，做强渠道，做强全流程的价值链整合平台，实施多元化经营，增加沟通渠道，注重人力资源和资本运营的文化整合，把中南出版传媒打造为高成长性的旗舰传媒企业。

传媒企业与资本共舞，要发挥资本运营的最大效果，应当充分识别和合理控制风险，依据PDCA循环的概念来对相关风险进行控制，遵循全面控制的原则，运用科学的管理方法和现代化的手段，将风险防范贯穿于资本运营管理全过程，实现风险的事前、事中、事后全方位控制。可以建立风险监督管理委员会，对风险控制进行组织和实施。加强投资控制，对投资项目严格把关，建立风险管理系统，分级风险管理，可以通过以下步骤进行：①建立财务风险预警系统；②风险识别；③风险评估；④化解风险；⑤考核评价（如图3所示）。

图3　风险控制模型

四、小结与展望

在中国资本市场的漫漫征途上,中南传媒作为传媒出版板块的龙头股,在强化资本运营的发展战略下,其坚守的"传媒控制资本,资本壮大传媒"发展理念已为其在资本市场取得了有目共睹的辉煌战绩,其资本运营的手段和技巧已经越来越娴熟,后续的发展依然离不开资本市场对传媒出版产业的强力支持。然而,资本市场本身也存在效率的问题,中国资本市场在某种程度上依然不甚规范,风云变幻无常,存在很多不可预知的主观因素,资本运营本身也是一把双刃剑,中南传媒是否能够用好这把双刃剑,是否能够识别和规避控制资本市场的不确定因素带来的风险,再续辉煌?

中南传媒早前以"全产业链"概念登陆资本市场,随着"互联网+"概念的深入人心,物联网、智能网等新技术应用的普及,人们的文化消费习惯也在发生着深刻的改变,中南传媒抓住契机,大力发展"线上与线下结合、文化与金融结合"战略,近年来,公司取得了先发时机。除了发展传统的出版、发行、报媒业务以外,中南传媒更是致力于向数字媒体、全媒体的转型,在新媒体领域进展顺利,金融服务业务虽然初试成功,已经较其他传媒企业先行一步,资金循环增值效益也很明显,同时,养老产业也得到了长足的进步,但这些毕竟不是中南传媒的长项,可能在人才团队培养、市场拓展方面依然存在较大风险,而新媒体产品的开发和市场推广也存在着一定的不确定性,因此,其经营模式是否可发展,能否创造核心竞争优势,其在资本市场上的战绩能否延续,是否能受到资本市场的认可,获得资本市场的支持,让我们拭目以待。

参考文献

[1] 中南大学商学院. 中南传媒上市效应[J]. 资本市场,2015(2).
[2] 中南出版传媒集团股份有限公司 2010—2014 年报.
[3] 刘飞越. 中南传媒董事长龚曙光:上市是做强首选道路[J]. 上海证券报,2010(10).

(撰稿人:李洁)

? 思考题

1. 中南传媒资本运营采用了哪些方式?各取得了什么效果?
2. 中南传媒进行资本运营呈现出什么特点?

案例4

优酷：视频网站的版权保护之路*

随着宽带技术和视频设备的普及，越来越多的人开始将自己的视频作品上传至互联网上与人分享，但是，与此同时，大量的未授权作品也被放置在公开的互联网上传播，版权侵权问题已经成为阻碍视频网站发展的瓶颈。

有人说，在视频网站行业中，跑马圈地已经完成，该抢粮食了。一些视频网站的领军人物已经成为这场跑马圈地运动中的胜利者，但在对粮食的争夺中，人们发现一个新的问题出现了，并且不容忽视：面对反盗版联盟集体诉讼事件，视频网站该何去何从？本案例以优酷网等视频网站为例，着重针对如何平衡版权保护与优秀文化产品的传播这两种利益的关系展开论述。

一、视频网站的崛起

所谓视频网站，是指以提供网络视频短片为主的网站。接受过国外商科教育、经过多年跨国公司实战和历练的古永锵，于2005年11月创办合一网络，2006年6月21日，合一网络宣布优酷网（youku.com）公测开始，定位为用户视频分享服务平台，古永锵担任优酷网CEO兼总裁。

作为中国网络视频行业的第一品牌，优酷以"快者为王"为产品理念，注重用户体验，不断完善服务策略，其卓尔不群的"快速播放，快速发布，快速搜索"的产品特性，充分满足用户日益增长的多元化互动需求，使之一举成为中国视频网站中的领军团队。

2007年，古永锵出席国际互联网大会时说："中国的视频网站今年的集中态势越来越明显，得到国际的认可越来越明显"，并称"硅谷已经领悟到了中国视频网站的崛起"。

2006年以来，中国的视频网站从30多家激增至300多家，中国的视频行业迎来了前所未有的"大爆炸"。视频网站"黑客帝国般的神速复制"使中国视频网站行业初具雏形，总结其迅速崛起的原因主要有以下几个方面：

首先是网络搜索重要性的崛起以及互联网在人们生活中重要性的提高。从2006年开始，视频网站的发展进入"春秋战国"的时代，从2007年的发展过程来看，集中的态势越来越明显，用户规模等方面也不断拉开距离。从2007

---

* 本案例改编自黄武双《视频网站面临的版权侵权困境与经营出路》（载《中国版权》2008年第3期）、牛静《视频分享网站的著作权困境及其解决途径》（载《新闻界》2009年第6期）。

年的调查数据可以看到，领先的优酷网在 2006 年年底市场占有份额还不到 10%，但到 2007 年年底已经高达 60%，这样的数据表明其发展态势是非常好的。另外，国际上对中国视频网站也越来越认可。2007 年 8 月，优酷网被《红鲱鱼》（Red Herring）杂志评为科技创投公司亚洲百强之一，这意味着其在资金门槛、用户规模、品牌认知等诸多方面得到了国际的普遍认可。

其次是视频网站的差异化越来越大。2006 年的视频网站市场，其格局非常同质化，大家的利润没有太大区别，因为各自都在忙搭平台，从事产品技术，而没有太多的精力去考虑内容以及合作战略。但是在 2007 年，差异化的经营模式已经很明显地产生了，主要表现为内容和战略合作方面的差异化。一方面，内容差异化主要是在内容选择上有所取舍。内容来源一部分是热点事件，在考虑做视频推介的时候，视频网站会选择一些与社会生活、大家每天关心的事件有关的视频。另外，还有一部分由用户本身产生的视频内容，比如一些比赛的优秀作品，还有就是拍客文化，用 DV、DC、任何一台手机都可以拍出周围生活非常精彩的视频。差异化的另外一个重要方面体现在战略合作上，除了视频网站之间以及视频网站和搜索引擎等网络媒体的相互合作之外，视频网站也加强了与电视台、电影公司等媒体的合作。例如，优酷和央视在《赢在中国》这档综艺节目中互相推广及分享内容。

二、视频网站的运营

（一）当前我国视频网站的生存环境

自 YouTube 被谷歌以 16.8 亿美元收购以来，国内的网络经营者们嗅到了商机，创立了大量以 YouTube 为蓝本的视频网站。国内视频网站的"带头大哥"OpenV 的市场总监张隽评价道："YouTube 好像给大家打了激素，国内视频网站的数量一下子出现了 300 多家，其中大多数是跟风者。"但视频网站在中国的生存环境与美国是有很大区别的，2004 年国家广电总局颁布的《互联网等信息网络传播视听节目管理办法》规定，通过信息网络向公众传播视听节目必须持有《信息网络传播视听节目许可证》，但目前除了国家机关下属事业单位和少数上市公司拥有这一许可证外，其他视频网站仍处于无证经营的状态。除此之外，政策的另一个不明朗之处在于，在中国对网络管理负有责任的信息产业部和公安部还没有对视频网站的运营提出自己的指导意见，这无疑也增添了其前景的不可预测性。

虽然中国在知识产权方面的法律制度比较完善，但是在知识产权保护领域执法力度仍有待提高，这种状况使得拥有内容资源的传统媒体，特别是影视媒体如电影公司、电视台不愿意将其内容与视频网站分享。另外，用户自己制作上传的片源也极其有限，因为中国居民的 DV 普及率远不及美国，而且中国网民的年龄趋于年轻化,这些都导致中国网民上传的视频的数量远不及美国。因此造成了中国视频网站内容的缺乏,因为内容的缺乏,大量视频网站就相互抄袭,非法使用传统媒体的内容和大量使用境外媒体的节目,这种做法不仅导致各网站内容严重同质化,而且还牵涉法律侵权和非法传播的问题。各网站所谓热门视频中的内容也是良莠不齐。众所周知,没有内容就没有注意力,没有注意力就没有竞争力,没有竞争力何来效益呢?中国目前还没有专门为视频网站提供内容的专业机构,甚至视频网站自身也很少制作内容。试想一下,每个网站的内容都大同小异,那么这个行业是不能健康发展的,同样,个体也不能壮大。

(二) 视频网站的运营模式

目前,视频网站尚处于起步阶段,视频网站链的轮廓初步形成。视频网站运作模式也一直处于不断探索和变革的过程中。

1. 视频来源

视频作品中,既有原创作品,也有转载作品;既有影视剧作,也有自拍的娱乐闹剧;既有经过版权登记的商业作品,也有未经登记的公益新闻作品和网友无偿提供的搞笑视频作品。总体来看,大部分作品是未经许可转载、上传的侵权作品,这些侵权作品当中以商业影视作品为主体。

2. 上传方式

视频作品有两种上传方式,其一为直接上传,即注册用户通过视频网站设置的上传程序将个人电脑中的视频文件上传至视频网站服务器,供网民分享;其二为转链接,即把在网络上发现的视频文件网络地址复制到上传程序的链接地址栏,将来自其他网站的视频文件转载至要上传的目标网站。

3. 盈利模式

视频网站有"网络电视台"的称号,"网络视频广告"是视频网站的主要营利渠道。此外,移动增值服务(在未来结合3G手机服务的付费视频下载)和视频搜索将成为视频网站盈利的渠道。需要强调的是,视频网站并非靠向网民收取注册费和收视费盈利,目前视频网站提供的在线收视服务基本上是免费的。

三、版权——视频网站发展不可回避的问题

2009年9月15日,由激动网、优朋普乐、搜狐和华夏视联等4家国内新媒体版权拥有和发行方代表共同发起,联合全国110家互联网视频版权各权利方共同创建的"中国网络视频反盗版联盟"在京启动,该联盟旨在共同抵制网络侵权盗版行为,维护网络视频市场的正常秩序,推进网络视频正版化进程。国家广电总局、北京市版权局、中国版权协会、互联网视频版权方、影视

制作机构、广告主、法律界专家等的数百名联盟代表出席了启动仪式。这是迄今为止国内网络视频行业最广泛的反盗版统一战线,是对视频盗版网站的集体亮剑,酝酿着中国网络视频产业链史无前例的自我革命。

启动仪式上,反盗版联盟发起方宣布,已对优酷、土豆、迅雷等主要视频盗版网站1000余部被盗版侵权的国内影视剧取证保全,即日起将对优酷网盗版侵权的503部国内影视剧提请诉讼,其中包括《喜羊羊与灰太狼》《麦兜三部曲》《王贵与安娜》《夜店》《文雀》《机动部队》等国内热播影视剧。联盟律师表示,起诉将在未来一年内陆续进行,以版权市场售卖价格为依据,总计将向优酷索赔5000万~1亿元人民币,并保留追究相关责任人刑事责任的权利。

同时,起诉书显示,两大可乐品牌百事可乐和可口可乐公司旗下的美汁源品牌,都因在优酷的盗版侵权影视剧页面投放广告,而成为盗版"帮凶",将被联盟起诉。有法律专家表示,在当前针对盗版视频网站的维权诉讼中,由于盗版被用于商业用途,版权方将广告主列为被告逐渐成为趋势。①

(一)视频网站被诉侵权现状与被控侵权焦点

视频网站,是指以服务对象(即用户)上传内容为核心的网站,网站本身并不上传任何内容,网站的作用在于为用户上传内容提供服务平台。由Web 2.0技术催生的视频网站在经历了2~3年的迅猛发展后,业已进入"多事之秋"。2009年,权利人起诉视频网站侵权的案件在全国各地频频爆发。《中国经营报》记者从北京市海淀法院知识产权庭了解到,2008年,仅海淀法院就受理了100余件视频网站侵权案件,比2007年增长了5倍。而2009年以来,关于视频网站的诉讼量更是海量猛增,仅2009年1—4月份,海淀法院就收案153件,这一数字已超过2008年全年的受理总和。

视频网站被控侵权情况主要有以下两种:第一种是视频网站直接将未获授权的视频文件上传到自己的网站,供网民在线观看或下载;第二种是视频网站提供一个信息存储空间,网络使用者在信息存储空间内上传了侵犯版权的视频。第一种情况,视频网站的行为构成对权利人信息网络传播权的侵权,对此基本没有争议;第二种情况,视频网站是否构成侵权,则是目前争议的焦点。

(二)视频网站遭遇的版权困境

视频网站不同于搜索引擎"盗链"和P2P下载。搜索引擎的"盗链"和P2P下载有个共同特点,即平台服务商利用P2P技术实现提供检索或寻址服务。如果检索的链接结果指向的作品涉嫌侵犯版权,权利人可以通过《信息网络传播权保护条例》设置的"通知—移除"程序督促网络平台服务提供商

---

① 参见熊莉《网络视频反盗版风暴来袭》,载《新媒体》2009年10月,第46页。

"移除"盗链结果。当然,在能证明网络服务提供商明知或者应知所链接作品、表演、录音录像制品侵权的情形下,无需经过"通知—移除"程序即可追究网络服务提供商的共同侵权责任。但是在侵权视频作品传播过程中,视频网站既是参与者又是帮助者,因为侵权作品是通过视频网站的服务器传播的。尽管服务器存储的绝大部分作品为网友上传而非自身采集,但网民要观看视频作品,必须借助服务器存储的视频文件和检索系统、在线播放系统才能进行。如果视频网站在线播放的视频作品侵犯他人版权,可以认定视频网站构成共同侵权。其理由如下。

1. 责任认定的现有法律依据

此前的司法实践中,在认定网络服务提供商的侵权责任时,一般都根据《民法通则》第 130 条和最高人民法院《关于贯彻执行〈民法通则〉若干问题的意见》(试行)第 148 条来追究网络服务提供商的共同侵权责任。随着网络技术的发展、网络服务的繁荣,网络传播权的含义发生了深刻变化,并因此出现难以界定的模糊地带。诸如搜索引擎、P2P 下载平台之类的网络服务提供商在提供链接、检索服务指向的内容侵犯他人版权时应该承担何种责任的问题。司法实践界和学术界对这个问题的认识尚存在不小争议。为了规范这些行为,国务院于 2006 年出台了《信息网络传播权保护条例》,最高人民法院于 2006 年 11 月对《关于审理涉及计算机网络著作权纠纷案件适用法律若干问题的解释》进行了第二次修改。视频网站传播的视频作品侵犯他人版权的,可以直接适用《民法通则》第 130 条、最高人民法院《关于贯彻执行〈民法通则〉若干问题的意见》(试行)第 148 条、最高人民法院《关于修改〈最高人民法院关于审理涉及计算机网络著作权纠纷案件适用法律若干问题的解释〉的决定(二)》第 3 条和参照适用《信息网络传播权保护条例》① 第 23 条,追究视频网站经营者的共同侵权责任。

2. 责任认定的法理分析

(1)因果关系。作为侵权行为法的评价对象,因果关系的有无应该参照侵权行为法的规范目的和范围来判断。通常认为,因果关系的认定应该采用"法规目的说",即因果关系是在按照规范目的来确定的前后相继的事件之间所具有的原因和结果联系。"相当因果关系说",则是依据规范目的来判断因果关系的一个具体标准。所谓相当因果关系,是指若有某种行为通常产生某损害,则该行为与损害结果之间具有因果关系。认定相当因果关系时,通常是从两个方面加以判断:其一,以条件关系为基础的事实判断。②所谓条件关系,是指如果没有某种行为就不会发生某种损害后果,则该行为就是某种损害后果

---

① 因为本条规制的对象是提供搜索或者链接服务的侵权行为,而视频网站不仅提供检索服务,且直接提供侵权视频文件和在线播放服务。

② 参见孙维飞《一般侵权行为的成立要件》,《民法学》,法律出版社 2005 年版,第 686 页。

的必要条件。其二，以"可预见性"为基础的法律判断。"可预见性"是指一般人应该预见自己行为可能产生的结果，以及行为人客观上已经认识的结果。当然，在某些专业领域，"一般人"应该以该专业领域的一般技术人员为标准。从因果关系角度来看，视频文件的上传者、观看者与视频网站平台服务商应该视为一个整体，他们对侵犯视频作品版权的作用力是密不可分的。如果没有他们的"默契协作"①，侵权行为是难以实现的。试想，如果没有视频网站提供的便捷平台，涉嫌侵权的视频作品就找不到便利的传播渠道，因而缺乏生存和发展的土壤。因此视频网站的参与、帮助行为和侵权结果存在特定因果关系。②

（2）共同侵权。共同侵权行为既包括数人直接实施的、共同作用于某一对象的行为，也包括有人不直接实施而通过教唆、帮助、引诱他人实施而与直接实施者构成共同侵权的行为。是否成立共同侵权，主要是通过分析数人各自的行为与损害结果之间的因果关系来判断的。共同侵权并不以意思联络为必要条件，如帮助行为和被帮助者实施侵权行为之间并不要求一定要具有意思联络。共同侵权行为人之间亦无需存在共同过错，数个侵权行为偶然直接结合也可以成立共同侵权，这一点已在最高人民法院《关于审理人身损害赔偿案件适用法律若干问题的解释》中作出规定。此外，在特定情形下，是否成立共同侵权责任，不仅要考虑相当因果关系，还要考虑法律政策，既要让受害人的损失得到及时补偿，又不至于对侵权人科以过重的法律责任。依据上述共同侵权的基本理论，视频网站经营者尽管和上传者、观看者之间并没有侵犯视频作品版权的共同故意，也可能没有侵权的意思联络，但其参与和帮助传播的行为足以构成共同侵权责任。③

（三）视频网站版权难题的解决途径

视频网站经历了市场导入期的喧哗和躁动后，如何将自己的商业模式建立在合情、合理、合法的内容基础上？如何绕过版权这道坎？这些都已经成为视频网站发展亟待解决的问题。从目前的情况来看，视频网站可以从以下几个方面进行尝试，以避免侵权。

1. 视频网站需要承担起合理注意义务

视频网站作为一种信息存储空间，具有"实质性的非侵权用途"。用户可以向这个空间上传合法的作品，也可以上传未经版权人许可的作品。基于这种情况，视频网站需要承担一定的合理注意义务。况且，"避风港"规则作为一

---

① 这里的"默契合作"是指事实上没有意思联络的合作。
② 参见黄武双《视频网站面临的版权侵权困境与经营出路》，载《中国版权》2008年第3期，第39页。
③ 同上。

种平衡机制，它一方面要求权利人承担发现和监督侵权活动的责任，另一方面要求网络服务商承担通过删除、屏蔽等技术手段有效制止侵权行为的责任，这也是要求视频网站充当"善意的管理人"角色，当用户上传侵权视频行为的事实像一面鲜亮的红旗①在视频网站上公然地飘扬时，视频网站必须承担起注意义务，积极采取删除措施。综观当下视频网站的运营和发展模式，大量视频网站以影视栏目吸引用户，许多热播的影视剧目等都可以在网站搜索到，甚至视频网站以"原创""电影""电视剧"等进行标注，这足以说明网站有意识将原创类视频与非原创类视频区别开来。作为专业的视频网站，理应对所经营的网站中哪些内容可能涉嫌侵权有一个最基本的认识，如影院刚刚上映的新片，制作方是绝对不可能同时提供免费在线播放而自愿损失其票房收入的；同样，对于近期上映的电影、电视、电视台录制节目等，在没有得到版权人授权而被用户随意上传的情况下，视频网站应该意识到必然存在版权问题，这时，必须承担较高的注意义务。

2. 视频网站应加强合作，购买正版视频

为了解决版权困扰，许多视频网站基于共赢的目的，纷纷开拓新的合作模式，通过签署合作协议，共享视频版权内容，分享广告商业利益。2008年国内的优酷网、土豆网等6家网站与美国电影协会及6家成员公司达成"保护性协议"，网站同意在3个工作日删除相关侵权内容并愿意参与有关如何更有效率地移除侵权影片和过滤侵权影片技术的探讨，这为版权侵权纠纷的非法律解决途径提供了一个良好的开始。此外，多家视频网站已经与版权方建立了各种各样的合作关系，越来越多经过授权的IE版视频内容开始在视频网站上出现。2008年9月，土豆推出了黑豆高清版频道，一举大规模地引入了上万部影视作品，所有作品都是通过版权合作方式获得了网络播放权的正版内容。目前主要有视频网站与影视媒体的合作、门户网站与视频网站的合作、搜索网站与视频网站的合作等几种合作模式。除了和享有视频版权的媒体进行合作之外，视频网站也广泛寻求与其他版权合作模式。例如，2009年10月，德云社、优酷与支付宝的合作即可视为一例，郭德纲借助网络平台将传统的民间艺术更广泛地进行传播和推广，因而与优酷网达成版权协议，其费用的支付通过支付宝（中国）网络技术有限公司进行。这样，作为用户，只需通过支付宝支付10元钱，即可在优酷上观看郭德纲的《济公传》，这一合作模式有望解决版权人和视频网站多年的版权纠纷问题。

3. 视频网站应自己创作视频频道、视频作品

虽然视频网站都通过购买的方式获得正版视频，但这样成本毕竟过于高

---

① 如果侵权视频像"红旗"一样出现在用户、经营者面前，视频网站采取放任、消极的态度，可视为法律上的"明知或应知"，法院会判令其承担侵权损害赔偿责任，这一规则被称为"红旗标准"。

昂，所以只能通过其他手段来回避版权问题所产生的风险。面对激烈的市场竞争，视频网站和传统电视台一样，最终决定胜负的还是内容本身。2009年，视频网站开始强调"分享不是视频网站的全部"，开始在垂直行业频道全视频化方面寻求突破。如，激动网建立汽车垂直频道，网站作为创作者拍摄车展花絮、彩排视频报道等，使视频网站呈现媒体化趋势。此外，一些视频网站自己拍摄影片、制作视频来充实视频网站的内容。如，为了鼓励内容独创，土豆开始投资视频创作团队，从短小的视频到大型真人秀不一而足；而乐视网甚至两次涉足大电影的制作；优酷网也开始进行互动直播等一系列尝试；激动网强调垂直频道的全视频内容覆盖，这些努力都是视频网站在版权纠纷不断的环境下寻求新的生存之路的尝试。

四、前景分析[①]

中国互联网络信息中心（CNNIC）发布的《第18次中国互联网发展统计报告》表明：2006年中国的宽带用户已达7700万，比2005年增长45%，而且宽带用户逐渐呈上升趋势。还有数据显示，2006年国内观看过网络视频的用户达6300万，到2010年网络视频用户规模将达到1.8亿人。从另一方面看，2005年国内网络视频用户占中国网民的29%，2006年这一比例已升至47%，预计到2010年国内视频用户占全部网民的78%。2005年视频网站的广告收入是网络广告总收入的0.03%，而到2006年则已占到0.3%，这说明广告主对视频网站的效果还是比较认同的，这些都为国内视频网站的发展提供了良好的生存土壤。经过本轮的视频网站泡沫后，少数具备实力的视频网站凭着风险投资渡过难关后，将加强在内容上的开发和创新，不断提高自己的服务质量和开拓新的利润点，这又会使存活下来的视频网站走向良性的发展轨道，而最关键的是未来的3G技术将是视频网站的一场"盛宴"，因此我们有理由相信，中国视频网站在"寒冬"之后定会有"春天"的到来。未来视频网站的发展主要呈现出以下几个趋势。

1. 中国经济增速放缓下，网络视频营销将成为广告主重要的品牌诉求工具，视频网站将成为电视的良好互补体

品牌广告主在经济大环境不乐观的情况下制定营销策略时，就会更多地考虑视频网站。主要原因在于：对于塑造品牌的广告主来说，图文网站对品牌的表现能力有限，更多的快速消费品（FMCG，Fast Moving Consumer Goods）、服装、运动、IT消费类产品的广告主更倾向于投放到视频网站中。相对于电视，网络视频不仅仅拥有较好的品牌表现能力，还有电视所不具有的互动性以及病

[①] 转引自价值中国网（/www.chinavalue.net/）。

毒式营销①的功能。同时，网络视频与电视相比，前者的 CPM（Cost Per One Thousand Impressions）远小于后者。当然，品牌广告主不会放弃电视广告，但将更多地考虑把电视和视频互动营销相结合，实现对目标用户尽可能覆盖的效果。因此，在 2009 年视频网站已成为电视的良好补充体。如 2008 年 M–Zone 动感地带街舞大赛选择视频网站和央视体育频道作为推广平台，把电视与网络视频相结合，进行全面视频报道，这种电视与网络视频相结合的方式在今后将成为重要的趋势。

2. 内容监控成为视频网站发展的必备要素

无论是视频牌照的获取，还是最近央视对搜索引擎广告的曝光，都时刻提醒视频网站的运营者，内容监控已成为运营工作的非常重要方面。视频网站需继续加强及重视相关内容的监控工作，保持内容的健康，才能更好地实现可持续发展。网络广告主尤其是品牌广告主在投放网络视频广告时，最大的顾虑是广告投放在不良信息的页面或视频内容上，从而影响了品牌形象。在具有内容监控能力的视频网站上，不良信息内容最大程度地减少，将带来良好纯净的广告投放环境，能进一步增加品牌广告主在视频网站的广告投放。只有保持了纯净的视频环境，视频网站才能更好地为品牌广告主服务。

3. 视频分享网站 UGA 模式逐渐淡化，视频网站更多转向定位视频媒体门户，大视频概念将出现

随着广告主对视频投放环境的重视，以及版权所有者们对互联网盗版打击力度的加大，用户上传内容的比例在逐渐减少，UGA 内容产生的视频已经不再是视频网站的主流。视频网站将更多地购买正版资源来创造一个良好的视频内容和环境，如，Ku6 在奥运期间花大量的资金购买奥运点播权，国内前三大视频网站都在大量地购买电视台内容版权，土豆的高清晰版黑豆的上线，都在显示视频网站将更多地远离 UGA 内容产生模式，转向内容购买，转向视频媒体门户。同时，视频分享与 P2P 之间的互相渗透也进一步说明，视频领域原来的视频分享、视频点播直播和 P2P 网络电视正在相互渗透，如优酷和土豆向 P2P 技术或产品的迈进等，大视频的概念将逐渐形成。

参考文献

[1] 芮松艳. 视频分享网站的侵权责任认定——南华夏树人诉优酷网案着手 [J]. 电子知识产权，2009（4）.

[2] 王迁. 视频分享网站著作权侵权问题研究 [J]. 法商研究，2008（4）.

[3] 王宏，曹丽萍，李东涛. 论视频分享网站侵权案件中的焦点问题 [J]. 电子知识产权，2009（4）.

---

① 病毒式营销是一种常用的网络营销方法，常用于网站推销、品牌推广等。

［4］刘家瑞. 论我国网络服务商的避风港规则——兼评十一大唱片公司诉雅虎案［J］. 知识产权，2009（3）.

［5］曲三强，杨华权. 网络服务商版权责任的适用基础［J］. 电子知识产权，2009（4）.

［6］陈坚. 试析视频分享网站的著作权间接侵权责任［D］. 中国政法大学硕士学位论文，2008.

［7］梅术文，温博. 视频分享网站版权注意义务的政策考量［DB/OL］. 知识产权网，2009-01-15.

［8］周春慧. 视频分享网站版权之痛［J］. 电子知识产权，2009（4）.

［9］邹韧. 版权合作新模式为视频网站摘去盗播帽子［J］. 中国新闻出版报，2009-10-27.

（改编者：赵阳　冯立）

思考题

1. 如何理解视频分享网站中的共同侵权问题？

2. 除了案例中提到的解决视频网站侵权问题的途径外，在现实情况下，还有哪些方式可以解决此问题？

案例 5

横店影视城：从山区小镇到"中国好莱坞"*

横店影视城位于浙江省东阳市横店镇，是中国首个国家级影视产业实验区和国家 5A 级旅游景区（如图 1 所示）。浙江横店影视城是横店集团成员企业，公司专业从事影视旅游经营，公司下设影视拍摄基地、旅游景区、酒店、影视管理服务公司、制景装修公司、营销公司、旅游商品公司等子公司。横店影视城 1996 年起步，多年来发展迅猛，被美国《好莱坞报道》杂志称为"中国好莱坞"，现已成为全球规模最大的影视拍摄基地和中国规模最大的影视体验主题公园。横店影视城殊荣不断，接连获得"中国十大影视拍摄基地""中国最具特色影视拍摄基地""全国旅游系统先进集体""浙江省文化产业示范基地"等荣誉。横店影视城创立以来，共有《鸦片战争》《英雄》《无极》《雍正王朝》《满城尽带黄金甲》《画皮》《狄仁杰之通天帝国》《甄嬛传》《步步惊心》等千余部影视作品在此拍摄。

图 1　横店影视城

当前，横店影视城已从影视拍摄基地转变为影视旅游主题公园，正向中国超大型影视旅游主题公园和独具魅力的梦幻之城、快乐之都的目标努力。然而多年前，地处浙江省东阳市的横店却只是一个籍籍无名的贫穷山区小镇。小镇横店是如何十年磨一剑、铸成今日之规模的呢？本案例将以时间为主线，从发展历程、创新营销、科学管理、产业集群、经验对策五个方面对横店影视城进行介绍和剖析。

---

* 本案例改编自曾毓琳《横店传奇——横店影视城发展的探索》（北京大学出版社 2008 年版）。

一、横店影视城的发展历程

横店原先只是一个交通闭塞的山村,曾被戏称为"人均只有7分田",绝大部分土地都是丘陵和荒山。当地流传着一首歌谣:"抬头望见八面山,薄粥三餐度饥荒,有女不嫁横店郎……",而今这个小镇成为名震中华、驰誉海外的高科技工业走廊和文化重镇。作为国内影视城中的后起之秀,横店影视城有几个重要的发展阶段,即起步阶段、突围阶段和崛起阶段。

(一) 缘起:集团探索,毅然起步

1. 集团探索

横店影视城是横店集团旗下企业,横店影视城的缘起与横店集团的发展有着密切的联系。横店集团的起步,缘起于一次危机:国营丝厂的停工停产,造成了横店蚕茧的积压。1975年,徐文荣先生领头创办了横店的第一家企业:横店丝厂。这种逆境中逼出来的创业机会,在当时的计划经济体制下非常难得,从此珍视机会成为横店的传统。此后企业不断发展,敏锐地关注市场变化的需要,发掘潜在的机会,走上了发展工业的道路,在多年发展过程中形成了磁性材料、机电产品、医药化工、轻纺针织、建筑材料等主导产业,并逐步壮大为浙江省著名的乡镇企业集团。

20世纪八九十年代,横店随着乡镇企业的兴起而富裕起来,但横店还只是一个山区小镇,没有城市的文化设施,更没有城市的文化氛围,很多优秀人才不愿来,也不愿留在横店,徐文荣萌发了发展文化产业的想法。1995年,横店集团尝试着创建文化村、娱乐村、度假村等文化娱乐设施,这为后来集团发展文化旅游产业打下了一定的基础。当时横店没有火车、飞机,交通不便,许多人都认为横店的条件不适合发展文化产业,但是徐文荣和横店集团没有放弃,他们执着地等待机会。

2. 毅然起步

1996—1999年是横店影视城的起步阶段。1995年年底,机会来到横店集团面前。著名导演谢晋筹拍历史巨片《鸦片战争》,却因拍摄基地无着落而焦虑不安。横店集团创始人徐文荣闻讯,立即派人赶往上海与谢晋取得联系,并带回了拍摄基地的设计图纸和模型照片,徐文荣当即决定由横店集团全额投资建设拍摄基地的外景,并保证在半年内全部完成。

1996年1月24日,谢晋与徐文荣在横店签约。经过集团上下努力,4个月后,横店建成了"19世纪南粤广州街",确保了《鸦片战争》的顺利拍摄,横店也因此得名。而后几年,横店集团相继建成"香港街""清明上河图""江南水乡"等景区。

1999年9月,美国影视界权威杂志《好莱坞报道》的记者到横店采访,

后刊发长文并配发 6 张照片，称横店这个江南小镇为"中国好莱坞"。也是在这一年，横店承办了首届"中国农民旅游节"，开始在旅游业上施展拳脚。从这之后，横店影视城横空出世，横店走上了发展影视文化产业的道路。

（二）突围：痛定思变，脱颖而出

2000—2003 年是横店影视城的突围发展阶段。为吸引更多的剧组前来横店拍摄，2000 年开始，影视城所有场景对影视拍摄免收场租，并为其提供从场景搭建、道具制作、演员中介到餐饮、住宿等系列配套服务。于是，海内外剧组纷至沓来，横店影视城人气骤升，最多时一天 18 个剧组同时拍摄，与国内许多影视基地的冷清形成鲜明对照。剧组的增多，游客的蜂拥，人气的骤升，带动了横店相关行业的快速发展，影视城逐步实现了产业化经营。2000 年，横店影视城被国家旅游局授予首批国家 4A 级旅游区称号，但在表象繁荣的背后却隐藏着深深的危机。

1. 痛定思变

2001 年秋天，《江南游报》曾进行过一次针对横店影视旅游的特别调查。调查是秘密进行的。他们暗中选定具有代表性的杭州 20 余家旅行社，内容主要为两大块，一是考察组团横店情况，二是对横店景质评定，结果大大出乎意料，因为被调查的 50% 的旅行社中一年中没有组过一次团，20% 组团社中一年中只组过一次，人数最多的不超过 500 人次，最少的寥寥几人。更遗憾的是旅行社的老总们几乎一致认为横店景点很差，只是建了一大群不值得"旅游"的空房子；横店营销观念很差，称不上是一支懂旅游的营销队伍。[①]

这个调查的结果对横店而言是沉重的，之后横店自己又进行了市场调研，结果发现横店影视城不只在浙江省内旅游市场的占有率很低，在上海、苏州等长三角旅游消费力旺盛的城市的占有率更是不容乐观。民众认为横店是一个偏远的影视拍摄基地，旅行社找不到横店旅游的定位和亮点。

痛定思变，横店开始大刀阔斧的改革。然而面对改革，横店却有着许多困惑，客观地说，横店没有区位优势，唯一的特色就是影视特色，面对这样复杂的情况，既没有可以参照的先例，更没有成功的模范，确实难以下手。开发影视旅游市场的时机是否成熟了呢？突破口在哪里？这些重要的问题，横店都没有确定的答案。

2. 脱颖而出

为了成为众多竞争对手中的佼佼者，横店做出了一系列的努力和尝试。2002 年横店影视城相继建成了 12 个影视拍摄基地和 2 座超大型的现代化摄影棚，统一管理运营制景、道具、服装、化妆、车辆、设备租赁、演员队伍等配套服务，开发了杭州超山、磐安花溪、浦江神丽峡等自然风景区。2002 年公

---

① 参见曾毓琳《横店传奇——横店影视城发展的探索》，北京大学出版社 2008 年版，第 34 页。

司开始全力抓营销，探索建立了全新的营销体制，在全国组建了第一家专业的旅游营销公司，采取统分结合的营销方式对市场进行深入的拓展，采取"一城一策"的手法，按照各级市场进行产品的调整、定价和包装。在营销的过程中，横店影视城注重维护合作伙伴的利益，强调"义利并重、和谐共赢"的理念，创新市场定位和营销理念，最终脱颖而出。

（三）崛起：产业升级，急流勇进

2004年之后是横店影视城的崛起阶段。任何产业发展的成功，一定要形成相当的规模，才能在激烈的竞争中立于不败之地。横店集团前期发展文化产业所做出的努力，为其影视产业走集群发展的道路奠定了坚实的基础，文化产业的集聚效应也逐渐凸显出来。

1. 产业升级

"美国的好莱坞为什么强大？为美国的影视产业作出那么大的贡献？因为好莱坞集合了所有的资源优势，建立了完整的影视产业链，影视产业集聚效应的形成，降低了影视界的制作成本，提高了影视企业的竞争力和生命力。中国也需要好莱坞。"这是横店集团董事长兼总裁徐永安的肺腑之言。

正是因为有这样的理念，横店集团定下了自己的发展目标：把横店建设成为影视要素最集中、影视制作成本最低和影视产业最发达的地方，打造出一个立足浙江、面向全国、辐射世界、高起点、全方位、多品种，并在世界上都有很大影响力的国家级的影视产业基地，让横店成为一个迈克尔·波特（Michael Porter）教授提出的影视产业"集群"（clusters）区，形成强有力的竞争优势。为了实现这个目标，横店集团在前期发展文化产业的基础上，在2003年提出了建立影视产业试验区的设想，立刻得到了浙江省和国家广电总局的支持。2004年4月，中国唯一的国家级影视产业实验区——浙江横店影视产业实验区在杭州授牌，这标志着横店影视产业正式迈出集群式发展的第一步，也标志着横店影视城进入了产业升级阶段。

2. 急流勇进

创立至今，横店影视城持续探索影视旅游发展之路，旅游人次逐年提升。从1996年的23万人次到2015年的1518万人次，19年来累计接待游客超1亿人次。横店影视城不断开发影视文化特色演艺产品，打造旅游休闲项目和品牌节庆活动，坚持不懈地提升营销宣传能力和管理服务质量，最终扩大了品牌的知名度和美誉度，成为国内游客接待量多年保持连续增长的大型主题公园类景区之一。

横店的发展并不是一帆风顺的，几乎每年都会遇到各种困难和挑战：周边新一轮主题公园投资热的逐步兴起，后起旅游企业的发展加快，影视旅游主题公园同质化竞争加剧，全球经济增速放缓，国民旅游消费动力不足，横店影视城面临重重考验。横店为此采取多种举措，如加大宣传力度，完善内部激励机制，调动员工的积极性，加大旅行社返利力度，推出多种优惠措施，维护深化销售渠道与信息渠道，等等，在逆境中生存转型中发展。如果说横店早期的迅速崛起是借了长三角经济发展的东风，那么，在不利形势下仍能够保持持续发展的势头，则证明了横店确实具有成为一家大型影视文化产业集团的资质。

二、创新营销：影视为表，旅游为里，文化为魂

营销是一个企业的生命线，如何能保持企业盈利的逐年大幅增长？横店影视城在营销上有着独到之处。

（一）创新营销战略

市场营销战略，即指企业为适应环境和市场的变化，站在战略的高度，以长远的观点，从全局出发来研究市场营销问题，策划新的整体市场营销活动。

1. 市场营销观念

市场营销观念是指企业进行经营决策，组织管理市场营销活动的基本指导思想，也就是企业的经营哲学。横店影视城一直坚持"三赢理念"，重视并兼顾代理商、公司及游客三者共赢的市场开发思路。

为了保证代理商的利益，横店影视城根据代理商的盈利要求设计价格的毛利空间，举行返利大会及活动奖励，达成与代理商的稳定合作；为了保证游客的利益，横店影视城要求营业员根据消费者的潜在需求和愿望来设计线路、推出活动；另外，横店影视城还为不同的省市制定出不同的保护低价，确保各地的影视旅游的价格统一性，使各合作旅行社有利润可赚，控制市场，避免旅行社之间的恶性竞争，很好地维护了公司、代理商及顾客的利益。

2. 目标市场战略

目标市场营销是现代战略营销的核心，包括市场细分、选择目标市场和定位三个环节。

（1）市场细分。由于地区经济发展水平的差异，不同客源地的人有着不尽相同的旅游意识、旅游习惯，不可能制定出一个放之四海而皆准的市场战略，为此横店影视城的经营者提出了"一城一策"的市场细分战略。所谓"一城一策"，就是指根据不同客源地的人的经济水平、旅游意识、旅游习惯，提出不同的旅游概念，进行不同的旅游策划，组合不同的旅游线路，制定不同的旅游价格，提高市场对横店影视城的认知，吸引人们到横店去旅游。"一城一策"具有很高的市场灵活性和可操作性，有效地保证了市场的扩展。

（2）选择目标市场。横店影视城深入挖掘省内客源，在继续加大上海、杭州、江苏等战略市场的精细化营销的同时，整合设立省内以浙江、上海、江苏6小时交通圈为主的第一市场和福建、江西、安徽等其他省市的第二市场。横店影视城在巩固苏、浙、沪老客源市场的同时，已在江西、福建、安徽、广

东市场取得了不俗的业绩,并把市场触角延伸到湖北、重庆、山东等地。横店影视城将这些目标市场分为培育期市场、成长期市场、成熟型市场三类市场,对不同的市场实施不同的品牌传播策略和手段。

(3)市场定位。横店影视城首先要明确的是,自己是做影视还是做旅游,只有处理好这二者的关系,横店才能在经营和发展的过程中准确地定位自身的服务和市场营销策略。横店在分析了自身的优势劣势和资源特色后,果断地提出对横店影响深远的经营理念,也就是"影视为表,旅游为里,文化为魂"。这个经营理念很好地定位了影视和旅游,并引入了文化的概念,影视、旅游、文化三位一体,互相融合,解放了经营者的思想,为横店影视旅游的发展奠定了理论和实践基础。

(二)创新营销策略

横店影视城的市场营销策略灵活多变,下文将会从市场营销学的经典 4P 理论入手对横店影视城的市场营销策略进行分析。4P 理论是美国营销学学者麦卡锡教授在 20 世纪 60 年代提出的,在市场营销组合观念中,4P 分别是产品(product)、价格(price)、渠道(place)、促销(promotion),是企业进行市场营销活动的主要手段。

1. 产品策略

横店影视城自建立以来每个季度都会推出不同的产品,对不同的人群制定不同的线路与产品,因此横店影视城的形象在游客眼中永远都是新颖的,其宣传方式、游客参与度都很好。横店影视城不断创新,构建了智慧旅游体系,建立了电子商务平台、旅游管理平台、影视管理平台(影视管理系统)、管理服务平台、微信平台,为剧组和游客提供贴心的产品和高效的服务。

(1)影视拍摄服务。横店影视城不断提升服务质量,为剧组提供优质影视拍摄服务,截至 2015 年,累计在横店影视城拍摄的剧组数量已达到 1600 多个。横店影视城为世界各地的拍摄剧组提供了从拍摄、住宿到设备器材全流程的服务,主要有场景搭建、宾馆住宿、专业技术人员和杂工、群众演员和特约演员、各种摄影器材设施和陈设道具、各类车辆等。

(2)影视旅游演艺产品。虽然是从影视基地起步,但今天的横店影视城最让游客青睐的却是横店影视城自主开发的一系列影视文化旅游产品,目前累计推出的大大小小的节目达到数百个,集中于梦幻谷景区、明清宫苑景区、秦王宫景区、广州街香港街、清明上河图、明清民居博览城、华夏文化园(如图 2 所示),其中代表性的产品主要有《梦幻太极》《暴雨山洪》《梦回秦汉》《汴梁一梦》等。

(3)特色主题旅游产品。针对不同客户群体,横店影视城陆续开发了多种特色游产品。例如,推出定时、定地的"明星见面会",使各旅行社团队互动参与,创造游客与明星偶像面对面的机会,形成了具有影视人文特色的旅游

图 2　横店影视城海报

产品。推出"体验影视魅力，参与影视创作"的影视拍摄活动，为游客提供专业的摄影、服装和后期制作。推出年味十足的春节大庙会，让游客一次感受中华大地、贯穿南北的九大民俗。

（4）文化创意产品。2016年新年伊始，横店影视城文化创意发展有限公司成立，定位于"衍生品一站式运营商"，致力于景区旅游及影视衍生品的研发、生产、营销。横店影视城文化创意发展有限公司总经理袁满指出横店的文化创意产品体系大致分为四个方面：一是以影视剧、明星等为核心的系列文创衍生品；二是以横店各大景区为元素的系列文创产品；三是以横店周边的特色土特产为主的产品；四是以景区各大人气演艺秀为灵感设计的系列周边产品。①

在产品开发与创新方面，横店影视城一直不断求索推陈出新。横店影视城坚持对各景区演艺节目进行升级改版，满足游客不断提高的文化欣赏需求。目前，新的旅游演艺产品的开发正在有条不紊地进行之中，各项服务产品也在不断升级，未来的横店影视城将向中外游客奉献出更高品质的服务和产品。

2. 价格策略

价格是消费者获得产品而支付的现金数量。横店影视城以顾客需求为导向进行定价，定价合理，以实实在在的优惠吸引游客。横店影视城官网上可以查阅各景点的门市价和售价，其中单个景点的价格在百元左右，套餐价格（多景点门票和住宿）的销售价在数百元，这对于大部分游客是比较容易接受的（如图3所示）。多年来，游客数量一直持续递增，这也反映出游客对价格的接受度很高。

---

① 参见《横店影视城试水文创产业》，http://www.hengdianworld.com/NewsDetail.aspx?id=3370。

图3　横店影视城网站各景点售价

另外，横店影视城经常根据外界环境的变化调整价格并推出各种活动套餐，提高游客人均消费比重，例如为应对金融危机的影响，横店影视城在"五彩缤纷水世界"期间，果断推出"买联票送住宿"、周六住宿价格下调和自驾车卡的举措。同时推出了一日游团队（周日至周五）、"体验游""亲子游""学生夏令营"等相关优惠游活动，价格上的优惠吸引了众多游客。横店影视城还定期推出旅游消费优惠活动，质优价廉的旅游产品契合了游客的消费心理，极大地提高了游客数量。

3. 渠道策略

渠道包括公司为使目标顾客能接近和得到产品而进行的各种活动。2002年成立的横店影视城旅游营销有限公司，现已在全国各地设立了40多个市场部，全国各省市与横店影视城有良好合作关系的旅行社数量达到了3000余家。横店影视城精心编织且用心维护的市场网络，在横店近年来的发展中起到了关键作用。

营销公司自成立后的几年中，旅行社是主体销售渠道，横店影视城从2008年开始着手"渠道创新"，加大力度开掘商会、工会、汽车协会、会务公司、4S店及车友俱乐部等第二渠道，以此带动散客市场。另外，横店影视城通过电视购物平台，让横店产品直接面向散客终端，也取得了非常好的效果。

为整合资源，拓宽横店影视旅游的销售渠道，横店影视城于2010年1月初成立了网络运营中心。该中心自成立以来，以把横店影视城网站打造成操作方便、实用、信息量广的大型旅游门户网站为目标，除了负责公司的网站维护、网络宣传外，把工作侧重点放在散客营销上。散客营销工作从两方面着手：一是代理商的铺点工作。在与旅游互联、上海携程、艺龙等十多家网站代理商合作的基础上，增加铺设专业旅游网站（途牛网、芒果网等），让散客在任何一家知名的旅游网站上都可以看到横店影视城的产品。二是建立横店影视城自己的专业销售网络，畅通电子商务直销渠道。横店影视城构建了电子商务系统，游客登录官网、微信和APP预订门票和酒店，购买时可以看到出行线路提示和注意事宜，操作简单方便，服务细致周到。横店影视城还在淘宝开设了官方旗舰店，提供更多购买渠道（如图4所示）。

图4　横店影视城淘宝官方旗舰店

4. 促销策略

促销则包括了公司传播其产品的优点并说服目标顾客购买而进行的各种活动。横店影视城一年到头活动不断，精彩纷呈，吸引了越来越多的游客来到横店影视城实现体验游、休闲游、购物游。

横店影视城以节庆活动带动横店特色旅游，结合景区实际开展特色主题活动。例如春节期间举办"红红火火过大年"活动，元宵节举办灯会、闹元宵等活动，端午节在广州街香港街景区举办"五彩缤纷水世界"活动启动仪式暨龙舟赛活动，推出"端午民俗游"的文化大餐；盛夏，在横店五大景区分别开展过"冰镇啤酒节""冰爽西瓜节""泼水狂欢节""秦宫凉茶节"活动；秋季利用中秋节举办中秋系列活动；冬季，在梦幻谷推出"圣诞嬉雪"活动，元旦前夕在大智禅寺举办鸣钟祈福迎新年活动。

横店影视城网络运营中心将"红红火火过大年"等景区活动搬上官网，辅以优惠政策，实现了不俗的销售业绩。横店影视城网络运营中心还与学乐中国网合作开展"全国中小学生征文比赛"，利用其独特的网络资源推广横店影视城的亲子游政策，将亲子游政策以"电子优惠券的形式"有形呈现，拉动自驾游群体，宣传效应十分明显。

横店集团把旅游和影视结合起来，积极创建富有民族特色的影视主题公园，通过著名影视作品在全国和全球的影响开发旅游主题，吸引国内外游客，带动旅游业的发展。横店集团充分利用市场营销策略开发和利用当地旅游资源，使人文景观与自然景观相互融合、完美结合，丰富了旅游文化内涵，创出了横店的旅游品牌。

三、科学管理：人性化、制度化、规范化

横店影视城坚持以管理强基固本，用科学的管理理念推动企业管理，从规范制度入手提升企业人力资源管理水平，同时加大企业品牌文化建设，用人性化、制度化、规范化的管理促进企业健康稳定地向前发展。

（一）人力资源管理：以人为本、规范制度

在十多年的实践摸索中，横店影视城建立起了科学的人力资源管理制度，以灵活的企业人才任用、奖励和激励机制培养和吸引了无数优秀员工。

1. 人才任用提升机制

横店影视城推行"优胜劣汰"的竞争机制。横店对所有的导游组组长实行公开竞聘；对下属公司中层干部和文员进行综合考评，将考核结果作为决定员工晋升或降职的依据；对横店所属的演员进行职称评定，并根据职称制定有级别的薪酬标准，以此鼓励员工积极工作，争取提高自己。这样的人才任用机制给了员工奋斗的目标，为横店的发展注入了生机。

横店影视城将"台阶提升"与"破格提升"二者并用。正常情况下，公司内部员工一般是一步步地"台阶提升"，这种逐级提拔的方式，使得员工能够脚踏实地，扎扎实实地积累经验，锻炼能力，有利于员工和公司的健康成长，也能够保证各级领导岗位的工作质量。对于出类拔萃、作出了杰出贡献的员工，则破格提拔，将他们直接放到更高层的岗位，加以重用。事实上，正是"破格提拔"这种不拘一格的人才晋升机制，使横店在近年来培养了一大批年轻的营销精英和管理骨干。

2. 员工绩效考核与激励

横店影视城以管理岗位为起点，建立"公平、公开、合理"的考核淘汰、考核定级机制，把定量与定性、定期与临时、财务性与综合性相结合，重点考核一线工作岗位、探索技术岗位。横店建立了两个考核体系，一是可以量化考

核的部门和岗位的考核体系，以经济指标为主体进行定量考核；二是不能量化的考核的部门和岗位的考核体系，以工作绩效、综合能力、工作态度作为考核的内容。横店将绩效考核的结果作为奖励和激励员工的依据，采取多种方式对工作绩效高的员工进行激励，包括物质激励、精神激励、荣誉激励和工作激励。在一般的情况下，大多数企业采取单一的物质手段来激励员工，效果并不好，而横店根据不同员工的不同需求，采取多样化的激励手段，使员工的积极性和创造性得到了空前的提高。

3. 员工培训

作为一个正在高速发展的影视旅游企业，要保证长远健康地发展，就必须依靠创新型人才获得可持续的竞争优势。创新型人才不能一味地依赖于从外部重金聘请，更应当通过企业的内部资源进行培训。

横店影视城建立了"培训管理制度"，提倡全体员工终身学习，旨在形成学习型企业的氛围。横店的培训主要从价值观的认同、影视旅游服务意识和技能等方面入手，实行"短期效用与长期战略"相结合、"管理思想与技能培训"相结合、"现场培训与远程监控"相结合、"培训人才与人才选拔"相结合等四大原则，分级培训。在培训中，横店影视城特别注重培训员工成熟健康的心态，其具体内容是：

（1）创新进取，开拓向上。许多工作有着固定的模式，往往只需要按部就班地执行，难免会让员工形成不求创新的心态。横店要求员工时刻保持旺盛的进取精神，带着积极的情绪去创造性地工作。

（2）挑战困难，坦言失败。"有工作，就会有困难"，在"顾客就是上帝"的旅游业更是如此。影视旅游业市场波动性较强，人际关系较为复杂，人员流动也颇为频繁，时刻考验着横店的员工面对困难的心态。横店的培训注重让员工学会用积极的心态去对待困难，并且冷静理智地解决问题。

（3）注入感情，快乐事业。横店的培训向员工传递着积极向上的理念，使员工将工作当作一件快乐的事情，视工作为人生很重要的一个部分，学会用满足和感激的心态去待人接物，用眷念和忠诚的心态去回报横店，用愉快和积极的心态去服务顾客。

4. 职业经理人队伍建设

职业经理人需要极强的综合能力，不只要德才兼备，而且要德才突出，才能在企业管理中发挥出核心作用。正因如此，为了使公司形成更加科学有效的管理机制，获得更好的发展，当今的许多企业都选择聘用高素质的职业经理人来负责企业的管理工作，并将建设一支自上而下的优秀的职业经理人队伍作为人才队伍建设工作的重中之重。

（1）职业经理人模范作用。殷旭是横店影视城有限公司的总经理，自到横店任职后，他始终倡导企业文化建设，并十分注重从中国传统历史文化中吸取营养，在个人修身与企业管理上发挥一个职业经理人的模范作用。

在2006年年度工作会上，殷旭作了题为《解读〈论语〉，学做职业经理人》的讲话，论述了企业管理的要义与职业经理人的职业操守等。在2007年工作会上，横店管理层则探讨了企业文化建设问题，殷旭作了题为《吸取儒家理学的精华　做好职业经理人》的讲话，把儒家理学思想引入横店影视城的职业经理人队伍建设中。在2008年工作会上，殷旭阐述了职业经理人的历史使命，对公司职业经理人提出了"惰破戒满，提升管理，知难而上，再立新功"的要求。在2009年工作会上，殷旭作了题为《古"法"今用　儒法互补》的讲话，将法家思想导入公司的制度化管理中，强调德治与法治相结合，管理制度、管理权威与管理技巧相结合。

这四次年会对于横店有着重要意义，在殷旭的大力倡导和公司全体职业经理人的合力推动下，企业文化建设在横店影视城蓬蓬勃勃地开展起来。公司办起了企业内部报刊、图书馆，并多次举办职工运动会、谷雨诗会、大合唱比赛、卡拉OK大赛、演讲比赛、征文活动、摄影比赛、迎新春千人长跑活动、职业经理人读书会等；制定了企业管理制度和员工守则，并不断完善；有明确的企业logo、口号和品牌价值观。

（2）建设廉洁职业经理人队伍。多年来，横店影视城致力于建设廉洁的职业经理人队伍，从思想道德教育入手，以严格的管理制度和纪律约束为保障，强化监督，打造出了一支廉洁高效的职业经理人队伍，创造了良好业绩。

在严格遵守横店集团《管理手册》的同时，横店结合企业实际制定了严密完善的《管理制度汇编》，并强制执行，用制度规范和管理广大员工尤其是职业经理人的行为。适时地出台了《关于明确企业常用物品统购范围及操作流程的通知》《关于规范剧组费用结算的通知》《关于禁止上班时间炒股的通知》《关于严禁倒卖门票的通知》等一系列相关管理文件。严格的财务审计制度和完善的监督机制，最大限度地遏制了相关人员假公济私、私拿回扣等不正之风。

（二）品牌建设：打造中国特色影视文化产业品牌

在产品同质化程度越来越高的今天，任何企业只有打造出独具特色的品牌，才能高速持续地发展。公司要打造怎样的品牌，就要塑造怎样的品牌。

1. 横店影视城品牌塑造

横店影视城是一个提供服务和体验类产品的影视旅游企业，与迪士尼有着许多的共同之处，要想在竞争中立于不败之地，只有建立起自己独特的企业文化，将横店的品牌烙印在游客的心中。事实上，在企业文化建设和影视旅游文化品牌塑造方面，横店一直在不懈努力。横店影视城董事长兼总经理殷旭说过："光靠建筑是无法吸引人的，做影视和旅游最终都是做文化。景区要有生命力，跻身中国一流景区，就必须完成文化的突围，横店原本没有文化底蕴，全是白手起家创造的，我们搞影视旅游，就是要做到人无我有，人有我优，要打造具有中国特色的民族文化品牌。"

（1）品牌定位和理念。2002年，横店集团整合影视拍摄基地、景区旅游、宾馆饭店等业务，完成对横店影视城公司的组建，为创造横店品牌奠定了基础。随后，在徐永安总裁的领导下，横店确定了横店影视城的发展方向为"影视旅游主题公园"，同时将横店品牌战略列入《浙江横店影视城有限公司管理制度汇编》首篇。

横店影视城的品牌定位是中国版"好莱坞"；客源市场是大众游客与摄制组；投资内容是高科技娱乐项目、娱乐表演；品牌理念是"集中国影视旅游文化之精义，打造国际化的观光与休闲的梦幻之城、快乐之都"。横店影视城策划的所有活动和项目均围绕该品牌理念展开，充分体现了品牌个性。

（2）品牌价值观。横店影视城的品牌价值观是"修己安人，义利并重，和谐共赢"，影视和旅游都是文化行业，从事这一行业是幸事，既能修炼个人素养，提高自身技能，又能给别人营造舒适和快乐。品牌价值观提倡对企业忠诚，对工作敬业，对同事诚恳，对客人守信，勤勉负责，讲究以义为主的职业道德；同时，企业给员工的忠诚工作以合理的利益回报，体现个人的创造价值，最终实现企业与个人、企业与合作者、企业与顾客的和谐双赢。

（3）品牌使命和责任。横店影视城对游客的承诺是以高品质的产品满足游客体验梦幻和快乐的需求；对员工的承诺是让员工在公司这座大学里不断地取得进步，同时获得合理的收入；对合作伙伴的承诺是相融相容，互补互利；对投资者的承诺是以合理的成本，创造最佳的效益；对社会的承诺是营造一方健康有益、传承中国文化的乐土。

2. 横店影视城品牌建设措施

品牌文化建设必须付诸行动，成为企业经营、员工工作的指南和自觉行动。为了建立一个完整的品牌管理体系，横店影视城采取了一系列措施，实践证明这些措施行之有效。

（1）体系建构品牌。横店影视城的管理体系包括五个部分：一是严谨的组织机构、严密的培训体系、严格的监督检查；二是强化培训，提高员工的服务技能和服务素质；三是将"以打造横店品牌为己任"的意识传递给每一位员工；四是用品牌理念指导市场开拓，在国内外建立了一批市场部，立足国内市场，准备打入国际；五是策划组织大型活动，以提升横店的品牌形象。

（2）创新充实品牌。随着中国城市建设的迅速发展，主题公园的竞争日益激烈，横店影视城在"未来世界"的失败中看到了"更新太慢—客源锐减—亏损严重—无力更新"的恶性循环，于是坚定了信念，要将创新进行到底。横店的每个景区都围绕自己的特色定位设计相应的表演项目，经过不断创新和改进，其中许多项目成为了经典，凝聚成"主题公园型"所应当具备的"快乐、互动"等要素，融入了横店的品牌个性当中。

（3）市场检验品牌。横店影视城是全球最大的影视拍摄基地，占地广大，空房众多，都是它作为影视拍摄基地的优势，但这却是发展旅游的劣势。为了变劣势为优势，横店从品牌建设的需要出发，组建了"产品开发中心""制景公司""策划部"和"横店影视城艺术团"等机构，大力开发景区产品，策划演艺节目。《梦回秦汉》《汴梁一梦》《梦幻太极》等横店自主创新的产品，"还不去横店玩儿""你来了，所以你快乐"等系列创品牌互动，都得到了良好的市场反响，证明了横店的品牌吸引力。

四、产业集群：横店影视产业集群的构建与发展

产业集群是在产业发展过程中，特定领域内相互关联的企业与机构在一定地域内的集中所构成的产业群。这些产业群同处在一个产业链上，呈现横向或纵向延伸的专业化分工割据，彼此具有紧密的共性与互补性，使得技术、信息、人才、政策及相关产业要素等资源能够得到充分共享，知识传播与创新的速度通过产业链迅速推广，集群内企业因此而获得规模经济效益，并大大提高整个产业集群的竞争力。[1]

2004年4月，国家级影视产业实验区在浙江横店影视实验区正式挂牌。实验区并不局限在横店本地，它还包括了周边的湖溪镇、马宅镇、南马镇、南市街道、城东街道的部分行政村，规划总面积达365平方公里，包括"一城三带四区"，"一城"指影视城，"三带"为城南影视文化景观带、城北影视文化景观带、诸永高速影视文化景观带，"四区"系城镇行政功能区、生态休闲发展区、城镇工业发展区和水源涵养发展区。

横店影视产业实验区制订了以构建产业集群、打造影视产业链为主要内容的发展思路，并以建设"五大体系"和"十大中心"（影视投资中心、行政服务中心、影视剧本创作中心、高科技后期制作中心、影视人才教育培训中心、影视后产品研发中心、影视终端发行中心、高科技特色影视娱乐中心、影视生产服务中心、影视产业信息研究中心）为重点。下文将从横店影视产业实验区五大体系的整体构建入手对实验区进行介绍。

(一) 体系构建

横店影视产业实验区产业集群由五大体系组成：要素构建体系，策划、制作体系，展示交易体系，影视后期产品开发体系，综合服务体系。这五大体系互相联结、互相作用，融合成横店影视产业集群。实验区基本体系构架如图5[2]所示。

---

[1] 参见钱志新《产业集群的理论与实践：基于中国区域经济发展的实证研究》，中国财政经济出版社2004年版，第39页。

[2] 《实验区基本体系构架》，http://www.filmpark.cn/Article_Show.asp? ArticleID=94。

图 5 横店影视城实验区基本体系构架

1. 要素构建体系

（1）影视拍摄基地。目前，坐落于实验区的横店影视城拥有包括广州街、香港街、清明上河图、秦王宫、江南水乡、横店老街、明清宫苑、明清民居博览城、古战场、武打片、枪战片等实景基地和高科技摄影棚，基地建设规模为亚洲之最。此外，横店影视城和省内 30 多个拍摄基地、景区组成了浙江省影视拍摄基地联合会，建成了首个影视拍摄基地协作体，以为影视拍摄资源提供共享之利。

（2）影视学院。由横店集团和浙江传媒学院联合创办的影视科技学院，能为影视业提供源源不断的影视专业人才。

（3）演员公会和演员经纪。演员公会是由横店影视城牵头、群众演员和职业演员自发组织的自治性机构，为各剧组提供所需的各类群众演员和特约演员，规范了演员市场，并同时承担着中介服务的功能。

（4）设备租赁。横店影视产业实验区能为剧组提供各种拍摄所需的租赁服务。

2. 策划、制作体系

（1）影视剧制作。横店旗下的影视娱乐公司已获《摄制电影许可证》和《电视剧制作许可证（甲种）》，已先后摄制《江山美人》等多部影视剧；横店集团和香港上市公司"东方娱乐控股"合资建起了最先进的高科技影视胶片洗印中心及影视制作中心。

（2）栏目运营。横店影视传媒有限公司拥有《捕娱网》等一系列精品电视节目，还将全力打造《明星见面会》《群众明星》等栏目。

（3）动漫制作。横店集团正与多所国内外高校商议在实验区内注册成立中国动漫创作研发中心，形成专业的动漫创作基地。

（4）剧本创作。横店影视产业实验区将建设影视剧本创作中心，吸引国内外爱好影视剧创作的年轻人和知名编剧及相关单位,成立创作基地,形成独特的剧本集散中心。

3. 展示交易体系及影视后期产品开发体系

(1) 影视博览。横店影视产业实验区拥有先进齐全的影视博览中心,其中室内展厅面积为77626平方米,室外展场面积为13020平方米。

(2) 电影节。横店影视产业实验区根据现有影视特点,创办风格独特的高品位电影节。实验区内早在2004年5月26日至6月1日就已成功举办了横店第八届中国国际儿童电影节及第十二届中国电影童牛奖颁奖典礼,为承办大型影视节等会展项目积累了经验。

(3) 院线建设。横店影视产业实验区将搭建起完善的影视产品终端市场体系,进行院线和台线的建设,力争覆盖全国市场。目前,院线建设已初具规模,横店集团已分别在浙江、广东、江苏等地控股和参股了多家院线并投资建设新型影城。

(4) 后期衍生产品。横店影视产业实验区将投资建设包括影视主题乐园、音像图书制品和玩具、电子游戏等在内的衍生产品,完善产业链中的后期环节。

4. 综合服务体系

(1) 政策咨询服务。横店影视产业实验区服务中心将为入驻实验区投资开发影视产业的各影视机构提供各类与政策相关的咨询服务,包括工商、税务与金融政策的相关解释。

(2) 行政审批服务。落户在实验区的浙江省广电局电影审查中心、浙江省电视剧审查委员会工作站,提供相应审批服务。

(3) 网络通信服务。"数字横店"项目建设基本完成,电信、移动、联通全面提供固、移服务。

(4) 宾馆餐饮服务。横店影视产业实验区目前已拥有一星到四星级宾馆九家,一般宾馆若干,具有8000张床位的日接待能力,每个宾馆都设有大型餐厅。

(5) 娱乐文体服务。横店影视产业实验区现已建有游泳馆、网球场、体育馆、影剧院、健身房、保龄球馆、大中小型娱乐城等设施;正在规划设计的八面山主题公园,拟建设包括高尔夫球场、国际标准垂钓鱼塘、休闲渔村、动物园等十多个项目。

通过上述五大体系集聚相关资金与企业,从而使得一条完整的影视产业链条得到发展,并带动相关产业发展。横店影视产业集聚模式如图6[①] 所示。

---

① 参见林梅华、石兆阳《中外影视文化产业拉动模式研究》,载《视听界》2009年第3期。

图6 横店影视产业集聚模式

(二) 发展概况

由政府部门主管、横店集团主办的横店影视产业实验区充分发挥横店丰富的影视资源优势和灵活的机制优势,通过完善影视产业要素体系和提供优质高效的行政服务,吸引大批海内外影视机构落户横店,目前横店影视产业集群各种要素汇聚融合,影视产业集聚效应逐渐显现。影视产业的发展不仅带动了外围产业和边缘产业的发展,也充分发挥了其巨大的经济效应和社会效应。

1. 发展现状

横店影视文化产业实验区是集影视创作、拍摄、制作、发行、交易于一体的国家级影视产业区,园区内有652家影视文化企业和261家艺人工作室。截至2015年,横店已累计接待剧组1700多个,拍摄影视剧42000余部(集),占全国影视剧的1/4,其中古装剧占全国的2/3。① 在基地化、专业化、产业化、社会化的进程中,横店影视产业实验区着力推进我国影视剧制作生产方式变革,拥有几十个大型实景拍摄基地和高科技摄影棚,已成为当之无愧的全球最大影视实景拍摄基地。

横店影视产业实验区不仅拥有包揽历史千年、地方特色的拍摄基地,更有完善的产业链、优惠政策和系统的专业服务。近年来,实验区积极构建企业经营、拍摄制作、发行放映三大服务平台,初步形成了从剧本创作、发行、后期产品开发一条龙的较为完整的影视产业链。横店影视产业实验区吸引了华谊兄弟、保利博纳、光线传媒等数百家中外影视公司在实验区相继落户。经营项目

---

① 参见《英国专家称赞横店:小镇的惊喜》,http://www.hengdian.com/site/pop_news.asp?id=8114。

涵盖了影视制作、器材租赁、广告、动漫及出版等多个行业，形成了从剧本创作到影视制作、发行、后期产品等"一条龙"产业。实验区内，有影视服务中心、演员公会、行政服务中心、电影审查中心、电视剧审查工作站等，为入区企业提供各种配套服务。影视作品的申报平台进一步完善，大大方便了企业作品立项、审查、备案等程序化工作。如今在横店拍戏，从剧本创作到后期制作乃至审片等全部环节，都可以就地完成。横店影视城实现更大的产业腾飞将指日可待。

2. 发展前景

2009年年底横店集团总裁徐永安提出一个崭新的目标：5～10年内在影视产业投资30亿～60亿元，其中新建高档影院300～500家，使横店院线跻身全国院线前三强。根据徐永安的设想，横店将进一步扩大影视基地的建设规模，借助横店影视产业实验区这一平台，争取成立影视创新基金，激励影视创作；积极探索建立"中国影视发展指数"，让横店成为中国影视产业发展的风向标。未来5～10年，横店影视产业实验区将着力打造"规模最宏大、要素最集聚、技术最先进、成本最低廉"的全球知名影视产业发展基地。

横店影视产业实验区的发展目标中明确了各发展阶段的时间和任务。至2010年，实验区框架基本形成，实验区要素构建体系、策划制作体系、展示交易体系、影视后产品开发体系、服务体系构架初步搭建，影视产业各项功能较为齐备，逐步成为主导产业，国内、国际的影响力逐步增加，建成国内外一流的"影视拍摄中心"；至2015年，影视产业六大基地建设基本完成，较为完整的影视产业链基本形成，影视产业成为实验区的主导产业，建成"影视产业中心"和"影视文化中心"；至2020年，"中国好莱坞"基本形成。

五、横店影视城的成功经验和发展对策

（一）成功经验

横店影视城的发展对于中国影视文化产业而言，有着诸多的启示。除在上文中介绍的创新营销、科学管理、产业集群等成功的主要因素之外，横店影视城的成功还有以下几点重要原因。

1. 因地制宜，扬长避短

横店不适合发展农业，但是横店的地理位置和人文环境却适合发展影视文化产业。横店镇位于浙江中部的南江盆地，距杭州180公里，距东阳市市区18公里，四面环山，为熔岩形地质，半山半坡，搞种植业成本高，得不偿失。不同的资源都具有自身的禀赋优势。把这些不适宜耕种的荒山坡加以改造，建成适合拍摄各种影视剧的影视基地、宾馆以及各种工业建筑物，则具有天然的成本价格优势。

在人文环境方面，横店则有其他影视基地无可比拟的优势。横店所在的东阳市是著名的"百工之乡"和"建筑之乡"，唐宋时，建筑业就已经初具规模，到了明清时期则形成了融合了东阳木雕艺术和传统木构建筑技艺的独特建筑风格。到2007年，东阳市已有三级以上资质的建筑企业70多家，从业人员超过12万。因此，横店具有建造人工影视基地的人工、建筑材料、施工设计制作等先天优势，建造质量高、速度快、费用低，十分利于影视文化产业的发展。横店的例子表明，发展过程中的优势劣势不是绝对的，只要找准思路，扬长避短和因地制宜，往往可以变劣势为优势。

2. 遵循市场化和产业化原则

作为一家在市场中逐渐发展起来的大型民营企业，横店有着很强的市场观念和产业意识。从一开始，横店就将影视文化从文化事业上升到文化产业的层面上来认识，因此能够以市场为导向，把握时机正确决策。而且，横店在发展影视文化产业的过程中，始终按照现代企业的标准运作，实行科学的企业管理制度，重视品牌建设。在人力资源配置上，横店机制灵活，较有效率地开发了人力资源，物尽其用，避免了人才浪费和效率低下的状况，充分发挥了员工的创造性、主动性和积极性。

影视文化产业有投资大、成本高、回收周期长等特点，而且具有一些和其他产业不同的特殊性，参与影视文化产业往往要面对很大的市场风险，但是这些并没有妨碍横店的发展。横店是一家大型的企业集团，拥有许多产业，具有强大的经济实力，能够在变化莫测的市场环境中抵御各种风险，因此，虽然横店影视城曾遇到巨额亏损的情况，但最终能够依赖集团的财力坚持到最后。

3. 树立良好的企业形象

横店集团坚持社会效益与经济效益相统一的原则，在发展影视文化产业的同时注意发挥企业的社会影响力和经济影响力。

一方面，横店集团充分利用影视拍摄基地以及配套设施，建起了一大批弘扬中国优秀传统文化的艺术展览馆，用于对员工和游客进行民族文化教育，此外，横店还以科学健康积极向上的形式和内容为文化消费者服务。另一方面，横店集团提出了"共创、共有、共富、共享"的"社团经济模式"，在这一思想的指导下，横店集团出资办学校、建医院、盖体育馆、修路造桥，通过各种市政建设、社会公益事业、文化设施建设，与所有横店人共享横店的发展成果。横店的举措造福了一方百姓，得到广大老百姓的支持。

横店影视城非常热心公益活动的举办，多次在金华、义乌等地义演，汶川特大地震发生后，影视城艺术团还到周边省市各市场赈灾义演，并将现场所收民众捐款转交灾区；2009年在浙江、安徽、湖北等省巡回演出，这些活动都很好地树立了横店影视城良好的企业形象。

4. 借力教育产业，培养影视人才

目前，我国的影视专业人才比较稀缺，横店为了克服影视产业发展面临的

人才瓶颈问题，大力发展影视教育，通过多种渠道开办与影视相关的专业，培养影视人才与管理人才。

横店已建起从幼教到高教乃至博士后科研工作站的相对完整的教育体系。由横店集团创办的横店大学，已成为浙江横店科技专修学院，设有市场营销、商务英语、影视艺术等多个专业。同时还办有业余国际贸易硕士研究生进修班，与浙江传媒学院联办影视表演及播音主持（综艺主持）大专班、与广东亚视演艺学院合作开办影视表演培训班，已为企业输送4000名应用型专业技术人员。另外，横店集团还建有党校、团校和职工培训中心，每年培训员工在3000人以上。

（二）发展对策

如今，横店影视城的规模正在不断扩大，吸引了许多影视文化人才到横店就业打拼，对于很多年轻人而言，横店是一个能够在实现就业的同时追逐影视梦想的国度，无愧于"中国好莱坞"的美誉，但是我们也必须看到，横店和国际同行相比还有一定的差距。在全球经济一体化的背景下，如何保持可持续发展的良好状态，这是值得横店认真思考的问题。

能否在当前激烈市场竞争中稳定发展，取决于横店是否能得到政府的强力支持；能否在未来走向国际市场，取决于横店是否把握市场动向、立足中国本土文化特色；能否在国际市场做大做强，取决于横店是否打造出完整的产业链条，实现高水平的产业化。

1. 坚持政府积极引导

横店影视产业实验区建立以来得到了国家相关部门的肯定和支持。横店发展影视产业，不仅能够享受国务院支持文化产业发展的有关优惠措施，还能享受浙江省人民政府和东阳市人民政府的多项优惠措施。影视产业实验区自2004年成立以来，东阳市委、市政府极力优化发展环境，在巩固原有政策基础上，2009年出台了《关于建立政府特别奖促进经济发展的补充意见》，特设影视贡献奖；同时，继续修订完善了影视文化产业发展专项基金奖励办法，加大对影视企业的扶持力度。

产业集群发展具有的系统缺陷和市场失灵问题，要求政府在相应的领域发挥引导作用。无论是20世纪上半叶美国好莱坞的扩张还是20世纪末韩国文化产业的迅猛发展，政府政策的导向和扶持在其中都起着极其重要的作用。目前我国有关产业集群发展的行业战略和政策都还不清晰和健全，今后政府可以把保护知识产权机构的建设作为产业集群发展的一个重要方面，设立相应的知识产权鉴定机构、知识产权的交易机构乃至保护知识产权的司法机构，营造良好的发展产业的环境。另外在我国影视文化产业集群发展过程中，需要在国家金融管制政策上进行突破性尝试，建立多元化的投融资体系，打造有中国特色的影视金融业。

2. 立足中国文化特色

文化无国界，越是民族的、中国的，就越是世界的。文化是影视的灵魂，也是旅游的灵魂，文化是影视旅游的内核。横店影视城自初创以来，就始终坚持以打造民族文化品牌为己任，通过文化把影视和旅游结合起来，走有中国特色的发展之路。

迪士尼乐园和环球影城等国际旅游界知名企业日趋迫近，使得国内主题公园整体面临前所未有的挑战。无论是东京、巴黎和香港的迪士尼乐园还是环球影城，推出的都是以西方文化为主导的旅游产品。横店影视城则立足于中国本土，以中国传统历史文化为核心，让中外游客体验到原汁原味的中国影视旅游文化。以本民族的文化为根，注重以文化的差异性吸引游客，横店影视城过去撬动了一个又一个市场，创造了一个又一个奇迹，必将在中国文化的引领下走向前景更为广阔的未来。

3. 打造国际化产业链

如何进一步将影视产业做大做强并与国际影视产业发展趋势接轨，是横店集团面对的主要课题。为此，横店集团邀请美国著名的 XWHO 公司（艾斯弧设计公司）·中国机构对横店影视产业区进行总体设计，实验区目前已经形成了集影视创作、投资、融资、拍摄、后期制作、审片发行、产品开发、影视展览与贸易、人才培养、影视旅游、配套服务等为一体的动态的、可持续的影视产业链。同时，横店集团还注重将影视和旅游之外的相关业务，如休闲、娱乐以及报刊、出版乃至频道、网站等业务融入产业链，建立较为完整的产业链条，为横店的可持续发展奠定了坚实的基础。

横店集团还采取了多种措施不断拉长影视产业链，如完善影视基地建设、整合电影院线、拓宽发行销售渠道等。横店影视城的未来，将是产业链大整合的未来。横店需要继续通过投资、并购、合作等方式，在所涉及的行业领域中，在合理的市场和区域布局下，形成强大的国际化产业链。未来的横店影视文化产业将拥有更加完善的产业链条，成为一个真正对国内外都具有强大辐射力的"中国好莱坞"。

参考文献

［1］曾毓琳. 横店传奇——横店影视城发展的探索［M］. 北京：北京大学出版社，2008.

［2］（美）科特勒等. 市场营销原理（亚洲版）［M］. 何志毅，等，译. 北京：机械工业出版社，2006.

［3］张胜冰等. 文化产业经营管理案例［M］. 青岛：中国海洋大学出版社，2007.

［4］钱志新. 产业集群的理论与实践：基于中国区域经济发展的实证研究［M］. 北京：中国财政经济出版社，2004.

[5] 林梅华,石兆阳. 中外影视文化产业拉动模式研究[J]. 视听界,2009(3).

(改编者:任丹 陈晶)

 思考题

1. 横店影视城的成功经验对国内其他影视城的发展有何借鉴作用?
2. 试比较横店影视城与好莱坞的异同。
3. 影响横店影视城走向国际市场的主要制约因素有哪些?

艺术产业篇

 案例 1

文化造镇　创意宋庄[*]
——从画家村到艺术产业集群的发展之路

产业集群最初发生在依赖资源禀赋的农业、采矿业，后来发展到重视区位优势的加工工业，再到如今，高新技术产业、金融商贸业和文化艺术等众多产业都出现了大量聚集现象。世界上大量企业已经以产业集群模式实现了规模发展，产业集群的发展模式正在成为区域经济竞争力的有效选择。关于产业集群及其竞争力的形成，国内外学者曾从各种角度进行过论述，目前学术界对产业集群比较认同的是美国哈佛大学教授迈克尔·波特的看法。迈克尔·波特是现代产业集群理论的代表性学者，他在《国家竞争优势》中通过实证分析了产业集群的重要性，他认为，同一产业相关的企业群聚在一起，相互竞争和协作，对提高产业的竞争力有很强的作用。根据波特的观点，产业集群是指某一特定产业中大量紧密联系的企业以及相关的支撑机构在空间上的集聚，并形成强劲持续竞争优势的现象，是在某一特定领域内互相联系的、在地理位置上集中的公司和机构的集合。产业集群的具体形态就是以产品的生产链为核心，集群内的企业在同一区域范围内存在着密切的竞争与合作关系。

根据产业集群的概念，艺术产业集群同样可以理解为，在艺术产业领域中，大量联系密切的艺术生产企业以及相关的支撑机构在特定的地理空间集聚，沿着艺术产业链的分布，共同分担着艺术产品从创意、生产、销售到再开发等环节的工作，并通过协同作用，形成强劲、持续竞争的现象。

从理论上说，艺术产业集群是产业集群中的新成员，除了好莱坞的影视业、美国加利福尼亚的多媒体产业等比较成熟的产业集群，在中国，一些文化艺术相关的产业集群雏形也开始初步显现，如浙江横店的影视文化产业基地，上海莫干山 50 号的春明都市工业园，深圳大芬村油画产业基地，北京 CBD 的文化传媒产业区、潘家园古玩艺术品交易园区、798 艺术区和宋庄原创艺术产业集聚区等，这些文化艺术产业集聚区随着我国文化产业的发展和产业集群的升级发展起来。文化艺术产业集群的崛起，是文化艺术产业发展适应经济全球

---

[*] 本案例系作者《北京宋庄艺术产业集群竞争力和发展模式探析》(《高校论文选》第 2 辑，内蒙古大学出版社 2007 年版) 改编而成。写作和调研期间曾得到云南大学艺术与设计学院管郁达和北京宋庄艺术促进会洪峰、杨卫、曹维、刘长江以及宋庄网的帮助支持，在此一并致谢。

化和竞争日益激烈的新趋势,为创造竞争优势而形成的一种空间组织形式。本案例对艺术产业集群的探讨趋向于微观具体层面,并以宋庄为例分析艺术产业集群的产业竞争力状况和未来发展。

一、宋庄艺术产业集群的现状

(一) 艺术产业集群的内涵

从产业集群的定义可以看出产业集群当中所包括的五大机构:在特定领域中,一群地理上集中且有相关联性的企业,包括成品商、客商、供应商、中间服务机构以及规制管理机构组成相互作用的产业空间组织。其中,成品商是产业集群的最终产品生产者,即产品的生产和制造者;客商是最终产品销售者,即产品的需求和消费者;供应商是最终产品生产所需中间投入品的主要供应者,包括原材料供应、零部件供应和辅助产品供应等;中间服务机构是为成品商、供应商与客商提供服务的金融、保险、运输、教育、培训、行业协会、研究所等机构;规制管理机构是为集群内经营性机构提供服务的本地政府部门、技术监测、监督机构等。

按照以上产业集群的五大要素分析,艺术产业集群同样应该包括艺术品生产和制造者,艺术品需求和消费者,艺术品生产过程中原材料、零部件和辅助材料供应者,艺术品中介服务机构以及艺术管理机构这五个组成部分。艺术产业集群同样可以理解为地理位置上相对集中,既有竞争又有合作的艺术品生产商、艺术产品客商、艺术产品供应商之间按照专业化的分工和协作关系,具有地方根植性的区域集合体。同时也包括辅助产品制造商,相关基础设施供应商以及专业化培训、信息研究开发、标准制定等相关的行业协会、中介机构等民间团体和为集群内机构提供服务的本地政府部门、技术监测、监督机构等。

(二) 宋庄艺术产业集群的基本情况

宋庄位于北京东郊通州区北部,百里长街东延长线上,距天安门24公里,总面积115.929平方公里,辖47个行政村,常住人口近10万人。地处大运河的源流——潮白河与温榆河之间的宋庄,是一个典型的北方农村,处在繁华都市的一隅,有着其质朴的特征。然而,这看似荒凉的村落却是中国当代艺术的大本营。从1994年开始,陆续有艺术家到宋庄镇小堡村租房。1995年10月,北京圆明园画家村解散后,一部分艺术家集体搬迁到小堡村。近年来,艺术家迁入宋庄速度呈上升趋势。随着艺术家人数的增多,宋庄艺术家的成分也越来越复杂,其人员构成由原来单纯的架上画家,演变成为现在的雕塑家、行为艺术家、观念艺术家、摄影家、独立制片人、DV艺术家、音乐人、自由作家等。

目前，在宋庄生活的艺术家已有5000多人；集聚区内现有大型美术馆14家、画廊113家，艺术家工作室4500多家，文化相关制造企业50家、文化相关服务企业25家，集中展览、经营面积达10万多平方米，艺术工作区从原来的零散发展到现在近20个，餐饮、休憩、时尚空间150个。①

宋庄从原来单纯的艺术家居住性聚集形式，逐步形成了一个集当代艺术创作、展示、交易和服务为一体的艺术市场体系，相关的配套产业和服务行业以及基础设施也呈现快速发展趋势。集聚区是宋庄艺术产业发展的空间载体，为产业发展营造良好的环境，以引导宋庄向艺术企业集群化发展。②

（三）宋庄艺术产业集群的特点

宋庄艺术产业集群是由分布在宋庄以及宋庄周边的相关艺术企业（机构）共同集聚组成的网络组织。当然，艺术产业有自身的特性，集群也并非简单的要素组合和集中。艺术产业集群的形成不等同于一般企业群体的机械组合。在艺术产业集群中同样要有一个或几个实力强大的龙头企业来支撑起整个产业集群的产业价值链条，通过这些龙头企业带动价值链上各个艺术企业相互发展，最终体现团队竞争力量，和市场的整体抗风险能力。

产业集群具有两大特点：①集聚性。集聚的基础可能是人缘、地缘或业缘。地理集中是产业集群最普遍的外在特征。②产业的集群化能够有效降低交易费用。集群不仅是企业的集聚地，也是知识、人才、信息的聚集地，供应商、生产者和消费者在这里能方便地搜寻经营、需求、供给等各种信息，可以节约搜寻的时间和费用，并提高效率。

对于宋庄而言，艺术家作品的原创性和大量艺术家的集体聚集方式也可以说从另一方面印证了以上特点。艺术家作为生产者，就不再是纯粹的艺术家，在艺术品进入市场的流通过程中，他要扮演的角色不只是艺术家一种。从作品的角度来说，作品变成了可以生产的产品，不再是唯一的。从欣赏者的角度来看，不再是被动地欣赏，也有主动地消费和使用。从艺术生产者和消费者的角度而言，宋庄艺术家创作的产品以原创性为主。宋庄原创艺术集聚区是北京市唯一以"原创艺术"命名的集聚区。生活在宋庄的艺术家们，绝大多数从事原创性工作，他们基本上都有自己的创作工作室，生活的主要来源是出卖作品或进行相关的艺术服务。

在宋庄，艺术家集聚的方式以群居为主。宋庄艺术家的聚集主要通过几种方式实现：一是租用农民的房子，房子租金较低，空间又大，这也是大多数艺术家特别是年轻、还没有太多收入但又怀带着梦想的人在这里生活下去的理由。二是购买或租用土地自己建造工作室。这都是比较成功的艺术家的选择。

---

① 参见顾强主编《中国产业集群》第6辑，机械工业出版社2007年版，第73页。
② 参见杨卫主编《宋庄艺术2006》，湖南美术出版社2007年版，第5～12页。

三是租用乡镇企业废弃的房子改造成工作室，主要是因为这边价格便宜，又有安静宽敞的好处。艺术家喜欢以群居的姿态出现，地理位置的拉近可以增加交流的机会。他们相互之间的交流主要通过三种方式进行：一是通过展览活动展示作品，相互观摩；二是通过非正式小范围聚会进行交流；三是通过互相熟识的人介绍进行交流。艺术家多了，相关的艺术机构、商业服务机构也应运而生。艺术中心的凝聚力作用，一是画家和画商不需要花费很多就可以得到一些辅助性服务，因为处于同一个集群系统内，所面对的是相同的市场并享受相同的资源，优势也是显而易见的；二是画家对空间需求的特殊性，他们租用的地方既要有足够的空间又要便宜。这一点，艺术家们在宋庄似乎也找到了平衡。随着艺术人才在该区域落户的数量增多，以艺术名义而集聚的概念也吸引了更多艺术工作者和相关艺术机构的大量进驻。人才的聚集带动整个区域空间文化氛围的提升，在新经济和后现代生活方式的共同作用下，由艺术而衍生的相关产业经济随之增长。

（四）宋庄艺术产业集群的形成模式和产业结构的升级

按照波特的理论，产业集群的形成需要一定的社会、地理和经济条件以及不同的经历阶段。宋庄的最初形成模式是资源自发形成。回顾国内外艺术集聚区的形成历史，几乎所有的艺术家集聚区都是自发形成的，包括纽约的SOHO、东村。

市场主体自发形成并取得良好的集聚效应，一般要具备以下几点：一是具备艺术产业发展的特殊环境。从事文化艺术生产的企业一般倾向于在大城市集聚，因为文化艺术生产需要信息、技术、人才、经济和科研等多方面条件的支持，而这些条件只有大城市才具备。另外，艺术企业大多集中在大城市的某些特定区域，这些特定区域有其特定的形成环境和基础。宋庄艺术产业集群的形成同样也有自身独特的背景因素。宋庄艺术集聚区所在的通县（现通州区）是距离北京最近的县城。艺术家基本集中分布于两个区域：一个是通县以东20公里处的宋庄地区；另一个是通县县城的滨河小区。20世纪90年代开始有艺术家陆续从圆明园迁移到宋庄，由于几位"明星"艺术家搬入宋庄，大批人尾随而来。因为宋庄和北京市区保持着不近不远的距离，这是艺术家在创作的过程中必须考虑到的一点。而北方农村幽静的风光和宋庄淳朴的民风也为艺术家们提供了适宜的生活空间和良好的艺术创作氛围。二是生活成本低廉。宋庄位于北京东郊的城乡结合部，因为远离市区又偏僻荒凉，所以各方面物价（尤其是房租）较低，吸引了许多清贫而又充满梦想的艺术家来此。

宋庄艺术家的大量集聚推动了宋庄镇产业结构的调整升级。应该说宋庄的产业结构与扎根于该地的历史和地区的文化有着密不可分的关系。原来的宋庄只是一个典型的农村，以农业为主，后来逐步发展到以工业制造业为主，现在由于文化资源的聚集，这个地区开始以文化产业作为主导产业，推动了宋庄经济社会人文环境的巨大变化。集聚就是资源，可以转化成文化艺术产业的优势。为了更好地挖掘利用宋庄的文化艺术资源，宋庄在2004年提出了"文化造镇"的发展思路和模式，通过文化品牌打造宋庄的核心竞争力，通过文化氛围的营造为宋庄创造良好的投资环境，宋庄的文化造镇战略确实为宋庄带来了经济的快速增长。

（五）宋庄艺术产业集群产生的集聚效应

产业集群是对同类或相关企业在地理位置的趋向集中经济现象的理论描述，产业集群形成后对企业行为和经济影响的关系形成了集聚效应。从宋庄来看，其效益主要通过外部和内部两方面来体现。

1. 外部效应

集聚的外部效应主要包括社会效应和经济效应两部分。从社会效应来看，宋庄目前有5000多名艺术家，其中部分知名批评家和中国当代艺术的代表人物在这里生活和工作长达10年以上，对宋庄艺术集聚区的形成产生引领作用。20世纪90年代以来出现的"玩世主义""政治波普""艳俗艺术"的主要代表都集中在宋庄，一批在国际上享有一定声誉的当代艺术从宋庄走向世界，宋庄部分艺术家也将自己成功地融入了国际艺术潮流。从历史的角度看，他们应该算是当代艺术的重量级人物，标志着一个很重要的历史阶段，在谈到中国当代艺术的时候不可能绕过他们。有批评家指出，宋庄在当代艺术领域"与世界的接触比与中国的接触更紧密"，因为栗宪庭、黄永玉、方力钧、杨少斌、岳敏君、胡向东、徐一晖、王庆松等一批当代艺术家和评论家聚集此处，宋庄占据了当代艺术领域的重要地位，宋庄作为一个中国先锋艺术的试验地也逐渐成为国内外艺术机构竞相关注的对象。

宋庄艺术集聚区的形成同样给当地带来了可观的经济效益。2006年，宋庄镇总投资20多亿元，其中文化产业投资达3.2亿元，高达18%。全年利税3.5亿元，创历史新高。艺术家村中心区小堡村，仅1300人，2007年总产值3.5亿元，上缴利税1816万元，人均纯收入1.2万元。[①] 在2007年的宋庄艺术节期间，宋庄文化创意发展有限公司给小堡村民授权使用"中国宋庄"标识，村民利用商标在相关的衍生产品中进行使用，获得了大量的收益。每年宋庄艺术家的作品在国内外艺术品市场中以数以万计的价格成交，并不断地刷新着记录。近三年的胡润艺术排行榜显示，上榜的艺术家中，方力钧、岳敏君、王广义、刘炜、杨少斌等几个领军人物的作品交易额一直趋于前列。在2009胡润艺术排行榜中，岳敏君以2008年2.2亿元的总成交额位居第二，仅次于张晓刚。

---

① 参见孙国胜、宋继瑞《宋庄艺术促进会会长洪峰谈宋庄命运：宋庄艺术区不会消失》，载《上海证券报》2008年1月4日。

2. 内部效益

集聚的内部效应包括个体效应和创新效益两部分：一方面，产业集群推动企业个体的技术创新活动。对艺术家而言，相互聚集不仅有利于物质资源的共同分享，也有助于精神资源的相互交流，交流中达到个人艺术的创新。正如马歇尔所说：如果一个人有了一种思想为别人所采纳，并与别人的意见结合起来，他就成为更新的思想源泉。[①] 孤单的一个艺术家很难生存，物质上的互助还在其次，最重要的是作为一个艺术家价值存在的心理依托很难在周围的人群中找到认同和共识，他们必须以群体为形式互相支撑。全世界的艺术家都扎堆，之所以形成那么多艺术家集聚区，是因为集聚是一种力量，尤其是在新旧艺术交替、艺术家探讨一种新的艺术方式的时候，更需要一个群体的力量来讨论艺术问题，因为艺术不是一个人想出来的，只能大家在讨论时达到了某种共识才能产生新的艺术形式。另一方面，产业集群中相关艺术企业机构也会因为同行业之间的交流和竞争而共生共享。在宋庄，随着艺术家的大量进驻，直接为艺术家服务的艺术品材料加工业、字画装裱业、布展业等都有一定的增长，餐饮服务业、商贸服务和房屋租赁业也有了较大的发展。本区域内特殊的艺术家资源、社会网络等不断地积累和发展，以不可复制的内在文化精神和创新机制促成集群内部力量的壮大而成为了地区乃至城市经济发展和文化繁荣的主要推动力量。

二、宋庄艺术产业集群的竞争力要素

（一）产业集群竞争力的理论体系

迈克尔·波特在《国家竞争优势》中把产业集群竞争力的理论概念应用到了国家层次，提出了分析国家竞争力来源的钻石理论。[②] 波特认为，如果将一个集群看作一个整体组织，其竞争力取决于四个相关联的因素：生产要素、需求条件、相关的支持产业、企业战略结构和竞争者。这四个关键要素在地理上的集中并相互作用、优化组合后所迸发出的优势，形成了产业竞争力。产业在地理上的集聚，能够对产业的竞争优势产生积极的影响。

生产要素指的是生产某种产品所需要的资源，包括自然资源、人力资源、资本资源、文化资源等。需求条件指的是国内市场对某种产品或者服务的需求，包括市场需求的数量和质量。相关支持产业指的是上游产业和其他相关产业的竞争优势，竞争力强的上游企业是下游企业成功的关键。上、中、下游产业的相互合作关系也将增强双方的国际竞争力。如果某一产业的企业在企业目

---

① 参见（美）马歇尔《经济学原理》，朱志泰、陈良璧译，商务印书馆1964年版，第284页。
② 参见（美）迈克尔·波特著《国家竞争优势》，李明轩等译，华夏出版社2002年版，第119页。

标、策略及组织形式等方面的选择与该国在该产业的竞争优势资源恰好符合，则这个国家在这项产业的竞争优势将得到充分展现。同时，国内市场企业之间的竞争程度也将对该产业的国际竞争力产生影响。

当然，除了这四个关键因素之外，波特还提出了"机遇"和"政府"两大附加要素。"机遇"，指的是超出企业范围的如战争、汇率等随机事件。产业发展机遇通常需要基础发明、技术、战争、政治环境发展、国外市场需求等方面出现重大变革与突破，一般非企业、政府所能控制。另外，各层次的政府部门对此也有影响。政府主要通过制度和政策的制定来影响产业竞争力，比如说政策法规的修订、教育的发展等。

以上这些要素之间的相互关系可用图1表示：

图1　钻石模型

（二）宋庄艺术产业集群的竞争力要素

将波特的钻石理论基础应用到宋庄艺术产业竞争力的评价体系中，同样可以理解为生产要素、需求条件、相关支持产业、艺术企业战略结构和竞争、机遇背景和政府行为六大因素。根据宋庄的特点，通过这些要素可以就其构成内容做进一步诠释和扩展，从艺术产业竞争力要素及其组合情况对宋庄的艺术产业集群竞争力逐一分析。

1. 生产要素：提供产业发展的基本动力

根据竞争力理论模型所描述的，生产要素针对的是艺术产业在发展过程中所需的各类生产要素。根据宋庄的现状和发展，具体可以通过文化资源、人力资源、资本资源和基础资源等四个部分来分析。

(1) 文化资源。艺术市场的文化资源是艺术产业赖以生存的基础,文化资源竞争主要包括资源的丰度、区位优势以及成本优势等指标。

在许多艺术创作行业中,结束学校学习阶段后进入见习阶段的年轻画家选择居住在一些艺术中心城市,这样便于他们与业内的其他画家、今后的雇主、剧作家、评论家或是能够促进他们事业发展的人相接触。有时这种聚集性经济是复杂的创作过程的需要,复杂的艺术过程要求做好艺术创造投入与普通劳动投入的协调工作,如好莱坞的电影制作。有时聚集性经济的出现是为了促进画家的培养、成长过程,以及中间商的人才挑选过程。在视觉艺术中我们找到一些例子:法国画家聚集的蒙马特尔村、美国纽约市作家和艺术家等聚集的格林威治村(西村)以及休南区(东村)。[1] 蒙马特尔村、纽约东村等世界上著名的艺术产业的空间布局,都体现了明显的区位特征,即集聚区和都市中心的位置关系都处于中心和非中心之间。宋庄也不例外。

从区位的地理优势来看,宋庄艺术家的位置因为和首都"若即若离",他们和首都的现代生活有着不可分割的关系,但是呈现的状态却是平静而自然的。同时,中心城市的消费压力也使艺术家们开始选择和中心城市相类似但又不太远的地方,他们在村里创作,但也时常进城,在保持独立性不受干扰的同时和外界保持一定的联系,在城市中心和乡村边缘保持一种既开又合的距离。他们处在城市的边缘,也处在主流生活的边缘,却更能清醒地认识社会,用自己特有的艺术手段表达他们对社会以及人生的关注和思考。

企业群的形成依赖于区域内某地点的成本优势。成本优势包括交易成本优势和信息成本优势。当集群内的企业地理位置处于一个相对集中的分布状态时,可充分利用基础设施等公共产品的规模经济优势,实现在相对供给水平下公共基础设施和服务平均使用成本的降低,即获得马歇尔所说的"外部经济效应"。同时,集群内企业之间在地理位置上相对聚集,企业可以更好地接近供应商,最终降低交易的成本。艺术产业集群的形成同样具有普通产业集群的这种成本优势。有调查数据显示,和表演艺术家相比,视觉艺术家在城市中心的集中程度相对较低。虽然有艺术画廊和画商主要集中在城市,但画家和雕塑家等并不需要在他们附近工作和生活。随着运输方式和通信技术的发展,以及在城市地区居住费用的提高,艺术家们迁居到城市之外的非中心地区也是一种选择,居住在同一区域中,画商可以近距离地接触到艺术家并把握艺术创作市场行情,同时在面对知识和信息的传播上也有共享优势。当一个地区拥有许多同一类别的公司或机构时,它们的联合经营对单位成本产生的节约称为"聚集经济"。确实,当宋庄拥有越来越多的艺术组织和艺术经营机构时,它们之间共同经营,彼此高度专业化的投入随之会吸引更多的艺术消费者集中于此。

---

[1] 参见(美)理查德·E. 凯夫斯著《创意产业经济学——艺术的商业之道》,孙绯等译,新华出版社2004年版,第25页。

一些公司出现不久后吸引其他公司的参与,后来的公司能够利用前者一样的专业化投入,而这些投入在其他地方是得不到的或者至少是不充分的。当聚集经济发生时,结果就是原有活动吸引更多活动。这点表现在宋庄就是可以把艺术家视为艺术活动的代表。

集群内企业间拥有共同的产业文化价值观。空间的接近性和共同的文化背景,不仅可以加强显性知识的传播和扩散,更重要的是可以加强隐性知识的传播和扩散。地理位置的接近使相互的频繁交流成为可能,隐性知识的传播和扩散更能促进新思路新方法的产生。因为集群内长期形成的完整产业链体系,促使企业在集群内"落地生根"。只有整个产业链的中断才会导致集群的解散。

有学者认为,现代艺术的艺术群体具有三种经济职能:促进画家在作品构思和创作中提高自身技能;评定、区分相互竞争的画家艺术天分;在相应层次的展馆中展出,推广他们的作品。[①] 宋庄作为视觉艺术产业的主要集聚地,艺术家各自都有宽敞的工作室,既保证了创作的独立和自由,也因为居住在同一个村落而能够互相聚集在一起。当然,从实用角度看,艺术家选择聚集于此进行艺术创作无非基于当地农民的房屋购买价格低廉,或者房租比城里便宜得多,还有就是他们都喜欢扎堆的"集体"意识。这种集体意识必然给彼此带来更多的机会和好处,传递和交换着来自四面八方的信息。艺术品需要在市场中寻求其最大价值,画家也需要在市场经济社会里求得生存。艺术家们之所以择群而居,画家村之所以为人们所关注,很大程度上是追求这种集群居住所形成的群体效应,这包括共同交流艺术创作体会,共同享受群体所造就的艺术氛围,创造并融入共同形成的艺术市场等。

文化艺术产业的根本特点是依据艺术产品的耐久性和可重复使用性,以批量复制的基本方法和技术革新,提供文化艺术产品的替代性供给,创造文化艺术消费的流行和大众模式。绘画同样存在着画家个人的创意和凭借现代技术手段而建构的复制品生产。在艺术产业追求商业利润的过程中,我们也不可忽视它的另一个功能——促进文化的交流和融合。作为艺术产业的主体,艺术家最基本的目的就是实现其个体理念的传播、交流和对社会的影响。在走访宋庄的过程中,有相当部分艺术工作者主观上具有希望与他人分享知识的目的,还有些人是为了寻找学习的机会和提升自己的技能,大家聚集在宋庄,促进知识的交流和共享。

(2) 人力资源。人力资源状况在很大程度上决定产业的发展速度和发展水平。艺术产业属于知识密集型产业,人力资源的开发和利用对艺术产业的发展也有着决定性的作用。艺术家是艺术生产的主体,没有生产就没有以后的交换、分配和消费环节,也不会有艺术的供求关系、艺术市场的产生和艺术经济

---

① 参见(美)理查德·E. 凯夫斯著《创意产业经济学——艺术的商业之道》,孙绯等译,新华出版社2004年版,第31页。

的存在。艺术生产的主体决定了艺术的生产和再生产过程，也决定了艺术产品的创作属性。艺术家在创作过程中对生活素材进行创造性的选择、提炼、想象、虚构，并在其中渗透自己的认识和评价，从而表现出自己的情感和审美理想。艺术史家贡布里希说，"现实中根本没有艺术这种东西，只有艺术家而已"。① 在不同的时期，"艺术"这个名称所指的事物会大不相同，并强调了艺术家作为艺术生产主体的重要作用。不论是从生产还是创作的角度来说，艺术家都是艺术创造过程中的主宰者。艺术创作过程凝聚了艺术创作主体的心血，艺术家的劳动是艺术产品形成价值的核心所在。艺术产业的主体是艺术家，艺术家不仅是艺术生产的主体，也是艺术市场人力资源开发的核心。

从人力资源指标来看，宋庄艺术家普遍受过高等教育。宋庄艺术促进会提供的数据显示，宋庄目前的艺术家中，本科学历的人数占据了艺术家总数的90%以上，可见，宋庄艺术从业者的人均受教育水平是相当高的。对于任何一个劳动者群体，包括艺术家，其中受过更高等教育的个体会获得更高的收入。虽然有国外专家的研究结果表明这种说法在艺术界仍然存在一些意外：与其他教育水平相似的劳动者相比，艺术家的收入更低，但是艺术事业带来金钱之外的收益可以弥补这个收入偏低的空缺。② 在基本素质和技能等方面相同的条件下，完全投入艺术创作的创意性生产者的收益会低于普通劳动者的收入。总有一些人会把他们的生产内化于生命中不可分割的部分，作为自己的生活体验来享受的。只要艺术事业本身还具有内在吸引力，艺术家们依然会继续奋斗在艺术创作的前线，满足我们大众的审美需要。

从艺术家的年龄和性别看，根据宋庄网提供的数据资料，宋庄现在以70年代和80年代年轻男性艺术家为主。

从目前艺术家的创作群体来看，宋庄艺术家所创作的题材以当代艺术为主的占大多数，小部分从事古典主义和传统水墨的创作。在宋庄艺术家作品之中，20世纪90年代以来兴盛不衰的当代绘画艺术、公共艺术、综合材料艺术、新媒体艺术，以及艳俗艺术、玩世主义、政治波普、表现主义、超现实主义等艺术流派都集中在这里。

从人员结构组成来看，宋庄目前的艺术家中，高中低三类艺术成就的都有。其中既有世界艺术大师黄永玉、被誉为中国当代艺术教父的著名艺术评论家和策展人栗宪庭，也有已是引领当代艺术市场的重量级人物方力钧、岳敏君、杨少斌、刘炜……更多的是刚毕业不久、怀揣着梦想和希望的青年艺术工作者。正是由于一批又一批年轻艺术家的加入，在老艺术家的带动与支持下，宋庄这个庞大的艺术群落才得以迅速地良性发展。

---

① （英）贡布里希著：《艺术发展史》，范景中译，天津人民美术出版社1998年版，第4页。
② 参见（美）詹姆斯·海尔布伦、查尔斯·M.格雷著《艺术文化经济学》，詹正茂等译，中国人民大学出版社2007年版，第339页。

艺术家的人力资源是艺术产业集群持续发展的根本保证，对宋庄的调查数据显示，随着宋庄艺术家的人数逐年递增，宋庄目前有一大批从事艺术生产和创作的艺术工作者，但是缺少专业精通的艺术管理人才，宋庄艺术产业集群的发展因为艺术家和相关艺术管理者的资源结构比例失衡而显得后劲不足。

（3）资本资源。资本是所有生产要素中最有活力的因素。它总是为利润所驱使，流向最能盈利的行业。拥有完善的融资渠道也是加快各类艺术企业形成空间集聚效应的一个因素。从宋庄的资本结构来看，宋庄早期成立的艺术机构和企业多数属于个体私营性质，一直以来民间资本都是作为宋庄艺术产业的投资主体出现。后来在当地政府的鼓励和推动下，促成了多种所有制发展的产业格局，逐渐形成了目前国家、民营和外资等多渠道的投融资机制。越来越多的社会力量和民间资本参与加入，为宋庄艺术产业的发展壮大奠定坚实的经济基础。

（4）基础资源。基础资源主要包括文化活动基础设施建设、通信网络的使用等。良好的基础设施应该包括便利的交通、舒适的环境等，还有公共基础设施的建设，基础资源设施同样是激发本地文化艺术发展的有效手段。

宋庄经过近些年的发展，在设施建设方面已粗具规模，宋庄目前已形成一个工业建筑和民居错落分布的村落。宋庄在金融网点、交通运输、电讯网络、公路和园区等基本建设方面都还处在不断的完善发展中。

综上所述，目前宋庄艺术产业集群在生产要素方面集聚了丰富的文化资源；拥有较多高素质艺术创作型人才，缺少高素质复合型艺术管理人才；拥有较高的文化基础设施，基础设施建设有待于加强；资本结构合理和整体资源集中度较高。

2. 需求条件：艺术市场的有效需求促进艺术产品的有效供给

需求状况系统反映了公众对艺术产品和服务的需求，是艺术产业集群形成和发展的原动力。市场的有效需求能够不断刺激艺术产品和服务的有效供给，进而促进艺术产业集群的形成和产业机构的优化。公众以及市场对文化产品和服务的需求导致供给的产生。

市场常常被表述为商品交换关系的总和，市场是体现供给与需求之间矛盾的统一体。延伸到艺术领域，艺术市场的需求方面同样包括收藏家、经销商、博物馆、公司以及任何想要拥有该艺术品的个人等大量的市场参与者。市场需求是产业发展的根本动力，市场需求是否具有竞争力，直接决定着文化艺术产业的竞争力状况。

随着经济的发展和当代艺术被认可和接受，宋庄艺术产业集聚区也成为当代艺术重要的创作和销售基地。艺术市场化也是宋庄艺术产业集聚区得以存在的前提。艺术产品是一种特殊的产品，当它作为商品进入市场时，在具有艺术性的同时也具备了商品的属性。尤其在市场经济的体制下，由于艺术成为商品，艺术家的职业也就表现为一种"谋生的手段"。英国美学家和艺术史学家贡布里希曾经说："实际上没有艺术这东西，只有市场和拍卖。"艺术市场化以后，许多画家可以靠卖画为生，如果画卖不出去，画家就通过去做一些和艺术相关的兼职来维持生计。艺术集聚区的出现不仅是艺术家的需要，也是市场化的需要。与一个画家会选择多种销售渠道或画商来经营他的作品、一个画商也会同时经营许多个画家的作品一样，一些大型的产业组织也以集中化的整合实现经营的多样化。

从艺术市场供给的主体宋庄艺术家资源集聚情况看，作为当代艺术最前沿，目前宋庄居住着5000多名艺术家，如果按照他们人均一年创作5幅作品计算，那么也将有近3万件作品出炉。这3万件作品投向市场之后所产生的经济效益和社会效益都将是不可忽略的。虽然艺术创作不能等同于定时定量的机械生产，有学者说："艺术只是艺术家的自我表达方式，除此之外，没有任何创作原因。"[①] 艺术品的出现仅仅只是艺术家的一种表达或展示，艺术家不是为了交换而创作的。但是艺术既然是作为一种精神产品的存在，存在劳动价值就存在交换的可能。当艺术作品进入市场进行交换，艺术品就变成了商品。虽然在交换的过程中其真正价值不一定能得到体现，但进入市场的艺术作品也意味着使艺术家的创作随之带来物质利益的回报。

在需求状况方面，宋庄的艺术现状与市场有着密切的关系。在宋庄艺术节上，就有很多宋庄艺术家的作品参展，许多藏家和艺术商人通过艺术节这样的途径寻找自己喜欢的作品，许多艺术家因为艺术节的宣传和展览机会改变了命运。画作被市场接受带来的一个最现实的变化就是经济收入的增加，生活可以得到一定改善。有学者认为，市场中艺术品供给取决于两个因素：生产成本和预期售价。[②] 一件作品的生产成本越高，艺术家越不愿意对其进行创作。如果一件作品的预期售价越高，艺术家越可能在市场上出售该作品。随着当代艺术和宋庄的影响力扩大，如今，到宋庄的国内外商人非常多，信息活跃，有的是去挑艺术家的作品，有的是去签订购买意向，虽然目前每天的成交量不大，但艺术家们似乎都能生活下去。关于选择宋庄的理由，大部分艺术家都说，有人，群体，人的环境好。热爱艺术的人需要这个环境。但是思考是个人的，正如评论家所言：表面看来，画家村的产生是自然自愿的，没有强制性，是许多偶然因素的组合，其发展状态也多属自生自灭、自我调节，但其实有一只无形的手在背后"操控"着画家、画家村的发展，这就是市场。[③] 确实，市场需求是宋庄艺术家生存的重要内容，也只有市场需求，才可能优胜劣汰，符合价值规律。在宋庄，无论是画家还是画商、画工，他们均构成市场的各个要素。由

---

① （美）詹姆斯·海尔布伦、查尔斯·M. 格雷著：《艺术文化经济学》，詹正茂等译，中国人民大学出版社2007年版，第174页。

② 参见（美）詹姆斯·海尔布伦、查尔斯·M. 格雷著《艺术文化经济学》，詹正茂等译，中国人民大学出版社2007年版，第174页。

③ 参见严长远《谁舞今生——国内画家村现象扫描》，载《艺术评论》2005年第5期，第9页。

于其配置都是市场自动调节的,而艺术家必须使作品进入市场才能形成良性循环,所以宋庄受市场调节非常明显。市场是宋庄的催化剂,也只有市场,才是宋庄发展最根本的决定因素。

3. 相关支持产业:基础性相关产业和专业性相关产业的互补

对于一个产业来说,相关产业的发展很大程度上决定着内部产业链的状况。如美国好莱坞不仅有七大电影公司,在洛杉矶周边地区还有几千家中小公司,包括电影制作、特技创作、道具服务、技术配套、营销代理、广告传播、风险投资等众多行业,这些中小企业和那些跨国大影视公司构成了完整的产业链,共同推动美国影视业的发展。

文化产业的相关产业本身具有层次性,一般分为基础性相关产业和专业性相关产业。基础性相关产业包括教育、科技、金融、旅游、基础设施等;专业性相关产业则因为文化产业的不同行业而有所不同。[①] 对于宋庄的相关支持产业分析同样以基础相关产业和专业性相关产业发展度以及产业链、供应链情况等为参考。

宋庄基础性相关产业的情况是,随着小堡村艺术家群落的形成和壮大,旅游市场也逐渐形成。随着宋庄艺术节的举办,从2005年开始,宋庄艺术节期间的参观者人数每年剧增。国外的参观者主要来自欧美以及东南亚等国家;国内参观者主要为各省、市、区包括港澳台地区的艺术爱好者、经营者,艺术、美术机构经营管理人员等。此外还有大量的国内外艺术院校的师生慕名前来。随着海内外游客的增多,宋庄从一个艺术创作地向经营展示地和文化旅游目的地转变。宋庄艺术产业集群吸引了各地人们的参观,这不仅促进了地区的旅游产业良性发展,对公众艺术欣赏水平的培养和提高也起到一定作用。

宋庄专业性相关产业主要针对的是美术馆、艺术空间、画廊经营点、艺术公司、拍卖行,以及以信息网络、图书出版为主的第一产业链和以基础材料供应及服务为主的第二产业链。

居于宋庄艺术生产第一产业链层面的有艺术家、艺术家工作室、画廊、美术馆、艺术中心和艺术公司等。

画廊经营点是艺术产业链中的重要一环,作为艺术市场体系中的支柱之一,画廊在宋庄艺术产业集群中具有不可忽视的地位。在画廊和经营店中,宋庄的画廊每年新增经营面积数百平方米,美术用品商店也在不断开张,目前,宋庄的画廊已达到100多家,美术用品商店有几十家,美术培训机构、艺术品经纪公司也经历了从无到有的阶段。随着规模的扩大和数量的增长,宋庄还缺少一些高端的专业性画廊,因而无法做到专业和非专业画廊的互补。艺术市场的另一个支柱性行业——拍卖行,国内外顶级拍卖公司宋庄目前还没有。

居于宋庄第二产业链相关的服务层面,包括基础材料供应商和相关商业机

---

① 参见向勇主编《北大文化产业前沿报告》第2辑,北京大学出版社2005年版,第169页。

构、医疗公共服务等。宋庄从 1994 年小堡村 4 个小卖部,发展到 2007 年的基础材料和供应商有 55 家,分布于印刷、服装、视频、铸造和木制品等六大行业。酒店、餐饮、商业等 120 家,其中小堡村投资 3000 万元建成了 7200 米的商业街,有餐饮、文房四宝小店、超市 120 户。在医疗以及共建配套设施方面,全镇有社区卫生服务站 6 家,28 个村建立了村级医务室,16 个村建立了便民药店。① 公共图书馆、博物馆、公园和大型超市等相关公共服务设施还有待加强。

文化产业竞争的优势必须建立在众多相关产业支撑的产业集群基础之上,只有通过产业间的信息、资本、人力的相互作用,才能发挥产业间的合作和竞争的优势。从宋庄产业集群的相关产业基础调研数据来看,旅游、商贸产业将是宋庄产业集群竞争力的优势竞争点,而与艺术产业相关的其他金融、信息网络产业、教育产业以及宾馆、银行、邮局等生活休闲服务企业等目前还处于弱势和有待加强的阶段。

4. 艺术企业战略结构和竞争:合作与竞争

企业战略结构和竞争主要包括宋庄艺术企业建立、组织和管理中的经营战略、营销方式和市场竞争状况等。宋庄目前已具备一定的文化品牌知名度,但是在产业集群中的各企业公司运作与战略整合能力还处于初级阶段,许多企业连产品和服务品牌意识还未建立,更谈不上品牌优势,创新的动力也没有在市场竞争的环境下充分释放。因此,具备创新意识和进取精神的艺术企业与企业家将成为推动宋庄艺术产业发展的原动力。

5. 机遇和背景:文化产业化大背景和艺术市场的繁荣

进入 21 世纪,我国的文化艺术产业进入了一个机遇期。我国政府在一系列的政策文件特别是党的"十六大"报告中,明确提出了要大力发展文化产业,各省市纷纷制定相应的文化发展规划。在产业走向集聚的大背景下,中国的文化产业持续升温。伴随着经济全球化和市场多元化的时代潮流,中国的艺术品市场正和海外艺术品市场逐步融合。从 2002 年开始,中国艺术品市场发展的速度每年都以 30% 左右的速度增长,价格屡创新高。中国正成为居英美之后的第三大艺术品市场国,世界各地的收藏家、艺术家、投资者越来越关注中国的艺术品市场。在中国艺术品市场交易中,当代艺术品的成交数量占据了相当大的比例。

在我国文化产业大发展的机遇和艺术品市场繁荣的大背景之下,宋庄作为北京首批挂牌成立的艺术集聚区之一和当代艺术最集中的大本营,艺术产业集群化的发展依然具有强劲的动力。

6. 政府行为:政策环境的营造

迈克尔·波特认为,政府并不直接创造产业竞争力,而是通过影响钻石体

---

① 参见杨卫主编《宋庄艺术 2006》,湖南美术出版社 2007 年版,第 360 页。

系的四项关键要素来影响产业竞争力。政府对产业竞争力的影响是间接的，政府作为文化艺术工作的主管部门，担负着对文化艺术工作支持管理、引导发展的重要职能。政府在产业集群的产生和发展过程还是起到了非常重要的作用，政府的作用体现在文化产业政策制定的合理性、及时性和法规的健全程度等方面。在集群的产生初期，各方面的优势没有体现出来，需要政府的帮助，集群内部氛围的改善也需要地方政府的协调，集群内部不正当行为的改善、社会化服务体系和金融服务体系的完善、产业的升级和集群外部的市场环境建设都离不开地方政府的参与。地方政府对产业集群的间接参与主要通过制度创新、优化创新环境的方式为产业集群提供良好的内部环境。

党的十六大明确提出要加强文化产业。为更好地挖掘和利用宋庄的文化资源，2004年，宋庄镇党委、政府提出了"文化造镇"的发展思路和模式，即通过文化品牌打造宋庄的核心竞争力，通过文化氛围的营造为宋庄创造良好的投资环境。

按照《通州新城总体规划2005—2020》，宋庄艺术集聚区已纳入通州新城范围，作为新城东北组团和重要的城市产业功能区，完整、成片地规划预留了大量文化产业用地，并配套了相当规模的经营性办公用地、住宅用地和公建设施用地，这样大规模且集中的文化产业用地在全市也是极为难得的。由此，宋庄艺术集聚区步入了一个崭新的发展阶段。

产业集群说到底是产业链上企业的空间集聚，政府可以创造和提供适宜企业集聚的环境，吸引企业在一定的空间集聚。这里的环境包括硬环境也包括软环境，硬环境包括建立产业园区、对产业集群发展所需的基础设施和物品进行投资等；软环境包括相应的政策、提供相关行政和中介服务及其他优惠条件等，软环境是支撑产业集群的关键因素，更是产业集群增值和创新的核心要素。

在行政中介服务方面，宋庄艺术促进会于2005年9月成立。作为一个政府主导成立的民间团体，促进会的作用就是为艺术家搭建一个交流平台，为艺术家营造开放、包容、诚信、亲和的人文环境以及更好的生活、创作空间。促进会成立伊始就吸引了60名会员加入，渐渐地有更多的会员加入这个组织中。行政服务机构对艺术创作所需要的原料供应以及画廊、经纪机构的创办、引入和不断增长可以说是功不可没，既加速了产业集聚区的发展，又吸引更多的艺术家到宋庄生活和创作。

2007年5月，"宋庄当代文化专项基金"正式启动，宋庄当代文化专项基金由北京市委宣传部所属的北京文化发展基金会发起设立，是专为推动和促进北京宋庄当代文化艺术发展提供资助的民间性管理基金，也是中国首个为打造文化名镇而设立的专项基金。

在政府行为方面，北京市促进文化创意产业的若干政策规定，文化创意产业专项资金和集聚区专项资金对集聚区的重点项目和基础设施建设给予的资金支持，地方政府文化政策的倾向性，通过制度创新、优化创新环境的方式为产业集群提供良好的内部环境，为宋庄艺术集聚区向产业集群化方向的进一步发展提供了优势。

三、对宋庄艺术产业集群未来发展的建议

通过宋庄艺术产业集群的竞争力要素优劣势分析，对宋庄艺术产业集群的发展提出如下建议。

（一）充分发挥现有人才优势，促进人力资源的优化组合；进一步加强艺术产业的研究，培养艺术管理复合型人才

艺术产业的竞争主要是人才的竞争，艺术产业的核心是创意，人才和创意氛围是艺术产业主体的核心，艺术产业的经营，需要对文化艺术价值规律有深入的理解，其中既包括有灵感有创意的艺术创作者，也包括既通晓创意内容又擅长经营管理的艺术管理人才。从生产要素方面来说，目前宋庄拥有丰富的文化资源和区位优势，并拥有大批高学历艺术生产者，不足之处是艺术管理人才的欠缺，特别是既懂艺术又懂管理的高端复合型人才非常欠缺。现有的学院教育和社会培训体系还很难满足对艺术管理人才的大力需求，人力资源如何更充分有效地发挥是目前宋庄亟待解决的问题。如何在留住现有艺术家的基础上吸引更多的艺术家进入宋庄，创建更适宜于他们生活和创作的软环境，以及引进复合型艺术管理人才、促进人力资源的优化组合都将对宋庄艺术产业集群的发展起重要作用。

要加强艺术产业研究，大力推动艺术产业的培训和教育、加快艺术产业复合型人才的培养是艺术产业发展的基础。人才培养方面，可以采取多种形式，和院校结成战略联盟等，或者考虑通过周边院校设立与艺术产业发展相关的专业，利用高校的智力资源设立研发中心，考虑促成企业群落与大学、研究机构的合作，为艺术产业的发展提供智力支持和人力保障。

（二）突出主导产业优势，促进相关产业的发展；加快集群内部企业之间的合作，进一步完善产业链

在产业集群中，主导产业是区域组织的核心，关联产业和基础性产业依托主导产业的经济技术联系，形成联系紧密相互依存的产业系统。主导产业与其他区域相同产业相比，在产出规模、生产率、经济效益方面应具有一定优势。主导产业通过与相关产业的联系带动其发展，产业关联度的高低也是决定主导产业形成的条件之一。是否有能力对现有资源、资金、技术和劳动力等生产要素和生产条件进行新的组合，能否创造新的产品、开拓新的市场，这些都是衡量主导产业形成的重要指标。集聚区主导产业的明确定位将使集群整体发展具

备长期有效的核心竞争优势。

实力强大的企业和机构，专业的分工和完善，是艺术产业集群获得自身竞争力的重要途径。艺术产业的各行业之间具有的关联性使得其对产业链的要求比一般的产业更高。艺术产品的价值在很大程度上是通过转换成不同的产品形式达到产品最大限度的增值目的。根据发展规划，宋庄艺术集聚区将按照艺术产业集群发展的一般规律，形成以艺术品制造为主体，以画材画框生产、旅游商贸为相关产业的产业布局。宋庄目前主导艺术产业优势明显，以原创艺术为主导的核心产业突出，并同时带动了旅游和商贸的发展，但是产业链的模式和上下游产业链的关联度还不够紧密，尤其是金融、信息网络、教育等相关产业发展还有待加强。目前宋庄艺术产业集群中的大部分企业都是中小型企业，缺乏实力强大的专业性龙头企业来支撑。各个企业大都处于各自为营的无序状态，互相之间既没有竞争，也缺乏合作关系，各企业之间的关联度不高。应采取有效措施，在突出主导产业的优势之下，组建或引进艺术大型企业，如大型拍卖公司、画廊等，通过具有雄厚的经济实力、市场营销能力和企业管理能力强大的龙头企业带动专业性相关产业的发展。同时鼓励各类社会资本投资、经营文化艺术企业，促进基础性相关产业的发展，加快集群内部企业之间的合作，进一步完善产业链，从而提升整个行业和地区的竞争力。

（三）规范和完善艺术市场中介；铺设多元的艺术作品推广销售渠道，进一步拓宽产学研的创新网络系统

艺术市场中介包括艺术经纪人等商业中介，也包括艺术批评家等宣传中介。从需求要素来看，宋庄的艺术市场还处在一个不成熟的阶段。目前宋庄的情况是，画廊从业的艺术经纪人多不是专业的，艺术经纪人的水平参差不齐。很多画廊目前普遍是画店的性质，没有做艺术家的代理和推广。有些画廊是艺术家本人主持，有些是艺术家在幕后策划，其亲朋在台前唱戏，更多的是从外行转过来的普通人经营的，因为看中艺术品的利润大、投资回报率高就转行经营艺术，营利是主要目的，一旦无利可图又转向其他，以至于艺术家总在感叹缺乏专业经纪人的推广。经纪人与艺术家也是除了买卖二字再无任何关系，艺术家和经纪人相互不信任的关系造成了艺术市场的恶性循环，艺术市场需要一些成熟的、具有专业修养的艺术经纪人的平衡和调节，艺术市场的健康发展离不开艺术家和经纪人的良性合作。

艺术市场还需要学术的介入，吸引理论家、批评家参与运作。批评家具有敏锐的目光和深刻的思想，不仅对艺术有较高的鉴赏力，对市场趋势也具有前瞻性和预见性。艺术批评对于市场的作用主要是评估产品、引导消费和影响市场。艺术批评家的介入不仅可以对艺术制造者、艺术经营者和艺术消费者起到学术指导和市场指导的作用，对艺术产品的宣传推广和普及也会起到不可或缺的作用。艺术家投入的艺术劳动希望得到以货币形式的社会承认作为回报。艺

术消费者投入的是购买力，希望得到真正的艺术享受作为回报。批评家则承担了宣传中介的角色，在艺术市场中，批评家以一个艺术评估者的身份对艺术品的水平、价值进行认定，以一个艺术咨询者的身份引导消费者投入资金购买有品位有价值的艺术品，反过来也促使艺术经营者投入资金去开发更多有品位有价值的艺术品，同样也促使艺术生产者投入更多的精力去创作有价值和有品位的艺术品，这就促进了艺术市场的发展和繁荣。

艺术家是宋庄艺术产业核心竞争力的代表。宋庄目前既缺少规范成功的商业中介的运作，也缺少批评家的学术指导，居住在宋庄的许多艺术家与他人交往、与市场推广营销的衔接能力很弱。在物质和精神的双重压力之下，很多艺术家扮演了和农民一样自产自销的角色。许多艺术家不了解国内外艺术发展的进程，也不了解艺术风格、技法和材料的变法，一味跟风、模仿，大多使用西方后现代艺术的挪用和拼贴理论，窃取现成图像加以改造作为自己的创作符号；许多艺术家对市场和艺术的判断把握不定，大量作品风格雷同，艺术水平得不到提高，艺术作品的原创性逐渐削弱。同时，因为缺乏专业的学术研究和鉴定机构，赝品和行画有增长趋势。

从宋庄现有的状况来看，首先，应该规范和完善艺术市场中介，引进艺术品经纪人和艺术批评家，进行规范化的市场运作，鼓励多出优秀作品。同时，通过举办展览、建立艺术协会、俱乐部等多种方式开展学术交流活动，加强区域个体间的联系，促进知识和信息的扩散，并通过技术和信息加速艺术产业的知识密集化。实践证明，艺术家的劳动可以转换成商品接受市场的检验，实现自身价值，艺术家的艺术价值可以更好地通过市场机制和商业渠道加以传播。而原创艺术家以市场为依托来实现艺术价值的自由、独立的生存方式必定会给其艺术创造带来深远的影响。其次，铺设多元的艺术作品推广销售渠道，利用画廊、博览会、拍卖会、网络等多种手段从市场角度提升艺术生产价值体系，进一步拓宽宋庄产学研的创新网络系统，从而引导宋庄原创艺术走向健康良性的集群化发展道路。

通过宋庄艺术产业集群的竞争力分析，宋庄的存在和发展，有其自身的独特性。在拥有丰富的人文艺术资源和淳朴的生态环境以及当地政府的宽容和远见等多种优势的影响之下，宋庄的发展也受到诸多条件的限制。任何产业集群都将面临一个从萌芽到形成再到升级成熟的过程，艺术产业集群也不例外。目前还处于艺术产业集群初级阶段的宋庄在艺术产业集群化的道路依然任重道远。

参考文献

[1]（美）迈克尔·波特. 国家竞争优势 [M]. 李明轩, 等, 译. 北京: 华夏出版社, 2002.

[2]（美）马歇尔. 经济学原理 [M]. 朱志泰, 陈良璧, 译. 北京: 商

务印务馆，1964.

[3]（美）理查德·E. 凯夫斯. 创意产业经济学——艺术的商业之道[M]. 孙绯，等，译. 北京：新华出版社，2004.

[4]（英）贡布里希. 艺术发展史[M].范景中，译. 天津：天津人民美术出版社，1998.

[5]（美）詹姆斯·海尔布伦，查尔斯·M. 格雷. 艺术文化经济学[M]. 詹正茂，等，译. 北京：中国人民大学出版社，2007.

[6] 孔建华. 宋庄原创艺术集聚区发展方略[J]. 城市问题，2007（5）.

[7] 汪继芳. 走进宋庄——栗宪庭访谈录[J]. 南京艺术学院学报，2000（2）.

[8] 严长元. 谁舞今生——国内画家村扫描[J]. 艺术评论，2005（5）.

[9] 向勇. 北大文化产业前沿报告第2辑[M]. 北京：北京大学出版社，2005.

[10] 张泉，沈望舒. 2007：北京文化发展报告——文化创意和城市精神[M]. 北京：社会科学文献出版社，2007.

[11] 杨卫. 宋庄艺术2006[M]. 长沙：湖南美术出版社，2007.

[12] 宋庄艺术促进会. 宋庄艺术年鉴2006—2008[M]. 北京：华艺出版社，2009.

[13] 顾强. 中国产业集群第6辑[M].北京：机械工业出版社，2007.

[14] 范洁. 政府文化产业集聚区发展的角色定位——试看"宋庄"文化产业[J]. 文化月刊，2015（20）.

[15] 李蕊. 文化产业园发展模式及园区建设中的政府角色定位[J].商业时代，2014（34）.

（撰稿人：肖春晔）

思考题

1. 在文化产业化背景下，如何更好地发展宋庄的"原创艺术"？
2. 在艺术走向产业化的过程中，宋庄艺术产业集群所带来的启示是什么？

案例 2

惊梦·寻梦·圆梦*
——从青春版《牡丹亭》看文化的创意与传承

21世纪初,世界戏剧舞台上的一朵奇葩格外耀眼,它让中国的古老昆曲艺术重焕生机,在世界舞台上绽放异彩,这就是白先勇的青春版昆曲《牡丹亭》。该剧于2004年4月完成并重新排演以来,巡演于中国内地、香港、台湾及美国,已成功上演两百余场,在海内外戏曲界及文化界引起了较大反响,其校园巡演活动更是场场爆满,赢得青年学子赞誉如潮,以至于被誉为文化界"青春版《牡丹亭》现象"。

一、看戏:青春版"牡丹亭"现象

昆曲是具有六七百年历史的古老剧种。"流丽悠远,出乎三腔之上"的昆山腔,简称昆腔,它始于元代末年的昆山,是南曲的一个支派。清代以来被称为"昆曲",现又被称为"昆剧"。昆曲是我国传统戏曲中最古老的剧种之一,也是我国传统文化艺术特别是戏曲艺术中的珍品,被称为百花园中的一朵"兰花"。昆曲于2001年5月18日被联合国教科文组织授予"人类口述遗产和非物质遗产代表作"称号,2006年5月20日,经国务院批准被列入第一批国家级非物质文化遗产名录。近年来,保护和延续昆曲的呼声越来越强烈,众多昆曲剧目陆续被搬上舞台。白先勇的青春版《牡丹亭》便是其中之一。

《牡丹亭》是明朝剧作家汤显祖的代表作品,通过思春伤逝又还魂人间的杜丽娘与梦中幽会的情郎柳梦梅终成眷属的故事,寄托了作者对美的追求和对爱情的独特阐释。

2004年4月,由白先勇策划的青春版昆曲《牡丹亭》在台北首演。9000张戏票在演出前几天就被抢购一空,而且几乎一半的观众都是30岁以下的青年人,并有美国、澳洲的侨民不远万里前来观赏,《联合报》也破例头版头条刊登首演消息。青春版《牡丹亭》的成功上演成为当年台湾的轰动性文化事件。

2004年5月,青春版《牡丹亭》在香港沙田大会堂上演。"没想到在香港是一样的轰动,一样的年轻人反应都觉得不得了,我觉得我们的青春版肯定是

---

* 本案例改编自汪世瑜《文化的创意与传承》(见《创意起底:文化创意产业先锋思维解码》,中国国际广播出版社2009年版)。

有一定的吸引年轻人、感动年轻人的地方。"白先勇在接受采访时不无自豪地感叹。2004年6月，青春版《牡丹亭》在中国内地首演。苏州大学存菊堂内2000个票位开演前已是一票难求，"开演后涌进去2500多人，连走道上都挤满了，演出结束后，一大群学生涌上来要求拍照。"① 这种被众粉丝前呼后拥争相寻求签名的热闹场面，通常情况下大概只在当红影视歌坛明星的新闻发布会上方能见到。

2006年，青春版《牡丹亭》剧组走出了国门，在美国加州连续演出了12场，创造了中国戏曲史上新的奇迹。华裔和非华裔观众都看得如痴如醉。"在伯克利大学演出时非华裔的观众占四成"。新闻拍摄的照片显示，有观众在演出结束后站起来鼓掌20分钟尚不停歇。在美国圣塔芭芭拉市演出时，该市市长Marty Blum宣布10月3—8日为全市的"《牡丹亭》周"。

"现在世界上只有两种人，一种是看过青春版《牡丹亭》的，一种是没看过的。"北大学子在百年纪念堂看完青春版《牡丹亭》演出后，在网上这样诠释高校学生对青春版《牡丹亭》的喜爱和赞誉。

"在路培劳剧场看了50年的戏，从来没有看过这么好的演出，观众起立喝彩，长达如此之久。"② 一名美国观众在圣塔芭芭拉培劳戏院观看完青春版《牡丹亭》后这样感叹。"如果说，《十五贯》是一出戏救活了一个剧种，青春版《牡丹亭》则是一出戏普及了一个剧种。"③ 评论者在文章中这样引申。

青春版《牡丹亭》的演出，已是近年来中国戏剧界影响最大、最引人关注的事件，其高校巡演活动又在大学生间产生了巨大的轰动与影响，成为媒体、学界、观众热烈讨论的话题。所谓"青春版《牡丹亭》现象"正由此而来。

青春版《牡丹亭》现象，在笔者看来，至少有三个特点：

（1）青春版《牡丹亭》无论是社会演出还是校园演出，都轰动一时。

（2）青春版《牡丹亭》所体现的传统美学，不仅被社会一般观众所接受，也得到了高文化素质的知识阶层特别是当代大学生的欣赏和认同。

（3）青春版《牡丹亭》的每次演出，都激起所在地文化界对于复兴和弘扬中华优秀文化传统的思考和探讨。与演出连着的座谈、研究或演讲，都吸引新闻媒体的广泛关注。既有新闻媒体的热评，又有学术的深入探讨。台北首演前，台湾"中央研究院"文哲所及台大文学院共同主办了一场"汤显祖与《牡丹亭》"的国际学术研讨会。在北大演出前，北大举办了集境内外昆曲专家50余人的大型学术研讨会。复旦大学百年校庆当天，学校主体建筑32层的

---

① 白先勇做客新浪，http://book.sina.com.en/1087375177 - peony/author/2004 - 06 - 18/3/77668.shtml。
② 吴新雷、白先勇：《中国和美国：全球化时代昆曲的发展》，载《文艺研究》2007年第3期。
③ 朱栋霖：《论"青春版〈牡丹亭〉现象"》，载《文学评论》2006年第6期。

光华大楼落成启用，楼内光华大厅第一位讲演的贵宾就是白先勇，讲演的主题即是青春版《牡丹亭》。演出所激起的对于复兴和弘扬中华优秀文化的探讨和思考，其影响比演出本身更为深远。

在当今快餐文化大行其道的氛围中，一场古典的戏剧演出，为什么能造成一种文化现象呢？此中无疑有着多种重要因素，如汤显祖《牡丹亭》本身所潜藏的艺术魅力，将《牡丹亭》打造成正宗昆曲艺术精品的编、导、演、舞、美、乐，编创人员的共同努力，以及潜藏于年轻观众心中的对于民族传统美学了解的渴望，等等。对这一文化现象的精确解读，对现代化进程中的中国传统艺术走出当下传承困境应当有启示价值。

二、评戏：青春版《牡丹亭》的成功探秘

由白先勇先生策划的青春版《牡丹亭》在北京创造了百场演出的纪录，而且场场爆满、一票难求，至此，这部红遍海峡两岸，甚至影响直达太平洋彼岸的"全本昆曲"终于实现了它既定的目标。

（一）活态传承：现代思维使古老艺术重获青春

青春版《牡丹亭》的成功演出，为中国传统戏曲在当下发展提供了启示。坚持以传统为本位的原则，尊重古典而不因循古典，利用现代而不滥用现代，是青春版昆曲《牡丹亭》最重要的特色。它在全面占有和发掘原著艺术资源的基础上，以遵循昆曲艺术精神与表现特色为前提，有效融入现代舞台元素，创造出一条传播昆曲艺术、弘扬中华传统文化的新道路。

1. 剧本的改编

首先是主题的选择。《牡丹亭》是汤显祖的至情之作，在《作者题词》中就宣示道："情不知所起，一往而深。生者可以死，死可以生。"青春版《牡丹亭》凸显青春爱情主线，弱化原著抗金一线，体现了对作者主题思想的回归与彰显，作为全剧主线的爱情进展也符合青年观众的期待视野。爱情是青年人最为关心的一个话题，青春版《牡丹亭》关注的焦点不再是近代以来所一直强调的对封建礼教压抑人性的批判，而是对青春爱情的开掘、呈现与赞美。青春版《牡丹亭》立足于青年，在整编过程中标榜青春，以情立意，突出柳杜的爱情，同时采用青年演员俊扮，塑造了中国的"罗密欧与朱丽叶"。在改编中也不同于以往重"杜"轻"柳"的形象塑造，导演汪世瑜阐述以"加强柳梦梅的戏份以与杜丽娘对应"为原则对人物进行建构，使得爱情成为两个人的事，更符合现代观众对爱情的理解，也迎合了"男子看杜，女子看柳"的审美心理。更为重要的是，青春版《牡丹亭》所表现出的柳杜二人对爱情的执着追求与守护，以及在为实现爱情理想的现实中所体现出的无畏无悔的奉献、全心全意的付出精神，使观众如同经历了一次爱的洗礼，对青年观众如何

对待爱情具有积极的引导作用，实现了古典与当代的对接。

其次是情节的建构。从《牡丹亭》几十年来历演的情况来看，以《学堂》《游园惊梦》《寻梦》《拾画叫画》等折子戏为主。这些戏中，名家的声腔、身段或一个感情高潮往往成为关注的焦点，如此很难把握到《牡丹亭》的整体意韵，对于全本"情至"的三个层面——"梦中情""人鬼情""世间情"，则也只能窥其一二，全剧的"姹紫嫣红"不能尽现于人前，令人遗憾。对于不熟悉原著情节的青年观众来说，整编全剧就更为必要。青春版《牡丹亭》在表现柳杜二人爱情的同时为我们呈现了一个充满爱与真情的世界：丽娘父母的爱子之情，丽娘与春香、柳梦梅与郭驼之间名为主仆，实则姐妹、父子般的真情，以及杨婆与李全嬉笑戏谑间的爱情，热心肠的石道姑拥护爱情的温情，等等，都给观众带来了温馨与感动。近年来快节奏的社会环境与日益发达的通信技术使得人们之间的接触越来越多，但感情交流却越来越少。感情的缺失使得情感类影视、节目纷纷出炉，然而感情却成为商业利益的产物，被商业化、奇观化。充斥在荧屏上的感情多为煽情以至滥情、奇情以至畸情，以此博得观众的关注，甚至为了达到戏剧效果，感情被刻意制造、离间。从这一点来看，《牡丹亭》中的真情带来的至纯至爱之感就更加可贵。如果说柳杜二人的爱情是不可多得的爱情神话，那么环绕在二人周围平实、真挚的感情则是我们每个人都能体会到的，它以真情换真心，让我们重新审视自己周围的世界，用自己的真情回报他人的关爱。

最后是抒情性与戏剧性的结合。一件艺术作品将对欣赏者产生怎样的影响，在很大程度上取决于作品本身与欣赏观众两个方面，这就决定了改编要从戏曲特性、文本内容以及青年观众的欣赏心理等方面对文本进行再整合。面对现代青年观众对戏剧性的偏好以及对节奏的要求，以抒情为重的古典戏曲在文本整编上需要重新整合抒情性与戏剧性之间的关系，在保持抒情性特质的基础上适度强化戏剧性。

青春版《牡丹亭》在改编原则中以"保留原著文采与折子戏的精华，但删掉并调换场次以利于情节推演"来处理抒情性与戏剧性之间的关系。在整编中，从观众的接受心理出发安排设置文武场、冷热场，同时采取以柳杜爱情为主线、穿插多条副线的方式共同推进情节的发展，如以杜宝抗金交代环境背景、通过李全杨婆的笑闹营造轻松谐趣的氛围等。柳杜双线并行的设置使得抒情性与戏剧性得到了充分体现，囿于闺阁的丽娘把对爱情的渴求表现为绵绵情意，而游走于外部世界的柳梦梅身上则处处是"戏"，对柳线的加强更有利于塑造富有戏剧冲突的情境。下本中表现柳梦梅与杜宝冲突的《硬拷》不仅营造了紧张冲突的氛围，也为最后高潮的结局做了很好的铺垫。同时，全剧并不满足于青年观众对戏剧性的要求，以抒情为中心，以至纯至美的真情打动观众，让青年观众潜移默化之中感受到戏曲艺术之美，以获得多方面的认同。

2. 演员的选择

此次《牡丹亭》可谓以"偶像剧"的标准挑选演员，不管是杜丽娘的扮演者沈丰英，还是柳梦梅的扮演者俞玖林，甚至饰演春香的沈国芳，每个人的出场都让人眼前一亮。三位演员不仅正值花样年华，而且形、貌、唱、做俱佳，沈丰英的娇柔、俞玖林的俊雅、沈国芳的小巧可人都犹如从书中走出一般，与原著中人物的气质非常接近，即使没有读过《牡丹亭》原著的人也会被他们的个人魅力所征服，这就是白先勇希望昆曲走近年轻人的法宝之一。

有网友评论说："在看戏之前，听过张继青、华文漪的版本，甚至梅兰芳的录音，若论华丽和丰富之美、沧桑之美、婉转之美，大师们胜过一筹。可大师们演绎丽娘之时，都已'青春不再'，我们听得出唱腔之外的韵味，也得于丰实盈厚的岁月沉淀。沈丰英版的丽娘，以青春年少之身演绎牡丹般娇艳正浓之人，多了许多青春柔美的味道。这种青春，有些逼人的真实，甚至闭上眼眸，耳中丝丝婉转，恍然以为不在今世，而在宋代了。"如果要细细评论丽娘之美，首先应是眉目含情之美。礼教森严的杜太守百般严苛教导出的女儿，举手投足、张口闭口间须得极尽大家闺秀的风范，而丽娘情深如此，这扇心灵的窗户，挡也挡不住满眼的情。有热心观众还细细看了丽娘的剧照，每一张丽娘和柳生的对视中，她均止不住深情。丽娘之美，其次在于声音之美。其声音柔若无骨，千回百转，恰如丝丝袅袅的烟，生生听出了几许缠绵。

3. 舞台的设计

《牡丹亭》的舞台极尽简约写意之美，舞台的颜色是中性的灰色，几级台阶和坡度延伸了舞台空间，一张巨大的背幕通过画片的变化完成空间转换，画片也都是非常抽象、淡雅的，尽量避免干扰人们的注意力，在这样一个现代舞台上，戏曲本身的生命毫无保留地焕发出来。

《牡丹亭》的舞台十分古典、写意。尤其是在《惊梦》和《离魂》两出中，花神的出场很经典。《惊梦》一出，十位花神分作两路，莲步轻移，裙裾生风，裙摆若水波般灵动，披风随之飘飘扬扬，又有激情壮美的音乐响起，不禁令人惊叹一句"神仙姐姐"。《离魂》一场戏，杜丽娘在花神的簇拥之下，身披曳地的红色大斗篷，慢慢走向舞台深处。在渐行渐远的杜丽娘手拈一枝梅花蓦然回眸之际，音乐响，黑幕之上一束亮光，摄人心魄。

4. 服饰的演绎

戏剧服饰是戏剧舞台形象塑造的重要手段。西方戏剧运用写实的手法，通过服饰的个性化差异凸显戏剧人物的独特个性；中国戏曲采用写意的方式，通过服饰的行当规制塑造类型化的舞台形象。昆曲服饰具有严格的程式性，向有"宁穿破不穿错"的守则。白先勇先生率众打造的昆曲青春版《牡丹亭》，在保持戏曲传统服饰基本面貌的同时，拓展了戏曲服饰的艺术功能，更新了戏曲服饰的设计理念，体现了戏曲服饰新的美感。该剧的成功既为戏曲服饰服务现代舞台提供了新思路，又为昆曲的现代传承提供了重要范例。

对于昆曲的华服之美，戏曲中比较常见，但在那武戏为主的剧目里，这种飘逸的长衫、缠绵的水袖终归显得少而单调了些。昆曲是一门绾结了太多江南之美的艺术，苏绣便是其中重要的色彩。无论是十几个花神身披绝无重复的霞帔，还是春香那件翠绿色的小罗裙，上面的绣花都繁复眩目；即便是柳梦梅每一套服装的冠带上都不相同的梅花、桃花，都能一眼看出创作者处处精心的雕琢。最惊艳的当数《冥誓》一出，二人淡青浅绿的服饰配合得恰到飘逸，也恰到熨帖。还有那些巧夺天工的苏州刺绣，或浓艳或秀雅的牡丹、杜鹃、梅花、百合、墨兰等不同花色，栩栩落在柔白细软的丝质绣服上，绮丽而古雅。

（二）大师护航：文化精英联手打造正宗昆曲艺术精品

1. 白先勇圆"文化复兴"之梦

白先勇是杰出的小说家、艺术家，也是一位怀有振兴中华传统文化使命感的中国人。他身居异国，有着强烈的文化乡愁，同时又有着强烈的民族文化自豪感。他常说，"中国要向西方学习，学习他们好的东西；但是不要忘记，我们民族有五千年的文明史，有着优秀的文化传统。优秀的文化传统要继承，要发扬，不能忽视，更不能抛弃"。他在《故事新说——我与台大的文学因缘及创作历程》一文中说："1965 年开始写《台北人》，1971 年完成，这几年间中国发生了文化大革命，我在美国看到很多报道，突然觉得中国文明大概会毁于一旦。"然而，也许正是这种忧虑，催生了他要复兴传统文化的决心。1988 年，白先勇访问中国大陆以后，再次谈到文化复兴的问题。白先勇说："我有一种期望，到了 21 世纪，是不是来一次文化复兴？现在还有十多年可作准备……21 世纪的文化复兴，应该是欧洲式的文艺复兴，重新发现中国古代文化的作用……"①

21 世纪来临了，弘扬中华民族的优秀文化传统，已经是我们国家的国策（将昆曲等文化艺术申报世界遗产，可以说就是证据之一），中国文化人从不同的学科、以各种不同的方式开始探讨、研究、阐发中国传统文化，大环境成熟了，大气候也正在形成中。这时候，准备已久的白先勇开始了大动作，开始了他所期望的文化复兴工程。青春版《牡丹亭》的制作，实际上是在这样一个宏大的目标指导下进行的。对白先勇来说，青春版《牡丹亭》的制作和演出，必须是完美的美的呈现，这是他为实现文化复兴工程目标必须坚持的原则和追求。白先勇筹集"巨额"资金，汇集海峡两岸和香港的文化精英，一出手就是大制作。这个大制作的创作群体——编、导、演、舞、乐、美的创作，成功地体现了白先勇的原则和追求，形成了"白先勇共识"。

（1）根据呈现全貌的精神、保持剧情基本完整的要求改编剧本。白先勇亲自参与剧本改编，恰当地处理了继承与创造的问题。他们把汤显祖 55 折的

---

① 白先勇：《游园惊梦——小说与戏剧》，香港华汉文化事业公司 1988 年版。

《牡丹亭》删减并调整成 27 折，分上、中、下三本，三天连演，呈现了《牡丹亭》的全貌。

（2）以青春版为号召，坚持青春传承。《牡丹亭》是一曲青春爱情的颂歌，是以爱唤回青春和生命的颂歌，所以必须要以青年演员来体现它的青春气息，以青春和爱情的美来吸引青年观众，培养新的观众。这方面，白先勇真的下了很大的功夫。他选择了苏昆的"小兰花班"，又亲自选定了年方 20 多岁的俞玖林和沈丰英来主演柳梦梅和杜丽娘这两个角色。他亲自出马，聘请江浙两省昆剧团的"巾生魁首"汪世瑜和"旦角祭酒"张继青以及其他师傅对他们进行打磨，从魔鬼训练开始，教他们做戏做人。沈丰英、俞玖林流汗、流泪地训练，终于得到了传承。

（3）恰当地处理了传统与现代的关系。白先勇是处理这一关系的高手。在青春版《牡丹亭》中，他确定"传统为体""现代为用"的原则，使《牡丹亭》既保持了抽象、写意、抒情、诗化的特点，又恰当地融入现代剧场的概念，以适应现代观众特别是青年观众的视觉要求。青春版《牡丹亭》在服装、道具、舞台设计、花神的舞蹈、灯光以及导演在时空调度等方面，都不露痕迹地融进了现代意识。如《离魂》一折中，当杜丽娘诀别母亲魂归地府时，她在花神的护持下，披着长长的红披风向舞台深处走去的处理，就强化了杜丽娘"月落重生灯再红""不信青春唤不回"的象征意义，应该说这是既古典又现代的手法。

（4）注重演出效应。每一轮演出前，伴随着新闻发布会而来的就是白先勇接受新闻媒体的采访和组织他的讲演。为昭告天下人来共襄盛举，他投之以巨大的热情。同时，为了保证演出的完美，他对所演舞台的条件、演员的住宿和生活条件等都很关心。白先勇不仅筹集资金投入青春版《牡丹亭》的制作，同时他还"托钵化缘"来支撑演出。他在接受中央电视台《艺术人生》节目主持人朱军专访时说："我这个人很怕谈钱，说到钱舌头就打结，但是为了青春版《牡丹亭》，我托钵化缘，动用了所有的亲戚朋友的人脉资源！"

白先勇运用自己的聪明才智，投入巨大的热情，动用他所有的人脉资源来支持青春版《牡丹亭》的制作和演出，为的就是要唤回传统文化的青春，为的就是"不信青春唤不回"！

2. 中国大陆昆剧精英汇聚一堂

作为引领者，白先勇还把对昆曲乃至中国文化传承有热情的各路英豪汇聚在一起，共同完成昆曲的继承和发展。

为了保证演出质量，白先勇力邀中国大陆昆剧名家参与全剧的创作：江苏省苏州昆剧院院长蔡少华担任总制作人；原浙江京昆艺术剧院院长、著名昆剧表演艺术家、国家一级演员、第三届中国戏剧梅花奖得主汪世瑜担任总导演和艺术指导。汪世瑜享有"昆曲巾生魁首"之盛誉，俞玖林正是他门下的弟子。他还邀请江苏省昆剧院荣誉院长、著名昆剧表演艺术家、国家一级演员、第一届中国戏剧梅花奖得主张继青担任艺术指导。张继青因"惊梦""寻梦""痴梦"之出色表演而被誉为"张三梦"。

此外,还有江浙昆剧界的众多大师,比如担任导演的浙江省京剧团团长、浙江省政协艺术团副团长、国家一级演员翁国生,担任导演助理/舞蹈设计的马佩玲,担任唱腔指导的南昆资深演员、工老生的姚继焜,担任音乐总监的江苏省苏州昆剧院国家一级作曲、苏州市音乐家协会主席周友良,等等。

没有文人的参与,昆曲会枯萎。如果那些最具有文化创造力的人群远离昆曲,昆曲就很难得到传承和发展。剧组还邀请了众多文化大家,为演出融入了深厚的文化底蕴,王蒙、许倬云、余秋雨等文化大家都来苏州昆剧院给演员上过课。

大师们是演出质量的保证和标志。只有让年轻人真正有机会看到原汁原味的昆曲,才能了解这种艺术的精粹所在。有了这些大师的"护航",看戏的大学生们才能在被艺术感动的同时也被巨星身上的巨大磁场吸引,慷慨地挥洒出自己的热情。

3. 国际化幕后制作团队

在幕后制作方面,白先勇青春版《牡丹亭》打造了一支拥有国际水准的梦幻团队。剧组请来了台湾著名电影导演王童担任服装和美术设计——据说花神服装上的图案都是他用画笔一笔一笔地画上去的。王童导演的影片有14部,其中《假如我是真的》《稻草人》《无言的山丘》均获得了台湾最佳影片金马奖及其他国际影展奖项。看过青春版《牡丹亭》的观众无不对剧中人的服装印象深刻。

《牡丹亭》的舞台极尽简约写意之美,在这样一个现代的舞台上,戏曲本身的生命毫无保留地焕发出来。这都归功于台湾著名舞美设计师王孟超,他的舞台设计代表作包括大名鼎鼎的云门舞集的《行草贰》《烟》《竹梦》《水月》《流浪者之歌》等作品。另外,灯光也尽显现代感。灯光设计是来自台湾的、曾参与多部跨国演出设计工作的黄祖延,其作品包括:多媒体演奏会《谭盾与卧虎藏龙》,汇川剧场《飞白》《逐墨》,身声演绎剧场《光音》及韩国艺术节跨国艺术家联演 *WAHYU*,等等。

青春版《牡丹亭》那些绚烂的图片、海报也是吸引观众的一个亮点,在北京众多高校张贴的那幅宣传海报撩动了很多人的心扉,这归功于白先勇先生专门从台湾挑选的青春版《牡丹亭》专职摄影师许培鸿。每一个细节都不放过,这正是青春版《牡丹亭》的成功所在。

过去排一出戏,是封闭的,是一个小圈子中的事,出了院团的院墙,外面的人都不知道,不可能产生很大的社会影响,这就需要传统艺术创作在创作机制上放开。打破院团的局限,不管是苏州昆剧院的演员、上海昆剧团的艺术家,还是别的昆剧院团的好角儿,只要对舞台呈现有利,就与之合作。打破旧的用人机制,采取拍电影、电视剧常用的剧组制,用企业化的方式运作,根据合同明确责权，谋求双赢。苏州昆剧院与白先勇合作的青春版《牡丹亭》，在公众中影响很大。借着这股东风，青春版《牡丹亭》很快走出国门，与日本歌舞伎演员合作，推出玉三郎版《牡丹亭》。昆曲创作需要开放思维，青春版《牡丹亭》的走红和玉三郎版在日本的叫座，都可以说明这种理念的重要。

（三）营销创新：宣传攻势架起戏—众沟通桥梁

"酒好不怕巷子深"的时代已远去，青春版《牡丹亭》如此风靡，与策划、制作、推广班底的策略和努力分不开，它亦是一个成功的戏剧传播案例。

1. 名人/品牌效应

由名人介入产生名人/品牌效应是青春版《牡丹亭》的第一张牌。作为著名作家和国民党前高级将领白崇禧之子的白先勇先生本身就是一大亮点，不少观众就是冲他而去的。白先勇已负盛名，人们不会怀疑他借此沽名钓誉，多年来他亦自称"昆曲义工"，并为昆剧做了许多实事，大家相信这次他是为振兴昆剧和中华文化做一件大事，能参与其中对每个人来说都意义非凡。

这个效应的绩效就是引来各路名家加入这一团队。昆剧名生汪世瑜、名旦张继青出马调教让表演有了保证，舞台设计师林克华、服装设计王童、舞蹈表演艺术家吴素君等台湾著名艺术家的加入使《牡丹亭》有了打造精品的底气，更多人愿意为之添砖加瓦，青春版《牡丹亭》从个人梦想演变成社会事件并走上了持续发展之路，如后来的校园巡演由何鸿毅家族基金全程赞助。

名人效应在广告界屡见不鲜，多年来媒体的发展和影响力也教会了人们辨别真伪，名人效应并不一定有积极的作用，有的还适得其反。戏曲繁荣的时代，每一代演员都有他们的"角儿"，观众有自己的偶像，名角中不难选出有一定市场号召力的，但这个时代戏曲近乎"博物馆"艺术，没有一个演员称得上有广泛的群众基础。白先勇是传统的，家学渊源使他对古典艺术不会隔离；他也是现代的，其小说创作大量借用西方现代主义手法。白先勇是中国的，在异乡仍然写着台北人；他也是世界的，一生颠沛流离，生活和作品都有着共通的乡愁或无根之渺茫。青春版《牡丹亭》台北首演现场，白先勇着红色唐装谢幕，花甲之年的他已经不再年轻，但在他的小说里我们看到"寂寞的十七岁"，对亚文化如虐恋、同性恋的描写更让人觉得白先勇年轻、先锋，而且他从小喜欢戏曲且日渐浓烈。这样一个矛盾体的集合不得不给人以极大的期待。因此，换个倡导者未必有后来青春版《牡丹亭》之盛况，白先勇是青春版《牡丹亭》最大的亮点。

2. 偶像制造

"眼球经济"时代，青春版《牡丹亭》从普通青年观众喜欢的角度而言，与"超级女声""梦想中国"并无根本不同。后两者要的是个性，《牡丹亭》打的是亮丽。传统戏曲都讲究功底，一个好的戏苗子先得练上七八年基本功，再把行当内的剧目全部熟悉一遍，从中挑出适合自己的剧目磨练，自然少不了做角儿的跟班、跑龙套，如旦角张继青走的就是这条路，挑大梁时艺术上确实练到上乘火候，但生理上已近青春尾声或步入中年，台上尚能美目倩影，一旦卸妆未免差强人意，这样的演员固然是实力派，但少了稚拙之美。

青春版《牡丹亭》走的是偶像路线。从白先勇2002年10月香港举办昆曲讲座萌生用年轻演员演昆曲的想法，到2004年4月台北首演，两年内准备工作包括选演员、磨剧本、设计唱腔、身段以及舞美、灯光配合等。纵是"魔鬼训练"，演员的演技毕竟不够扎实，尤其扮演杜丽娘的沈丰英演技略显生疏。但观众喜欢，年轻观众虽不明唱腔板眼、身法程式，但能体味直观的视听效果。音乐上用传统笛、笙加上大量大提琴、古筝等演奏，请来芭蕾舞老师教旦角练习开胸、开肩，一定程度上改变传统昆曲含胸内敛的习惯，这些都是为了增加现代感，拉近与年轻观众的距离。由于各种原因，能领略传统戏曲精妙的年轻人太少，青春版《牡丹亭》通过戏曲内外元素的组合打动了年轻人的心，甚至有人成为俞玖林、沈丰英的粉丝，进而热心昆曲、戏曲。

对青春版《牡丹亭》及白先勇来说，制造偶像是为了打通经典之路，把握"偶像化"的度很重要，陷入媚俗对一门一直以来以高雅著称的艺术无疑是灭顶之灾。同时，戏曲演员也非营销的灵丹妙药，"注意力经济"，奇招不容重复，至少青春版《牡丹亭》之后的青春版《桃花扇》反响就一般。

3. 国际化包装

青春版《牡丹亭》的制作班底大都有国际化背景，曾在海外留学或工作，熟悉好莱坞、百老汇。青春版《牡丹亭》正是以百老汇商业戏剧的方式包装传统戏曲，编排上采用类似好莱坞的文化策略，尽量减少与不同年龄、不同文化背景下观众之间的文化隔阂，让一门"遗产艺术"尽可能多地得到大家喜欢。

线索明晰、情节紧凑、人物丰富——这是多数观众从青春版《牡丹亭》得出的印象，这个印象其实不是欣赏中国戏曲应该得到的。"以歌舞演故事"，歌舞是戏曲的主体，故事则早已为人耳熟能详，观众品味的是此演员在演绎这出戏时的唱腔、身法、步法，演员若能表现出独特韵味则誉为优秀。青春版《牡丹亭》向熟悉好莱坞商业电影而对戏曲极其隔膜的一代作了妥协，高潮迭起的故事才能让年轻人坐下来，因此前文所写观众得出的印象不是戏曲的，而是为满足多年来接受以新文艺西洋文艺为主的教育、深谙商业电影模式的观众的看戏期待而有意为之。青春版《牡丹亭》在华人文化圈之外也受到欢迎，更加说明了这种变化的必要性，因为这种传播方式比传统样式更能让他们直观领略戏曲之美。虽然少数人苛责青春版《牡丹亭》是"以故事演歌舞""以音乐剧方式演传统戏曲"，但在琳琅满目的娱乐选择的当下恐怕除了采取此法别无他途。

青春版《牡丹亭》在服装、舞台设计、灯光等多方面都打破了传统，努力造就视觉盛宴。如旦角服装一改宽袍大袖、中正和平的传统，突出了腰身，有了性感的意味。服装色系为淡粉、鹅黄、粉紫、淡青、浅绿、纯白、粉嫩等。演员出场，观众便意外地发现人物形象有时尚感。杜丽娘的清新淡雅，柳梦梅的书生气质，春香的青春活泼……服饰不仅漂亮，而且贴切了人物的性格。青春版《牡丹亭》的舞美灯光吸收了话剧、音乐剧的元素，布景简约但有变化。经常就只是简单的几幅字画，从高高的舞台上悬挂着，但那气氛与意境却立刻显现出来了，极尽简约写意之美。画片也都是非常抽象、淡雅的，尽量不去干扰人们的注意力，在这样一个现代的舞台上，戏曲本身的生命毫无保留地焕发出来。灯光，在传统戏曲里是根本不会考虑的表现手段，但青春版《牡丹亭》采用了现代舞台的灯光美术，只照亮正在进行演出的区域，周围保持昏暗，灯光变化与布景结合制造不同的场景，场间转换不是用传统的二道幕，而是切光换场，还运用了追光、定点光等。青春版《牡丹亭》就是这样将当代、国际化的舞台艺术嫁接到古老的剧种上，使《牡丹亭》能从400年前一梦到今宵。

4. 传播渠道的多方综合运用

"传媒虽然不能决定人们怎样想，却能决定人们想什么。"[①] 经典传播学的议题设置理论形象地揭示了现代社会中传媒的重要性。传统的戏曲传播主要是依靠舞台演出及文本发行来实现的。而在今天这个媒介信息时代，单靠舞台演出及文本发行，已难以有效地吸引大众。唯以借助多方媒介力量，综合运用多种传播形式，拓展传播渠道，唤起一定的注意力。青春版《牡丹亭》在传播过程中，显然是深谙此理的，在传播形式和传播渠道的运用和拓展方面做了积极而有益的尝试。

（1）积极利用海报招贴宣传和营造气氛。海报招贴作为视觉传播的平面媒介，经过设计者的精心设计，其图文并茂的编排组织能够突出表现主题而达到传播信息或其他视觉美的要求，进而树立产品（节目）的良好形象，促进消费。尤其像戏曲类型的传统表演艺术，青年消费者的某些需求可能是处于潜在状态的，若不对其进行刺激，就难以使之产生消费行动。青春版《牡丹亭》在传播过程中充分利用了海报招贴的信息传播功能，在各地演出前，首先在演出场所周边和人流众多的场合密集地设置大型海报招贴，青春俊俏而又温情脉脉的生旦肖像，桃花人面，风姿绰约，以及若有若无的裙带飘动、碎步轻移，配以潇洒遒劲的"牡丹亭"字样，再附以在中国内地、香港、台湾及海外演出大事记，亮丽的色彩映射，生动优美的造型，人群中心区的密集呈现，既易引起注意，也易于记忆而形成牢固印象，尤其是在今天这样一个追求感官化的娱乐消费时代，这些富有青春气息的宣传海报是具有较大感召力的，能够有力地吸引大众走进剧场。

---

① （美）沃纳·赛佛林、小詹姆斯·坦卡德著：《传播理论：起源、方法与应用》，郭镇之等译，华夏出版社2001年版，第263页。

（2）重视专题讲座的预热宣传和引导。专题讲座虽然使用范围非常有限，但在将《牡丹亭》的思想及艺术价值这种具有一定专业学术倾向的信息内容，从高次元向大众传播、呈现，以实现文化普及、知识交流等目的，学术讲座因其特殊的人际传播特征，具有较大的渗透性和普及性，能够使大众传播渠道难以表达的艰深的专业信息得以有效传播。青春版《牡丹亭》在各地演出前，常借助白先勇本人或各高校中文系资深教授做专题讲演，以加强公众对昆曲和《牡丹亭》的了解。比如，北京大学吴小如教授的《〈牡丹亭〉与中国戏曲》、南京大学王健教授的《人文教育与名剧进校》、北京昆曲研习社朱复先生的《谈谈昆曲〈牡丹亭〉的欣赏兼及青春版〈牡丹亭〉的得失》等，这些专题讲座一方面普及了《牡丹亭》以及相关的戏曲文化知识，另一方面也为青春版《牡丹亭》在该地的节目演出做足了预热宣传，这也足见其前期宣传策划之匠心。

（3）借助新闻发布会的组织传播功效积极造势。新闻发布会实质上就是一个信息传输的枢纽。借助新闻发布会，将昆曲特点、剧作创作理念、节目看点、主创人员情况等传达给受众。通过新闻发布会争取媒体的支持获得了大众传播工具的使用，并通过众多媒体的合力传播，构筑起一个全方位覆盖公众的传播网，这可以使青春版《牡丹亭》的相关剧目信息迅速有效地社会化，大大加强这些信息的影响力。仅以在美国演出为例，2006年9月19日剧组抵达美国南加州以后，先后在尔湾和洛杉矶等地社区举办了见面会。"这一系列活动引起了主流媒体的关注，美国三大电视网之一的哥伦比亚广播公司（CBS），特地为苏昆向全美发播了录像的电视新闻。从东海岸的《纽约时报》到西海岸的《旧金山纪事报》和《洛杉矶时报》，也都纷纷作了关于昆曲的报道，有了这三大报业集团带头，其他报刊也就跟上来了"[1]。可见，通过新闻发布会，青春版《牡丹亭》剧组得以便捷地借助大众传媒的力量强化和放大了剧目信息，使信息从新闻发布会迅速传播到它的最终信宿——社会公众。

（4）开展学术研讨会以提升文化品位。学术研讨会作为一种专业而且具有问题前瞻性的学术交流活动，本身具有文化品性的象征意义，既彰显所讨论话题的学术价值和社会意义，也象征着该话题具有精英文化的属性。青春版《牡丹亭》在努力走向社会大众时，又在各种学术研讨会的推波助澜中提升了文化品位。2005年7月，苏州大学联合北京大学、南京大学、南开大学、北京师范大学、复旦大学、同济大学、浙江大学等七所名校以及中国戏剧家协会、中国艺术研究院戏曲研究所、中国社科院文学研究所、台湾"中央研究院"文哲所等学府院所的知名学者，召开了"青春版《牡丹亭》研讨会"。2006年4月，中国艺术研究院举办了"昆曲青春版《牡丹亭》文化现象专家研讨会"。9月巡演于美国西海岸时，在伯克利大学召开的"《牡丹亭》及其

---

[1] 吴新雷、白先勇：《中国和美国：全球化时代昆曲的发展》，载《文艺研究》2007年第3期。

社会氛围：从明至今昆曲的时代内涵与文化展示 研讨会"，引起了美国大众关注昆曲和中华文化的热潮。香港大学随之推出了全球首个"昆曲研究发展中心筹备计划"，欲与中国艺术研究院等单位联合举办昆曲国际研讨会等活动。显然，这些专题研讨会的举办，既表征了昆曲作为高雅文化代表的文化属性，又提升了青春版《牡丹亭》的文化价值和社会"能见度"。这场以青春版《牡丹亭》演出为发端的戏曲表演活动，逐渐扩大到学术界、理论界，并被学者提升为"21世纪中华'文艺复兴'的先兆"①。

三、观戏：传统表演艺术如何实现市场化

（一）关键词一：培育观众"非一日之功"

传统表演艺术传承和负载着传统文化，传统文化是传统表演艺术赖以生存和发展的根基。对城市居民而言，传统表演艺术（如戏曲、戏剧、曲艺、古典音乐、古典舞蹈和木偶剧等）没有太大的吸引力。半个世纪以来，中国的社会发展比较快，人们的文化观念也随之发生了很大的变化。就传统的戏剧、戏曲和曲艺而言，颂扬的大多是忠君报国、行侠仗义行为，题材主要是历史名人的逸闻趣事，这些与现代生活、当代文化潮流相去甚远，当代人尤其是青年人很难从中感受到艺术的魅力。

观众多寡、消费市场大小是衡量艺术发展程度的一个重要指标。作为我国文化事业的重要组成部分，传统表演艺术的繁荣程度可以通过观众人数和市场空间反映出来。观众/听众少、消费市场小必然会导致传统表演艺术陷入一个恶性循环的怪圈：观众/听众少、消费市场小—经费不足—技术设备落后、后备人员缺乏—剧目创新缓慢—观众/听众减少、消费市场变小。要打破这种恶性循环的怪圈，传统表演艺术需要寻找一个合适的突破口——消费市场，具体地说，就是来培育潜在的消费者及通过走向市场提升竞争力。

文化艺术的需求是由文化消费者的艺术趣味品位决定的，而文化产品与服务的艺术趣味品位具有积累性。人们是否愿意付出时间和金钱去欣赏音乐、舞蹈、戏剧及其表演，取决于人们对该种艺术是否具备一定的知识与欣赏力，而这种能力只有通过培育和熏陶才能逐步建立起来。

仅以粤剧为例。粤剧表演不但讲究"四功五法"（"四功"指的是"唱做念打"，"五法"指的是"手眼身步法"），而且还讲究"舞"美。仅就做功而言便相当复杂，有台风、开步、站位、走位、关目、做手、身段、水袖、翎子功、甩发、抽象表演和传统功架等。再加上身法、指法、角色、板、腔等诸如此类，一般人很难区分，又谈何欣赏。常言道，"台上一分钟，台下十年功"，

---

① 白先勇：《圆梦——白先勇与青春版〈牡丹亭〉》，花城出版社2006年版，第3页。

表演如此，欣赏戏曲戏剧也是同理。

（二）关键词二："练好"外功"更重要"

在新的历史条件下，表演艺术需要练好"外功"，贴近生活，走向大众。唯其如此，方可拉近艺术与大众的距离，培养大众的艺术品位，培育潜在的消费市场，从而实现产业化。曲艺、戏剧、戏曲、歌剧、舞剧等艺术形式原本是产生和活动于市井的娱乐艺术，在计划经济体制下，半个世纪以来它们离观众越来越远，不可避免地走向了恶性循环。新的艺术消费群体不会自动产生，表演艺术需要抛弃计划经济时代的旧观念，树立市场观念，建立自己的营销网络，加大推销力度，改善知识普及和宣传方式，营造艺术氛围，让观众认识它、了解它、认同它和喜爱它。只有走向市场才会扩大影响，才能生存发展。

这种市场化的道路可能会很长，但它始终是一个不错的选择。如果脱离广大观众，只管生产，不管市场；只管投入，不管产出，必然不能适应市场经济发展的需要，在市场竞争的大环境中失去其存在的合理性。从事传统表演艺术的演出团体，不管其性质是营利性的还是非营利性的，在社会主义市场经济中都应该是法人实体和市场竞争的主体，都要按照产业化的运作手段，实行自主经营、独立核算。

（三）关键词三：政府扮演重要角色

在表演艺术走向市场、培育消费市场的同时，社会需要建立一个对位的市场条件下的保护机制。在文化市场上，比较古典、严肃的艺术，先天性地无法和流行文化在同一条件下相互竞争，它们的生存空间比后者要小得多，如果无政府的支持，它们就很难生存下去，这就是所谓的"市场失灵"。

传统表演艺术提供的产品具有很强的公共性，为社会提供这类产品本来就是政府的职责。世界上许多国家并不直接提供这类产品，而是建立一个对位的市场条件下的保护机制，通过这个机制给予必要的财政支持。支持保护方式是多样的，如建立各项扶持基金、实行优惠税收政策等。我国现行的财政支持方式是财政拨款，以养单位为主，补贴演出为辅。面对日益凶猛的大众娱乐文化和外来文化的冲击，旧的保护措施面临日益严峻的挑战，不利于表演艺术业的进一步发展壮大。当前政府职能部门可以从"办文化"的模式里逐步走出来，变微观管理为宏观调控，通过战略规划政策和法律等手段来影响表演艺术业的结构、布局和发展方向，从而达到保护和促进发展的目的。

需要强调的是，表演艺术团体走向市场与政府的支持是相辅相成的。政府支持旨在弥补表演艺术市场竞争力的先天不足，而走向市场从事营利性的商业活动则是表演艺术扩大影响、提升发展空间的重要手段。例如，在美国，非营利组织的收入52%来自商业活动，日本更是高达60%，而政府的资助只分别占30%和38%。它们的发展状况也许可以给我们一些有益的启示。

参考文献

[1] 顾礼俭. 简评昆剧青春版《牡丹亭》的音乐 [J]. 人民音乐, 2006 (4).

[2] 瞿华英.《牡丹亭》"至情"观 [J]. 山东教育学院学报, 2006 (2).

[3] 曹树钧. 青春版《牡丹亭》的艺术成就 [J]. 戏剧文学, 2006 (2).

[4] 我为什么做昆曲——白先勇先生 2004 年 10 月 13 日在华东师范大学演讲摘要 [J]. 中文自修, 2005 (1).

[5] 何西来. 论白先勇青春版《牡丹亭》的成功及其意义 [J]. 华文文学, 2005 (6).

[6] 邹红. 在古典与现代之间——青春版昆曲《牡丹亭》的诠释 [J]. 文艺研究, 2005 (11).

[7] 李娜. 从剧本改编看"青春版《牡丹亭》"的艺术个性 [J]. 华文文学, 2005 (6).

[8] 白先勇. 姹紫嫣红开遍——青春版《牡丹亭》八大名校巡演盛况纪实 [J]. 华文文学, 2005 (5).

（改编者：沈菲）

思考题

1. 从青春版《牡丹亭》的成功，浅析传统表演艺术如何实现市场化。

2. 当今社会飞速发展，各种文化娱乐项目层出不穷，如何发掘和培养传统表演艺术的观众？

案例 3

《印象·刘三姐》成功引领旅游演艺市场*

大型桂林山水实景演出《印象·刘三姐》是中国·漓江山水剧场的核心工程，由桂林广维文华旅游文化产业有限公司投资建设，我国著名导演张艺谋、王潮歌、樊跃出任总导演，国家一级编剧梅帅元任总策划、制作人、艺术总监，历时5年零5个月努力制作完成。它集漓江山水、广西少数民族文化及中国精英艺术家创作之大成，是全国第一部全新概念的"山水实景演出"，演出集唯一性、艺术性、震撼性、民族性、视觉性于一身，是一次演出的革命、一次视觉的革命。

《印象·刘三姐》是全球最大的山水实景剧场，1.654平方公里水域，12座著名山峰，67位中外著名艺术家参与创作，109次修改演出方案，600多名演职人员参加演出。这部作品于2004年3月20日正式公演，世界旅游组织官员看过演出后如是评价："这是全世界看不到的演出，从地球上任何地方买张机票来看再飞回去都值得"，亦为世界旅游组织目的地最佳休闲度假推荐景区。《印象·刘三姐》山水实景演出于2003年入选文化部编纂的《全国文化产业典型案例》；2004年入选全国首批"国家文化产业示范基地"；2005年获文化部"创新奖"、中国演出家协会"中国十大演出盛事奖"；2008年入选首届"全国文化企业30强"；2010年入选文化部和国家旅游局联合评选的"首批全国文化旅游重点项目名录——旅游演出类"；2011年5月《印象·刘三姐》商标被国家商标局认定为中国驰名商标；2012年7月，获"广西十大创意"奖；2013年1月获中国旅游风云榜高端旅游品牌"TOP 10"；2014年7月被国家文化部和中国文化产业协会联合评选为"2013年度十大最具影响力国家文化产业示范基地"；2015年1月被评为"桂林市最具影响力品牌——功勋企业"。

该山水实景剧场被评为世界旅游组织目的地最佳休闲度假推荐景区；2004年11月以桂林山水实景演出《印象·刘三姐》为核心项目的中国·漓江山水剧场（原刘三姐歌圩）荣获国家首批文化产业示范基地；2005年4月，"国内旅游交易会"与会代表指定观赏《印象·刘三姐》演出；2005年7月，《印

---

* 本案例改编自《旅游目的地演艺项目开发模式探讨》（百度百科，http://baike.baidu.com/view/363546.htm）、《旅游目的地演艺项目开发模式探讨》（http://focus.lwcj.com/focus_41/tour_perform_1.asp）、徐世丕《旅游演艺的历史、形态、格局与类别》（http://news.idoican.com.cn/zgwenhuab/html/2009-05/15/content_34984810.htm）。

象·刘三姐》荣获"中国十大演出盛世奖"。

一、视觉革命：《印象·刘三姐》

（一）缘起：做一个广西民族文化与广西旅游结合的项目

刘三姐是广西壮族民间传说中的歌仙。1961年，电影《刘三姐》诞生了，该影片是在桂林拍摄的，影片中美丽的桂林山水、美丽的刘三姐、美丽的山歌迅速风靡全国及东南亚，从此，前来游览桂林山水、寻访刘三姐和广西山歌，成了一代又一代人的梦想，刘三姐集团、刘三姐香烟、刘三姐景观园……有关刘三姐的企业、产品、项目不断出现，而桂林山水实景演出《印象·刘三姐》无疑是刘三姐品牌利用的极致。

任何一个项目的运作，起初都只是一个概念。中国·漓江山水剧场的运作是从1997年开始的，当时广西壮族自治区文化厅有一个指示，怎样利用广西原有的文化蕴涵（刘三姐），做一个把广西的民族文化与广西旅游结合起来的好项目。文化厅把这件事情交给了梅帅元负责，并为此特别成立了广西文华艺术有限责任公司。策划方案出来后，梅帅元去找著名导演张艺谋，"老谋子"对此很感兴趣，觉得"是一个事情"，并于1998年年底带了班子前来桂林选点，最终在阳朔选择了漓江与田家河的交汇处作为剧场，而此处正是当年电影《刘三姐》的主要拍摄之地。

接下来是寻找资金。一开始，该项目对外进行招商引资，把眼光投向海外，但没有成功。几经周折后，这个项目于2001年5月被介绍到广维。广维（全名为广西维尼纶集团有限公司）是广西河池的一家化工、化纤企业，也是广西最大的化工、化纤企业，全国512家大中型企业之一。

一个文化旅游项目最后被介绍到一家化工、化纤企业，此事颇有意味，更有意味的是，广维董事会仅用了一个月时间便做出了投资决定，并于2001年6月下旬就将3000万元资金打入了该项目账户，之后，广维才派出代表人员前去阳朔具体洽谈项目合作事项。

广维为何如此垂青中国·漓江山水剧场这一项目？桂林广维文华旅游文化产业有限责任公司董事长覃济清在接受记者采访时主要讲了三个方面的原因：一是在贯彻落实广西壮族自治区党委、政府关于唱响漓江山水、拉动广西旅游特别是桂北经济旅游区的号召，按照"三个代表"重要思想的要求从事先进文化工作，而刘三姐的形象正是广西的先进文化；二是从企业利益出发，广维介入旅游文化这一新的领域，既充分考虑到了这个项目所能产生的巨大社会效益，也相信这个项目能给公司带来良好的经济回报，同时，也是在为集团公司从事第三产业探索一条路子；三是广西企业对树立和推广刘三姐品牌的家乡情感因素的作用。

桂林广维文华旅游文化产业有限责任公司成立于 2000 年，由广西维尼纶集团有限公司和广西文华艺术有限责任公司共同组建，是广西文化产业的旗舰企业。2001—2004 年，公司投资 3.2 亿元，分期建设了全世界独一无二的"漓江山水剧场""阳朔东街""风雨桥""鼓楼""刘三姐民俗风情"等文化项目；制作了全球第一部山水实景演出《印象·刘三姐》，开创了中国山水实景演出的全新形式，被誉为最具创新精神的文化企业。①

2003 年国庆期间，大型桂林山水实景演出《印象·刘三姐》试演；2004 年 3 月 20 日正式公演；2004 年 7 月 1 日，《印象·刘三姐》百场纪念演出。5 年磨一剑，项目建设奠定了重要的里程碑，并由此引发了国内一股旅游文化实景演出的热潮。据统计，从 2004—2013 年，《印象·刘三姐》共安全演出近 4500 场，累计接待观众超过 1000 万人次，其中接待境外观众（含港澳台地区）约 200 万人次，缴纳各项税费近 2 亿元。其中 2013 年，《印象·刘三姐》共安全演出 518 场，接待国内外观众 135 万人次，其中接待境外观众（含港澳台地区）近 17 万人次，实现了社会效益和经济效益的双赢。2015 年 1 月，桂林广维文华旅游文化产业有限公司因此被评为"桂林市最具影响力品牌——功勋企业"。

(二)《印象·刘三姐》：与上帝合作之杰作

刘三姐是中国壮族民间传说中一个美丽的歌仙，围绕她有许多优美动人、富于传奇色彩的故事。《印象·刘三姐》是一次与真相无关的艺术呈现，它以山水圣地桂林山水美丽的阳朔风光实景作为舞台和观众席，以经典传说《刘三姐》为素材，是桂林山水的美再一次地与艺术相结合的升华。

在方圆两公里的阳朔风光美丽的漓江水域上，以 12 座山峰为背景，广袤无际的天穹构成了迄今为止世界上最大的山水剧场。传统演出是在剧院有限的空间里进行，这场演出则以自然造化为实景舞台，放眼望去，漓江的水，桂林的山，化为中心的舞台，给人宽广的视野和别致的感受，让人完全沉醉在这美丽的阳朔风光中。传统的舞台演出，是人的创作，而山水实景演出是人与上帝的共同创作。山峰的隐现、水镜的倒影、烟雨的点缀、竹林的轻吟、月光的泼洒随时都会加入演出，成为最美妙的插曲。晴天的漓江，清风倒影特别迷人；烟雨漓江赐给人们的是另一种美的享受：细雨如纱，飘飘沥沥；云雾缭绕，似在仙宫，如入梦境……演出正是利用晴、烟、雨、雾，春、夏、秋、冬不同的自然气候，创造出无穷的神奇魅力，使那里的演出每场都是新的。演出以《印象·刘三姐》为总题，在红色、白色、银色、黄色四个"主题色彩的系列"里，大写意地将刘三姐的经典山歌、民族风情、漓江渔火等元素创新组合，不着痕迹地融入山水，还原于自然，成功诠释了人与自然的和谐关系，创

---

① 参见《印象·刘三姐》官方网站（http://www.yxlsj.com）。

造出天人合一的境界，被称为"与上帝合作之杰作"。尤其是"洗浴"一场，身着白色纱巾的少女翩然起舞。水镜晨妆，风解罗衫，山水与袒露中的少女彼此呼应，似乎在告诉每一位注视者，灵性就在大自然的深邃处，少女所有的美丽来自山水的赐予。演出将广西举世闻名的两个旅游文化资源——桂林山水和"刘三姐"的传说进行巧妙的嫁接和有机的融合，让阳朔风光与人文景观交相辉映；演出立足于广西，与广西的音乐资源、自然风光、民俗风情完美地结合，看演出的同时，也看漓江人的生活。

由于是山水实景演出，支撑这个超级实景舞台的最直观的是灯光。《印象·刘三姐》同样体现了一种淋漓尽致的豪华气派，利用目前国内最大规模的环境艺术灯光工程及独特的烟雾效果工程，创造出如诗如梦的视觉效果。自古以来，桂林山水头一回让人领略到华灯之下的优美、柔和、娇美、艳美和神秘的美。《印象·刘三姐》在很大程度上说是一次真正的豪华灯会，构建了一个空前壮观的舞台灯光艺术圣堂，从一个新的角度升华了桂林山水。

刘三姐歌圩坐落在漓江与田家河交汇处，与闻名遐迩的书童山隔水相望。现在，歌圩几乎全部被绿色覆盖，里面种植茶树、凤尾竹等，加上所植草皮，绿化率达到了90%以上。其中，《印象·刘三姐》的灯光、音响系统均采用隐蔽式设计，与环境融为一体，水上舞台全部采用竹排搭建，不演出时可以全部拆散、隐蔽，对漓江水体及河床不造成影响。观众席依地势而建，梯田造型，与环境相协调，同时也考虑到了行洪的安全。另外，100多亩建设用地上，鼓楼、风雨桥以及贵宾观众席等建筑散发着浓郁的民族特色，据建设单位介绍，整个工程不用一颗铁钉，令人叹为观止。

《印象·刘三姐》的观众席由绿色梯田造型构成，180度全景视觉，可观赏江上两公里范围的景物及演出。观众席设位2200个，其中普通席2000个，贵宾席180个，总统席20个；演员阵容强大，由600多名经过特殊训练的演员构成；演出服装多姿多彩，根据各不同的场景选用了壮族、瑶族、苗族等不同的少数民族服装；整个演出时间约60分钟。

（三）成功要素

自《印象·刘三姐》上演以来，其观众人次和票房收入就不断上涨，仅2014年其票房收入就高达3.9亿元，占当年旅游演艺票房总收入的14.4%。

《印象·刘三姐》一经上演便取得成功，并成为中国新兴旅游演艺的标志，其成功要素主要包含以下几个方面。

1. 大品牌

《印象·刘三姐》能够取得如此大的轰动效应，主要取决于三大品牌：大桂林旅游品牌、阳朔旅游品牌和张艺谋品牌。《印象·刘三姐》在营销策划时打出了"桂林山水甲天下、阳朔山水甲桂林、实景演出甲中国"的形象宣传口号，极大地提升了产品的知名度和品牌化，大多数游客都是慕名前来观看的。

2. 低成本

《印象·刘三姐》作为全球最大的山水实景演出，有67位中外著名艺术家参与创作、109次修改演出方案、600多名演职人员参加演出。然而参加表演的都是当地渔民、学生等业余演员，工资低廉，竹筏等道具也具有原生态性和民族特色，运作成本很低。

3. 有效投资运作

有效运作是旅游演艺成功的重要保障，《印象·刘三姐》的投资商对旅游感兴趣，投入了几千万进行旅游开发，由于前期的市场分析不足，走了一些弯路，之后，在桂林旅游协会的推广宣传下，快速发展起来，形成了享誉全国的知名品牌。《印象·刘三姐》已成为阳朔旅游发展的代名词，更是展示阳朔城市形象的新名片。

4. 创新

像《印象·刘三姐》这样的文化项目能在如此短的时间内获得巨大成功，非常罕见，它的成功得益于创新。回顾《印象·刘三姐》的发展历程，处处能感受到"创新"的作用：表演形式的创新、经营体制的创新、投资方式的创新、运作方式的创新……创新，使这个项目成为一个世界瞩目的奇迹。《印象·刘三姐》开创了中国"实景演出"这样一个从未有过的创意，这本身就是一个创新；同时还创新机制，探索出一种政府扶植、市场引导、企业运作、多元投入的文化产业经营新模式。

《印象·刘三姐》是新兴旅游演艺的开山之作，其成功所带来的巨大市场吸引力和竞争力，开启了国内旅游演艺市场快速发展的先河，一些具备条件的旅游胜地迅速加入打造其实景旅游演艺产品的行列，创造了空前繁荣的旅游演艺市场，全国各地涌现出众多旅游演艺品牌。将演艺融入旅游，盘活了旅游市场，拓展了旅游发展空间，也为演艺业提供了新的展示舞台，两者相辅相成，共同促进了旅游演艺的快速发展。

二、演艺与旅游的完美联姻

我国旅游业经过多年发展，已步入巅峰时代，各著名旅游景区也逐步踏入稳定时期。据巴特勒旅游地生命周期理论分析，旅游目的地在达到稳定阶段后必将出现停滞或衰退趋势，如何抑制这种衰退趋势，实现旅游景区的复苏，并恢复空前繁荣，是各方不断探讨的问题，旅游演艺正是在这种趋势下诞生的一种新的旅游方式。"旅游+演艺"融合了旅游风景的柔美与歌艺表演的刺激、兴奋，形成一种如梦似幻的唯美画面，给人以无限遐想，被称为新时代的精神桑拿。目前"旅游演出，阳光娱乐"已成为我国群众文化生活的重要内容之一，国内旅游演艺消费需求日益旺盛，但有限的旅游接待能力无法满足巨大的市场需求，旅游演艺发展空间巨大。

（一）旅游与演艺的关系

1. 演艺，跳动的旅游音符

演艺，是指通过人的演唱、演奏或肢体动作、面部表情等来塑造形象、传达情感从而表现生活的一门艺术，旅游演艺则是从旅游者的角度出发，依托著名旅游景区景点，表现地域文化背景、注重体验性和参与性的形式多样的主题商业表演活动。将演艺融入旅游，仿佛为旅游市场注入了催化剂，促进了旅游市场的快速发展与繁荣。演艺，如同旅游市场中跳动的音符，拨动市场的琴弦，便会奏出优美的音乐。

2. 旅游——超级商业文艺秀

就旅游与演艺的关系，绿维创景规划设计院院长林峰博士给出了一个形象的介绍：旅游景区实际上就是一个"超级大秀场"，是文化艺术最佳的表演舞台，只有将旅游与演艺有效结合，才能碰撞出灿烂的火花，演艺实际上就是跳动着的旅游音符。在我国，把旅游景区作为"秀场"由来已久，古代的皇帝登泰山祭天，就是一场最壮观的"山水实景剧"，但那时仅仅是"政治秀"，不是"文艺秀"，更不是"商业秀"，而现时的旅游演艺则更注重文化的体现，是一种"商业秀"。①

总而言之，演艺拓展了旅游空间，是旅游发展的助推器，而旅游又为演艺发展创造了条件和环境，是演艺市场繁荣的重要动力，旅游与演艺携手带来的旅游演艺市场的蓬勃发展，已成为国内文化产业引人瞩目的新景观，旅游演艺的诞生，拓展了旅游发展的新天地，有利于旅游业的健康可持续发展。

（二）旅游演艺对旅游业发展的意义

1. 深化地方文化主题，使旅游文化的概念得到升华

旅游是文化的载体，文化是旅游的灵魂，二者相互依存。现代旅游行为学研究表明，旅游本质上是旅游者寻找与感悟文化差异的行为和过程。而很多景区特别是主题公园失败的一个主要原因就是缺少文化底蕴，以及文化的深度挖掘和包装。而通过演艺活动则可以使景区的文化得以凸显，使之更立体化、形象化和艺术化，从而能够深化景区主题，使游客在艺术享受中加深对旅游地及景区文化的认知，成为深度挖掘和开发历史文化资源的一种生动创新的发展模式。

2. 为旅游业增添旅游吸引物，拓展旅游发展空间

对旅游地零散的文化资源，必须进行有效的产业化组合，建立大旅游产业

---

① 参见旅游运营网（http://www.lwcj.com）。

结构体系，才能够发挥其独特的旅游吸引功能。旅游与文化的交融提升了旅游产品的品位，增加了旅游产品的竞争力，为旅游业的发展增添了新的活力。文化产业的发展与旅游产品的创新互为促进，从而增强旅游产品的吸引力。

3. 完善旅游产品结构，延长游客停留时间

游客在旅游地和景区的停留时间直接决定着旅游地的综合收入，因而，游客的停留时间一直是判断旅游地旅游发展水平高低的一个重要指标，也是地方政府和有关部门非常重视的一个问题。但是，由于一些旅游地产品结构不尽合理，尤其是缺乏夜间文化娱乐项目，无法满足旅游者日益多元化的休闲娱乐需求，从而难以留住游客。因此，完善旅游产品结构，开发符合市场需求的旅游演艺产品，是丰富旅游产品结构，发展旅游业的有效手段。

4. 丰富旅游产品的营销方式，提升旅游地及景区的形象和知名度

旅游景区营销的主要目的是在潜在旅游者中宣传景区，以激发他们的旅游欲望。研究表明，旅游者一般会考虑具有强烈鲜明形象的旅游景区。而旅游演艺项目的成功举办，具有极大的轰动效应和持久的社会影响力，能快速提升城市的知名度和综合竞争力，从而迅速发展成为城市代言的新名片。众多著名旅游城市也以旅游演艺的迅猛发展为契机，大力宣传城市整体旅游形象，以促进旅游业快速健康发展。如张艺谋执导的《印象·刘三姐》等印象系列，已经成为该地一项特色鲜明的王牌旅游产品，大大地提升了该旅游地的知名度和影响力。

（三）旅游演艺发展历程

我国以游客为观众的旅游演艺活动，最早可以上溯到20世纪80年代，它是一种满足旅游消费者求乐、求美、求新、求知欲望的文化创新。80年代中期，深圳华侨城集团为开发文化旅游主题园区、增加文化魅力而推出了在旅游园区内上演的大型驻场演艺节目，其观众主要是购票入园的游客。这一创新模式获得了游客的热烈欢迎，演艺节目的高水平艺术质量，则成为华侨城文化旅游产品的竞争力要素。

其后，以雄厚的文物资源称雄文化旅游市场的陕西省，为了改变游客"白天看庙，晚上睡觉"的旅游市场资源"浪费"的局面，也开始发展旅游演艺。他们的观众面更广，不仅包括国内游客，还包括大批外国旅游者。陕西省当时创作生产这类演艺产品的主力是国有剧院团，其演出场地也是在自己的剧院。因此，他们在吸引来西安旅游的团体游客的同时，也面向社会零散观众。陕西省歌舞剧院为此精心打造的《仿唐乐舞》和《唐·长安乐舞》等一批旅游演艺产品，成为我国最早的文化遗产演绎型旅游演艺品牌。而在首都北京，宣武区恢复了湖广馆京剧老戏台，由北京京剧院驻场演出，前门饭店首创的"梨园剧场"茶座欣赏模式，东城区雅宝路北京歌舞团常年演出的旅游歌舞

《北京之夜》，等等，都是以游客为夜间演出的目标观众的旅游演艺产品，它们为开拓旅游市场作出了积极贡献。

进入21世纪之后，国内旅游景区大型演艺活动风起云涌，各地陆续推出的品牌项目如广西的《印象·刘三姐》、杭州的《宋城千古情》和《印象·西湖》、河南的《禅宗少林·音乐大典》、云南的《印象·丽江》等，均成为旅游业发展的亮点和时尚产品。

旅游演艺业的出现和勃兴，是旅游业界为了适应消费者希望改善过去"白天看庙，晚上睡觉""去过一次，少有回头"的消费体验旧模式的市场需求，通过以自然景观和人文景观相结合的多元化的审美感受形式，来营造"山水不可易，人文日日新"的新的感官体验消费新模式与文化艺术氛围的积极探索。它的出现，不但是演艺观念创新思维的结果，是高新科技发展导致舞台声光电技术的整体性提升的结果，而且是社会资本介入扩大了演艺机构的融资能力，并由此产生演艺效果和演出效益的颠覆式扩大和增长的结果。许多过去依靠旅游者在白天活动，以单一展示自然和历史人文景观为内容的山水游览、庙寺拜谒、名胜瞻仰、园林徜徉的旅游产品，20多年来逐步向文化旅游产品转化，而以展示本地区人文历史特色为主体的旅游演艺产品，包括民族特色类、非物质文化遗产演示类、山水实景类的旅游演艺产品的相继出现，正是适应市场需要的结果。

旅游演艺改变并丰富了传统旅游产品的内涵，旅游产业亦因此开辟了保持可持续发展动力的一条新途径，旅游业亦因此获得了更大的社会与经济效益，这正是当前一批著名旅游演艺产品受到热捧、旅游演艺在旅游业投资者和经营者中备受青睐的主要原因。

表1　中国旅游演艺发展大事记①

时　间	项目名称	地位和意义
1982年9月	西安《仿唐乐舞》	中国第一个旅游演艺项目，开始了让历史文化"动起来"的探索。《仿唐乐舞》在满足了旅游者心理需求的同时，也产生了一定的经济效益，初步树立了旅游业经营"文化"的理念
1993年11月	吴桥杂技大世界旅游景区	一个植根于本土文化、以旅游演艺项目为旅游资源与核心吸引物的景区横空出世，并且形成了旅游（杂技大世界景区）、教育（杂技学校）、村镇建设（杂技民俗村）的黄金产业链，打造了一块旅游演艺精品品牌

① http://focus.lwcj.com/focus_41/tour_perform_1.asp。

续表

时　间	项目名称	地位和意义
1995年7—12月	深圳华侨城集团《中华百艺盛会》《欧洲之夜》	成功运作旅游演艺的典范。资本雄厚的旅游集团通过延揽优秀艺术人才组建自己的特色演艺团队，创作自己的旅游演艺品牌节目，使之成为旅游者完成日间游览后的另一精神享受与文化观摩，增加了旅游产品的人文内涵与吸引力，是演艺业与旅游业有效合作的典型模式
2005年9月	上海《ERA——时空之旅》	使旅游演艺项目完全独立地成为一个旅游吸引物，且衍生出了无数的主题活动与产品，其目标直指纽约的百老汇、伦敦西区的音乐剧、巴黎的红磨坊，成为上海的"城市文化名片"，"秀一个上海给世界看"
2015年12月	杭州《宋城千古情》	创造了世界演艺史上的奇迹：2015年年演出1300余场，推出十余年来已累计演出19000余场，接待观众5700余万人次，荣获了"五个一工程"等我国文化领域最高级别的奖项，并于2010年12月成功上市，成为"中国旅游演艺第一股"，开启了旅游文化行业民营资本上市的先河；与拉斯维加斯的"O"秀、巴黎红磨坊并称为"世界三大名秀"。

（四）旅游演艺的格局与类别

我国旅游演艺产品市场已经形成了民族风情、山水实景、文化遗产三分天下的格局。这一格局的形成和发展，让朝阳产业旅游业和传统文化产业演艺业携手并进，打造出一个双赢的前景。除了对旅游业的助推作用，它对于中国的演艺业在新时期的发展和创新更具有重要意义。

（1）旅游演艺市场的出现，直接刺激了旅游演艺产品的创作生产，成为演艺行业新的发展动力。

（2）大批具有强大经济实力的旅游企业进入演艺产品投资领域，为演艺产业的投资开辟了新的渠道。

（3）旅游演艺产品的生产营销模式，成为推动中国演艺业发展的有效范例，对深化我国传统演艺业机制的变革正产生巨大的作用。

（4）旅游演艺产品的创作实践及其效果、方法、手段，对于我国传统和现代表演艺术水平的提升具有重要启示作用。

（5）旅游演艺产品市场的日益扩大与完善，对于弘扬民族文化精神，传承优秀文化传统,增强中华文化的凝聚力和感召力,具有积极作用。①

从旅游演艺产品的文化内容、文化生态、艺术特色综合观之,从旅游演艺产品的内容与形式特征来划分,基本可概括为三类,即民族风情展示型、山水实景演出型、文化遗产演绎型。

之所以如此划分,是因为究其形成,一定与所在地区的旅游文化资源特色相关,与本地区的表演艺术传统有关,与当地的自然人文优势相关,与本地区旅游产品市场的构成有关。这是由旅游演艺产品必须追求独一无二、有我无他的品牌特色,否则就难以生存的规律决定的。旅游演艺产品这种"依山傍水""土生土长"的特性,揭示出演艺业适者生存的本质。新时期以来特别是近年来,伴随着经济发展水平的持续提升而大步前进的旅游业的蓬勃发展,旅游演艺应运而生,各具特色、异彩纷呈的旅游演艺品牌如雨后春笋,在各地都获得了发展机遇,取得了良好效益,结出了丰硕的果实。

三、旅游演艺产品

随着近年来我国文化体制改革深化、民营资本进军演出市场解缚、旅游市场进入文化生态产业开发层次等"环境"因素的改善,中国旅游演艺业异军突起,短短数年之内,旅游演艺已经发展成为当代中国文化一道自然人文新"景观",成为旅游业、演艺业可持续发展的强劲助力。一批优秀的旅游演艺产品品牌剧目,以其清新独特的艺术魅力,以一种新的艺术表现形态与营销方式,成为受旅游者欢迎的文化精品,在中国演艺业市场的传统格局中拓展出一片新天地。旅游演艺,作为既传统又新颖的表演艺术行业类别,正在成为当代中国演艺业重新崛起、文化旅游产业扩大发展的重要路径。

(一) 旅游演艺产品的形态特征

从文化产业发展的实践和文化产品的特征来看,旅游演艺是一种新的演艺形态,旅游演艺产品也是一种新的演艺产品,它的本质仍然是演艺,不过已经与传统演艺有了较大的区别。作为一种大众化的表演艺术产品,旅游演艺的表演形式仍以舞台演出居于主流地位,但它在诸多方面对传统演艺又有新的突破和发展,主要表现为:

旅游演艺的"舞台"演出空间,由于演出规模和表演内容的需要,特别是某些特殊的依托于自然山水的实景演出,已突破或不得不突破传统剧场的"四面墙"以及由此带来的对观众人数的限制,有些实际上已经实现了对传统

---

① 参见《旅游演艺的历史、形态、格局与类别》,http://news.idoican.com.cn/zgwenhuab/html/2009-05/15/content_34984810.htm。

演出观念与实践的彻底颠覆。

在表现特点上，旅游演艺产品也十分重视对艺术的表现，但它对观赏性、时尚性、商业性演出目标的追求，与传统表演艺术产品以演员个人艺术创造作为第一追求已有较大区别，因而同一产品驻场演出和外出巡演时，会表现出更多的"克隆性"。

在观赏方式上，有些实景演出已经改变了传统的被动观赏方式，而是更多地让观众置身演出环境之中，去寻求某种体验式感觉。

在艺术表现形式方面，旅游演艺产品大多采用诗歌类、章节型的大型歌舞综合表演方式，当然也有时装表演式、剧目式、音乐会式等。

在营销上，旅游演艺往往与旅游产品本身捆绑在一起，共同打造品牌效应，其目的是改变旅游消费者"白天看庙，晚上睡觉"的被动状态和单调感觉，使自然山水与人文风情在旅游过程中相得益彰，增加旅游活动的魅力，也使之成为吸引旅游消费"回头客"的重要因素。

总而言之，综合各类旅游演艺的特色，其基本特征大体上可以概括为编演阵容庞大、艺术叙事宏观、音乐舞蹈原创、舞美声光时尚、服装道具华美、演出场地自由、观众层次广泛、观赏效果逼真、市场需求稳定、经济效益明显等十大特点。

（二）旅游演艺产品市场竞争力的构成特征

从《印象·刘三姐》等旅游演艺产品的成功可以看出，依托于旅游胜地山水或人文名胜、面向相对稳定旅游者观众群体的旅游实景演艺产品，一般具有以下特点。

1. 自然与人文有机结合

旅游演艺产品可以涉及表演艺术的各个门类品种，表演形式亦可不拘一格，但其主题、艺术形象应该与该地方的自然或人文景观在历史文化上的联系密不可分、水乳交融，力求做到还原自然、天人合一。中国第一部大型山水实景演出《印象·刘三姐》将广西桂林的民间传说、经典山歌、民族风情、漓江山水渔火等自然和人文元素创新组合，创造了中国演艺产品的奇观，被誉为"与上帝合作之杰作"。云南丽江先是发掘传统文化资源，塑造了闻名遐迩的"纳西古乐"品牌，后又依靠注入民营资本800万元，实行市场化经营，成功推出了丽江旅游演艺标志性项目——大型民族风情舞蹈《丽水金沙》。

2. 精品化与规模化和谐统一

大型山水实景旅游演艺产品与一般剧场演艺产品的迥异之处，在于它必须实现精品化与规模化的高度统一，成为不可复制、难以替代的旅游演艺精品，这是它的核心竞争力之所在。《印象·刘三姐》总投资3.2亿元，制作历时5年，经过特殊培训、可不断更新的600名农民演员成为不可缺少的演出参与者；专门建造的刘三姐实景歌圩，分为长两公里的山水剧场和占地4000多平方米的风雨古楼两部分，创造了演艺舞台的世界吉尼斯纪录。凭借着这些，2004年3月20日，《印象·刘三姐》在广西阳朔正式公演，其观赏效应前所未有，其市场反响超乎寻常，海内外好评如潮，世界各地游客纷至沓来。

3. 驻场式与巡演式相互依存

旅游演艺作为一种常年性主打产品模式，观众来源得到基本保证，只要产品出色，就可以通过驻场式演出稳获收益。广西桂林在通过固定剧院吸引文化观光旅客方面可谓不遗余力，由桂林市歌舞团和漓江剧院合作推出的大型演出项目《梦幻漓江》，每天为国内外游客演出两场，场场爆满。《云南映像》自2003年公演至今业绩不菲，已在国内外28个大中城市巡回演出348场，行程8万多公里，但是他们还是"游击战"而非"阵地战"。为了充分发挥驻场式演出的长处，云南映像文化产业发展有限公司已决定在昆明市北市区投资建盖"云南映像专业定点演出剧场"，以形成依托专有剧场实行常年主场演出同时兼顾巡演的新的运营模式。

4. 节目创新性和演员年轻化互为表里

如何保持旅游演艺产品特别是歌舞类节目的创新特点与演员阵容的青春朝气，是相对单一和容易僵化的旅游演艺产品生产者必须注意的问题。如全长150分钟《云南映像》，以模拟原生态环境为背景，7场由"云""日""月""林""火""山""羽"命名的歌舞，70%均由来自滇山村寨的近百名民间舞蹈演员表演。由于巡演条件的诸多限制，难以充分展现其令人震撼、摄人心魄的视听效果，于是编创人员着手解决这个问题。他们正在完成的《云南映像》驻场和巡演的双版本，目标之一就是以新的面貌向旅游云南的客人们常年呈现完整的大型原生态歌舞原创产品。

5. 投资多元与利益风险共担

大型旅游演艺产品前期投资大多很高，因此实行市场化运作是必然选择。湖南张家界于1999年由民营企业家杨刚年筹资7000多万元兴建了大型民族民俗文化景点——张家界土家风情园，2002年开始在园中每日定时举办千人茅古斯舞表演；2003年该园以其特色鲜明被列入国家4A级景点名单和张家界旅游精品线名目，先后接待了朱镕基等党和国家领导人；2004年11月，土家风情园与湖南省民族歌舞团达成协议，联手推出大型民俗旅游歌舞《土风苗韵》，从而真正实现了张家界旅游"山上看自然风光，山下观民俗风情"的目标。自2011年以来，云南丽江在打造《丽水金沙》的同时，还引导和鼓励民营资本，创办了民族歌舞晚宴、彝族毕摩文化展演、动感丽江露天广场演唱等各类大小不等的旅游演艺项目，同时还引进省内外多家演艺公司进入丽江旅游文化市场，保持了丽江文化旅游的持续发展势头。

旅游演艺产品及其市场的发展，不但扩大了演艺产品市场，也大大增加了旅游产品的精神内涵和生动的文化魅力，成为有效吸引国内新老游客和海外文化观光客、保持我国文化旅游业的可持续发展模式。①

（三）旅游演艺市场运营模式

近年来国内演艺市场的亮点，是国内旅游演艺精品吸引眼球、新兴旅游演艺市场异军突起，其标志是与著名山水旅游景点紧密结合的这种山水实景演出活动日渐火暴，其代表作是产生于著名旅游胜地桂林的"印象山水实景演出"节目《印象·刘三姐》。

就国内目前旅游演艺市场发展情况来看，主要有以下三种运营模式。

1. 以旅游地山水实景为依托打造实景演艺产品

其代表作是广西桂林实景山水歌舞剧《印象·刘三姐》，这是一个以中国著名山水旅游胜地广西桂林山水和民间传说刘三姐故事为背景，以政府投入为主、多元参与合作，由张艺谋、王潮歌、樊越"铁三角"编导组主导创排而成的国内首个山水实景演艺产品，也是世界演艺舞台首个以自然山水为大舞台、以超常规模化表演为特征、以专业与民间相结合为特点的旅游演艺精品佳作。这一创意，其实来自多年前在北京紫禁城太庙进行实景演出大获成功的世界著名歌剧《图兰多》，以及后来在埃及金字塔与狮身人面像实景场地演出的另一著名歌剧《阿依达》。

《印象·刘三姐》作为国内新兴旅游演艺市场的开山炮一鸣惊人，它所带来的强大市场吸引力和竞争力，促使一些具备条件的旅游胜地也迅速加入打造自己实景旅游演艺产品的行列。2005年10月11日，杭州启动了以西湖的岳湖景区山水为背景、由张艺谋"铁三角"导演班子创排的《印象·西湖》大型山水实景演艺项目，总投资达1亿多元，于2006年杭州世界休闲博览会举办期间正式上演。作为杭州市夜间旅游文化的世纪新名片，《印象·西湖》已被列入杭州文化标志性项目。

2. 以著名旅游中心区为依托打造旅游"特色演出"精品

资本雄厚的旅游集团通过延揽"高、精、尖"艺术人才组建自己的特色演艺团队，创排自己的旅游演艺品牌节目，使之成为旅游消费者完成日间游览后的另一种精神享受和文化观摩，以增加旅游产品的人文内涵和吸引力，是近年来演艺业与旅游业有效合作的典型模式。

中国最早采用这一模式的是深圳华侨城集团。他们率先在"世界之窗""中华民俗文化村"组建了名闻遐迩的特色演艺团队。其后，杭州宋城集团集中精兵强将打造出了充满南宋文化韵味的《宋城千古情》，成为游览仿古宋城

---

① 参见浙江省文化厅官方网站（http://www.zjwh.gov.cn/www/dtxx/whrd/2007 - 06 - 12/53431.htm）。

的游客们印象深刻的特色艺术精品。广西南宁则连续用7年的不懈努力，挖掘广西民歌资源，延揽全国民歌人才，全力塑造中国独一无二的国际民歌节，成功地打造出一个赢得2005年度全球节庆协会（IFEA）节庆行业国际大奖的《大地飞歌》演艺品牌。云南昆明市支持以云南籍著名舞蹈家杨丽萍担任主创和领衔主演，以民营企业投资演艺的方式，打造了蜚声中外的大型歌舞《云南映像》，成为赴昆明旅游者必选的精神大餐和云南演艺的标志性艺术精品。湖南张家界采用土家风情园与湖南省民族歌舞团联合投资的新机制，集中优秀人才，精心打造出大型民俗旅游歌舞《土风苗韵》。2005年4月26日，《土风苗韵》在土家风情园"毕兹卡圣火堂"首演。风姿绰约的土家族、苗族青年男女，把湘西绚丽的民俗风情演绎得动人心弦，成为张家界旅游的新亮点。2010年4月27日《泰山·封禅大典》成功首演，在短短的80分钟内穿越中国5000年的历史时空，500名演员，5000套服装，演绎了中华民族兴衰更替的历史故事，真实再现了古代五朝的政治生活特征、社会文化特征和帝王封禅场景，呈现了华夏文明发展在各个朝代所达到的高度，是对民族人文精神的深度思考，是对华夏古老文明的崇高礼赞，是世界上迄今为止第一个将中国五朝帝王集中在一个舞台上加以展示的文化产品。

3. 优势互补、共同打造复合型旅游演艺项目

2004年以来，改制后的北京歌剧舞剧院（以下简称"北歌"）为再现中国宫廷表演艺术，与故宫博物院、北京华韵国乐文化发展有限公司合作，以联合创建、共同投入、比例分红的方式成立了旅游演艺项目公司，把特色艺术与旅游文化相结合，推出一批高附加值复合型旅游演艺产品，使改革前演出活动一直不多的北歌民乐团全面进入旅游演出市场。北歌所属的曲艺团，也与北京前门广德楼戏园、江苏演艺集团合作，成立项目公司，南北合璧，联手开拓新的曲艺旅游演出市场，使沉寂多年的北京老字号戏园广德楼和北京鼓曲焕发出新的活力。①

（四）旅游演艺经典——"印象"系列

1.《印象·丽江》

《印象·丽江》是继《印象·刘三姐》之后推出的又一部大型实景演出，总投资达2.5亿元，上篇为《雪山印象》，下篇为《古城印象》，主创人员由《印象·刘三姐》的原班人马组成。《印象·丽江》雪山篇以雪山为背景，汲天地之灵气，取自然之大成，以民俗文化为载体，用大手笔的写意，在海拔3100米的世界上最高的演出场地——云南丽江玉龙雪山甘海子蓝月谷剧场，让生命的真实与震撼贴近每一个人。来自10个少数民族的铿锵汉子、来自16

---

① http://www.sdci.sdu.edu.cn/detail.php?id=6994。

个乡下村庄的普通农民、500多个有着黝黑皮肤的非专业演员，用他们最原生的动作、最质朴的歌声、最滚烫的汗水，与天地共舞，与自然同声，带给你心灵的绝对震撼。《印象·丽江》雪山篇大型实景演出克服了白天演出的诸多弊端，在经过近百次的修改之后，终于将白天的劣势转为优势，让每一个身临其境的观者都能无比真实地感受到一种从未体验过的情感。演出全长1个小时，通过启用最先进的造水工程和烟雾效果工程，与自然交相辉映，营造出了令人赞叹的视觉效果。

2006年7月23日，大型实景演出《印象·丽江》雪山篇终于在玉龙雪山的甘海子蓝月谷剧场正式公演。当日，实景演出的总导演张艺谋、王潮歌、樊跃及导演组全体成员，云南省、丽江市的领导及全球100多家媒体齐聚这里，共同见证《印象·丽江》雪山篇正式公演的壮丽景象。在首演仪式上，张艺谋、王潮歌、樊跃三大导演向演员代表颁发了演员聘请书，并和他们签订了公演确认书。

《印象·丽江》雪山篇分《古道马帮》《对酒雪山》《天上人间》《打跳组歌》《鼓舞祭天》和《祈福仪式》共六大部分。

《印象·丽江》雪山篇是一场真正意义上的荡涤灵魂的盛宴。在《印象·丽江》的系列实景演出中，并没有所谓的主题和具体的故事，而是表达三个导演对丽江的个性体验，第一部分"雪山篇"是与山的对话，表现的是人们从四面八方来到丽江，体验生命与自然的紧密关系；第二部分是通过人们攀登玉龙雪山，游历丽江古城，从而与生活对话；第三部分"古城篇"是与祖先的对话，在对话中发现古往今来在人们的内心深处始终存在一个神圣的王国。

《印象·丽江》是在白天演出。在夜晚的灯光下，可以掩饰、隐藏并突出一些东西，白天演出则完全无法使用这些艺术手段，但可以让观众在日光下真切感受到那种扑面而来的粗犷、自然的气息。

丽江以世外桃源般的巨大诱惑，吸引着千千万万的游客，成为人们探寻古朴神秘的民族文化的一方圣土。《印象·丽江》和《印象·刘三姐》完全没有相同之处，它是以讲故事为主，同时还融入大量的纳西族和摩梭人等的民族元素，服装和音乐都以民族为主。纳西古乐以其独特的师徒传承方式流传至今，是民族文化保存和交流的历史见证，是我国古代音乐的宝贵遗产，为丽江古城增色不少。

2. 《印象·西湖》

《印象·西湖》是"铁三角"继《印象·刘三姐》和《印象·丽江》后执导的又一部"印象"系列实景演出，音乐由日本音乐家喜多郎担纲，张靓颖主唱。《印象·西湖》是由杭州市委市政府、浙江广播电视集团及浙江凯恩集团共同组建的印象西湖文化发展有限公司打造，由著名导演张艺谋、王潮歌、樊跃"铁三角"导演团队联手的山水实景演出。2007年3月30日，《印象·西湖》如期公演。

《印象·西湖》以西湖浓厚的历史人文和秀丽的自然风光为创作源泉，深入挖掘杭州的古老民间传说、神话，使西湖人文历史的代表性元素得以重现，同时借助高科技手法再造"西湖雨"，从一个侧面反映雨中西湖和西湖之雨的自然神韵。整场山水实景演出，通过动态演绎、实景再现，将杭州的城市内涵和自然山水浓缩成一场高水准的艺术盛宴，向世人推出。世界级的音乐巨匠喜多郎先生受邀出任音乐主创，其空灵悠远的乐章与西湖的神韵相得益彰。张靓颖友情演唱主题歌，她那天籁般的声音为整场演出增色不少。因此，游客不仅能看到一场高艺术水准的山水实景演出，同时还能享受到一场世界级的音乐会。

全剧以各种虚幻的西湖景色片段构成，从小船载着"许仙"登上"水中阁楼"开始，所有的表演都没有故事，而是一种意象的表演。其中最令人感到震撼的一幕是从湖面升起的三角形雨帘，两只大鸟在雨中翱翔，伴着张靓颖演唱《印象·西湖雨》的歌声，观众还能看到白娘子与许仙诉情的情景。

3. 《禅宗少林·音乐大典》

《禅宗少林·音乐大典》是由郑州市天人文化旅游有限公司投资打造的大型文化演出项目，项目一期投资达1.15亿元人民币。

禅宗，是佛教与中国传统文化交融的瑰宝，是一种生活的境界。禅的智慧，就是要关注与善待我们的心灵，领略人生的美和愉悦。谭盾大师潜心于禅宗音乐的发掘、整理与再创作，通过对文化圣山嵩山的长期采风，以及和禅宗祖庭少林寺多次全面的接触和智慧的碰撞，创作了这曲被世人称为"佛教激情之乐"的有机音乐——《禅宗少林·音乐大典》，以引领我们重新认识自己，回到自己的精神家园。

《禅宗少林·音乐大典》按音乐结构排列，分为《水乐》《木乐》《风乐》《光乐》《石乐》五个乐章。整个演出以禅宗的理念引领奥妙的少林功夫，使其得到一种精神品质上的提升，揭示人们生活中要直面生命本体，觉悟人性。另外，演出所蕴涵的宽怀、慈悲、和平、圆满的精神境界，超越了国家与种族的界线，对当今世界的浮躁有着抚慰作用，是中国文化在其发祥地向世界文化的一次召唤。《禅宗少林·音乐大典》因其内涵的深厚和广阔，价值远远超出了一般演出的范畴，它以禅宗与少林武术为载体，展示和演绎出的是一种博大精深的中国文化境界。

《禅宗少林·音乐大典》的实景演出地点设在嵩山峡谷之中，180度的全景视觉，美轮美奂的山林清泉，若隐若现的古刹禅院，构成了演出的真实背景。实景流动立体声音与现场的水声、风声、虫鸣等自然声音构成全景式立体声场，结合宏大的艺术灯光工程，使沉睡万年的中岳重放异彩，映照人间。大气魄、大阵容、大气场，绝对的风致震撼、荡涤心灵。

4.《宋城千古情》

《宋城千古情》是由宋城集团投资的大型歌舞，分为《良渚之光》《宋宫宴舞》《金戈铁马》《美丽的西子，美丽的传说》以及《世界在这里相聚》五场，《宋城千古情》采用一张一弛的演艺方式，整场演出跌宕起伏，使观众常常在各种不同的感情旋涡里回味不已。

在表现形式上，《宋城千古情》又借鉴了国外最优秀的歌舞形式来进行包装，集舞蹈、杂技、时装表演等多种表演艺术元素为一体，并采用了当今世界最先进的灯光、音响、舞美、服装等表现手段。比如在服装设计上，《宋城千古情》旨在突出中华民族源远流长的服饰文化。同时，通过融入国际上最新的设计理念，大胆想象，夸张表现，古典的美丽与现代的风韵在每一件演出服饰里完美融合，别具一格。如在粉红的荷花演出服饰上配以三朵同色调争奇斗艳的荷花装饰灯，既和谐自然，又凸显江南水乡的清新脱俗，令人耳目一新。

《宋城千古情》现已成为杭州宋城景区的灵魂，与拉斯维加斯的"O"秀、巴黎红磨坊并称"世界三大名秀"。用先进的声、光、电科技手段和舞台机械，以出其不意的呈现方式演绎了良渚古人的艰辛、宋皇宫的辉煌、岳家军的惨烈、梁祝和白蛇许仙的千古绝唱，把丝绸、茶叶和烟雨江南表现得淋漓尽致，极具视觉体验和心灵震撼。

《宋城千古情》创造了世界演艺史上的奇迹：年演出1300余场，旺季经常每天演出9场，推出10余年来已累计演出19000余场，接待观众5700余万人次。

5.《大宋·东京梦华》

《大宋·东京梦华》是河南省开封市投资1.35亿元打造的大型水上实景演出，于2008年4月5日，在大型宋代文化主题公园开封清明上河园内演出。豪华的场景，经典的宋词，高科技的舞美，生动、真实地再现了北宋京都汴梁的盛世繁荣，带给广大游客的是强烈的视听震撼。

这场演出是一卷关于北宋王朝鼎盛时期的印象画卷，是《清明上河图》和《东京梦华录》的历史再现。它通过运用《虞美人》《醉东风》《蝶恋花》《满江红》等八首耳熟能详的经典宋词及其意境，勾勒出北宋都城东京的历史画面。

《大宋·东京梦华》分为六幕四场，演出时间为70分钟。实景演出剧场选择在清明上河园皇家园林区的景龙湖上，充分利用了其亭台楼榭、水系桥廊等布景，构成了宋代都城的完整概念。

《大宋·东京梦华》演出的六幕四场分别为：序：《虞美人》，展现一个旧王朝的衰落与宋王朝的兴起；第一场：《醉东风》，展现北宋的繁荣与市井风情；第二场：《蝶恋花》，铺排出如梦似幻的场景，表现了北宋东京的浪漫与活力；第三场：《齐天乐》，表现了万国来朝的盛景和皇家的奢华；第四场：

《满江红》,把演出推向了高潮,炮火的轰鸣和满江的红色昭示壮怀激烈的豪情;尾声:《水调歌头》,表现了经历繁荣、浮华和战争之后,对如梦年代的思索与对美好未来的期盼与祝愿。

2010年4月2日,新版的《大宋·东京梦华》重新与人们见面。由于有了新元素的加入,节目的震撼力又上了一个台阶,而且,配合八阕宋词的意境更加引人入胜。复演当天就有1600多名观众前往清明上河园观看,近乎爆满的场面,连演出的工作人员都连称"想不到"。

四、旅游演艺发展前景及策略

(一) 旅游演艺发展前景

随着人们生活水平的提高,文化消费品的需求越来越大,旅游成为人们寻求精神文化生活的新方式,旅游演艺市场也因此应运而生了。2002年,文化部修订了《营业性演出管理条例实施细则》,取消了演出单位主体资格的所有限制。只要符合国家规定的单位和个人均可依法投资兴办演出单位、举办演出活动,这一举措极大地促进了我国旅游演艺行业的发展。党的十八大又强调要实现融合发展,推动旅游业与其他产业的不断融合,创新文化旅游产品,鼓励专业艺术院团与重点旅游目的地合作,打造特色鲜明、艺术水准高的专场剧目。在这样的大背景下,旅游演艺行业必将以更积极的态势驶入发展的快车道。作为一个具有丰富资源的文化大国,旅游演艺市场的发展前景可观。

1. 就节目内容而言

旅游演艺在作品的创作上都有一个深邃的主题,主创者在创作的过程中更是紧紧围绕主题而发展故事。如今,这些旅游演艺秀或是在展现祖国的大好河山,或是在讲述悠久的历史,或是在传递我国丰富多彩的少数民族文化,让游客在享受表演所带来的美感和震撼时,也上了一堂绘声绘色的文化课。如,1998年由深圳世界之窗推出的大型音乐舞蹈史诗《创世纪》,以世界文化为主题,再现了世界文明发展史上古中国、古埃及、古巴比伦、古印度、古希腊最辉煌的篇章,展示了人类文明发展的壮阔历程。九寨沟的歌舞宴《藏王宴舞》以吐蕃藏王松赞干布迎娶唐朝文成公主的藏汉联姻为故事背景,融入了男女声独唱、舞蹈、民族弹唱等具有典型藏族特色的表演,在讲述历史的同时向游客们展现了地方民族文化的精髓。

2. 就演出场地而言

旅游演艺在舞台上的大胆创新引发了演艺市场对于表演舞台的探索,无论是景区的经营者还是演艺秀的主创者,都开始注重舞台本身带给演出的收益与效果。别具一格的舞台设计也是演出的卖点之一,如展现中国山水的实景舞台，可以观看到全景的旋转舞台，能让观众零距离感受演出实况的伸缩、升降舞台，这些独具匠心的舞台更体现了我国文化演艺市场的一个飞跃性的发展。

深圳世界之窗的大型音乐舞蹈史诗《创世纪》和《千古风流》的成功，其独特的环球升降舞台起到了画龙点睛的作用。这座当时被誉为亚洲规模最大、功能最全的全景式舞台采用了国内外最先进的舞台设备和技术，舞台主体造型为世界版图，银灰色椭圆形球体合拢是一个精美的景点，打开则是恢宏的舞台。环球舞台可向横向和纵向打开，使广场形成360度全景式表演区域，并具有多板块升降、平移、旋转、倾斜等功能，使表演更具层次感。中心区观众席移动打开后，可从地下升起花道，连接主舞台和广场喷泉舞台，使表演空间得到延伸，如此巧妙设计的舞台带给游客的是前所未有的视觉享受和感官上的巨大冲击力。

《印象·刘三姐》《印象·西湖》《印象·丽江》《禅宗少林·音乐大典》更是将山水实景作为演出舞台，这一大胆的创新使整个演出天人合一，不仅极大地宣传了秀美的自然景观，也打破了传统的演出模式，带给了游客耳目一新的艺术体验。

3. 就制作水平而言

旅游演艺之所以可以在短时间内迅速发展成为备受游客热捧的精神大餐，其强强联手的制作班底、具有国际级别的制作水平起到了关键性的作用。像这样将几十位各方专家汇集一起取众家之长的佳作，相信也只有旅游演艺才能做到，对于观众来说这无疑是一次难得的艺术体验。

由华侨城集团投资近2亿元打造的大型舞台精品秀《金面王朝》拥有不俗的制作班底：总导演林树森是国家一级舞蹈编导，曾获得十余次市级、省级、国家级舞蹈编创奖；灯光、舞美总设计师鞠毅，自1991年以来，任中国歌剧舞剧院舞美灯光设计师、一级舞美设计师、中国戏剧家协会会员、中国舞台美术学会理事，曾荣获文化部优秀专家称号，素有"中国舞台第一灯"之称；音乐则由多次参加"中央电视台春节联欢晚会""中央电视台春节歌舞晚会"及各种重大节日电视晚会的国家一级作曲家刘钢宝创作。

4. 就社会效益而言

党中央、国务院提出要解放和发展文化生产力，要大力发展文化事业和文化产业，旅游演艺的出现正是积极响应国家号召的举措。

（1）制作精良的演艺秀打开了夜间娱乐市场，丰富了人们获取精神文化生活的方式，让人们在白天创造物质文明的同时可以在夜晚享受精神文明。

（2）以山水实景打造的演艺秀在打出自我品牌的同时，也让该地得天独厚的旅游资源为世界所了解，带动了经济的繁荣与增长。

（3）旅游演艺展现了我国悠久的历史文化、丰富多彩的民族风情和秀美的大好河山，这要比任何广告宣传来得更有效果。优秀的旅游演艺秀更是一个城市最好的宣传方式和手段,在吸引游客的同时也能引起外界对城市的关注,从而招揽到更多的商机。

5. 就传播效果而言

旅游演艺的传播首先展示了我国在文化演艺市场的进步与发展,也反映了我国对于艺术市场的开放。旅游演艺的传播大量引进了国外在舞台、灯光、舞美等方面的先进技术和顶级设备,极大地丰富了我国在演艺市场上的硬件设备,根据我国的国情和自身文化特点,走出了一条具有本国特色的文化演艺之路。

从《仿唐乐舞》到《中华百艺盛会》再到"印象"系列,旅游演艺行业已经走了20多个年头。随着经济的发展,文化市场的开放,演艺市场政策上的放宽,旅游演艺将带动文化产业的发展进程,使我国的文化事业做得有声有色,也相信在国家的扶持下,逐渐建立起具有品牌化的旅游演艺市场一定能创造出演艺史上的一个神话。[①]

(二) 中国旅游演艺市场的发展策略

1. 因地制宜,突出特色

旅游演艺产品要因地制宜,实景演出剧场应通过改造与自然山水、演出内容融为一体,以营造出天人合一的境界;实景演出及剧场演出在灯光舞美方面需运用现代声、光、电技术手段,灵活地展示出亦真亦幻的艺术情景,使观众物我两忘。

旅游演艺产品,必须有独树一帜的特色。这种特色包括民族特色、地域特色、人文特色、品牌特色等,必须是其他地方难以简单抄袭或复制的。此外,同一个地方的多台演艺节目也要各具特色,这些各具特色的旅游演艺节目能够形成协同效应,创建旅游区的品牌,推动旅游和经济的发展。

2. 打造精品,创建品牌

精品战略是旅游文化产品、旅游文化演出成功的关键。企业要精心打造精品,要制作精良,演艺精湛,能够代表当地的文化,特别是能深度反映当地的历史文化内涵的文化产品。而且,对于精品战略,在一个目的地最好只打造一台,走精品战略,这样才会形成强有力的旅游吸引力,形成自己的品牌。特别是以历史文化资源为基础的旅游目的地,旅游文化演出要通过演出元素和各种符号充分地展现用解说、实物无法展现的当地历史和深厚的文化,因为表演艺术是最容易展现的,它可能成为当地历史文化的表现形式。

3. 政府主导,市场运作,多元融资

政府主导,就是在项目的制作前、中、后期,政府始终都发挥着至关重要

---

① 参见中国创网(http://www.9yc.com/html/200910/16/222858622_2.htm)。

的作用。如，政府拨款作为前期启动经费；批准创办民营性质的责任公司；提供良好政策环境和优质服务推动项目发展；项目公演后，大力向国内外媒体推介，扩大项目的知名度；等等。

在此基础上，要树立市场化运作意识。在投资主体上，既有国有企业，也有民营企业或个人。在投入形态上，既有资金、土地等有形资本的投入，又有创意、品牌、作品等无形资本的投入。在资金来源上，既有国家政策性扶持资金、民营企业投入股份资金、银行贷款，也有品牌的无形资产投资。

4. 培养人才，机制灵活，管理高效

通过各种办法、采取多种措施培养人才、吸引人才、用好人才，这是旅游演艺市场发展的关键所在。通常山水实景演出团队以当地原住居民为主，剧场演出对演员的要求则更专、更精、更尖，因此，一方面要加大艺术人才培养力度，另一方面要大力培养和引进经营型人才。要采取编写教材、联合办学、集中培训、示范引导等方式，培养一批既懂艺术又懂经营管理的复合型人才。

各演艺项目应为公司化运作，根据项目需求，按需设岗、以岗择人、以岗定薪，推行合约管理。以必要的人才投资、有效的激励机制、包容的文化环境，汇集创作和管理骨干，形成精英演出团队，建立一整套以较好的待遇吸引人、以有效的方法管理人、以良好的前景留住人、以和谐的团队精神凝聚人的人力资源管理机制。

参考文献

余琪.国内大型主题性旅游演艺产品开发初探[D].华东师范大学硕士学位论文，2009.

（改编者：温芳）

? 思考题

1. 《印象·刘三姐》一经上演便取得成功，并成为中国新兴旅游演艺的标志，这给其他地区旅游演艺产品的开发带来了哪些启示？

2. 从《印象·刘三姐》到《印象·丽江》，再到如今的《印象·西湖》《印象·武隆》，关于"印象"系列山水实景演出破坏生态环境、对景区发展有弊端、利用名人炒作的争议话题层出不穷，你是如何看待"印象"系列实景演出的？

案例4

争抢原创市场　提升文化出口*
——常州国家动画产业基地

常州国家动画产业基地位于江苏省常州市高新区创意产业园区内，始建于2004年，是在国家广电总局制定的推动国内动漫产业发展系列优惠政策下首批建立的20多个"国家动画产业基地"中的一个，也是在几年的发展中成效较为显著的一个。常州国家动画产业基地主要以动漫研发制作、数字娱乐、网络游戏等数字娱乐产业为中心，形成了别具特色的产业园区，被文化部命名为"国家数字娱乐产业示范基地"。4年的发展使基地现已拥有创业、保纳、常新、常裕四大动漫园区，总占地面积超过8万平方米，并在政府的扶持下基本建立并完善了影视动漫、数字娱乐产业、海量动漫素材及构件、人才培养、衍生产品研发、产品和产权交易六大公共技术服务平台。境内外入驻企业也由最初的40家扩充到400多家，注册资本由2亿多元发展到现今突破6亿元大关。

从国内的动漫产业市场状况来看，深圳、上海、北京三座城市及其周边地区是经济发展最为迅速的地区，同时也是动漫发展最为成熟的地区。那么，在全国各地建立的动画基地中，常州国家动画产业基地未来该如何发展才能在全国动画基地中脱颖而出？如何才能最大化地拉动地区经济的发展？从国际的动漫市场状况来看，美国、日本和韩国依旧走在世界动漫产业的最前端，动漫产业所创造的产值也远远高于中国。虽然中国内地的动漫产业有很大的消费市场，但是中国（包括港台地区）自主或合资的原创动漫作品仅占中国动漫市场的10%，可见中国动漫产业受国外动漫产业的冲击还是巨大的。中国动漫产业的未来在哪里？前景又将如何？个案将对常州动画产业基地的现状、模式、问题及发展四个方面进行分析，以期对我国其他动漫产业集群建设有所借鉴。

一、成立背景：动漫产业振兴的大时代

（一）国内动漫市场现状

中国的动漫产业市场是巨大的，现今中国有3.87亿青少年消费群体，每年的动画需求量已经达到了6万多分钟，市场空间1000亿元/年——这个数字

---

* 本案例根据常州动漫网（http://www.czapr.com/）相关数据和新闻整理。

还在不断增长。

目前虽然有超过 2000 家省市电视台开办了专业的动漫频道，但中国少年儿童的人均拥有动画片时长仅为 0.0012 秒。早在 2004 年，全球数字动漫产业的产值就已达到 2228 亿美元，动漫相关周边衍生产品产值则在 5000 亿美元以上。但直至 2006 年，我国动漫产业总产值才达到 200 亿元左右，因此说，中国动漫产业的消费品供给存在着巨大的缺口。

除上述所体现的巨大经济效益外，更为重要的一点是，由于动漫产品的大部分受众群为儿童（尤其现阶段在我国），动漫产品对于儿童的启蒙教育起着非常重要的潜移默化的作用。启蒙教育的重要性众所周知，然而，目前我国动漫产业发展缓慢、基础薄弱，儿童所看的动漫产品大都来自国外，其思想内涵对儿童的影响力在不断加强，可能会致使儿童越来越淡化对我国传统文化的认知与继承。因此，发展动漫产业，事关国民教育大事，其重要性已引起了国家相关机构的充分重视。这也成为我国动漫产业发展的一大重要背景与契机。

随着中国传统制造业的进出口贸易日益减少，中国文化贸易出口具有巨大的提升空间。动漫产业薄弱的基础与巨大的市场空间之间形成了强烈的反差，因此我们应当主要采取"整合优势资源，形成产业集群，创造自主品牌以推动动漫产业优良发展"的策略。

也正基于此，国家广电总局鼓励动漫产业发展并且积极推动建立了一批国家动画产业基地，同时出台的《关于鼓励和扶持创意产业发展的若干意见》也表示政府将每年投入 2000 万元用作扶持创意产业发展，以提升城市核心竞争力，推动产业结构优化升级。

（二）常州国家动画产业基地的建立背景

1. 区位分析

江苏省常州市地处美丽富饶的长江三角洲，与上海、南京两大都市相望，与苏州、无锡联袂成片，构成了苏锡常都市圈。常州有着十分优越的区位条件和便捷的水陆空交通系统，市区北临长江，南濒太湖，沪宁铁路、沪宁高速公路、312 国道、京杭大运河等交通干道穿境而过。全市水网纵横交织，连江通海。长江常州港作为国家一类开放口岸，年货物吞吐量超过百万吨。常州市在地理位置、交通方面占据一定的优势，同时在文化和技术方面也有一定的基础。

2. 产业发展背景及现状

2004 年，当动漫产业发展在全国还没有引起重视之时，常州市委、市政府就委托华东师范大学制定动漫产业发展规划，与文化部对外交流中心共同举办了中国（常州）动漫艺术周，在全省率先拿到"国家动画产业基地"的牌子；2005 年成立了市级动画产业发展领导小组，组建了主抓动漫产业的专业机构——国家动画产业基地管理中心，出台了扶持动画产业发展的优惠政策；

2006年又在全国率先成立了"国家动画产业基地管委会",加大了动漫产业推进力度,提出了在高新区和武进区分别推进动画基地的思路;2007年,在周边城市忙于企业集聚之际,提出了招商选资、做大做强动漫企业的要求;2008年及时提出了"重心下移,市区联动"的正确决策。

同时,为了支持中国文化企业开拓国际市场,鼓励文化企业"走出去",商务部、文化部、广电总局、新闻出版总署与中宣部、财政部共同举行了"2009—2010年年度文化出口重点企业和重点项目授牌仪式",其中常州国家动画产业基地的安利动漫、宏图动漫、卡米动漫、渔夫动漫、久通动漫5家企业成为出口重点企业,同时由常州出产的《炮炮兵》《小虫三宝》《小卓玛》等5个项目成为重点项目。2008年至今,常州国家动漫基地共有16部动漫作品打入了国际市场,仅海外播出版权销售额就超过580万美元。江苏省内共有21家企业和13个项目入选《国家文化出口重点企业目录》和《国家文化出口重点项目目录》,其中常州占了两项目录中一半以上的席位。[①]

基地不仅仅有动漫企业,与其相对应的衍生产品企业、中介机构、出版机构、传媒机构以及投融资机构一应俱全,基本形成了初步的产业链的形式。

常州动漫产业的发展、国家动画产业基地的建设是我国动漫产业振兴大时代背景的必然产物,它与国家及地方政府对市场的培育、企业的引导密不可分。

二、运营:面临问题及产业结构优化——与日本的对比及学习探索

(一)借鉴日本动漫产业的产业链

1. 中日产业模式对比

全球动漫产业获益的普遍规律在于动漫产品的主要收益不是在影片的播放或者漫画的销售环节中获得,而是在衍生产品开发环节中获得。从动漫剧本的创作、影视产品的生产到衍生产品的开发都是动漫产业链中不可或缺的重要环节,只有不断延伸产业链,才能使动漫产品获得更大收益。中国大部分动漫企业没有形成产业链营运模式,仅靠动漫原创能养活自己的企业可以说凤毛麟角。有些公司制作的动漫作品虽然很卖座,却赚不到钱,企业的运转经费仍然主要依靠为国外企业加工动漫、制作广告短片等业务。

中国动漫制作企业与日本动漫制作企业相似,大多为"小作坊"式生产,不同的是中国动漫企业与动漫营销以及动漫衍生产品制造商之间关系松散,相互依存度不高,而日本动漫生产产业链各环节上的企业之间联系紧密。日本主

---

① 参见《常州创意产业基地》,中国文化创意产业网(http://www.ccitimes.com/yp/web/?222/category-introduce.html)。

要是以培育核心产品产业链来拓展海外市场，日本动漫生产的完善产业链把创意内容（即动漫产品本身）与渠道授权（即动漫产品及衍生产品销售的版权）两条重点营销路线进行明确划分，运作模式十分清晰。日本企业在投入制作一部动画片前就已经做好衍生产品的开发规划，在动画片产品投入国际市场之际，相关产品市场开拓工作也随之展开，围绕衍生产品产业链的模式向市场推进，一般来说，动漫产品和衍生产品的收入比例在1：4～1：3之间。在衍生产品的盈利模式下，首先免费提供动漫产品给电视台播出，直到被国际市场认可以后再出售电视改编权。

我国目前的大部分动漫企业则先推出动漫作品，在看到市场反响后再着手进行衍生产品的开发。在这种运作模式下，当制作方开始开发衍生产品时，盗版已经铺天盖地，廉价的盗版产品加上消费者薄弱的版权意识，大大削减了正版产品本身应有的商业价值，最终导致盈利不理想。只有建立一个完善的"制片人制作卡通动画片—代理商销售—影视系统播放—企业购买卡通动画产品形象并开发衍生产品—商家销售产品"的产业链，才能有助于中国动漫产业的进一步发展。

2. 常州模式及成效

常州国家动画产业基地一方面借鉴日本动漫产业链经营模式，另一方面创造性地以"外包反哺原创"推动产业链延伸，以原创为龙头，链接起动漫产品生产制作、衍生产品研发和市场运作。动漫产业园区加快衍生产品研发中心和生产基地的建设，为园区卡通形象转变为产品搭建桥梁。在网络交易服务方面拉动常州物流的发展，在发展衍生产品的研发和生产上带动了图书出版业、印刷业、饮料、玩具产业的发展，同时为旅游产业和现代服务业的发展也作出了积极的贡献。[①]

（二）划分动漫消费者群

以动漫市场发展最为成熟的日本为例，日本有着对动漫产品消费群体的严格划分，从消费者的年龄到性别等方面都有很明确的划分界限，如漫画分为儿童漫画、少年漫画、少女漫画、青年漫画、女性漫画和成人漫画甚至是限制级漫画。每一部漫画作品从初期创作就确定了作品的市场消费群体。相比之下，中国动漫产业没有明确地对消费群体的划分，大多数动漫作品的消费群体以消费能力十分有限的低龄儿童为主。

常州动画产业基地目前生产了一批面向青少年甚至成年上班族的动漫作品，极大地拓宽了动漫产品的消费者面。从2009年常州国际动漫艺术周的举办来看，连续创办4年的常州国际动漫艺术周成为目前公众参与人数最多的动漫展会，2010年的常州国际动漫节，历时5天的展会及其配套活动，吸引了

---

① 参见欧阳友权、柏定国《2008中国文化品牌报告》，中国市场出版社2008年版，第245页。

40多万人次的热情参与。其中动漫衍生产品展区中人气鼎盛，消费的主力军是青少年和部分成年人。园区内的动漫企业安利动漫、宏图动漫、卡米动漫、渔夫动漫、久通动漫，作为"2009—2010年年度国家文化出口重点企业"，在动漫人物塑造方面极具多样性，例如红遍大江南北的《炮炮兵》，男女老少都十分喜欢。

常州国家动画产业基地将动漫消费群体由儿童消费者向成年消费者的拓展，结束了我国长期以来以少儿作为动漫产品目标客户的历史。中国动漫产品的消费群体还可以继续扩大，应该形成对主要消费市场进行有针对性动漫创作的局面。

(三) 保护动漫版权及其衍生产品

2002年7月3日，日本政府的知识产权战略会议发表《知识产权战略大纲》，将"知识产权立国"列为国家战略，同年11月27日，日本国会通过了政府制定的《知识产权基本法》，为"知识产权立国"提供了法律保障。[①] 保护知识产权的观念已经深入人心，同时日本知识产权法律制度的基本架构也十分完善。尤其作为动漫制作和出口的大国，日本对违反知识产权法的企业、个人都严惩不贷。在世界动漫市场的总产值100亿万日元中，日本漫画、动画片和游戏市场是3亿万日元，大致占整个动漫市场的3%。

相比之下，中国文化产业中，知识产权意识淡薄、保护不力的现象则比比皆是。中国大部分原创动漫企业都吃过动漫版权的亏，如北京的动漫龙头企业三辰公司，创造了企业的动漫自主品牌"蓝猫"，随着"蓝猫"知名度的上升，创作了《蓝猫淘气3000问》，但紧随其后的是某一家音像出版社出版的《淘气猫三千问》，假冒"蓝猫"产品所获取的利润约为正版"蓝猫"的9倍。因此，在动漫产业中对知识产权的重视就显得尤为重要，这对于遏制盗版的猖獗现象也十分有效。

将动漫产业的内容产品转化为具有经济效益的衍生消费产品，在动漫产业链中将内容文化价值转向商业价值才是最重要的一步。现在中国动漫产业中间利润流失的最大一个部分就是衍生产品及产品的版权收入，我国政府目前已出台《著作权法》来加以管制。

常州市政府已加强地方性法律法规建设，同时也大力宣传知识产权法，建立并完善知识产权保护体系。常州动漫产业基地有国家扶持，特别建立了产品与产权交易公共技术平台，随着平台的完善，对知识产权保护意识的增强，企业几乎没有版权纠纷方面的问题。动漫衍生产品的市场空间和利润都具有很大的潜力，动漫产品的交易也是动漫产品版权的交易。

---

① 参见中华人民共和国国家知识产权局《日本知识产权战略的制定和实施推进计划的新进展》，http://www.sipo.gov.cn/sipo2008/dtxx/zlgzdt/2008/200804/t20080419_384970.html。

三、在竞争中求发展

(一) 国内市场的竞争

以北京、深圳、上海三个在国内动漫产业方面发展处于领先地位的城市来分析国内动漫产业之间的竞争压力，并且学习这些地区的产业发展优势。

1. 北京

《北京城市总体规划（2004—2020年）》提出，北京要以国际城市为努力的目标，不断提升北京在世界城市体系中的地位。北京创意文化产业作为北京文化建设实力、文化经济实力和城市总体竞争实力的综合表现，在实现具有鲜明特色现代国际城市的发展目标中发挥着极其重要的角色。北京作为全国的政治文化经济中心，是全国最早提出并实施发展动漫创意产业的城市之一。

北京发展动漫产业的优势在于：

(1) 政策优势明显。2005年出台的《北京文化创意产业投资指导目录》创立了文化创意产业发行在西安的专项基金，提出了34个鼓励发展的行业，其中包括了动漫产业。2007年也出台了《北京市"十一五"时期文化创意产业发展规划》，要求使文化创意产业变成北京的经济支柱。而动漫产业属于所有文化产业中投资回报利润最高的产业之一，有着深刻的文化经济渗透力。

(2) 北京环境优势明显。北京聚集了全国最多、最优秀的人才精英和科研机构，人才竞争力居全国第一，在人才的质量和数量上有很明显的优势，为动漫产业输出大量的人才。

(3) 多样化的相关产业结构产生竞争优势。由于首都功能的特殊性，北京的科学研究、综合技术服务业和教育文化艺术以及广播电视业均强于上海和广州，所以在动漫产业链的发展中起到了促进作用。

(4) 北京迈向全球国际化水平虽然处于初级阶段，但国际竞争力方面已基本达到了国际水平，为我国原创动漫产品出口奠定了基础。

2. 上海

早在20世纪60年代，上海动漫产业就已经进入了辉煌的时代，上海美术电影制片厂出品的《大闹天宫》和《哪吒闹海》等动画片先后在国际上获得大奖。上海网络游戏销售收入约24.5亿元，占全国的65%。2006年上海互联网游戏市场持续增长，全年实现销售收入40亿元以上，在全国的市场份额始终保持在50%以上，众多知名网络游戏开发公司也由北京迁往上海落户。上海的动漫产业中游戏产业已经发展得相当迅速，也基本形成了"游戏产品研发—游戏产品运营—游戏产品营销"的产业链形式，并且建立了国家网络游戏动漫产业发展基地，吸引了众多知名的游戏企业入驻。

近年来，在政府的扶持下，全国都建立起文化创意产业基地，上海的国家动漫产业振兴基地也和常州国家动漫产业基地一样,是国家首批确立的"动漫产业基地"。基地借鉴外国发展经验,特设立"国家动漫产业振兴基地基金"以吸引国内外著名大学、研究机构以及企业的加盟。同时,上海的国家动漫产业振兴园区也在华东师范大学内挂牌建立。

上海动漫产业的发展优势明显,主要有以下方面:

(1) 上海作为国内金融中心,商务环境优越,高新技术基础也在不断提升。上海信息化的主要指标已经达到发达国家中心城市的平均水平,特别是个性化、自主化、网络化、智能化服务水平的提升,为游戏产业集聚和发展提供了良好的条件。

(2) 上海近年来对动漫产业的重视日益加强,动漫产业中的游戏市场在互联网迅速发展的同时也随之快速发展,而上海就是游戏产业发展的重镇。《2004年度中国游戏产业报告》统计,2004年全国网络游戏用户数量达2025万,占总网民的21%。上海在2006年互联网游戏市场全年实现销售收入40亿元以上,在全国市场份额保持50%以上。[①] 游戏品牌也由原来"代理"形式转变为自主开发品牌。

(3) 上海国家动漫游戏产业振兴基地从一开始就把举办国际动漫游戏博览会作为核心产业板块,使国际游戏动漫博览会形成了一个巨大的交易平台。

(4) 上海国家动漫产业游戏振兴基地还策划并建立了国家数字娱乐网[NCACC,国家数字娱乐网(http://www.acgmall.com)],用于培养动漫游戏领域人才,同时上海2010年的世博会也带给上海动漫产业一个契机。上海一直都是长三角地区发展的领头羊——首批国家级动漫产业园区共9个,其中4个在长江三角洲地区——上海动漫产业的发展动向必将引导常州、杭州的动漫产业的发展。

3. 深圳

珠三角地区也是全国经济发展重地,而深圳就是珠三角地区发展中的佼佼者。2008年12月,联合国教科文组织批准深圳为全球创意城市网络的第16名会员,并授予深圳"设计之都"称号,成为中国首个获此殊荣的城市。深圳全市拥有设计企业6000多家,专业设计人员6万余人,涵盖平面设计、工业设计、建筑设计、动漫设计等多个领域。目前,深圳文化创意产业增加值已达到53.755亿美元,占GDP的6.57%。一批动漫产业集聚发展,其中怡景动漫产业基地和南山动漫产业园已形成规模。改革开放的政策促进了深圳动漫产业的发展,并随着《花木兰》《狮子王》《人猿泰山》等动漫产品的出品,深圳动漫人加工制作完成的国际动画大片不断上映而逐渐成为中国动漫的领军标牌。

[①] 参见何增强、花建《创意都市——上海创意产业的发展之路》,上海文艺出版社、百家出版社2007年版,第195页。

2006年，由深圳环球数码公司推出、创国产动画史投资之最、耗资1.3亿元打造的首部三维动画电影《魔比斯环》被称为中国动漫业里程碑式的开山之作，实现了民族动漫产业的历史性突破。以深圳华强文化科技集团为例，它是知名企业深圳华强集团旗下的创新型企业集团，2007年该集团产值达6亿元。① 深圳华强文化科技集团将大型文化产业主题公园创意与创作、特种电影系统开发、数字娱乐电影制作、动漫产品生产、游戏软件研发、动漫产品发行以及动漫衍生产品生产等多个过去相对独立的产业整合于一身，形成一个多元化、互补性强的大型文化科技链。华强公司在动漫产业领域，改变了中国动漫产业的传统模式，充分利用企业本身在数字计算机、网络通信及软件设计等领域的优势，建立起世界上领先的全无纸化二维动画片生产线，大胆地将人工智能技术、数据库管理技术等先进方法引入二维动画片生产线，极大地提高了二维动画片制作的质量和效率，推动了传统动画生产方式的革新。同时，深圳华强文化科技集团通过学习美国迪士尼、环球影城等国际大型文化企业集团的发展经验，提出了将动漫、电影、游戏、文化产业衍生品等与文化主题公园实施捆绑式的发展。2007年中国第一个第四代高科技文化主题公园——方特主题公园，也由该集团建立于安徽芜湖。

(二) 国外市场的压力

1. 日韩

近年来，上海举办了"最喜爱的十大动画角色"评选活动，入围的角色有哆啦A梦、鲁鲁修、柯南、蜡笔小新、鸣人、越前龙马、高达、驱魔少年、隐王、阿宝。其中，除了《功夫熊猫》中的阿宝是欧美动漫形象以外，其余9个形象都是日本卡通形象，而国产动画形象无一入选。

日本被称为"动漫王国"，是世界最大的动漫制作和输出国，目前全球播放的动漫作品60%出自日本。日本的政策和财政共同扶持文化产业尤其是动漫产业，但其实中国的政策和财政支持方面远远大于日本的支持力量。但日本政府在动漫产业的研究上狠下苦功，针对每个阶段出现的问题采取措施，以推动内容产业的发展。

日本是世界动漫产业发展的领头羊，其出现的问题可能是中国动漫产业未来所要面对的问题，例如，产业智力资源浪费严重，人才分配不均，以及市场分配道路不成熟，等等。而韩国主要制定拓展海外目标市场的战略。韩国政府为促进文化创意产业国际化，制定了"瞄准国际市场，以中国和日本为重点的东亚地区作为登陆世界舞台的台阶"的发展战略，通过设立文化创意产业海外办事处，分析各地区市场情况，促进韩国文化企业针对不同的区域差别，

---

① 参见彭立勋《改革开放城市文化发展——2009深圳文化蓝皮书》，《深圳华强文化科技集团创新文化产业发展模式调研报告》，第277页。

针对性地进行动漫产品开发。①

2. 欧美

美国是全球版权产业最为发达的国家，版权产业在美国即为文化创意产业。版权产业已经成为美国最大的、最富有活力的并带来巨大经济效益的产业。在知识产权保护策略下，从 1996 年开始，版权产品已经超过汽车、农业与航天等其他传统产业，成为美国最大宗的出口产品。迪士尼公司从 1937 年的《白雪公主与七个小矮人》到 2008 年的《闪电狗》，出品了动画片共 60 余部，由迪士尼公司发行的电影更是数不胜数。美国动画片以故事情节占优势，加以技术上的不断创新，很快就以知识产权战略拓展了海外市场。

在强大的美国和日本动画产业面前，欧洲的动画产业也如同雨后春笋般蓬勃发展。2007 年，在被视为欧洲动画电影界的最高殊荣的欧洲动画电影论坛上，英国动画短片从来自欧洲各个国家的 27 部作品中脱颖而出，占据了 5 部最佳动画短片中的 3 个席位。英国各大媒体在各自的头版头条纷纷用 lead（引领）这个词来形容英国动画在欧洲动画产业界的地位，表示了业界对英国动画界所作的杰出贡献的肯定。而英国在文化产业出口方面有自己独特的一套方针，成立"创意产业特别加工小组"以及"创意产业输出推广顾问团"（CIEPAG）的政策，对创意出口企业给予帮助，使得英国创意产业出口规模迅速扩大。英国动漫产业在欧洲快速发展，很大一部分原因是英国动漫产业在发展中形成了自己特有的模式：学院中教学与制作的互动，各种基金支持，欧洲和英国本土各类动画奖项的鼓励以及电视广告起到的独特推动作用。曾经在票房上取得卓越成绩的《酷狗宝贝：人兔的诅咒》《小鸡快跑》等优秀动画电影正是这种发展模式的印证。许多国家正在努力开拓自己的动画产业，英国的这一成功经验确实值得很多国家借鉴。②

法国动漫的风生水起也日渐受到关注。目前法国动漫年产量已居欧洲第一、世界第三。挖掘经典，鼓励创新，重视人才培养以及拓展国际合作平台，是推动法国动漫业不断攀向高峰的重要途径。如今法国动漫从业人员有 2500 人左右，34 所高校设立了动漫专业。完善的人才培养机制也是法国动漫产业永葆活力的基石之一。由于法国拥有高水平的动画制作队伍和远低于美国的制作成本，近 3 年以来，许多外国动画制作企业纷纷入驻法国，甚至连美国迪士尼公司都在法国设立了动画制作室。③

---

① 参见叶取源等《日本内容产业的现状分析及其国家政策》，《中国文化产业评论》（第四卷），上海人民出版社 2006 年版，第 370 页。

② 金羊网－新快报（http://www.sina.com.cn），2007 年 8 月 3 日。

③ 腾讯动漫（http://comic.qq.com/a/20100622/000029.htm），2010 年 6 月 22 日。

（三）常州动画产业基地的出口

1. 参照国内

（1）常州动漫产业的自身完善，参照北京。

1）技术与人才。动漫产业是智力和技术密集型的高科技产业，同时对资本有较高的要求。北京作为首都，动漫制作的技术在全国位于领先地位；同时，北京是全国拥有高校最多的城市，众多高等学府每年都在不断输出动漫专业人才。从技术和人才资源建设两方面看，北京有着得天独厚的"硬件"和"软件"条件。常州动漫产业基地与之相比，首先在技术条件、原创人才方面还有待加强。

2）传播的媒体渠道。北京拥有自己的省市级的动漫频道，而常州所能做的就是推广自己的动漫作品进入电视台、网络等传播媒介以获取更大的市场，但这个过程需要相应的发行和服务代理企业出现并建立完善。

（2）政策大环境，参照上海。在对外贸易和文化交流上，常州国家动漫产业基地远远赶不上上海动漫产业的发展，不过在政策方面，发展动漫产业的企业都享有基本同等的优惠。首批9个国家动漫产业基地中，4个位于长三角地区，而仅有一个是在江苏省——常州国家动漫产业基地。

1）政策。常州和上海动漫产业政策支持方面区别较大。上海动漫基地主要是设立专项资金吸引国内外人才和企业；常州除吸引国内外资金外，还对园区内的企业有一系列的鼓励政策，例如，常州市政府在3年内筹措5000万元，建立了"动漫专项资金"；在中央台播出的二维动画片按1500元/分钟奖励，省级台按800元/分钟奖励，三维在二维基础上给予加倍奖励；市政府出面进行公开招标，与常州卡龙影视动画公司共同出资2000万元建设公共平台；对知名动画企业实行"一企一策"；对为动画产业招商引资的单位和个人参照相关政策予以奖励；对原创动画企业认证成为高新技术企业的单位进行相关奖励，用这些政策对园区内优秀人才和企业进行鼓励，促进了园区内部的竞争。

2）涉外交流。常州近年来效仿上海，也举办"国际动漫艺术周"这样的动漫类博览会，充分利用"动漫艺术周"带来的市场效应和经济效益，借此来推广常州动漫文化的发展，提高常州动漫产业的知名度，并通过"动漫艺术周"吸引外资。但2009年国家（常州）动漫文化艺术周开始转型，突出了动漫产品产权交易和建立完善动漫产业链。常州动漫产业基地同时还与国际联系，例如与韩国江原情报影像振兴院合作，并且组织参加每年一次的世界最大动画节——法国昂西国际动画节、每年一次的全球最重要的动画片交易盛会——法国戛纳电视节等一系列活动，与国际接轨。

（3）龙头企业带动产业群，参照深圳。深圳的人均消费水平、GDP以及人均收入水平都居于全国各大城市前列，具有很大的消费潜力。深圳华强集团作为深圳动漫产业发展的龙头代表，已初步形成了一个较为完整的产业集团，并为其他相关企业的发展起到了带动作用。而常州国家动漫产业基地暂时还没有一个完整的文化产业的领军企业，但是相对而言常州的动漫企业都是已经发展得比较成熟的企业，刚刚入驻就获得不错的利润。深圳大部分动漫企业与常州的相似，以动漫产品的加工为主，都是以承接外包制作业务积累经验和原始基金。常州可以学习深圳，以龙头动漫企业带动产业群，促进整个常州动漫产业的发展。

2. 参照国外

美、日、韩等国家的动漫产业的方针政策有几个显著特点：首先，在市场定位方面均为国际市场，在生产链的各个环节上政府都给予支持与帮助；其次，在版权上，动漫产业发展比较先进的国家，版权意识均十分强烈；最后，动漫产业发展的核心就是原创，技术是基础，只有两者相结合，才能做出被消费市场所接受的动漫产品及衍生产品。

鉴于美、日、韩等国家挤占中国动漫市场的现状，常州动漫产业应在与国内动漫企业加强合作的同时也加大自身产品出口量。在竞争与合作的时代，竞争与合作在动漫产业中是并存的。在动漫产业链的问题上，常州动漫产业基地并不十分完善，尤其在衍生产品价值的开发方面没有得到充分利用。在动漫制作与发行前没有进行完备的市场调查是我国动漫产业的通病。常州动漫产业在这方面需要加以注意。

我国动漫产业的权威媒体所展示的理想动漫产业模式，是在遵循动漫产业的产业链：从创意的目标观众参与（包括形象设计、故事设计），到低端链条市场摸底（漫画连载），再到国际交易平台（包括动漫立项、内容及衍生产品的国内外预售），最后到制作、播出。其关系如图1所示。回归创意创作这一过程中，也要注重遵循三条循环参考思路：①吸纳观众意见；②吸纳国内外播出平台意见；③不断深入开发音像产品和衍生品市场。

四、明晰发展之路

（一）利用中国特色的文化历史为其原材料

中国有上下五千年的历史，深厚的文化底蕴使我们有太多内容可以作为动漫产业的原材料，但中国动漫借用中国文化所创作的动漫产品少之又少，成功的更是寥寥无几了，《齐天大圣》《葫芦娃》《宝莲灯》《红孩儿大话火焰山》等算是利用中国本土元素创作较为成功的动画片。同时我们也看到，美国大片《功夫熊猫》融合了多种中国元素并将其发挥得淋漓尽致，让中国人看了都觉得新鲜和惊奇。花木兰的故事在中国家喻户晓千年有余，却被美国的迪士尼拿去拍成动画片，赚了足足6亿美元。中国的知识产权和本土文化历史保护利用意识不足所带来的经济和文化的双重损失令人遗憾，但可喜的是，我们同时也看到了如《马兰花》这样的将民族传统文化和创新力量相结合的成功案例，从故事到视听的艺术处理都没有脱离中国元素。《马兰花》注重青少年市场，坚持民族动画之路，坚持有中国特色的动漫产品开发，其成功应更广泛地激发起动漫创作对我国传统文化资源的充分重视。

图1 动漫产业的理想模式

资料来源：《中国动漫产业年报2005—2006》。

常州国家动漫产业基地中具有代表性的常州宏梦卡通有限公司就利用常州本土资源、结合常州恐龙园等景点而创作了《奇奇颗颗历险记》。该片在中央电视台少儿频道一经播出，就获得不错的反响。同时，该公司制作的52集动画片《小卓玛》，在2008年4月获第四届中国国际动漫节最高奖"美猴奖"后，7月便在中央电视台等76家电视台同期播出，几乎在同一时间出版的6万套共50万册图书也已基本销售完毕，该片目前已进入欧洲市场。《小卓玛》正是利用了中国本土资源，讲述藏族人民保护藏羚羊的故事。可以明确地说，中国动漫产业的原创力不足不再是本土创意不足，而更多地在于未能充分利用本土资源并深入挖掘文化的本质内涵，做出吸引人的动漫作品。

(二) 完善市场机制,明确市场结构

中国动漫产业缺乏的是一个完善的产业链,理想的动漫产业链的形成还需要相当一段时间的建设,同时,中国动漫产品的推广更需要成熟的动漫产品发行和服务代理机构。常州的动漫产业还在起步阶段,在形成企业的集聚之后,代理、发行等业务完善的产业链的形成将成为必然的发展趋势。

中国的动漫产业消费市场的潜力是巨大的。但中国动漫产业所生产出来的动漫产品的消费者主要为儿童,年龄在 4~12 岁,这一年龄段的孩童自身的消费能力往往非常有限,而家长对孩子的此类消费支持度也不高,我国完全可以借鉴日本对消费市场的划分,针对不同年龄的人做出不同的动漫产品以迎合不同消费者的口味,以获得更大的消费市场。

《喜羊羊与灰太狼》是由广东原创动力文化传播有限公司出品的动画片。自 2005 年 6 月推出后,陆续在全国近 50 家电视台热播,几年来长盛不衰。在北京、上海、杭州、南京、广州、福州等城市,《喜羊羊与灰太狼》最高收视率达 17.3%,大大超过了同时段播出的境外动画片。此外,该片在香港、台湾地区和东南亚等地区也风靡一时。然而,从另外一个角度分析,《喜羊羊与灰太狼》消费对象主要定位于低龄儿童,成年人甚至部分青少年观众缺乏对它的消费热情。这种情况不只体现在《喜羊羊与灰太狼》这部较为成功的中国动漫产品身上,几乎所有中国动漫产品都存在消费低龄化、教育功能明显、故事题材受限、不乐于讲故事而乐于说教的不足。因此,教育功能的定位,产品形象的模糊,内容平淡,目的直接,使得国产动画成人不看,孩子也不愿意看。青少年、成人作为一个巨大的消费市场,动漫企业更应该重点关注,动漫产品的市场定位全面化势在必行。

常州国家动漫产业基地目前还没有完全走出低龄化的圈子,具有代表性的几部动漫作品市场定位也主要在儿童,但成人市场也已为一些企业所关注。近年,在网络上风靡一时的 QQ 表情"炮炮兵"形象被大众所认知并喜爱。

(三) 借鉴国外的发展经验并构建中外联盟

中国的动漫产业缺乏国际视野,缺乏文化创造和商业运作的能力。动漫产业的国际化首先就是借鉴国外动漫发展经验,通过国际合作推动文化产业国际化,而跨国公司就是企业间为合作开发而广泛采取的一种战略联盟。大型的跨国动漫企业在国际市场的竞争中占有绝对的优势,中国动漫产业与国际合作更有利于本国动漫产品的出口。国际化已经成为所有产业的发展趋势,国际化带来的巨大市场空间能够推动产业迅速发展,增强本土企业的竞争力。

现在文化产业也正在由单一的产品输出向资本、品牌、管理等各方面的输出转变,大型跨国企业在资本的扩展和品牌的推广方面逐渐完善,使得盈利主体不再是单一的产品。美国迪士尼公司进行了全球 4000 多家企业的品牌授权,

每年5家迪士尼主题公园的收入占了迪士尼总销售额的27%，利润达27亿元，占企业利润的一半。① 由此可见，仅仅局限于动漫产品的输出不能使企业获得最大的利润，只有多元的营销才能使利润最大化。

所以，学习美国迪士尼、环球影城等国际大型文化企业集团的发展经验，创建大型的文化主题乐园，对产业链的衍生发展和实现企业的最大利润有着积极的促进作用。国内动漫企业的佼佼者深圳华强文化科技集团就利用了企业优势建立了三个方特主题乐园，其中安徽芜湖方特乐园开园仅两年游客超过360万人次，门票收入达到4.5亿元。同时方特的文化产品也通过实体店和网上销售两种方式，获取了巨大的利润。

常州在西太湖基地也以恐龙为主题，努力把常州中华恐龙园打造成中国的迪士尼。同时在太湖湾再现著名网络游戏情景，建设国内首家数字游戏主题文化乐园；5万平方米的动画衍生产品研发集聚区已经启动，在不久的将来也必将会成为常州重要的经济增长亮点。

（四）充分利用政府提供的优惠政策完善产业链进而形成集团化

政府提供了很多十分吸引人的政策，但都局限于招商引资、吸引人才或者是鼓励企业自主创作，在产业链上没有过多的政策帮助。中国动漫产业链的断裂主要在于动漫产品和衍生产品的营销，政府的优惠鼓励政策在这方面基本是空白的。企业的集聚效应也是动漫产业基地壮大的原因，但是在基地不断壮大的同时，动漫产品发行和营销企业并没有形成一定的规模。与其等待专门从事动漫产品发行和衍生产品营销的企业出现，不如直接由发展较为成熟的企业自主建立，慢慢形成集团化的企业，以动漫产品的创作—动漫产品的销售、动漫衍生产品的开发—动漫衍生产品的营销这两条产业链条结合形成一体化的动漫产业链，以期达到动漫资源的最优化配置。

参考文献

[1] 叶取源. 中国文化产业评论（第四卷）[M]. 上海：上海人民出版社，2006.

[2] 刘牧雨. 北京文化创意产业发展理论与实践探索 [M]. 北京：中国经济出版社，2007.

[3] 何增强，花建. 创意都市——上海创意产业的发展之路 [M]. 上海：上海文艺出版社，百家出版社，2007.

[4] 彭立勋. 改革开放与城市文化发展（2009年深圳文化蓝皮书）[M]. 北京：中国社会科学出版社，2009.

[5] 欧阳友权，柏定国. 2008中国文化品牌报告 [M]. 北京：中国市场

---

① 参见张玉龙《东京迪士尼乐园的情感营销》，《成功营销》2003年第8期。

出版社，2008.

（改编者：殷亚丽　杨慧芬）

思考题

1. 常州动画产业基地面临的主要困难是什么？如何解决？
2. 谈谈我国动画产业化发展需要注意哪些问题。
3. 在动漫作品的内容创作中，如何处理迎合商业市场与保持人文精神内涵的关系？
4. 如何将一个动漫作品以及动漫形象打造成一个品牌并扩大其影响力？

案例 5

日本动漫业的精华　全球动漫迷的天堂*
——日本东京秋叶原

日本动漫对日本社会的影响非常深远，这种影响不仅体现在经济上，也深刻地体现在日本人的人格和性格上。如同20世纪50—80年代的连环画（小人书）对中国人的影响一样，几乎所有当代日本人都或多或少地受到漫画的影响。随着社会和时代的发展进步，日本动漫发生了日新月异的变化，持续影响着一代又一代人。

在日本动漫产业蓬勃发展的过程中，秋叶原这片神奇的土地成了最璀璨耀眼的一颗星星。它作为全世界动漫迷们心驰神往的圣地，每年都吸引着大量的动漫人才、动漫迷和世界各地的游客们，人们都想一窥这片神圣的土地，都想体验它所带来的快乐、激情和创造力。大批的动漫企业在秋叶原集聚，带来了更多的欢乐，也创造了更多的财富。下文将在概述日本动漫产业的基础上，以秋叶原为案例详述其动漫产业的成长历程。

一、日本动漫产业概述

（一）日本动漫产业的特点

日本动漫产业主要由两大部分组成：动画和漫画，简单地说，它是指围绕动漫这个价值中心，由各个产业部门本身以及产业部门的各个经济活动形成的经济领域。这个词组由三个关键词组成：日本、动画和产业。

1. 合作机制明确

简单来说即"合作互赢"。几乎没有一家日本动漫企业能在整条产业链上实现"通吃"，在以产品形象为基础、版权管理为核心、各得利益为动力的前提下，产业链各环节间有明确的分工合作模式。漫画工作室、动画工作室、版权代理事务所、印刷出版企业、图书发行企业、电视台、杂志社、动漫衍生品生产销售渠道等机构间界限清晰，有各自范围内的工作目标，也有完善的合作机制。

2. 创作队伍成熟

日本动漫产品的创作者和消费者之间有良好的互动，一部新的动漫作品多

---

* 本案例改编自铃木纱里奈著《秋叶原 AKIBA WALKER》（日本角川书店出版社2006年版）。

数会经过漫画试刊的检验过程。如果在试刊检验的过程中，市场反应良好，那么它以后的"命运"就可能发展成为动画片、真人电影、动漫电影、舞台剧、音乐剧及各种游戏平台等，与它相关的衍生品如玩偶或相关名词和音乐等也将声名大噪。如果市场反应不好，就会修改甚至最终放弃。因此，创作者很清楚产品推出和市场认可二者间的风险关系，形象可爱、贴近人性、成为偶像、深入人心是多数动漫创作者追求的目标。由此可见，一部优秀的漫画所带来的良好的连锁效应，更能体现日本动漫产业产业链的完善和创作队伍的成熟。

3. 动漫市场细分明确

日本动漫作品大致分为两类：面向青少年的和面向成年人的。面向青少年的作品内容分类极细，如分为科幻、侦探、童话、校园、励志、运动、规劝、搞笑、幽默、探险、女生等主题；面向成年人的作品主要包括搞笑、幽默、调侃、惊险、家庭等内容，其中色情类漫画有扩大蔓延的趋势，在日本路边的书店随时可以买到印有18岁以下禁读标志的色情漫画。

4. 用心培养动漫受众

在日本动漫策划人员的座谈会中，可以清楚地发现他们非常注意抓住青少年的心理，用动漫作品反映和引导青少年的生活，并强调"跟踪读者、服务一生"的创作意识，给人一种"动漫产业要从娃娃抓起"的感觉。这些观点听起来有些理想化，但并非完全不具备操作性。

当代日本人，从孩提时代到步入成年甚至白发苍苍之老年，其周围无处不充斥着动漫。日本动漫节目的播放频率堪比新闻联播和天气预报，在8点左右的动漫黄金时间打开电视，观众随处可见与动漫相关的影迹。另外，日本的广告和知名产品会用正在热播的动画片或经典动漫人物形象做广告宣传和包装。比如日本的知名服装品牌UNIQLO（优衣库）会经常在其推出的各种服装上印上当红的深受人们喜爱的动漫形象，以增加服装销量和人气。2010年的UNIQLO上海店就因店内摆放的巨型EVA模型而引起许多动漫爱好者的围观和讨论。每届东京动漫展上会有许多有关动漫书、动画电视剧的预告和预订启事，还有一些类似歌迷会的读者俱乐部成立。这一切无不体现日本动漫在培养受众方面的良苦用心。

5. 动漫销售渠道畅通

日本各种动漫产品的销售渠道非常广泛，除了随处可见的动漫书店、衍生品专卖店之外，便利店、超市和大型商场也有专门划分出来用于销售漫画书、动漫游戏光盘、玩具、模型等的大片区域。尤其值得称道的是，日本各类衍生品的销售渠道十分正规，或是专卖，或是和连锁企业捆绑销售，均有利于品牌的培养和知识产权的保护。作为世界上著名的"无盗版"国家，日本对知识产权的保护和品牌意识的培养是中国应该加强和学习的。

6. 动漫主题公园管理到位

日本不仅有迪士尼乐园、环球影视城，还有十几家有影响力的动漫主题公园。在动漫主题公园的管理上，日本可谓淋漓尽致地体现了"目的地消费"的理念，全方位的关怀和细致的服务使"快乐消费"在迪士尼乐园里变成了现实。

7. 对外交流中占强势地位

日本动漫已经成为本国文化出口的主要产品，尤其是在亚洲国家和美国占据了大部分市场份额，并且对世界其他国家也起到了榜样作用。据调查，韩国对引进的日方动漫创作人员给予每人每月30万日元补贴；美国在和日本动漫企业的合作中，80%的资金投入由美方补贴。[①] 这些做法无疑是希望通过引进日本动漫，促进本国动漫业的发展。

日本动漫除了在对外交流中占有强势地位，在国内也早已成为国民经济的支柱产业，对日本经济有着重要的推动作用。经典漫画《七龙珠》的作者鸟山明大师，从出生起就一直住在日本爱知县西春日景镇。这个小小的县每年将近一半的税收都依靠鸟山明的漫画，鸟山明可谓这个小县城的"财神爷"。随着年纪增大，为了省却经常往返于东京各出版社、漫画社等路上的时间和麻烦，鸟山明准备举家搬到东京。此消息一传出，当地政府当机立断，动用地方财政修了一条路，以便鸟山明更便捷地到达东京，此路被当地人命名为"鸟山明路"。这件事情生动地反映了日本动漫业对日本经济的重要推动作用，也折射出日本漫画大师在日本备受重视和尊敬。

（二）日本动漫产业的问题

虽然动漫在日本的经济文化生活等领域发挥了十分重要的积极作用，但日本动漫产业也存在一些问题，比如，政策支持力度有限；漫画向色情化、低俗化的方向发展；二维动画向三维动画转化过程中的成本增加；本国动漫市场需求趋于饱和；周边国家动漫产业发展带来压力；以美国为首的大制作趋势造成市场被挤占；等等。

1. 资金不足，造成日本国内动漫人才流失

一般来说，一部普通制作的30分钟动画片，其制作成本在1000万日元左右。制片商通常无法依靠动画片的发行回收成本并盈利，因此，它们通常会通过产品内容的二次利用，比如影碟出售、动画形象授权等解决该问题。由于资金不足，许多中小动漫公司没有足够的资金购买计算机，劳动者只能长期超时工作，高效利用现有计算机资源以弥补计算机数量不足所带来的缺失，而劳动者最后也仅是获得极低的报酬。另外，许多小企业采取计件工资制，一位老员工平均每月能够绘制图画600张左右，新员工在400张左右，一张图画的价格在150～160日元之间，员工工资极低，同时缺乏稳定收入，导致人才大量流失。有数据显示，日本动画业离职率高达80%，动画制作的高级人才流向游

---

① http://baike.baidu.com/view/1526919.htm。

2. 缺乏精通国际市场业务的专业人士

同好莱坞大制作的动画相比，日本动画在国际市场运作方面还存在很大的差距。在合资项目上，日本大部分动漫公司缺乏同美国对手讨价还价的能力，这些公司认为能够获得与美国公司进行合作的机会就已经是一种成功，因而不惜做出某种妥协和让步。由于缺乏精通相关国际规则的专家，日本动漫产品在国际市场的收益较低。日本最成功的动漫电影之一《千与千寻》在美国的全部销售收入为1000万美元，而《怪物史莱克2》仅票房收入就达到4.37亿美元。日本动漫版权所有者只有依靠强有力的谈判专家，才能够在国际市场上与对手针锋相对，获得平等的权利，保证签订合理的收益分配合同，有效地审核销售收入。如果日本公司拥有高水平策划能力和谈判能力的专业人士，在国际市场上就能得到远高于现有水平的收益，并获取更大的成功。

3. 动漫作品质量良莠不齐

日本著名动漫大师宫崎骏的作品以人道主义精神和丰富的感受力在国际上获得了极高的声誉，但日本其他许多作品在国际上被批评为过于暴力和色情。1980年《魔神Z》（*Mazinger Z*）在西班牙电视台（TVE）上播放，仅播完前26集，电视台即取消了播放计划，主要原因就在于这部动画被西班牙人认为太过暴力。一些低质量的电视动画和电影动画在日本同样遭到批评，认为这样的影片剥夺了孩子们体会自然的美丽和人与人之间良好人际关系的机会。杰出的动漫作品来源于能够培养感受力和创造力的环境，但培养感受力和创造力的环境已经在一定程度上被动漫产业自身破坏了。

4. 来自国外日益激烈的竞争

在日本动漫产业开始出现越来越多问题的同时，国外的竞争对手正茁壮成长，日本动漫企业来自海外的竞争压力越来越大。韩国原本是日本动漫制作的转包方，1998年韩国提出"文化立国"方针以来已经开始大力推进本国动漫产业发展，政府制定了相应的产业政策，每年拿出1000万美元用于支持本国小型动画制作公司的发展，韩国本土动画产业开始繁荣。另外，中国、新加坡、法国等国家的动漫企业也在政府的扶持和引导下快速发展，这对于正走向空壳化的日本动漫产业造成了空前的威胁。

二、秋叶原——世界动漫迷的天堂

当人们提起动漫时总不免提到日本动漫，而提起日本动漫时总会提到秋叶原这个地方。

（一）秋叶原简介

动漫产业发达的日本为世界培养了最大、最专业的动漫种群，它们以动漫知识为前提,以爱好者的热情为基础,依靠发达的科技水平,建立了属于自己的艺术体系——秋叶原。

秋叶原(Akihabara,あきはばら)俗称 AKIBA,地处老东京东城门外,"二战"后这里形成了售卖稀罕的高品质电子产品的黑市,现在它已是与时代尖端产业同步的电器大街,也是世界动漫爱好者梦中的天堂。从 20 世纪 50—80 年代,这里的商店先大量供应电视、冰箱,随后是录像机和游戏机。如今,电子产品店、模型玩具店、动漫产品店和主题咖啡馆在这里并肩共存,新的办公楼及零售卖场综合楼也鳞次栉比,秋叶原中的商业店铺已达到上千家。

1. ACG 语言

ACG 是在动漫界中使用率颇高的一个名词,它代表了"第三娱乐世界"①消费时代的来临。ACG 为英文 Animation Comic Game 的首字母缩写,是动画、漫画、游戏(通常指电玩游戏或 GalGame)的总称。从 ACG 界传播开来的语言现今已渗透到了人们的日常生活中,尤其是在当代青少年群体里十分流行。

(1)二次元。在传统上,以平面的媒体所表现的虚拟角色,如漫画或动画中的人物,因其二维空间的本质,而常被称为"二次元角色",以有别于现实(三维空间)的人物。但是,以三维电脑图像所制作的角色,因其处于虚拟世界又具有立体性的概念,而被称为"2.5 次元角色"。

(2)腹黑。从字面上理解即"肚子里都是黑的"。这是一句日文,原意为"心地坏的""黑心的""黑心肝""表里不一",并常常将此一面进行演技化的伪装掩盖,使人看起来总是笑意充沛、温和无害、亲切有加,但却在几秒钟内的打量中就能精确地计划出能以怎样的步骤让你自愿掉进 3 米外的粪池里。

(3)BL/GL。BL 全名为 Boy's Love,指男人与男人之间的爱慕,亦可代表为男同性恋(动漫专用);GL 全名为 Girl's Love,指女人与女人之间的爱慕,亦可代表为女同性恋(动漫专用)。

(4)罗莉/正太(名词、形容词)。罗莉意指"幼女",约为 12 岁以下之少女,后因各人见解不同,现只指外貌像小孩的女孩,其明确之定义为"依据个人观点而认知的小妹妹"。正太和罗莉属相反性别同义词,正太就是指生理年龄为 3~15 岁之未成年男孩。同样因各人理解之不同,现只指外貌像小孩的男孩,其明确之定义为"依据个人观点而认知的小弟弟"。

(5)怪蜀黍(怪叔叔)(名词、形容词)。怪蜀黍一般出现在和罗莉有关的"邪恶"论坛,指那些喜欢罗莉、带有拐带和占有罗莉倾向的男人。

(6)脑残(名词、形容词)。脑残简称 NC,其有以下几种意思:①指不用脑袋思考便可以完成的事情;②火星人的想法、做法;③非正常、非主流

---

① "第一娱乐"是游戏的"纯现实版"。"第二娱乐"是游戏的"纯虚拟版"。"第三娱乐"——对动漫或游戏中的角色进行真人演绎,既有角色本身的规定性,又融入了扮演者自身的人格特征,是对熟悉角色的再创造,亦是实现自我超常理想的捷径。Cosplay 是"第三娱乐"的"创始者"。

（诸如常人看来很傻的话题，某些人却很乐意讨论这个）；④傻了。

2. 一切从 OTAKU 说起

OTAKU 的日文写法是おたく，字面直译为"你的家"，也就是我们通常所说的"御宅族"（这是比较尊敬的称呼）或"宅人"。之所以这么称呼他们，主要是因为此"种族"对动漫及其相关衍生品的痴迷达到了疯狂程度，他们能一口气背出《五星物语》①编年史和《机动战士高达》②百科资料。换句话说，OTAKU 的责任就是最大限度地发挥自己的潜力，将自己对动漫的兴趣爱好完全展现出来，如此投入必然造就一大批无视现实、陶醉于二维与三维世界的"家里蹲"，"御宅"（守家的人）因此而得名。

OTAKU 不注重外表，穿着邋遢。除了对动漫里的二维人物和模型有兴趣外，他们看到真实中的人却变得不知所措，害羞、古怪。但随着动漫作品的日益普及，越来越多的人加入了 OTAKU 行列，他们执着于自己的观点且决不让步，专心 ACG 研究直到癫狂，甚至为抢夺限量游戏聚众打斗，极端时还产生了骇人听闻的恐怖犯罪。至此，OTAKU 族被社会扣以冷漠的帽子，他们缺乏交流、不懂人情的电子游牧民族的形象渐渐根植于人们心中。OTAKU 开始被人警惕，他们的名声因动漫陷入谷底。

花落自有花开日。2005 年夏，震惊 ACG 的"电车男③"事件吸引了全世界的目光：平庸的"御宅"拯救了危难中的大家闺秀，两人从此坠入爱河。但沉迷动漫过久的 OTAKU 青年因为没有恋爱经历，对突如其来的爱情措手不及，不得已他在 OTAKU 论坛上发帖请求帮助。于是，全国 OTAKU 集体动员，采用群策群力的办法协助 OTAKU 青年走上了婚姻殿堂。最后，那篇富有传奇色彩的长帖被新潮社编辑出版，OTAKU 通过一场纯爱革命终于走出了阴霾。

（二）漫话秋叶原动漫产业集聚历程

作为日本乃至世界最著名的动漫产品贩卖地，经常出没于此的 OTAKU 自然充当了消费主力军，市场以 OTAKU 的偏好为导向不断调整，直到建设成我们今天看到的动漫天堂。其实，秋叶原在创立之初并不是一个游戏、动漫商品的集聚市场。

在江户时代，秋叶原电器街一带曾是下级武士的居住地。明治以后，日本进入电气化时代，不仅开始使用电灯，而且 1926 年 NHK 的电台广播也正式开

---

① 《五星物语》是日本漫画家永野护的科幻漫画，日本漫画界经典力作。
② 《机动战士高达》：日本真实系机器人动漫的元祖，自 1979 年至今不断有新作推出。
③ 《电车男》改编自一个真实的故事：一个网名为"电车男"的青年男子在日本最大的综合性论坛 2ch（http://www.2ch.net）上发表了一个帖子，在这个帖子里，"电车男"真实地记录了自己和"爱玛仕小姐"偶然相遇并解救危难中的"爱玛仕"到认识交往过程中的点点滴滴，而在这期间，有很多热心网友为这个不通世故的御宅族出谋划策，"电车男"的经历于是在日本网络上成为人们津津乐道的话题。

始了。作为了解消息以及娱乐活动的一种手段，收音机得以迅速普及，出售电线、配电器、开关、收音机器件的批发商人也随之多起来。太平洋战争爆发后，除了军事用途之外，电机材料变得稀有，连电灯泡也采取配给制，此类商业买卖陷入了困境之中。1945年东京遭遇大空袭后，处于近乎全面毁灭状态，秋叶原一带也几乎全变成了焦土。

太平洋战争结束后，骏河台、小川町一带的黑市电器店渐渐开始专门出售收音机器件。根据1951年的摊贩整理条令，这些店开始被集中收容到秋叶原车站的高架桥下，据说这就是秋叶原电器街的起源，自此，秋叶原正式出售家电。20世纪80年代中期（秋叶原早期阶段），秋叶原地区以电器零售闻名遐迩，充足的货源、无所不有的最新产品充斥着这里的每个角落，巨大的现金流曾占据着日本市场的10%，每逢节假日大型活动，整个秋叶原都挤满了抢购的人群，其中不乏一家三口齐动员的盛况。

伴随着家电商品饱和，秋叶原把目光投向电脑行业，这期间的转型速度之快令人诧异，仅仅几年时间，秋叶原成为了日本最大的电脑爱好者集散地。从此光顾这里的人不再是一家之主，而是乐于接受新鲜事物的年轻人。他们交换游戏软件，相互交流，美妙的原创梦想使他们走到了一起，于是一个个同人①社团诞生了。虽然那时的社团无论规模还是技术都无法同现在相比，但他们的合作方式如今却为OTAKU沿袭。当时同人社团参与者的水平还远远达不到OTAKU的要求，秋叶原也尚未成为动漫迷们的朝圣地。不久之后，促进OTAKU发展并在日后带动秋叶原繁荣的重要力量——网络出现了，足不出户便能资源共享的网络造就了一批狂热的"御宅族"，他们利用网络实现了心中所想——小到改编人气动漫作品，大到发布真正的原创动画供人浏览。拥有良好氛围并具有一定知名度的秋叶原抓住了机会，开展了多项针对同人社团的大型联谊会、招商会，许多有潜力的新人和有价值的原创脚本、软体都在此地金石闪光。

有了网络这片沃土，加上秋叶原作为媒介，苦于无处沟通的OTAKU俨然找到了属于自己的组织，比起一般游戏商店，他们更钟情在秋叶原的专卖店选择商品。而且，不断强大的同人力量和日新月异的同人专卖店点燃了许多热血青年的斗志，秋叶原的名声在动漫圈子悄悄扩展，逐渐吸引了大厂商的加盟。

---

① 同人一词来自日语"どうじん"（doujin），也有人认为来自中国。原指有着同志向的人们、同好。作为ACG文化的用词，所指的是，由漫画、动画、游戏、小说、影视等作品甚至现实里已知的人物、设定衍生出来的文章及其他如图片影音游戏等，或"自主"的创作。同人在各个地方的意思不太一样，字典里的意思与"同仁"类似。

1997年ACG专营店Gamers①落户秋叶原，1998年K-BOOKS及海洋堂②杀将而来，1999年被称为Dejiko的Gamers大楼建造完毕……秋叶原翻开了崭新的历史篇章！

2000年后，徜徉于秋叶原的每个人都会发现，这里动漫无处不在：月台上的大幅美少女广告牌，超大荧幕电视滚动播放的最新同人游戏、动画，大街上免费派发宣传品的Cosplayer③，针对某作品建立的主题餐馆。当然，秋叶原最富有特色的还是女仆咖啡和执事红茶，前者是男性动漫迷的向往，后者是女性动漫迷的期望。凡是到过那里的人都感觉自己是生在虚拟世界的王子或公主。

醇香的花朵静悄悄地开放，2000年便风行ACG的秋叶原体系直到2004年才风靡台湾，2006年才登陆中国大陆，究其原因还是媒体的宣传力度使然。以前提起OTAKU，即使土生土长的日本人也无法对他们完全理解，自然不会花大力气进行宣传。幸亏有了"电车男"，将OTAKU的热血、正直公诸天下，把他们善良、纯洁的本性展示出来，否则秋叶原这个动漫朝圣地大概还在沉睡中吧。

（三）秋叶原特色动漫产业

经过10年的发展，秋叶原体系日渐完善，不但有男性消费者热衷的机械模型和罗莉手办④，还形成了专为女性消费者服务的"女人街"。

1. 综合商店

综合商店是销售所有ACG商品的地方，也就是游戏、动漫专营超市，每一层都有不同的分类和分区，从CD、DVD到书籍、游戏应有尽有。广大玩家来到这里除了选购如上商品之外，还有另一个目的，就是淘到自己钟情的衍生品，一般的大型综合店都会有打折或限量版衍生品发售，运气好的话，会碰到自己心仪已久的东西在大降价。此外，综合商店也设立了专门柜台销售同人动漫，如果某同人社团的商品打入综合商店，意味着在一定程度上证明了自己的实力。

2. 同人志专卖店

同人一词来自日语的"どうじん"，原指有着相同志向的人们、同好，是动漫文化的用词，指"自创、不受商业影响的自我创作"或"自主"的创作。它比商业创作有更大的创作自由度：想创作什么，便创作什么。同人志则是这

---

① Gamers是一家在全国拥有19家连锁的ACG相关专门店，由日本株式会社ブロッコリー（Broccoli）经营。

② 海洋堂成立于1964年4月1日，是总部设在日本大阪的一家知名玩具制造公司，也是日本知名的家族企业。

③ Cosplayer：比较狭义的解释是模仿、装扮虚拟世界的角色，也被称为"角色扮演"。由此在网络上衍生出了新的含义，往往被用来形容"假扮某类人的人"。

④ 手办：GK, GARAGE KIT的缩写，字面意思就是套装模件的意思，很多人误解其为所有树脂材质的人型作品，但其特指的就是未涂装的模件，是动漫周边创作的一种。

种创作的自制出版物，这个界别则称为"同人界"。这词汇来源于日语"同人志"（どうじんし），是指一群同好所共同创作出版的书籍、刊物，虽然所谓的同人志原本并没有特别限定创作的目标事物，但对一般人来说，此名词多指漫画或与漫画相关的周边创作。

同人志商品是秋叶原一大招牌，很多当今动漫界发烧级动漫迷都有制作同人志的背景。它的特点主要是为照顾个人兴趣开发，没有过分复杂的商业化框架，宣传手段亦灵活多样，适合极端 OTAKU 或热爱原创的动漫迷们。假如你不认同《名侦探柯南》动画中"新兰恋"的格调，可以去找找"柯哀命"同人团体创作的同人动画。

3. 二手市场交易店

这里可谓真正的珍宝屋，只要有足够的耐心和不怕"吃苦"的毅力，封藏版、限量版、绝密版的 DVD 都能找到。如果同店长很熟的话，他还会为你预留精品。但是，此地也有"恐怖宠物店"和"炼金术士屋"的称号，倘若你没有同等价值的东西拿来交换，一心想靠现金买卖，结果只能是流出大额现金了。

4. 模型、Cosplay 专卖店

20 世纪 80 年代以前的模型主要都是军事、车辆等模型，科幻模型只是满足低龄玩家的需要，制作很简单，因此定价很低，价格一般都在 300 日元左右。而由于机动战士高达的成功，在成年人市场的需求下，原本只有 300 日元价位的高达模型紧跟着便发行了定价高达 1000 日元甚至 3000 日元的面向成人的高达模型。也可以说，科幻模型是借助高达动画的巨大成功才发展到今天和军事模型分庭抗礼甚至稍胜一筹的局面。

模型店专门出售上述各类动漫角色的模型、手办及其相关工具配件，现在正赶上动漫收藏热，哪个玩家没有一两个模型呢。就像日剧《电车男》男主人公堆满模型的小房间，80% 是主人公的私人藏品。Cosplay 专卖店主要为动漫迷量身定做各种服装，因面料不同，价格也高低不等。不过，相比漫迷们在漫展上穿的衣服，秋叶原的缝纫水平相对专业很多。

5. 女仆咖啡与执事红茶

根据动漫、游戏虚拟场景予以现实化的咖啡馆和红茶坊，服务人员均要接受纯动漫化训练，对每位客人进行无微不至的服务。女仆咖啡厅是一项新兴的行业，是以 1998 年 8 月东京角色展中的游戏《欢迎来到 Pia Carrot!!》为蓝本经营的咖啡厅，其后在日本成为一种风潮。餐点内容类似咖啡店，但服务人员穿着的却是 19 世纪维多利亚女王时期的服装。这也是一种次文化①，早期由

---

① 次文化：Subculture，在社会学中，是指在某个较大的母文化中，拥有不同行为和信仰的较小的文化或一群人，亦称亚文化。次文化和其他社会团体之间的差别，在于他们有意识到自己的服装、音乐或其他兴趣是与众不同的。

日本东京秋叶原电气街开始兴起，之后扩展到日本各地。

女仆咖啡厅大多仿照 ACG 当中女仆的角色，由女店员担任女仆，并制作各种餐点，供到店的客人食用。店中的女仆会亲切地问候客人并称呼其为"主人"（日语：御主人样），客户群多以男性为主，其中不乏"御宅族"、ACG 爱好者及单身男性。由于电车男风潮的关系，也开始有情侣或女性前往女仆咖啡厅消费。

女仆咖啡厅与一般餐饮业最大的不同在于其提供消费者独特的体验，多半为体验旧贵族或资产阶级享受仆役服侍的快感。因此，女仆咖啡厅内女仆的服务方式被视为一种演出，而消费者也可以参与这种演出，以便更深入享受女仆吃茶的独特体验。

一位到过执事红茶的中国女漫迷曾兴奋地叙述她的感触：墙壁和地面的质地完全不同于现实，执事个个风度翩翩，年龄从 20～60 岁不等。客人们离开的时候，会有人说："公主，白马准备好了，一路顺风！"女仆咖啡厅、执事红茶店并非白领消费场所，它们的定价很低，草根阶层也能承受。

三、秋叶原发展中的问题和对其未来的展望

近年来，动漫正逐渐暴力化、色情化。而日本是一个生活节奏快的国家，越来越多的上班族饱受压力，却无处发泄，暴力的动漫恰好成为一些人的宣泄口，甚至有人直接将其付诸实践，而秋叶原是动漫圣地，不能不引起人们的思考。

（一）秋叶原存在的问题

1. 秋叶原高度繁华的御宅商业文化背后所隐藏的危机——秋叶原杀人事件

2008 年 6 月 8 日在秋叶原发生了一起恶性伤害事件，一名男子在驾车撞伤路人后又下车用双刃刀刺向路人及警察，造成 7 人死亡、10 人受伤。凶手名叫加藤智大，时年 25 岁，住在静冈县。加藤对自己的罪行供认不讳，称自己已厌倦社会，来秋叶原就是为了杀人。这次震惊日本的"无差别杀人事件"（意指无缘无故残杀无辜）恰恰发生在秋叶原，这无论对秋叶原经久不衰的商业还是对它所代表的"御宅族"文化都是一次重创。而罪犯把他的犯罪场所选择在秋叶原，也从一个较深的层面将社会心理及社会形态变迁紧紧联系在一起。

2. 政府政策重心由动漫业转向电器业

在秋叶原，早先的优势行业一直是电器业，但由于种种原因，秋叶原的动漫产业现今成为了秋叶原地区的主打产业，并且也已经发展得相当完善。在之前发展的过程中，很多电器店铺已被电脑游戏、网络游戏、动漫店等商店所取代或挤占，整个秋叶原外貌发生了质变，以至于现在当人们提起秋叶原的第一

反应就是把它和动漫产业联系起来,而其原来主打的电器产业却停滞不前,失去了原有的优势和活力,这对于以电器发家的秋叶原来说是有点本末倒置。所以,日本政府近几年已经开始将经济政策重心转移到电器业,大力扶植培养电器产业,动漫产业逐渐失去了政府的扶持,这无疑是对秋叶原动漫产业的打击,一定程度上影响了秋叶原的动漫产业和现今的市场格局。

3. 御宅族逐渐减少

御宅族是一个与社会脱节的人群,他们自我封闭,逃避现实,与外界缺乏沟通,对现实社会有抵触和不满,致使外界对他们多有不解并给其施加压力。OTAKU宫崎勤1988—2006年连续拐杀幼女事件,直接导致御宅族减少甚至给日本整个ACG界带来了毁灭性打击。由于当时日本儿童性犯罪非常少见,该事件的发生,引起了大多数日本人的震惊和愤怒,也使许多人尤其是教育家深刻反思。很多人开始抵制御宅族,还发起了类似"抵制有害书籍"的激烈活动。御宅族的数量因社会的压力开始倒退,到案件结束了很长时间后,日本市场意识到御宅族是日本消费大军里绝不可少的主力军,御宅族渐渐又被人接受,但因为御宅族们自身的封闭性,以及社会舆论对其的压力,再加上如日本动漫市场饱和、动漫作品质量下降、现今御宅族不再重视动漫学术的研究而是转变成消费宅族等种种原因,当下御宅族逐渐减少的趋势出现了。

4. 供过于求

其实大名鼎鼎的秋叶原并不是很大,但就是在这个东西宽400米、南北长800米的小地盘里,却云集了逾千家专销店。(如果走进主干道"中央通"大街,你会发现整个秋叶原塞满了各式各样的流行用品。)这里集中着数百家大大小小的店面,有超大型连锁百货商场,也有二手旧货店甚至路边摊。从电脑组装零件到各种软硬件、家电、音响乃至最新的科技产品,甚至过时的科技古董应有尽有。走进秋叶原,这里与其他地方一样弥漫着日本文化气息,大街小巷随处可见的自动售货机,让人见识到日本人追求便利的一面。近年来,由于个人电脑达到饱和状态,电子产品尤其是电脑的销量开始下降。随着时代变迁,社会迅速发展,"上班族"增多,"御宅族"还在逐渐减少,加之秋叶原店面数量多,动漫游戏产品的大量贩卖,形成了一种供过于求的局面,秋叶原有些销售动漫产品的商店被迫关门。

(二)秋叶原的未来走向

未来秋叶原不仅要巩固其世界一流动漫交流场所的地位,还要成为国际性的IT和资讯服务中心,那时就会有越来越多的OTAKU进驻其间,为秋叶原文化贡献力量。

1. 保持发烧友及"御宅族"心灵归宿圣地的地位

发烧友的圣地,御宅族的天堂,对技术和文化有着极端追求的两种人居然在同一个地方聚集着,这就是秋叶原的神奇之处。各种非主流的文化汇成洪流。虽然御宅族由于自己的喜好，对秋叶原投入了200%的热情，但大多数御宅族仍然尊重主流社会。在秋叶原，可以发现很多发烧友对生活抱有热情和希望，并认为秋叶原是他们心灵的归宿圣地，下面就列举NHK 2006年的《秋叶原年末物语》里的一些例子：

《寒蝉鸣泣之时》①的作者，小时候因为父亲不让他玩游戏，受到小伙伴排斥。如今他是著名的同人游戏作家，一家人都在帮助他。如今《寒蝉鸣泣之时》已是一个了不起的自主发售游戏系列。

出生在一个基督教家庭的本原（大学生），小时候因为父母不和，搬入教会宿舍，17岁受到开除处分，走投无路的他想过自杀，但一个名为"蓝天使"的美少女使他得到了救赎，于是他成了美少女御宅。一个月生活花费7000日元，但在秋叶原一上午就花掉了5万日元。他也打算成为同人游戏作家，像他遇到的蓝天使一样，给不幸的人带来安慰。

衣知香在一所著名的大学攻读法律，打算将来当一名律师。她周末在一家女仆咖啡店当女仆服务员，并不是因为生活所迫，而是因为害羞而交不到朋友，《樱花大战》②这个有真人语音的游戏使她感动。她偶然来到女仆咖啡店里，发现这里人与人之间相处融洽，感到能和他人接触很不错，并为工作感到骄傲。

世界超频纪录保持者大箸先生，四处挑选电脑配件。同一型号的产品，不同批号，性能是完全不同的。为什么要去超频呢？大箸先生回答："那和为什么山在那里一样。"

由于父亲早逝，继承了自己家那小得可怜的电子元件铺的岛山先生，因为孩子们的笑容，找到了工作的乐趣。

在秋叶原淘了一天小配件的松泽（12岁），回家和朋友制作了一个二极管霓虹灯（比我们单片机实验还难），他拿起一个二极管说："宇宙空间站也是由这些小零件组成的。"

可以用一句话来总结："在所有人都不知道的地方，并不意味着没有你的宝藏。"

沿着不同轨迹成长的人，必定有不同的心境和价值观，基于自己的价值观去批评嘲笑他人的价值观和审美取向是毫无意义且可耻的。秋叶原已经奠定了在很多人心中的地位，日后也会继续成为很多人心目中不可替代的一部分。

2. 延续交通枢纽一责，国际化加强并得以延续

秋叶原位于东京市区东北部千代田地区，处于环绕东京市中心的高速电车山手线上，山手线是JR东日本公司一条环绕整个东京市区的电车干线（日本

---

① 《寒蝉鸣泣之时》是日本同人社团07th Expansion所制作的同人游戏以及依此改编的广播剧、漫画、电视动画及电影。

② 《樱花大战》是日本世嘉公司发行的著名系列游戏作品。

的电车线路规模是超乎想象的，乘坐电车可以到达日本的任意地点，即使是北海道或者冲绳）。游客可以从东京站、上野站或者其他山手线上任意一站转车过来，交通非常方便。位于 JR 秋叶原车站东口的 YODOBASHI CAMERA "多媒体 AKIBA" 店开张营业。店铺面积达 27000 平方米，是日本最大规模的家电产品量贩店，吸引了许多顾客。不仅如此，乘坐高速列车的会有许多对科技情报感知度较高的乘客，秋叶原也似乎与之相呼应，正发展成为面向 21 世纪的 IT 中心。各个店铺的店员拥有丰富的专业知识，能对客户作出详细的解答，而且能用中文、英语、韩语来接待顾客的店铺店员也不少。

2003 年日本国际观光振兴机构的调查表明，7% 外国游客曾到访过秋叶原。秋叶原西口商店街振兴会于 2004 年 11 月成立了观光部，在东京都内以宾馆为主的 120 个场所发放了标有中英韩三国语言的地图。20 世纪 60 年代以来，日本的制造技术处于世界领先水平，日本的家电产品也受到世界各国人们的青睐。"Made in Japan" 成为品质保证的象征，到日本来旅游、出差的外国人开始光顾秋叶原，并购买日本的家电产品（收音机、随身听、音响组合、游戏机等）作为礼物带回去。面向这些外国顾客的免税店以及拥有免税柜台的商店逐渐增多了，可以说秋叶原已成为了一个国际化的奇妙场所，并且此名声会继续传播开去。

参考文献

[1] 姚林青. 繁荣与威胁：日本动漫产业现状 [DB/OL]. http://www.zjol.com.cn/05cg/system/2007/05/08/008400621.shtml. 2007.

[2] 陈磊. 日本动漫产业优势分析 [DB/OL]. http://www.visionunion.com/article.jsp?code=200804090045. 2008.

[3] 陈家淳. 探讨御宅族的消费行为和市场 [DB/OL]. http://www.visionunion.com/article.jsp?code=200804090045. 2008.

（改编者：陈骁琦　勾延君　殷亚丽）

思考题

1. 你怎样看待 OTAKU？如何使 OTAKU 的形象在人们的心中更加正面？
2. 日本动漫市场由于逐渐饱和而出现衰退迹象，你如何看待这个问题？
3. 结合日本动漫产业及秋叶原的发展模式，分析我国动漫产业的问题及其发展趋势。

旅游会展产业篇

案例 1

从水乡古镇到文化小镇：文化乌镇的转型模式*

江南古镇很多，比较有名的有同里、周庄、西塘、南浔、甪直和乌镇，称为江南六镇，其中三个在浙江，三个在江苏。小桥、流水、人家是古镇三味，但每个古镇又各有各的特点。

同里位于太湖之畔古运河之东，五湖环抱，镇内河道纵横，建筑依水而立，众多建于各个年代的古桥密集于此，因而以"水乡古桥"著称。最为出名的桥——"同里三桥"即太平桥、吉利桥和长庆桥。

周庄是典型的水乡，镇为泽国，四面环水，粼粼水巷，小船轻摇，绿影婆娑，港汊纷歧，湖河联络，咫尺往来，皆须舟楫，被海外报刊称为"中国第一水乡"。周庄的特点则为纯秀、古典，民族味儿很浓。

西塘地势平坦，河流纵横，环境幽静，一拱如月的石桥，桨声四起的流水，青瓦灰墙的人家，处处绿波荡漾，家家临水映人，悠然自得，温和面世。西塘因为原汁原味未经开发而为游人所津津乐道，也就是说它还保持着一种所谓的原生态。不过古西塘在清末就被焚毁，现在的西塘是从清末到民初建造的，而且这里大多数的房子过去是比较贫穷人家居住的，所以西塘其实并不是典型江南古镇的代表。

南浔是古代江南六镇之首，其繁华和显要是周庄、同里无法比拟的。南浔的卖点在于有众多的江南名园，中西合璧是南浔建筑风格的最大特点，也是南浔迥异于一般江南古镇之所在。其中最著名的是江南名园小莲庄和嘉业藏书楼。可惜的是全镇古迹破坏严重，不过政府正在加紧重修重建。

甪直，其地理位置优越，水陆交通极为便利。古镇居民保留了几百年前古老生活的意韵、淳朴、宁静和幽雅。甪直古镇乡有很多有名的风味小吃，水乡独有的吴东妇女服饰是古镇最亮丽的一道风景线。甪直的另一大特点是水多桥多，桥多而密，但这也是同里、周庄作为江南水乡的特色，因而甪直在这点上不具有强大的竞争优势。

那乌镇呢？乌镇，是中国江南的"封面"。以其"千年积淀的文化"和"原汁原味的水乡"成为中国十大历史文化名镇之一。毫无疑问，乌镇是目前

---

* 本案例根据文后所列参考文献整理。

为止江南古镇中保护性开发最好的一个。乌镇虽历经沧桑,但仍完整地保存着原有的水乡古镇的风貌和格局,是典型的江南水乡古镇,素有"鱼米之乡,丝绸之府"之称。

一、梦里水乡——乌镇

乌镇是世人梦里的水乡,是很多人心底旖旎的梦,梦里是湖亭外的波光潋滟,是布坊里蓝印花布浸染着的纠缠的爱,是水乡伊人手中香甜酒酿的醉,是彩戏师舞动皮影戏时投来的光影,是浓妆艳抹的花旦在古戏台上咿咿呀呀吟唱的小曲,如画卷般飘然静谧。

乌镇——这个静谧的江南小镇,一个并不著名的吴中水乡。这里没有名声带来的喧嚣,没有急功近利的躁动。有的只是宁静、安详和让人感动的沧桑,一段在古韵清幽的文风气节中随潺潺流水源远流长,在唐诗宋词的字里行间演绎才子佳人的戏梦人生。

乌镇位于浙江省北部丰饶的杭嘉湖平原,地处上海、杭州、苏州三大城市构成的金三角中心位置,分别有三条高速公路和国道相连,交通便捷。古老的京杭大运河穿镇而过,镇区由十字形的水系划分为东栅、西栅、南栅、北栅四个区域。从公元872年建镇以来,乌镇的镇名、镇址及生活方式都没有改变,传统建筑依旧保存完好。

(一) 历史渊源:"乌戍"——"乌镇"[①]

据谭家湾古文化遗址的考证表明,大约7000年前,乌镇的先民就在这一带繁衍生息了。那一时期属于新石器时代的马家浜文化。

春秋时期,乌镇是吴越边境,吴国在此驻兵以防备越国,"乌戍"就由此而来。

秦时,乌镇属会稽郡,以车溪(即今市河)为界,西为乌墩,属乌程县,东为青墩,属由拳县,乌镇分而治之的局面由此开始。以后,乌镇或属浙江的湖州、嘉兴管辖,或属江苏的苏州治理,一直到1950年。至于青墩之"青"的来由,王雨舟在《二溪编》中指"恐与乌接壤故以青为别。"

唐时,乌镇隶属苏州府。唐咸通十三年(872)的《索靖明王庙碑》(朱洪撰并书,吴晔篆额)首次出现"乌镇"的称呼,此前无据,这一时期的另一块碑《光福教寺碑》中则有"乌青镇"的称呼。乌镇称"镇"的历史可能从此开始,当时,镇地置有镇遏使的官职。

元丰初年(1078),已有分乌墩镇、青墩镇的记载,后为避光宗讳,改称乌镇、青镇。(南宋宋光宗登基,名惇,念"敦",于是天下念"敦"的字全

[①] 乌镇概况,参见中国乌镇官网,http://www.wuzhen.com.cn/wzgk/wzgk_yjls.htm。

不能用，自此之后乌墩就定称为乌镇。)

但何以称"乌"呢？有很多种说法。一说是"越王诸子争君长海上分封于此，遂为乌余氏，故曰乌墩"；一说是"因土地神乌将军而名乌"；一说"乌有乌陀古迹，青有昭明青锁"，故有乌、青之名。此数说前人都提出异议，以为或无证，或附会，或缺乏历史常识，卢学博编修《乌青镇志》时已详加批驳。同时，他提出一个较为合理的说法，这个说法是清康熙二十七年（1688）乡贤在《乌青文献》中提出的："乌墩、青墩之名，其从来远矣……大都江山自开辟以来，何有其名字？皆世谛流布相承耳，如'齐鲁青未了'，'澄江静如练'，是为山水传神写照语也。乌青之义盖类此。"

民国元年（1912），乌、青两镇依旧分治。

1950年5月，乌、青两镇合并，称乌镇，属桐乡县，隶嘉兴，直到今天。

（二）发展现状：传统文化传播者与中外文化交流使者

乌镇是河流冲积平原，沼多淤积土，故地脉隆起高于四旷，色深而肥沃，是典型的江南水乡。如今的乌镇地处桐乡市北端，西临湖州市，北界江苏吴江县，为两省三市交界之处。一条河流贯穿全镇，两岸房屋建筑全部向河水，形成了水乡迷人的风光。

乌镇的河网在镇内担当一条主要的纽带，它与主干道重合，连桥成路，流水行船，使乌镇的平面格局行成亦路亦水的形式。这个水网体系联结京杭运河、太湖和乌镇的池塘、水井，理想地解决了农作、饮用、排水、观赏、运输等水问题。同时，十字形的内河水系将全镇划分为东南西北四个区块，分别称为"东栅、南栅、西栅、北栅"。从2001年东栅景区正式开放到2007年开放西栅景区，首创了"乌镇模式"，整体上实现了保护面积的不断增加、保护深度的不断延伸。从"修旧如故，以存取真"到"实现历史街区的再利用"，种种保护开发理念均处于国内领先水平。尤其对乌镇西栅的保护，除了强调保护对象的遗产价值外，更重视其本身实用功能，在考虑历史古镇旅游价值的同时，进一步考虑了古镇发展与人类生活如何和谐统一等问题，使古镇不再是一个单纯的"观光博物馆"，而成为一个功能完备、现代与古朴完美结合的生活社区。

乌镇以得天独厚的旅游资源，于1991年被评为省级历史文化名城。

1999年，开始古镇保护和旅游开发工程。

2000年，推向市场，获得巨大成功，当年游客总数约55万人，其中外国游客就有5万人。

2009年，在全球金融危机的大背景下，乌镇旅游接待游客324万人次，实现收入3.03亿元，净利润9065万元。

2010年，乌镇成为上海世博国内唯一介绍"历史遗产保护和再利用"经验的江南古镇。

2012年，乌镇景区游客接待量就突破600万人次，超越黄山，一举成为了全国第一。

2013年，开始举办"乌镇戏剧节"。

2014年，乌镇成为"世界互联网大会"的永久会址。

2015年，木心故居、乌镇互联网医院等粉墨登场。

2016年，北栅丝厂的"乌镇国际当代艺术邀请展"已经开展。

……

乌镇景区已不是单纯的"观光游"景区，而是一个集休闲度假、养生养老、文化创意于一体的国际休闲文化小镇。如今，"乌镇模式"不仅走出了乌镇，在北京密云开发古镇，而且还走向了海外。从桐乡到长三角，从国内到国际，从东南亚市场到欧美市场，每一次开拓似乎都有着跨越式的发展。凭着"江南水乡"这一张牌，现在的乌镇想象空间变得更大了。

目前，乌镇已成为江南水乡古镇中旅游发展最快的古镇。从充裕的接待能力、便捷的交通状况以及乌镇旅游在景区周边近千亩的土地储备情况看，乌镇旅游同时兼具打造旅游综合体的能力和收入持续快速增长的条件，而作为历史文化名镇，乌镇在展示中国古老文化的非凡魅力和东方生活的传统精髓的同时，也成为了一个传统文化的传播者和中外文化的交流使者。

二、乌镇的古镇转型发展

（一）乌镇古镇转型发展的策划团队

1999年，桐乡市政府发文成立"乌镇古镇保护与旅游开发管理委员会"并由市政府牵头，由市财政局、建设局、国土局等13家共同出资1300万元，组建"乌镇旅游开发有限公司"，再由公司进行融资。陈向宏，乌镇古镇保护与旅游开发管委会主任、乌镇旅游开发公司董事长，被乌镇人称为"总规划师""包工头"。陈向宏生于乌镇，在上海同济大学城市规划设计院的协助下，1999年开始白手起家对乌镇进行保护与开发，是乌镇保护的创始人、规划设计师及组织实施者。他独创性地在全国率先提出"历史街区再利用"的保护思路。在实施对乌镇历史建筑风貌的系统保护的同时，致力于文化传承与发扬光大，历时十余年的亲力亲为，将一个默默无闻濒临消亡的江南小镇打造成为世界著名的江南古镇典范，并获得了"2003年亚太地区遗产保护杰出成就奖"。

中青旅于2006年12月24日正式公告，宣

图1　陈向宏

布以3.55亿元对乌镇旅游开发公司实施增资控股,这使得中青旅在走向国际化大型旅游运营商的道路上迈出一大步。如今的乌镇旅游股份有限公司是中青旅、桐乡市政府、IDG三方共同持股的大型旅游集团,主营景区、酒店、房产、旅游纪念品和旅行社等。

在乌镇发展中,政府与市场全方位运作,政府经营平台、企业经营市场、民众经营文化。

(1) 政府经营平台。乌镇旅游开发由市政府直接领导,组建了乌镇古镇保护与旅游开发管理委员会,确立了政府主导、市场运作、企业经营的运作机制,在组织领导、人员调配、资金投入等方面市政府发挥了积极作用。为加大资金投入,桐乡市政府组织市建设局、国土局等13个经济实力较强的单位,组建了乌镇古镇保护与旅游开发有限公司,国资与管委会合二为一,注资从无到有,建立开发平台,并买断西栅景区内的所有房子。

(2) 企业经营市场。中青旅的入主,不仅直接为乌镇引来了大量游客,更是将中青旅先进的管理理念、开发理念带给了乌镇;IDG的加盟,推动了乌镇资源变资本、资本变资金,为乌镇旅游上市做文章。有了中青旅、IDG的资源、资本、资金,乌镇才能长线开发、持续投入。一个典型例子就是乌镇旅游花4亿元把西栅所有电线蛛网污水等全部地埋,保护了古镇的原生风貌。

(3) 民众经营文化。乌镇重视展示和挖掘古镇完整的生活形态与深厚的地域文化,将"名人文化"及"民情民俗文化"发挥得淋漓尽致。景区内本地的夫妻民宿经营者、老居民的旅游志愿者、戏剧节及文化演艺的参与者、童玩节的儿童家庭……民众对乌镇文化的经营体现得淋漓尽致。

(二) 乌镇古镇转型的发展阶段

1. 旅游观光古镇(1999—2006)

一期东栅景区定位为旅游观光,历史与民俗文化有机结合。

1998年乌镇委托上海同济大学城市规划设计院编制《乌镇古镇保护规划》,规划明确了乌镇古镇保护和旅游开发的整体发展方向,并将整个古镇划分为绝对保护区、重点保护区、一般保护区和区域控制区四个不同等级的保护区域,提出不同等级的保护措施,保护范围和缓冲面积达198公顷。

1999年,乌镇东栅区块保护开发工程经过周密调查,制订了《乌镇古镇首期整治保护总体规划》和详细的修复与整治方案,开始实施乌镇古镇保护与开发的东栅工程,简称"东栅景区"。在规划的全面实施过程中,乌镇为了达到"四个最"(即保护最彻底、环境最优美、功能最齐全、管理最科学)的目标,具体实施了遗迹保护工程、文化保护工程、环境保护工程等"三大工程",在全国古镇、古城保护中,乌镇首创了和成功运作了"管线地埋""改厕工程""清淤工程""泛光工程""智能化管理"等保护模式,昔日的江南明珠拂去了它的灰尘,重新焕发出动人的光彩。

2001年，乌镇保护开发东栅工程东栅景区正式对外开放，一期景区面积约0.46平方公里，保护建筑面积近6万平方米，以其原汁原味的水乡风貌和深厚的文化底蕴，一跃成为中国著名的古镇旅游胜地。开放以来，乌镇每年吸引200多万海内外游客前来观光游览，成为浙江省年接待外宾数量最多的单个景点。已成功接待了江泽民、吴邦国、温家宝、钱其琛、李岚清、乔石、李瑞环、李鹏等众多党和国家领导人和APEC会议嘉宾。其间被评为国家首批4A级景区之一，并获得联合国颁发的"2003年亚太地区遗产保护杰出成就奖"，更是连续三年进入"全国重点旅游景区旅游信息定点播报单位"系统。

到2003年，累计上交税收2700万元，2004年税后利润3550万元，改造工程所借贷款全部还清。《似水年华》电视剧的播出，更助乌镇"观光小镇"的名声大振。

2. 休闲度假小镇（2007—2012）

二期西栅景区：商务会议及国际休闲度假，是目前国内最完美地融合了观光体验与休闲度假功能的古镇景区。

乌镇古镇保护一期工程的成功，保护了乌镇宝贵的历史风貌和遗产，同时也给乌镇的地方经济带来了蓬勃生机。但由于其面积占乌镇总面积不足1/4，还有大量的经典明清建筑群尚待保护修复，另外受地理环境的限制，无法为游客提供更完善的服务。所以乌镇从2003年开始启动省级重点项目——乌镇古镇保护二期工程（西栅景区），投入10亿元巨资对乌镇西栅实施保护开发。2007年西栅景区正式对外营业。

西栅景区占地面积3平方公里，毗邻古老的京杭大运河畔，由12个碧水环绕的岛屿组成，需坐渡船进入，真正呈现了原汁原味的江南水乡古镇历史风貌。相对一期保护开发工程，二期西栅景区的保护开发更加完善彻底，人和环境、自然、建筑更为和谐。一、二期景区最大的区别在于，一期是与其他古镇类似的"观光型"景区，而二期街区内具有名胜古迹、手工作坊、经典展馆、宗教建筑、民俗风情、休闲场所，还设置了各类风格的民居特色客房和各种档次的度假酒店、设施齐全的会议中心和商务会馆，可供800余人住宿；游客服务中心、观光车、观光船、水上巴士、直饮水、天然气、宽带网络、卫星电视、电子巡更、泛光照明、星级厕所和智能化旅游停车场等配套设施一应俱全，以及独具江南风情的民宿、配备完善的星级度假酒店、奢华高雅的高档会所等，拥有客房2000多间，可同时供3000余人入住。西栅景区内共有大小会议室100余个，其中包含了大型多功能会议厅、小型会议室、贵宾接待厅，设施齐全，拥有设备先进的同声翻译系统。餐会形式也是多种多样，西餐、中餐、自助餐、露天酒会、长街宴……乌镇景区培训出一支专业的商务会议接待团队，承办各种大小商务会议及拓展培训。乌镇整体上创建了一个食宿游购逐渐完备的新型古镇社区，使古镇不再仅仅是一个"活化石""博物馆"，而是完美地融合了观光与度假功能的"观光加休闲体验型"古镇景区。历史、文化、自然、环境、人文有机融合，先进完善的服务设施配套，乌镇真正成为了观光、休闲、度假、商务活动的最佳旅游目的地。①

3. 文化地标小镇（2013年至今）

三期转型：文化旅游和智慧旅游，将传统古镇与文化创意产业、"互联网+"完美结合。

2013年，投资4亿元的乌镇大剧院正式竣工，成为乌镇最具特色的文化地标。同年，乌镇戏剧节举办，虚实结合，从做平台向做内容升级，从开发思维向运营思维、服务思维转型，推动乌镇向文化小镇的全面转型。乌镇戏剧节总投资5亿元，由华语戏剧界极具影响力的赖声川、黄磊、孟京辉等共同发起，共邀全球戏剧爱好者和生活梦想家来到乌镇体验心灵的狂欢。首届乌镇戏剧节于2013年5月9—19日举办，6个剧院/剧场，"国际邀请、青年竞演、古镇嘉年华"三大单元，逾120组艺术表演团体，500余场精彩演出，乌镇朝着文化小镇迈出了重要一步。

文化乌镇继乌镇戏剧节之后又推出"乌镇戏剧孵化基地"这一造梦项目。"文化乌镇"将会与众多知名艺术家展开合作，邀请知名艺术家落地乌镇，并提供一定条件供艺术家驻地创作与排练，创作作品将于乌镇首演，这种引凤筑巢的演出邀请方式旨在复兴本土文化，活跃、培育、丰富文化创意产业。同时，为了扶持和鼓励青年艺术家的创作，"乌镇戏剧孵化基地"还特设置青年艺术家驻地创作项目，该项目着重邀请青年艺术家带现有作品前来乌镇演出，同时提供一定条件供青年艺术家在乌镇演出期间孵化创作一部全新作品，并于乌镇首演，这种"1+1"的演出邀请方式在国内尚属首创。

除乌镇戏剧节和乌镇戏剧孵化基地之外，在文艺复兴的道路上，"文化乌镇"正在开展国际艺术双年展、木心美术馆、打造演员村等一系列的文化盛事，并将陆续推出高水准的艺术表演和文化交流项目，让乌镇成为国际表演艺术的一流殿堂、艺术教育普及的实践者、中外文化交流的活跃平台以及文化创意产业的重要基地。"北栅"将打造"创意民俗"，以艺术工坊、民俗手工作坊、动漫展演为特色的创意集聚区，含艺术工作室、服装创意园、艺术展览馆、艺术酒店等主力业态。

2014年随着世界互联网大会永久落户乌镇，这个传奇的江南小镇魔术般地发生着变化。跨越千年的古镇文化与引领未来的网络文明，在这里融汇贯通、交相辉映。通过乌镇的"互联网医院"，人们可以找全国的医生看病。在乌镇公共自行车服务点，外地游客不需要办卡，只需微信扫描二维码就可以直接借车。乌镇智慧养老综合服务平台以乌镇居家养老服务照料中心为载体，惠及1.5万乌镇老年人，既能为老年人提供集中照料与居家服务，也借助老年人家中的智能居家照护、SOS呼叫跌倒与报警定位等设备，将服务延伸到老年人

---

① 《中国乌镇　保护开发》，http://www.wuzhen.com.cn/wzgk/wzgk_bhkf.asp。

家中。2015年9月浙江省批复同意设立乌镇互联网创新发展综合试验区,将以乌镇为核心,辐射周边,打造浙江省信息经济发展的示范区、全国"互联网+"发展的先行区。同时,通过打造云游古镇、智慧安居、智慧养生、智慧会展、智能开发和保护、智慧环境等工程,进一步让智慧乌镇更智慧。

现代文化引入古镇,反而让古镇魅力四射。旅游加文化的驱动,才能带动整个镇的商业和产业,所以,越是做一些与古镇旅游看似不着边的事情,乌镇反而越办越好。乌镇是平台,是一个能承接现代艺术、科技、文化的平台,通过乌镇的平台,向周边地区的产业链和经济发展辐射。如何以文化带动旅游,促进创意产业发展,复兴文化乌镇?任重道远。

(三)乌镇古镇转型的发展模式

全面考察乌镇模式,其核心经验在于形成一套将景区公司、古镇居民和外来游客都包含在内的系统解决方案,在形成共赢的基础上对古镇这一同质化程度极高的产品进行脱胎换骨式的系统改造,形成一个崭新的古镇旅游产品,从而赢得市场。分析乌镇模式,可以从发展模式的四个要素展开解析。①

1. 产权方面

一般而言,古镇开发旅游,大多采取租赁经营,或者集体经营。因为古镇既是旅游景区,又是居民区,各处房产归属不同居民,产权很难统一。乌镇在其西栅景区开发中采取整体产权开发模式,这是全国古镇开发中独一无二的模式。乌镇西栅景区在开发中采取先投资、后开发的方式,即先以全资买断西栅所有原商铺和住家的房屋产权,此举投入资金达3.5亿元之巨,在此基础上实现整个景区开发的主体一元化,规避了开发中主体多元化带来的诸多弊病。

目前很多古镇开发走的都是边规划、边建设、边经营的路子,这样的开发模式大多为古镇开发的初始阶段,这样做的好处是投资少,见效快,能迅速启动古镇经济突破性发展。但是古镇的深度开发就变得困难重重,这也是我国古镇发展中遇到的共性难题。古镇房屋的产权大多属于居民,他们是业主,纵有规划,也无权强制其改变用途。旅游开发起步时,居民还不知利益所在。一旦人气旺起来后,房租飙升,小小店面一个月收入几千元租金已很平常。在巨大的利益驱动下,业主纷纷装修改造,要么自己经营,要么出租经营,古镇整体风貌被"肢解",成了低档、重复和杂乱无章的店铺麇集。房屋产权分散在各家各户手中,很难实现整体布局,更别说行业管理。因此,产权是古镇开发的诸多问题的根源。

上海新天地开发后大获成功,短期内跃升为蜚声海内外的旅游景点,其基础就是在掌握全部产权前提下的整体规划、开发和经营。而上海多伦路文化街

---

① 参见郑世卿、王大悟《乌镇旅游发展模式解析》,载《地理研究与开发》2012年第5期,第85~88页。

虽也算是小有名气的景点，但由于当初对一些重要房屋没有果断买下，无法全面深入开发，整个格局就显得不伦不类。到如今已不再可能获得那些房屋的产权了。

基于获得整体产权的前提，乌镇西栅景区在开发中规避掉与居民之间的矛盾，实现统一规划、统一设计、统一改造和统一经营，打造成为旅游精品。从经济学上讲，乌镇模式是将交易成本内部化，通过产权整体买断，乌镇就不必和各个房屋的所有者进行谈判和交易，使得开发中的阻力降至最低。

2. 产品方面

产品方面，乌镇在定位、基建改造和资源挖掘三方面都很有自身特色，从而打造出一个与众不同的古镇旅游产品，形成对市场的吸引力。

（1）定位：乌镇一期定位观光市场，人均消费一直在 100 元左右。乌镇二期的市场定位是一线城市的高端客源，包括高端休闲散客和商务客人，极大地提升了人均消费，人均消费达到 1000 元，已经成为营收的主力。古镇旅游大多定位在观光市场，容量有限，往往只有半天的游程；同质竞争激烈，价格战呈常态化；观赏内容有限，景区营收以门票为主，这样的开发模式对古镇资源的破坏比较大，同时游客在熙熙攘攘中获得体验不足。正是开拓海内外高端商务和休闲市场，西栅景区的经济效益实现突破性提升，无论是来西栅开会还是住宿，都需要支付门票（120 元），这无疑提升了游客进入的门槛。同时，乌镇戏剧节、乌镇国际当代艺术邀请展、世界互联网大会等，确立高端市场的定位，使景区保持较低的游客密度，从而精心营造迎合高端客源的环境氛围。

（2）基建：脱胎换骨式系统改造。大凡古镇，谈及保护必言整旧如旧，保护亦多以浅层保护为主，即主要对古建筑的表面进行协调性修复，以达到原貌修复的目的。但是这种保护措施仅仅是"穿衣戴帽"，对古建筑而言没有实质性作用。而古镇的水电、卫生等条件难以满足现代消费者的居住需求，因此一般古镇的住宿产品往往是低端的，即使投入大力气进行部分改造，也往往受制于水电煤卫和电视、电信等系统。

乌镇在保护开发中采用创新理念，实施的是"脱胎换骨"式的系统改造，使得古镇重新焕发生机，处处显示出活力。乌镇"脱胎换骨"式系统改造可以分解为五个方面：①基建改造。乌镇实现了管线埋放、河道清淤、给排水系统、水电煤系统的全面改造，这种改造在古镇开发中是全国首例。②外部整治。整治的对象还是建筑立面和空间、周边环境，但是出发点不再是整旧如旧的单体修复，而是基于街区风貌的整体打造。整治方法不仅对建筑外立面进行协调性修复，更要对建筑外围环境进行系统整治，营造适合人居的大环境。③内部改造。改造就是对历史建筑内部空间进行重构，包括对室内空间重新分隔、安装现代厨卫设备、提升人均居住面积。改造好的古建筑更适合居住，有现代化的厨卫设施，有布局合理的电路，有更舒适的居住空间，有更好的采光。④功能注入。乌镇将新增功能注入到古建筑中，比如古镇水上消防队、公共厕所、监控中心等都是依托古建筑的内部改造,实现功能的有效注入。如此做法保证了古镇整体风貌的统一,又实现了新增功能的注入。⑤社区配套。社区配套主要是按照现代居住社区的标准,配套包括公共场所、社区休闲活动空间、人文活动设施及旅游配套设施。乌镇专门建立居民晨练场所,修复戏院、书场、露天电影场,服务社区,更让游客体验真实的古镇生活。乌镇将保护与再利用结合起来,投入数以亿计的资金对古镇进行立体式、全方位的深度改造,实现了开发与保护的兼顾,可以说是重塑了一个新古镇。经过改造,乌镇的客房都具有三星级以上的硬件标准,部分会所达到了五星级标准,更有享誉全球的小型豪华酒店组织(SLH)授权经营的乌镇会所。这样的改造不仅使得古镇有目标客源所期望的优美景致,更有高端游客所期望的居住条件,唯有此才能留住客人。

(3)资源:激活生活文化。乌镇的旅游开发根据当代旅游市场的现实需求,激活历史文化,古为今用,洋为中用,凸显文化创意大众化、动态化、生活化、趣味化的特点,从而赋予了古镇旅游文化的生命活力。古镇居民的生活内容和生活方式与普通游客很贴近。如蓝花印布已经成为当代城市的酒店、餐馆和家居中很有民间气息的装饰点缀,乌镇就办起了染坊。再如当铺和油坊,当铺是这个地区市场经济发达、资金急需流转的标志。再如历史上乌镇有很多茶馆,茶馆边上有卖烟丝的小店,过去老百姓来早市、喝早茶、抽早烟。这些非常生动的社会生活场景,乌镇在旅游开发中将之一一激活。

在动态化方面,一是延续历史文脉,举办大型节庆活动,如具有浓郁乌镇特色的香市节,就相当于当地的"狂欢节",移植过来与旅游结合,敛聚了人气。二是将评弹、皮影戏等一些文艺节目按旅游需求重新编排,在夜间露天表演或公开表演,丰富旅游夜生活的内容。三是强调传统手工艺市场机制的建立和历史街区传统老店的恢复。乌镇恢复传统产品作坊的生产,如酱坊与茶馆,补贴传统特色老字号商店的营业运转。同时将历史物化闲置公共建筑注入新的功能,如恒益药店和乌镇邮局。激活文化,还原生活,乌镇为游客准备的不仅仅是凝固的建筑,更是生动的古镇生活,这也是游客最希望体验的内容。

3. 经营方面

乌镇经过一期、二期的努力和实践,取得了优秀的经营绩效,综合营收已经超越丽江,直逼黄山。复合经营、统一经营和专业管理是乌镇取得成功的根本原因。

(1)复合经营。古镇旅游开发基本上靠门票经济,除此之外就是一些购物与餐饮,经营的业态比较单一。而对乌镇来说,门票只是进入门槛,景区内的多业态复合经营才是营收的主力。乌镇一期和二期开发出住宿、会议、餐饮、娱乐等多元化产品,实现复合式经营,景区内酒店餐饮消费较多,因此,游客组成及旅游消费的结构变化使得收入增长幅度远大于游客量增速。这也是日渐清晰的乌镇经营模式所应该带来的效应。尤其值得一提的是会议市场,乌镇二期内共有大小会议室100余个，其中包含了大型多功能会议厅、小型会议室、贵宾接待厅等，设施齐全。自2007年景区开放至今，已成功接待大小会议千余个，如中科院院士会议、中法文化遗产保护论坛、IBM全球总裁高峰论坛、拜耳医药和飞利浦电器等国际高规格会议都曾在此举办，而近两年的世界互联网大会更是将乌镇推到了世界人民的面前。

（2）统一经营。在业态上实施复合经营，在管理上却实施统一，乌镇成功破解古镇过度商业化和业态同质化两大难题。在整个景区内，游客绝对不会遇到强买强卖，更不会听到吆喝叫卖声。乌镇所有商铺的承租户由公司来发工资，卖茶的就只能卖茶，捏面人的店铺只能出售面人，亏的钱由公司补贴。二期也对外出租餐饮店面，但是承租并不是价高者得，而是要求承租户给出经营的内容和装修的效果图，符合二期整体经营需要的承租户才有机会获得这个店面。乌镇二期除大型餐馆之外，原住户可以租赁原有住宅开展餐饮，但是每户只能同时接待两桌客人，并且菜品和菜肴价格由公司统一制定，这也有效预防了经营中拉客宰客行为的发生。

（3）专业管理。在高层管理者中，包括中青旅在内的战略投资者虽然在出资比例中占据较高比重，但是并不参与日常管理。乌镇一期中，政府成立相应的旅游开发项目公司，相关资产以政府财政划拨的形式注入项目公司（或者以资产作价形式出资，资产所有者拥有项目公司相应的股权），项目公司以政府组织注入的资产为抵押，向银行借款，获得的资金用于古镇旅游项目的开发，政府不参与管理。乌镇二期在开发中与政府、外部集团三者之间达成和谐的共识，即开发只由当地公司独家全权运作，政府与外部集团不予干预，仅按股份获得相应利润。乌镇二期的运营仍由以陈向宏为首的专业团队负责，这是难能可贵的。古镇旅游开发需要专业人才，日常运营也需要专业人才，不因资本而改变治理结构，而以专业确立高端人才的管理岗位，是乌镇模式的一大亮点。很多古镇的从业人员来自居民，缺乏专业素质，这也导致服务水准不够。乌镇二期引进聘用不少外部人才，也加大了从业居民的培训力度，从而保证了景区的服务水平。

4. 社区参与方面

（1）社区重构。与其他古镇开发不同，乌镇将全部居民迁出，景区内的居民主体是游客，除此之外都是工作人员，这样的社区重构使得一般古镇开发中的居民与游客的矛盾不复存在。即使是居民租赁自己原有房屋经营餐饮，与游客之间也是服务关系，并且需要在公司统一的规范下进行经营，矛盾基本被消除。整个乌镇在一期、二期的改造下，有各种现代生活设施，为游客在景区内的生活提供诸多便利。而这样的现代生活设施却存在于古镇的形态下，使得游客可以深度体验古镇生活。可以说乌镇改变了一般古镇开发的社区关系：对于一般古镇而言是作为外来者的游客在乌镇却是真正的"镇民"；原来居民却成为进入景区务工的外来者；景区开发公司不再是居民房屋经营权的承租者，而是居民承租开发公司的房屋开展经营。正是这种颠覆式的社区重构，给游客以新鲜的古镇深度体验，也赢得了市场的支持。

（2）改善民生。乌镇旅游开发在民生方面做了三件事：①再造新镇。从生活质量来讲，历史建筑早已不能满足现代人生活质量的要求。在一期改造的基础上乌镇二期购地30多公顷，在开发之初就对古镇居民进行彻底搬迁，为此，公司补贴了不少资金。居民以较低的成本拥有宽敞的住所，享受现代生活，可以说此举大大改善了民生。②解决居民就业。整体搬迁导致居民就业成为问题，而景区运营也有较大的劳动力需求。因此，开发公司整体规划，精心布局，设置多个就业岗位，解决了不少居民就业问题。乌镇将古建筑返租给原来的住户，让他们处理日常的客房清洁，更可以在原来自家的餐厅经营餐饮。③延续古镇生活方式。原住户可以凭证件自由进出古镇，延续其原有生活方式，也弥补了古镇生活气息的缺失，这样的安排使得古镇原来的居民不仅实现安居，更实现了乐业。居民在旅游开发中获得了实惠，更获得了稳定的收入来源，因此，对古镇旅游开发持配合与支持的态度。在走访的多个古镇中，乌镇是居民与开发商关系最为和谐的一个景区。

三、乌镇文化保护、传承的创新

随着社会的进步，文化以产业形势发展，并能更好地促进文化的普及和传承，它使文化自身得以整合和积淀，促使文化成为大多数人都能分享的精神和物质成果，从而促进整体人群的文化素质的提高。在传承之上，文化的保护成为发展文化产业的基础。为了使乌镇的产业化开发不至于过度商业化，乌镇管理者设置了专项的保护工程，综观乌镇自开发到现在的几年中，这种保护工程及开发方式已在全国古镇的开发变革中处于遥遥领先的地位，逐渐引领其他古镇按照这种模式发展，将古镇开发的创新理念发扬光大。

（一）文化产业各要素之间交差相融，产业链条逐渐完善

1. 文化和旅游的结合

文化是人类所创造的精神财富和物质财富的总和，在文化的定义当中，人属于文化的主体，人类通过劳动将那些精神生产中所创造的价值观念、思维方式、行为方式等转化成为物质的形式，从而使人类能够不断地享受文化，改造文化。因此，文化具有一定的地理性、物质性、历史性、传承性。文化的物化形式逐渐形成文化产业发展过程中所生产的文化产品。旅游业指的是利用名胜古迹、自然风光和人造景点等旅游资源进行产业化运作并获取利润的事业，同样旅游也具有这样的性质，不可否认，旅游和文化是相辅相成的，旅游是实现文化传承和发展的载体，而文化和旅游的结合生成了一种当今流行的旅游形式——将人文旅游、社会旅游和自然资源旅游相结合的旅游形式，在人们产生

身心愉悦的美感的同时使表现出历史文化内涵。

乌镇旅游即是如此，就景色而言，有着6000年悠久历史的乌镇具有典型的江南水乡的特征，景区内保存有精美的明清建筑25万平方米，横贯景区东西的西栅老街长度达1.8公里，两岸临河水阁绵延1.8余公里。内有纵横交叉的河道近万米，形态各异的古石桥72座，河流密度和石桥数量均在全国古镇罕见，景区北部区域则是5万多平方米的天然湿地。小桥流水，街桥相连，水镇一体，为游客带来一幅如烟如梦的诗意画卷。就社会人文而言，街区内设置的名胜古迹、手工作坊、经典展馆、宗教建筑、民俗风情、传统饮食文化数不胜数，这种将历史、文化、自然、环境、人文有机结合的旅游方式，更生动、形象地将乌镇文化展示在世人面前，使得乌镇文化得到基本性的传承。

乌镇在向文化小镇转型的发展中，一系列大手笔引起国内外广泛的关注。以当代文化名人为主推，举办国际戏剧节，吸引了世界范围内的艺术青年；以世界互联网大会为契机，乌镇又刷新了世人对古镇的传统认知，世界互联网的精英大咖甚至国家主席习近平的亲临极大地提高了会议的关注度；2016年乌镇国际当代艺术展再一次将乌镇推到了最文化最时尚的高度。

2. 旅游与媒体的结合

作为"后工业时代"中具有代表性的产业模式，文化产业中各部分之间具有强烈的互融互助性，媒体的发展也促进了旅游业、广告业、演艺业等相关产业的进步，使得各要素紧密联合，共同提高整个社会经济水平。在乌镇的开发和后期管理经营过程中，通过媒体，着力打造形象，创建品牌意识，引起品牌效益，力争在传播乌镇文化的同时获得一定的经济收益。乌镇经营中和媒体的结合主要体现在以下两种方式：

（1）通过显性广告直接打造乌镇品牌形象。显性广告通过艺术性的创作手法，与之气质相符的形象代言人，创意的表现内容直接将品牌文化气息展示在观众面前。乌镇以当今具有小资气质的刘若英为形象代言人，通过平面广告及立体广告的形式将乌镇的文化内涵传输给受众。2005年12月，乌镇古镇保护与旅游开发委员会携手解放网新闻晚报举办了乌镇广告语征集活动，共有545名读者参与，提供了6000多条广告语。温馨的广告词"生活在这里，是宁静与开心的……"给观众一种别样的感受的同时，乌镇的形象也深入其中。

（2）植入式广告进入电视产品，形成隐形广告。首先，在与影视剧合作中，乌镇成为了人文电视剧《似水年华》的主要拍摄地，乌镇的柔美正好与该剧的浪漫剧情、唯美画面相符相称，该剧在央视播出，获得较高的收视率，为此乌镇在开发过程中专门开设了一个旅游景点，将电视剧的场景定格以供游客参观，使得乌镇及《似水年华》都达到了宣传效果较大化。其次，隐性广告同样植入电视节目的创作过程中。随着当今电视节目的多态化和娱乐化，各种具有创新性、互动性的节目不断涌现，无论是新奇多变的娱乐节目，还是关注民生的新闻节目，这种互动性同样给乌镇带来了机会。乌镇曾成为湖南电视台的《我是冠军》的第二站驻扎地，举办过第七届茅盾文学奖颁奖典礼，等等。这种间接性的广告通过给观众间接的心理暗示，使电视剧的受众获得一种内在体验，从而唤起其认同感，使乌镇的形象深入受众心理当中。

3. 媒体与营销的结合

一般情况下，作为产业而言，企业与市场的关系要靠产品作为媒介来连接。从一定意义上说，乌镇也是乌镇旅游开发有限公司的一种产品形式，营销是产品运营过程不可分割的一部分。乌镇的营销主要采取人员促销和广告宣传相结合的方式。乌镇旅游开发公司与各旅行社合作，由相应的人员以宣传单或在网络、电视、报纸、电台等媒体中散发旅线信息，并以单条旅线或者和其他旅游景点结合成多景点旅线的方式进行促销。

同时，乌镇还运用广告宣传，创品牌、建信誉，进行拉式促销。媒体作为信息传输过程中不可或缺的媒介，在营销上作出了巨大的贡献，广告的产出不仅促进整个媒介产业在策划、宣传、生产、销售媒介产品等一系列的价值链得以正常运行，同时也使旅游开发公司、旅行社等与之相关的产业得到经济发展，使得整个文化产业链条趋于完善。

（二）社会效益与经济效益相辅相成

民俗文化作为民俗地居民生活系统的一部分，对于创造和传承它的群体与个体具有实际的影响和价值，文化旅游产业中经营方将旅游地点推销给大众，使得旅游者支付一定资金消费旅游产业中的商品或服务以满足其心理需要。这种社会价值和经济效益在文化旅游产业的形成中不断凸显，处理好两者的关系是任何一个文化旅游产业管理者所面对的问题。

1. 乌镇文化旅游产业的社会价值

（1）文化交流。乌镇文化是当地人在长期适应环境的历史中不断积累并共同享用的创造成果，具有独特性、新奇性的特点，这些具有特色的文化资源都将是各地在旅游文化产业中的主打产品，能够吸引来自各地的游客。人类在面对第二种文化时会产生一种文化碰撞，这种碰撞会使得两种文化产生对比、认同及融合。通过旅游开发者对文化产品的策划、生产、规划，以及旅游者的参观游览的两种互动方式，文化信息将传播给受众并获得反馈，文化交流便由此产生，乌镇乃至整个桐乡的旅游经济也会因为这种文化交流而得到发展。

（2）文化教育。首先，文化具有传承品格，显然也具有社会教育功能。乌镇在开发中尤其注重这一点，致力于将乌镇文化以某种方式展示给游客。教育首先来自乌镇本身的历史文化，乌镇是一个具有千年历史文化的古镇，在悠久的历史进程中，乌镇名人辈出，从1000多年前中国最早的诗文总集编选者梁昭明太子，到中国最早的镇志编撰者沈平，著名理学家张杨园，著名藏书家鲍廷博，晚清翰林严辰、夏同善。乌镇自宋至清出贡生160人，举人161人，进士及第64人，另有荫功袭封者136人，如此深厚的文化底蕴给予了乌镇教育的资本。

其次,乌镇在开发中,鉴于专题民俗博物馆具有专一、深入且详尽等特点,开发者们在东栅景区开设了汇源当铺、茅盾故居、余榴梁钱币馆、木雕馆、蓝印花布染坊、公生糟坊、乌镇民俗风情馆、江南百床馆、传统作坊区等一系列专题性的展览馆,这些博物馆展出的都是围绕着专题某一方面,在全国或某一区域范围内所征集、收藏展示的文物传播乌镇文化,起到了一定的教化作用。

(3) 审美娱乐。随着当今经济的发展,生活节奏不断加快,人们休闲娱乐的时间越来越少,看惯了高楼汽车,人们会想去一些能够舒缓情绪、缓解心理负荷、能从休闲中得到轻松情感体验的地方,乌镇恰恰能给予人们这样的感受。乌镇的小河流水、石桥人家从视觉上给予人们美的体验的同时,也会使人消除劳累、压抑的状态。除此之外,乌镇开发时还注重娱乐项目的开发,这种娱乐项目与主题公园式的利用科技手段来获取心理和生理刺激的娱乐方式不同,而是利用当今乌镇已有资源,并以乌镇文化为特色来开办活动,例如西栅的水上戏台及评书场、东栅的拳船表演、皮影戏、花鼓戏,以及具有乌镇风情的茶馆小调,这种雅致的娱乐方式与乌镇"家"的温馨情调相符,不仅能够调剂人们的心情,而且能够传播传统特色文化。

2. 乌镇文化旅游产业的经济效益

从旅游产业的角度看,从规划、策划、投资、生产到营销,旅游业向大众提供的是可以消费的文化产品,这就决定了乌镇文化旅游产业的经济属性,民俗旅游是旅游业在多种权利和资本博弈的情况下生产出来的一种文化符号,表达了消费时代权利与资本的想象[1]。垄断性的特点决定了乌镇文化旅游产业要表现出一种特殊的经济交换关系。

对旅游区的居民而言,乌镇的发展可以增加他们的就业机会,摆脱贫困,尤其在大量需求传统产品的情况下,乌镇的小吃大多采用直销的方式,自产自销,这种方式使乌镇小吃文化显得更加本土、传统,也使乌镇居民获得了一定的经济效益。

对于乌镇旅游管理方而言,乌镇旅游业的发展可以丰富旅游产品和商品的种类,强化旅游吸引力,扩大市场份额,使整个产业链更加完整。目前,中青旅对已开发的景区享有独家经营权,对尚未开发的古镇区享有优先开发权。但桐乡市仍保持"乌镇旅游"品牌的独立性和完整性,在未来资本市场,将以"乌镇旅游"名义上市[2]。

对于乌镇当地政府部门而言,乌镇的发展带动了城市整体形象的提升,也

---

[1] 参见邱扶东《民俗旅游学》,立信会计出版社2006年版,第11页。
[2] 《看他乡如何建设小城镇·乌镇篇·古镇,在保护与开发间突围》,http://www.sozhen.com/default/newsarticlecon_231_1457.html。

因此吸引了各地商家前来投资，使乌镇的开发产生"聚宝盆"效应，也使自身的"造血"机能大为提升，可持续发展的动力变得更强劲。

对于江南其他古镇而言，在一定程度上，效仿学习乌镇的开发和管理方式，逐渐形成"乌镇模式"的古镇开发系统，其主要特点在于投资商精心布置古镇原真性的场景，政府大力推销以及多家旅游公司共同持股管理。虽然模式有所雷同，但是在具体实施的某些方面，各个古镇也找到了具有自己特色的文化资源。

（三）保护民俗旅游资源，传承和发展民俗文化，使经济效益和社会效益达到平衡

近几年，乌镇在文化遗产保护方面取得了较大成绩，据有关专家对乌镇和周庄原真性的调查发现，乌镇居民的原真性明显高于周庄，由此可见乌镇的文化还是比较原汁原味的。自1999年以来，乌镇所获得的一系列奖项都表明乌镇在民俗旅游文化资源的保护上下了一番功夫，总结起来，乌镇资源的保护主要集中在以下几个方面。

1. 合理开发，科学规划

全镇划分为东南西北四个区块，一期东栅街区着重于民俗文化的宣传教育，设置了多个文化遗产展览馆以供旅客参观学习。二期西栅街区秉承"保护利用历史建筑，重塑历史街区功能"的理念，创建一个国内罕见的"观光加休闲体验型"古镇景区。在全国古镇、古城保护中，乌镇首创并成功运作了一系列的保护模式，为其他古镇的保护和开发作出了典范。

2. 整体保护，提升古镇旅游价值

乌镇在保护开发中不仅注重于东栅西栅的合理布局规划以及周边环境的改良，在其他方面也实施了保护。在二期中，乌镇具体实施了遗迹保护工程、文化保护工程、环境保护工程等"三大工程"，采用各种科学技术挖掘民俗文化，保护物化形式的民俗产品，做到避免文化趋同化以及虚假化，将乌镇原汁原味展现出来。正如一些研究专家所言，乌镇在其整体规划中，以"以旧修旧，以存其真"为主要构想进行整体规划，乌镇吸引人的不仅是古镇的"形"，更是乌镇的"神"。

使乌镇旅游文化产业中的社会效益和经济效益达到平衡意味着乌镇文化在不流失、不同化的基础上得到有效的传承，谋求产业性和乌镇文化发展和谐并存，保护民族文化，并合理经营，是旅游业可持续发展的前提，从而能够推进旅游地社会的和谐发展。

四、乌镇可持续发展的隐忧和探索

将乌镇文化旅游加以产业化管理，必然可以提高乌镇文化旅游产业的社会

效益和经济效益,但是在整个的发展当中,依然存在一些问题,如果这些问题不解决,将会影响乌镇的各方面的可持续发展。①

(一) 乌镇可持续发展的隐忧

1. 人流量过大影响古镇人文环境和安全环境

随着乌镇知名度的提高,来乌镇旅游的人数不断增加,而休假期间的短期集中化促进文化遗产旅游地客流量飙升,增加了乌镇的短时游客压力,高峰人群固然可以给乌镇及当地居民带来很好的经济效益,但也严重影响了乌镇整体的人文环境和安全环境。对这样的人流量,需要一个严密的监督管理机构来做好安全工作,避免旅游时精神和物质安全受到侵犯,以及一些游客的不卫生行为对乌镇环境的影响。

2. 旅游商品过于雷同,定价混乱

旅游商品是旅游者在旅游活动中购买的、以物质形态存在的实物,在文化产业当中,乌镇当属于文化产品,而旅游商品则属于附加产品的范畴。无论怎样定义,这些产品都具有商品的属性特征,但在乌镇整个旅游商品市场产生了一些混乱。

(1) 某些旅游商品非本地化,且雷同。乌镇商业化气息越来越浓的同时,也有一些外来商品占据当地旅游商品市场,这些商品也属于民族手工艺品,但是并不具有一定的地理垄断性。由于进货渠道相似,有的商品在其他的民俗风情街也存在,并且价格相同,这在一定程度上影响了乌镇商品市场。旅游产品具有宣传和纪念功能,如果乌镇旅游商品不具备乌镇特色,那么无论是对于消费者还是对于乌镇市场来说,都将失去最重要的意义。

(2) 乌镇产品市场混乱。乌镇有许多商铺经营乌镇特有的商品,例如乌镇定胜糕、乌镇臭豆干、杭白菊、姑嫂饼、三白酒、手工酱、布鞋、篦梳、木雕竹刻、蓝印花布等,但由于我国迄今为止还缺乏良好的旅游商品市场管理体制,乌镇的旅游商品市场比较混乱,市场管理薄弱造成一些假冒伪劣、低质量商品充斥市场,个体摊贩泛滥造成竞争、定价混乱,从而损害了旅游者利益,影响游客心情。

(3) 旅游商品销售分散,难以形成销售体系。由于乌镇旅游商品的销售方式主要为私营人员承包租店,形成各种小型商铺和摊点,各个销售点之间缺乏纵向管理和横向联合,缺少售后服务,难以形成健全的销售体系。

3. 分开捆绑式门票定价过于商业化

国家计委1999年1月19日修订下发了《游览参观点门票价格管理办法》,强调游览参观点门票定价原则,要求保持价格合理稳定,维护正常的价格

---

① 参见周玲强、朱海伦《江南水乡古镇旅游开发经营模式与案例研究——以乌镇为例》,载《浙江统计》2004年第5期。

秩序。

尽管文化旅游地具有一定的社会属性，但是许多地方还是以门票作为主要的经济来源，尤其是类似乌镇这些具有资源稀缺性的古镇，门票成为其最直接的经济收入和地方财政收入。这些古镇在一定程度上存在着垄断竞争的关系，例如，乌镇东栅联票100元，西栅联票120元，而周庄日游联票100元，夜游联票80元。西塘古镇则是整体联票100元。这些古镇都采用景点联票的方式，尽管票价的制定受到市场关系、旅游产品价格弹性、旅游者收入、旅游容量、旅游资源特性、景点固定支出等因素的影响，但采用类似于乌镇的东西栅分开捆绑式门票的做法确实为乌镇提高了利润，并增加了政府税收、财政收入总量，但是这种售票方式直接影响了消费者的结构、旅游时间和旅游范围。同时，旅行社的竞争也加剧了餐馆之间的竞争，由于市场规制环境缺失，部分非法经营漏税，加剧了人均税收贡献的下降。

4. 文化活动流动性互动性不强，易引起市场呆滞

乌镇的开发依托了当地历史文化资源，与创造性地利用科技手段开发的主题公园不同的是，乌镇的文化活动比较单一，造成乌镇旅游市场呆滞，游客重游率极低。尽管乌镇所展示的文化产品具有一定的文化内涵，但是由于旅游资源开发有限，目前尚停留在观光层面，缺乏互动性，这在一定程度上限制了游客在乌镇的停留时间和乐趣，对于乌镇的可持续发展具有一定的影响。

5. 以古仿古，破坏原生态文化

现在多数古镇为了留住古镇的名号而不惜采取人为手段制造"仿古镇"，以至于使古镇处于为了迎合游客而存在的"仿古镇主题公园"的尴尬境地。乌镇作为千年古镇，虽然历史文化底蕴深厚，但不难发现其在开发的同时存在人为仿古的痕迹，甚至拆古毁古的现象也时有发生。

（1）买桥移桥。镇区的大多数桥是从周边农村迁来的，不是原有的桥，如此一来，周围农村经常出现一夜之间古桥消失的事情。

（2）水泥构造。乌镇的房子跟一般古镇的房子的确不同，它比较大，也比较整齐。其实这是造出来的，并且为了取悦外地游客而不让老百姓居住，限制了老百姓的生活方式。

（3）木板贴墙。因为房屋的水泥墙面毕竟太显眼，所以乌镇采用木板贴墙解决这一问题，以营造一种古色古香的效果。所谓木板贴墙，即将普通的木板固定在墙面，继而喷墨曝晒，使其看起来像是年代比较久远。[①]

但人为制造毕竟不是长久之计，乌镇作为历史文化古镇，人文气息浓厚，探访者的来意是体验其原汁原味的古韵，而并非用现代手段制造而成的"伪古镇"。

---

① 《真实的乌镇》，http://www.guzhenu.com/Article/14381.html。

(二) 乌镇可持续发展的理性探索

1. 健全环境监督体系，强化旅游环境管理

对于民俗旅游地来说，旅游地的自然环境和安全环境至关重要，它的好坏甚至直接影响游客的旅游意愿，自然环境的破坏以及社会治安的混乱都会给整个旅游地的文化色彩涂上一笔黑墨，这会从根本上影响前来消费文化商品的文化消费者。

要强化乌镇这方面的管理水平，需做好以下的工作：首先，加强制定乌镇安全环境保护规划，政府介入对环境及人身安全的科学管理，并严格执行。其次，提高乌镇旅游者、经营管理者的自身安全和环境保护意识。最后，制定相关的法律法规以规范整个环境，并健全环境监督体系，制订环境发展计划，计划可涉及保护区和生态区的规划、旅游容量和路线的规划以及督察人员的分配计划等。

2. 加强旅游商品的质量管理，建立规范的价格体系

旅游商品一般具有实用性、审美性以及纪念性特点，蕴涵旅游地的文化特征，而加强对旅游商品的管理，不仅可以满足消费者的购物需要，宣传旅游地的文化，还可以使旅游业获得很大的经济效益和社会效益。

桐乡地方政府应提高对旅游商品的重视程度，合理地开发和管理旅游商品。

（1）强化旅游商品的质量。优质是合格的商品应具备的属性，良好的质量不仅可以使商品获得实用价值，还可以获得一定的美誉。在乌镇商品的开发中，应充分利用当地民俗旅游资源和传统工艺，设计出具有创新型的、整合传统文化和现代思想的旅游商品，满足当前旅游者的需要，同时，做好旅游商品的质量监督工作，使其摆脱仿制、粗糙，优化商品的实用、审美、纪念价值。

（2）建立合适的旅游商品价格体系。乌镇私人小型商铺的经营产生了商铺竞争关系，价格大战也由此而生。各个商铺由于缺乏规范的纵向管理，价格的竞争使得各商铺管理混乱，商贩们疯狂叫卖，破坏旅游者的兴致，也影响了古镇形象。建立规范的价格体系，要求改变这种竞争关系，创建新的销售方式。例如，乌镇可以设置专门的乌镇商品专卖店，只销售当地特有的商品，并且各家专卖店中商品的价格一致，也可以将乌镇商品升级为商业品牌，在互联网或各地销售点中按统一规定的价格销售。当然，价格的制定要依据商品的类型、用途、特点，消费者的年龄、学历、喜好，以及整个商品市场环境的运作程度等因素，争取使整个旅游商品市场规范化、合理化。

3. 加强对原有文化遗产的保护，增强自身的原真性

在旅游学研究中存在主义原真性的主要观点为：游客在个体内容以及个体

之间寻找原真的感受①。为了提高游客对乌镇的原真性感知程度，乌镇不仅要限制制造仿制文化产品，即具有乌镇文化特色的吸引游客的旅游点，并且还要对原有的文化资源进行保护。对于民俗旅游资源，乌镇应保护当地居民的生活方式，使其不受商业化的干扰，还能将民俗文化展现给旅游者。对于物质遗产，乌镇管理者可以利用一定的科技手段对那些文化遗产进行修复、粘贴、加固、防护，使其保持审美、教育价值。另外，乌镇还应该保护文化遗产的自然和社会环境，使得乌镇整体上给予游客的原真程度不断提高，以提升自身的形象。

4. 加强品牌建设，实现多元化、多层次经营

美国品牌专家琼斯指出，品牌是能为顾客提供其认为值得购买的功能利益及附加价值的产品。的确，当今社会，市场的竞争很大程度上就是品牌的竞争，文化产业亦是如此，文化产品的品牌是文化产品整体观念中的重要组成要素，实施正确的品牌策略，可以提升文化主体的市场形象，促进文化企业的市场营销。

目前，乌镇正通过广告宣传的手段打造自身的品牌，已取得了一定的效果。鉴于目前许多地方极力开发古镇的竞争形势，乌镇应着力进行长期性的品牌建设，通过多元化及多层次的开发，使得乌镇以"迪士尼式"的品牌形象深入人心，这样才能积累自身的品牌价值。

（1）利用乌镇古镇效应和游客资源，扩大周边地区的旅游业发展，使之成为以乌镇为中心的大范围的民族文化园，加大对其他具有创新性的活动的策划力度。

（2）创建自己的品牌形象并开发具有民族特色的衍生品，创作大量的文化艺术精品，使乌镇形象上升为品牌，实现品牌建设、旅游和衍生品销售一系列的循环市场营销模式。

（3）继续加强与媒体的结合，实现持续而稳定的品牌效应，使其能够更多地占领人们精神文化旅游消费市场，在获得更好的社会经济效益的同时，获得比一般旅游产品更多的经济效益。

在文化品牌的建设中还要注意品牌保护的问题，防止假冒品牌获取非法暴利，损害乌镇本身的形象。通过及时依法登记注册、设置专门机构或者专职人员从事企业品牌保护工作等措施，有效地维护自身的品牌形象和合法权益。

5. 各古镇同类垄断竞争，乌镇应不断发掘自身优势

由于历史文化和地理位置等因素的影响，在江苏南部及浙江北部一带存在许多已被开发或正在开发的具有独特水乡环境和吴越文化的古镇，如江苏的周庄、同里、甪直、木渎、锦溪等，浙江的南浔、西塘、乌镇、练市、新市、柯岩鲁镇、横店等。各类古镇由于自身都具有以古镇为主的资源稀缺性的特点，

---

① 参见张韩枝《旅游与遗产保护 基于案例的理论研究》，南开大学出版社2008年版。

所以存在一种垄断竞争的关系，都运用各式的开发和营销手段在竞争中获取应有的利益。当然，共性和个性普遍存在于这些古镇之中，为了便于比较，这里选取了周庄和西塘两个在资源开发和保护方面较具有典型性的古镇与乌镇作为对比，以发掘乌镇自身的优势。

乌镇与周庄相比，首先是在旅游产品的保护上具有一定的优势。周庄在建设当中以"国际周庄"的构想为主要思路，在周庄镇中着重对旅游配套设施进行投入，争取把周庄建设成为国际休闲度假基地。上海大都会集团投资开发的爱渡风情小镇就位于周庄古镇入口处，并且它还是周庄镇政府打造大周庄旅游产业的重要组成部分，这也证明了周庄在发展过程中的商业化定位，相对而言，传统文化的展示和保护略显逊色。其次，专家调查显示，乌镇与周庄之间在街道总体布局、小桥流水场景、房屋建筑风格、商铺经营方式、纪念品的特色及当地居民的生活方式等关于原真感知差异的比较结果当中，乌镇的居民原真性感知比周庄明显要高，这也说明了乌镇在资源保护上比周庄进了一步。[①]

相对于西塘而言，乌镇的保护程度仍有不足，但是政府开发的确促进了当地经济发展。西塘是在近几年开发出来的古镇，由于相对于乌镇、周庄开发较晚，游客并不是很多，总长近千米的廊棚、狭窄幽长的石皮弄、与当地人一起上船捕鱼的乐趣，使得西塘的原生态文化保存尚好。但是西塘在发展过程中不可避免有对环境、人文历史等方面的影响，如何使这种影响降低到最低，这是正在发展中的古镇所需要考虑的问题。

总体来说，乌镇在旅游产品的开发和保护两个临界点中属偏中的位置，即相对于这两个古镇而言，乌镇能达到旅游产品的保护和开发的相对平衡。当然，至于一些不足之处，还需进一步调查研究及合理规划。

6. 加强江南古镇的资源整合

乌镇在自身的发展当中的确存在以上优势，但是，随着江南古镇的逐渐增加和快速发展，这些古镇在"乌镇模式"或"周庄模式"中相互模仿，最终造成一种古镇趋同的现象，而这种现象又极大地影响了各个古镇的发展。从地图上看，它们分布在以上海、杭州、苏州为三点构成的三角形，各古镇分布距离较近，在地理、资源、文化上具有一定的相似性，因此，江南各古镇具有一定的资源整合基础。如果将各个古镇资源整合，各个古镇在整合中发挥自身优势，将会形成一种互利互惠的新局面。[②]

（1）信息资源整合。对能够传递古镇信息的一些元素进行整合，例如品牌整合、旅游线路信息以及宣传的统一整合。在品牌整合方面，可以树立江南

---

① 参见张朝枝、马凌等《符号化的"原真"与遗产地商业化——基于乌镇、周庄的案例研究》，载《旅游科学》2008年第5期。

② 参见陆建伟、沈晓艳《略论江南水乡古镇旅游市场中的整合营销》，载《市场周刊》2004年第7期。

古镇的品牌,在打造特色古镇中求得总的品牌效应。在线路整合方面,可以将每个古镇设置成具有水乡特色的站点,以避重复建设,使整个古镇既能观光、考察研究、休闲,又能拥有以体验为主的线路。在宣传整合方面,运用广告、媒体、市场关系等传播要素加强对外宣传力度,这样既有利于促进区域旅游市场持续增长,又还可以降低各自的广告费用。

(2) 旅游资源的整合。在整体旅游资源和江南古镇品牌匹配并相辅相成的前提下,整合还需要各个古镇在自身的旅游商品、节庆活动上独具特色。各镇的商品种类应依据当地文化历史来推广,以购买本镇的特产为主,兼营其他古镇的特产,而整个商品出售机构也应该整合成为一家主营古镇商品的企业。古镇应挖掘有自身特色的节庆活动,以满足旅游者对不同商品的需求。在票价方面也可以设置出售古镇联票、买票送赠品等方式来减少游客的货币成本,使游客在旅游中放心、安心、舒心的同时,扩大江南古镇在全国乃至全世界的宣传力和影响力,以吸引各地的游客。

参考文献

[1] 乌镇概况 [DB/OL]. http://www.wuzhen.com.cn/wzgk/wzgk_yjls.htm.

[2] 中青旅:业绩爆发尚需时日,关注长期投资价值 [DB/OL]. http://money.163.com/10/0921/15/6H47EG7200251LK0.html.

[3] 阮仪三,邵甬,林林. 江南水乡城镇的特色、价值及保护 [J]. 城市规划汇刊,2002 (1).

[4] 中国乌镇保护开发 [DB/OL]. http://www.wuzhen.com.cn/wzgk/wzgk_bhkf.asp.

[5] 郑世卿,王大悟. 乌镇旅游发展模式解析 [J]. 地理研究与开发,2012,10 (5): 85-88.

[6] 邱扶东. 民俗旅游学 [M]. 上海:立信会计出版社,2006.

[7] 看他乡如何建设小城镇. 乌镇篇·古镇,在保护与开发间突围 [DB/OL]. http://www.sozhen.com/default/newsarticlecon_231_1457.html.

[8] 周玲强,朱海伦. 江南水乡古镇旅游开发经营模式与案例研究——以乌镇为例 [J]. 浙江统计,2004 (5).

[9] 真实的乌镇 [DB/OL]. http://www.guzhenu.com/Article/14381.html.

[10] 张韩枝. 旅游与遗产保护 基于案例的理论研究 [M]. 天津:南开大学出版社,2008.

[11] 张朝枝,马凌等. 符号化的"原真"与遗产地商业化——基于乌镇、周庄的案例研究 [J]. 旅游科学,2008 (5).

[12] 陆建伟,沈晓艳. 略论江南水乡古镇旅游市场中的整合营销 [J]. 市场周刊·商务,2004 (7).

(撰稿人:仲燕楠 朱慕蓉 刘金晶;指导老师:范黎丽)

思考题

1. 比较其他江南水乡古镇在保护、传承、开发中与乌镇的区别所在。
2. 讨论并比较不同地区古镇、古村落开发模式的差异。
3. 假使你参与了乌镇旅游开发建设,请写出一份规划报告,包括你对乌镇开发的建议及你做决定时所考虑的因素。

案例 2

中国文化产业的大集市[*]
——中国国际文化产业博览交易会

随着我国文化产业的快速发展，文化产品和服务的营销在文化企业生产经营工作中变得越来越重要。文化企业必须不断创新营销方式，提高营销水平，以完成产品和服务的销售任务，实现营销目标，确保企业生产经营总体目标的实现。为了完成营销任务，文化企业在做好产品和服务的开发、生产等的同时，还需要重点做好产品和服务的促销工作。在众多促销策略中，通过组织或者参加各种形式的交易会、展览会，以大规模推销企业的产品和服务，是文化企业的一种行之有效的促销手段。

中国（深圳）国际文化产业博览交易会（以下简称"文博会"）由中华人民共和国文化部、中华人民共和国商务部、国家新闻出版广电总局、中国国际贸易促进委员会、广东省人民政府和深圳市人民政府联合主办，由深圳报业集团、深圳广播电影电视集团、深圳出版发行集团公司、深圳国际文化产业博览交易会有限公司联合承办，是一个国家级、国际化、综合性文化产业博览交易会，以博览和交易为核心，全力打造中国文化产品与项目交易平台，促进和拉动中国文化产业发展，积极推动中国文化产品走向世界。

<h2 style="text-align:center">一、营业推广概述</h2>

在文化企业所开展的市场营销活动中，一项很重要的工作就是产品和服务促销策略的制定和执行。当前，文化企业广泛运用的产品和服务促销策略主要有广告促销、人员促销、营业推广促销和公关促销等形式，其中，营业推广是文化企业用来刺激早期需求或强烈的市场反应而采取的各种短期性集中性的促销方式，是文化企业非常重要的促销策略。

（一）营业推广的含义

营业推广一般是指企业为了鼓励消费者或者中间商购买商品和劳务而采取的除广告、公关和人员推销之外的所有营销活动的总称。美国销售学会认为，营业推广是人员推广、广告和宣传以外的用以增进消费者购买和交易效益的那

---

[*] 本案例根据中国（深圳）国际文化产业博览交易会网（http://www.ce.cn/cysc/ztpd/）、新华网（http://www.xinhuanet.com/）相关数据和新闻整理。

些促销活动，诸如陈列、展览会、展示会等不规则的、非周期性发生的销售努力。

(二) 营业推广的作用

营业推广策略对文化企业产品和服务的销售具有一定的有时甚至非常大的推动作用。

1. 快速吸引购买者，为文化产品和服务的营销打下基础

这是营业推广的首要目的。对于新成立的文化企业来说，尽快地吸引购买者以打开市场是其营销的首要任务。而对于推出新产品和服务的文化企业来说，快速向购买者传递新产品和服务的信息，或者吸引新的购买者，是其新产品和服务开发是否成功的重要保证。由于营业推广的刺激性比较强，能够较容易、快速地吸引购买者的注意力，使购买者在快速了解产品和服务的基础上进行购买，为产品和服务的营销打下了较好的基础。同时，由于营业推广活动常常会为购买者提供某些优惠条件，也可能使购买者因为追求这些方面的优惠而集中购买文化企业的产品和服务，为营销成功打下基础。

2. 快速推销产品和服务，实现文化企业的营销目标

按照生产经营计划生产和销售产品，是一切文化企业的生产经营目的。但由于产品和服务的生产经营受到多种因素的影响，连续性的营销活动有时会受到制约和限制。这时，企业可能会出现产品和服务营销不畅甚至大量库存的问题，当这种情况出现时，文化企业往往会制定一个特定的促销策略，集中开展有针对性的促销活动，这个特殊的促销活动就是营业推广策略。营业推广实际上是企业通过让利给购买者来增加购买者的购买积极性，从而增强了企业的营销效果。

3. 促进文化企业内部营销人员的工作积极性，提高营销工作成效

文化企业的产品和服务营销成效的高低主要取决于企业营销人员的工作投入。提高营销人员的工作积极性有多种多样的办法，营业推广策略的实施就是其中之一。文化企业通过定期、不定期开展销售竞赛、销售提成等方式，给营销工作完成较好的营销人员以各种形式的奖励，在提高其工作积极性的同时，刺激其他营销人员更加努力地工作，从而使得文化企业的整体营销水平得以提升，最终实现企业的营销目标。

4. 提高购买者的产品和服务的品牌忠诚度，延长本企业产品和服务的寿命周期

文化企业产品和服务寿命周期的长短一般直接受到购买者忠诚度的影响。文化企业开展营业推广活动时，通常会运用销售折扣、送赠品、赠券等有利于购买者大量购买的方式，刺激购买者大量购买文化和服务。由于大量购买和使用本品牌的产品和服务，并从中得到更多的实惠，购买者会更加乐于购买和使用本企业的产品和服务，因此对产品和服务的忠诚度也会不断提高。产品和服务的忠诚度不断提高,一方面会提高其销售量和市场占有率,另一方面会延长其寿命周期,提升文化企业的长期经营能力。

因此,制定合理的营业推广策略,适时开展营业推广活动,对文化企业的产品和服务营销具有非常重要的作用。

(三) 营业推广的内容

作为一种被企业经常采用的市场促销策略,营业推广策略涉及面较广,内容比较丰富,是文化企业产品和服务营销的重要选择策略之一。文化企业最常见的营业推广主要有三大类。

1. 针对中间商的营业推广

现代文化企业的竞争,很大程度上是一种综合实力的竞争。文化企业往往会通过扩大产品和服务的生产,走规模化生产和经营之路,以实现规模经营效益。同时,不断提高产品和服务的市场占有率,进而提高自己的综合经营实力。企业的规模化经营离不开大批中间商的支持。文化企业只有通过中间商,才能实现大规模的产品和服务营销,才能确保营销目标的实现。因此,文化企业必须以中间商为服务对象,开展有针对性的文化产品和服务的促销活动。

文化企业针对中间商开展营业推广活动,目的是鼓励中间商集中、大量购买本企业的产品和服务,或者推销本企业的产品和服务,从而扩大文化企业的销售规模,实现销售的批量化。因此,营业推广是目前文化企业最有效的大规模销售产品和服务的方式,也是最常见的营销方式。文化企业针对中间商的常见的营业推广方式主要有:

(1) 组织或参加交易会或博览会。这是一种最为有效的大规模、集中性向中间商销售文化企业产品和服务的营业推广方式。文化企业通过组织或者参加交易会或博览会,向中间商大规模推销其产品和服务的方式有两种:一种是文化企业可以在一定时期内完全由自己来组织全国性或者区域性的交易会或者博览会,邀请中间商参与购买本企业的产品和服务。这种方式对企业要求较高,只有个别实力非常强的文化企业才能单独组织。如中央电视台每年组织一场面向全国广告公司和大广告客户的广告资源销售活动,通过这个广告销售活动,把中央电视台主要频道的广告资源一次性地销售出去,保证了中央电视台广告资源营销目标的实现,同时,更好地提升了中央电视台广告资源的市场吸引力。另一种是文化企业自己不组织交易会,而是参加全国性或者区域性的文化产业交易会或者博览会,在交易会上面向不确定的中间商开展营销活动,以实现其大规模销售产品和服务的目的。这是一种适合绝大多数文化企业的营业推广方式。从推动文化产业发展的角度出发,各级、各地政府及部门会组织不同规模的文化产业交易会,为文化企业销售产品和服务搭建了一个平台,文化企业通过参加这些交易会来实现产品和服务的集中、大规模销售。文博会就是这种平台的代表。

但不管是哪种方式，文化企业参加文化产品和服务的交易会或者博览会，都是最有效的大规模、集中性销售自己产品的营销方法。

(2) 营销推广补贴。对于刚刚步入文化产业领域的文化企业来说，由于其产品和服务刚刚进入文化市场，市场知名度不高，对消费者吸引力不大，中间商不了解此产品和服务，营销积极性往往不高。同时，老的文化企业会对新进入的文化企业的产品和服务给予一定的"围剿"，因此，产品和服务的销售难度较大。此时，新进入的文化企业只有通过制定更优惠的营销政策，支付给中间商一定的产品和服务推广补贴，通过让利于中间商，促使中间商购进本企业的产品和服务，帮助企业推销产品和服务，才能实现扩大销售的目的，在文化市场上站稳脚跟。

(3) 销售竞赛。文化企业在开展营业推广时，有时会需要根据营销目标的变化制定特定的促销政策，以提高中间商的营销积极性，确保营销目标的实现。其中一个有效的促销方法就是在中间商之间组织销售竞赛，根据各个中间商销售本企业产品和服务的实绩，分别给优胜者予不同的奖励，如现金奖、实物奖，或者更加优惠的销售政策等。从而提高中间商的营销积极性，扩大产品和服务的营销。

(4) 销售折扣。文化企业为争取批发商或零售商更多地购进自己的产品和服务，可以运用销售折扣，诸如数量折扣、季节折扣等方式来促进中间商大量购买和销售自己的产品或者服务。一般来说，在某一时期内，购买本企业产品和服务的批发商在购买数量达到一定标准时，可以享受一定的数量回扣，在产品和服务销售淡季购买和销售本企业产品和服务时，可以享受更多的折扣等。由于中间商往往享受更高比例的折扣，因而其购买和销售的积极性也会提高。

(5) 工商联营。文化企业可以根据一定的条件和标准，选择具有长期合作意向、同时具备一定营销能力的商业企业，作为自己的长期合作伙伴，建立起较稳定的合作关系，共同开发文化产品和服务的市场。文化企业可以为合作伙伴分担一定的市场营销费用，如广告费用、摊位费用，从而建立起稳定的购销关系，共同推动文化产品和服务的营销。

2. 针对消费者的营业推广活动

文化企业所生产和经营的产品和服务最终要通过消费者来完成消费，因此，针对消费者的营销活动也是文化企业营业推广活动的一个重要组成部分。文化企业针对消费者开展营业推广活动，总的目的是鼓励老顾客继续使用文化企业的产品和服务，同时促进新顾客购买和使用本企业的产品和服务。当企业开发、生产出新产品和服务时，文化企业还可以组织消费者购买和使用这些新产品和服务。另外，针对消费者的营业推广活动还可以引导消费者改变购买习惯，或培养消费者对本企业的偏爱行为等。其常见的具体方式有：

(1) 组织或参加针对消费者的展销会。文化企业可以通过组织交易会或展销会的方式，集中向一定区域内的消费者推荐本企业的产品和服务。由于文化产品和服务的地域性特征较明显，消费者往往相对集中，产品和服务的销售市场也相对集中。因此，文化企业可以定期单独组织或者参加文化产品和服务展销会，把本企业的产品和服务集中陈列展示，向参加展销会的消费者销售。通过展销会，文化企业可以在相对短的时间内集中向消费者销售文化产品和服务，完成全年的销售任务。可以说，展销会是难得的营业推广机会和有效的促销方式。

（2）赠送样品。文化企业可以向消费者赠送样品或无偿试用服务，以增加消费者认识和使用该产品与服务的机率。赠送样品可以实行上门赠送，也可以在商店或闹市区散发，或者在其他商品中附送，或者通过广告、网络等方式进行公开推送。多样化的赠送样品方式，可以在最大的范围内促进消费者真实地认识企业产品和服务，并通过使用样品来感受产品和服务的价值和使用价值。因此，赠送样品是一种向消费者推荐新产品和服务最有效的方法。

（3）赠送优惠券。文化企业通过发放各种优惠券给消费者，吸引他们购买和消费本企业的产品和服务。消费者持优惠券购买本企业的产品和服务时，可以享受较低的价格优惠，甚至完全免费试用，给他们以较大的鼓励。优惠券可以邮寄，也可附在商品或广告之中赠送，还可以向购买商品达到一定的数量或数额的顾客赠送，或者通过网络等进行公开推送。这种形式，有利于刺激消费者使用老产品和服务，也可以鼓励消费者认购新产品和服务。

除上述三种常见方式之外，文化企业针对消费者的营业推广方式还有诸如有奖销售、降价销售、包装兑现、分期付款销售等。

3. 针对销售人员的营业推广

文化企业在开展营业推广活动时，除了采用以上两种不同的类型外，还有针对企业内部营销人员的营业推广活动，主要是鼓励营销人员努力推销产品和服务，或处理某些老产品和服务，或促使营销人员积极开拓新市场。针对企业内部营销人员开展的营业推广活动的主要方式有：

（1）销售竞赛。文化企业在某个特定的时间段，可以通过组织特定的带有奖励性质的营销活动比赛，来刺激企业的营销人员，促进企业在短时间内提高营销业绩，完成营销任务，其中最常见的形式是有奖销售和销售提成等，文化企业可以通过有奖销售和销售提成等一系列有效方式，刺激和奖励企业的营销人员，从而更好地完成销售任务。

（2）免费提供人员培训、技术指导。主要是指文化企业通过定期或者不定期的业务培训，提高企业营销人员的市场营销理论水平和实践能力，从而间接但又有效地促进文化企业营销人员促销水平的提高，以便更好地开展市场营销活动，完成营销任务。文化企业营销人员的培训方式多种多样，既可以离岗到专门的学校或者机构参加培训，也可以把专家请到企业，让营销人员在岗培训。培训的内容既可以是新的营销理论的学习,也可以是简单实用的营销方法的训练。

二、中国国际文化产业博览交易会

2004年5月,首届文博会在深圳举行,以后每年举办一次。截至2015年5月,文博会已经成功举办11届,取得了良好的政治效益、社会效益和经济效益。

(一) 文博会的组织与运作机制

作为我国规模最大、运作最为成功的文化产业博览会,文博会的组织者在为全世界各地的文化客户参与活动方面投入了极大的精力,取得了良好的效果。

1. 主办方的组织

任何营业推广活动的组织者都需要多方面的组织和机构共同参与。文化产业的发展需要政府主管部门、行业管理部门和具体的文化会展企业共同参与。文博会的主办方是中华人民共和国文化部、中华人民共和国商务部、国家新闻出版广电总局、中国国际贸易促进委员会、广东省人民政府和深圳市人民政府。承办单位是深圳报业集团、深圳广播电影电视集团、深圳出版发行集团公司、深圳国际文化产业博览交易会有限公司。这些单位充分发挥主办、承办单位的资源优势,在责任分工明确的基础上,充分运用各自的优势,合力组织、办好每一届文博会。

2. 运作机制

文博会自2004年开办以来,其组织者就对展会的运作机制进行了大胆的改革和创新,确定展会运作机制的基本思路是"政府办会、企业办展、市场运作、打造平台、以展兴业"。实践证明,这种展会运作思路对于推动文博会的发展具有决定性的作用,政府的强力推动和市场化高效运作已经成为我国会展业运作的基本模式。

(1) 政府强力支持。文博会从产生、发展到壮大,始终离不开各级政府的大力支持。从2004年首届文博会的创办,到第十一届文博会的高速发展,政府在其中都扮演了非常重要的角色。可以说,正是各级政府的强力支持和帮助,文博会才能从无到有,从小到大,不断发展壮大。中央政府、广东省政府和深圳市政府按照不同的职责和分工,在自己的职责范围内,多方面强力支持文博会的发展。

首届文博会由文化部、国家广电总局、新闻出版总署、广东省人民政府共同主办,深圳市人民政府承办。

从第二届文博会开始,文博会就由文化部、国家广电总局、新闻出版总署、广东省政府和深圳市政府联合主办，其国家级、国际化的定位已经确立。之后，商务部、中国贸促会又先后加盟主办。第三届文博会后，由文化部主管、文化产业司主办。

从第六届文博会开始，在中宣部的大力推动下，建立起了主办单位指导承办、市直部门协调承办、相关单位具体承办的三级联动机制。文化部、商务部、国家新闻出版广电总局、中国贸促会、广东省政府和深圳市政府联合主办，深圳报业集团、深圳广播电影电视集团、深圳出版发行集团公司、深圳国际文化产业博览交易会有限公司联合承办的方式。优质资源源源不断注入文博会，为文博会公司的承办工作提供了坚强后盾。

（2）市场化高效运作。各级政府在强力支持文博会的同时，并没有按照传统的会展思路，即一切活动都由政府包办的方式办文博会。而是采取了与众不同的办会思路：会展活动市场化。即政府从宏观上统领文博会，但具体的会展组织、经营管理交给具体的经营性单位，实行市场化经营。为此，经深圳市委、市政府批准，2005年4月，深圳报业集团、广电集团、出版发行集团按6：3：1的比例，出资3000万元组建了专业化的深圳国际文化产业博览交易会有限公司（简称"文博会公司"）。在主办单位中华人民共和国文化部、中华人民共和国商务部、国家新闻出版广电总局、中国贸促会、广东省人民政府和深圳市人民政府的指导下，负责承办每年一届的中国（深圳）国际文化产业博览交易会。

文博会公司自成立以来，在主办单位和深圳市委、市政府正确领导下，在会展模式、运作机制、体制改革、业务拓展等方面不断创新发展。文博会公司遵循现代企业管理制度，遵循公司运营和市场化运作规律，坚持一业为主、多业并举的经营策略，在把会展业作为主业经营的同时，积极适应市场需要，先后把拍卖、文化产品出口贸易、网络运营、衍生产品开发、展览工程等纳入经营范围，并通过增资扩股、推动上市的经营发展战略，拓宽经营渠道，扩大经营规模，增大经营效益。

文博会公司一直坚持专业化的服务宗旨，参照国际知名品牌展会标准，从搭建、报关、运输、保险、商旅、宣传、证件办理等各方面入手，不断提高文博会专业化展务服务水平。同时，积极开发衍生产品，推进文博会市场化进程。

文博会公司始终坚持国际化、专业化、市场化、规范化、精品化的办展方向，经过多年的运营，文博会公司已经发展成为国内规模大、承办展会规格高的专业会展公司之一。公司已成功承办10届文博会及相关展会，其专业化、市场化、国际化运作程度迅速提升。

（二）文博会的定位

作为我国文化产业会展的代表，文博会在综合分析国际、国内文化产业发展及文化会展业现状的基础上，不断调整自身的展会定位，并依据国际、国内文化产业发展的趋势、方向，确定了自己的定位。

1. 国家级、国际性、综合性文化产业盛会

文博会是我国第一个国家级文化产业博览交易会，一直受到国家有关部门的大力支持，其国家级的地位和身份不断得到巩固。现代文化产业的发展已经说明，文化产业的国际化已经成为我国文化产业发展的一条重要之路，文博会必须在这个国际化进程中扮演重要的中介角色。现实情况充分说明，文博会的发展得到了国际文化产业界的重视，国外参展客商越来越多，交易额越来越大，其国际性的特征日益显现出来。2015 年举办的第十一届文博会吸引了来自俄罗斯、捷克、智利等 40 个国家的 84 个机构参展，海外采购商 18542 名，涵盖来自欧美和世界各地的 97 个国家和地区。可以说，文博会现已经发展成为国家级、国际性、综合性文化产业盛会。文博会成为获得全球展览业协会（UFI）认证的综合性文化产业博览交易会，被列入《国家"十二五"时期文化发展规划纲要》、十七届六中全会《中共中央关于深化文化体制改革推动社会主义文化大发展大繁荣若干重大问题的决定》重点发展的展会之一。

2. 中国文化产业发展年度检阅与总结的盛会

这几年，我国文化产业快速发展，文化产业的整体实力不断提高。文化产品、项目和服务的集中交易和展示已经成为我国文化业界的一项重要任务。文博会的举办为我国文化产业的集中展示和交易提供了一个集中性的平台，吸引全国文化产业领域的单位和人员集中参展，从而成为中国文化产业发展年度检阅与总结的盛会。从 2010 第六届文博会开始到 2015 年的第十一届文博会，全国 31 个省、市、自治区及港澳台地区全部参展，实现政府组团"满堂红"！同时也吸引了来自美国、法国、日本、加拿大等多个国家和地区的海外采购商。每届文博会也成为我国政府发布文化产业管理等政策的一个重要平台。

3. 两岸三地最优秀文化产品集中展示与交易平台

中国文化产业的发展离不开香港、澳门、台湾优秀文化的支持，香港、澳门、台湾是我国文化产业发展较早、较快的地区，其文化产品的生产经营管理、市场开发等都具备较明显的优势，同时，其产品对大陆也具有一定的吸引力。文博会把香港、澳门、台湾三个地区纳入展会范围，吸引香港、澳门、台湾地区的文化企业、项目参加交易和展览，既有利于内地文化企业与港澳台地区文化企业的交流，也有利于香港、澳门、台湾地区文化企业在内地开发市场，更有利于通过香港、澳门、台湾地区文化企业出口大陆的优秀文化产品。

4. 中国文化出口贸易平台

文化产业与一般的实体性产业不同，文化产业竞争的核心是产品内容，产品只是其内容的载体，没有内容的产品，是无法在文化市场上赢得消费者的认可的。因此，文博会确定了以文化为内容，以产品、项目和服务为载体的经营理念，让文化内容成为文博会的主角，以内容决定形式，从而确定了文化产品

和服务的核心价值。同时，作为我国的文化产业交易博览，文博会看到了中华文化的巨大价值，确定了以中华文化走出去为目标，把中华优势文化产品和服务输向全世界，以提高我国国际文化贸易特别是文化出口贸易的总体水平。

5. 展会服务专业化、展会运作市场化、展会管理规范化、展会内容精品化的现代大型展会

与许多由政府主办、政府经营的交易博览会的运作模式不同，文博会按照"政府办会、企业办展、市场运作、打造平台、以展兴业"的思路办会，坚决走市场化之路。文博会按照现代企业制度的理念，以展会服务专业化、展会运作市场化、展会管理规范化、展会内容精品化为经营目标，把文博会打造成现代化的大型展会。

三、文博会的经营

文博会以"国际化、专业化、市场化、规范化、精品化"为办展思路，不断开拓会展范围，提高会展质量和效益，得到了越来越多的部门、文化企业和消费者的认可，其展示的内容和范围也逐步扩大，参加文博会的单位和个人也越来越多。

（一）文博会的展览交易内容

经过多年的积累和经验总结，文博会的经营范围主要包括以下几个方面。

1. 博览交易

博览和交易是任何博览会永恒的主题，也是历届文博会的最主要经营内容。经过多届会展经验的积累，顺应文化产业发展的潮流，文博会的文化产业博览交易的范围主要包括文化产品、项目、创意设计、影视动漫游戏、新闻出版、艺术品、非物质文化遗产、文化旅游及工艺美术，突出展示和交易创意设计、新闻出版、影视动漫、非物质文化遗产、书画艺术、文化旅游、文化科技、工艺美术等重点文化产业领域和代表行业水平的文化企业、产品和项目，以及文化出口品牌企业、产品和项目。文博会以博览和交易为主题，汇集了中国最优秀的文化产业项目和最优秀的文化企业产品和服务，成为品类最齐全、规模最宏大的中国文化产业的微缩景观和精华版本。

2. 峰会

文博会的举办，既是文化产品和服务的博览与交易，也是全国乃至全球文化产业政府相关职能部门及管理者、文化产业管理专家、文化企业及相关从业人员等的一次大聚会。文博会围绕文化产业这一主题，举办各种会议、论坛，组织参会人员共同探讨文化产业发展的相关理论与实践，并为参会部门提供项目推荐、投资、融资等机会。文博会先后举办了文化产业投融资项目手册发布暨项目推介会、中国文化产业高峰论坛、印刷业国际论坛、中国文化发展战略论坛、中欧文化产业论坛、中国文化产业投融资项目推介招商会、中国新媒体影视动漫节、中国数字出版高峰论坛、文化产业权威信息发布会、中国新媒体影视动漫节、中国文化产品国际营销年会等，以全球化视野探寻中国文化产业机遇与切入点。

3．评奖

文博会围绕我国文化产业发展的最新态势，组织相关部门和专家，对我国文化产业领域里的优秀成果进行评奖，先后组织和评选出中国文化产业创新奖、中国工艺美术精品奖、中国工艺美术文化创意奖、中国文化参展产品精品奖、"组委会奖项（优秀组织奖、优秀展示奖）"等专业奖项，堪称中国文化产业领域最新成果和最高水准的年度大检阅。

4．文艺演出

作为文化产业的核心部分，各种文艺演出的市场化运作一直是文博会的重要内容。文博会在展会期间邀请著名的中外艺术团体在全市剧场进行商业性演出，同时组织中外群众艺术团体在深圳各个广场、社区演出。文博会先后组织了文化部的年度国家大舞台精品剧目展演、大型原创舞剧《风中少林》、大型音乐舞蹈史诗《千古风流》、第九届中国艺术节、中国深圳文博会艺术节等一系列文艺演出。这些演出活动既丰富了广大参会者和观众的文化生活，又进一步推动了其市场化。

5．网上文博会

为了更好地推动文博会的发展，文博会组织方建立了中国文化产业网。中国文化产业网作为中国文化产业的门户网站，以文博会为平台，以"独家""专业""权威"为主要特色与亮点，整合产业资源，广泛汇聚国内外信息、项目、资本、技术、人才和产品，促进中国文化产业与项目交易。全力打造传媒出版、工艺美术、书画艺术、创意设计、动漫游戏、演艺娱乐、影视音像和文化旅游八大重点项目，成为海内外众多关心文博会人士了解文博会信息的重要渠道。

6．人才文博会

文博会既是文化产业产品和服务的博览与交易大会，也是文化产业人才的交流盛会。文博会组织文化产业相关机构与人才进行人才交流和宣传展示活动，同时举办文化产业人才论坛，促进文化产业人才资源的开发与交流，增强文博会的品牌效应和影响力。自第三届文博会开始，文博会在每一届展会上都组织文化产业人才交流会，吸引来自全国各地的文化产业人才参会，也为文化企业招聘专业人才提供了良好的契机。

（二）文博会的参展对象和参加者

作为我国唯一一个国家级、国际性、综合性文化产业盛会，文博会对文化产业相关组织和人员的吸引力是毋庸置疑的。

1. 文博会的参展对象

对具体的文化企业来说，是否参会则需要对会展的效果进行分析，以确定参展与否。从文化企业的角度看，目前，参加文博会的文化企业主要有：

（1）"全国文化企业30强"及"文化产业创新奖"获奖企业。"全国文化企业30强"评选活动最早开始于2007年11月，光明日报社和经济日报社联合举办"首届全国文化企业30强"推荐活动，并按照主营收入、税前利润、净资产值及2006年度或最近一届全国性奖项获奖情况等指标进行综合排序，最终确定了"首届全国文化企业30强"的推荐名单，"首届全国文化企业30强"主要包括文化艺术类企业10家、广播影视类企业10家和出版发行类企业10家。2015年5月，第七届"文化企业30强"名单出炉。这些企业都是在文化体制改革中迅速成长的骨干文化企业，展示了文化体制改革和文化产业发展的成果。"文化产业创新奖"则是由文化部、商务部、广电总局、新闻出版总署联合评选并奖励，以贯彻落实党和国家倡导的自主创新和建设创新型国家的战略要求，鼓励引导文化企业和单位增强创新意识，进一步提升我国文化产业的核心竞争力，推动文化产业快速发展。奖项的评选和颁奖活动在文博会期间举行。首届"文化产业创新奖"于2008年的第四届文博会上评选和颁奖。共有中国对外文化集团公司、中国电影集团公司、四川新华文轩连锁股份有限公司、雅昌企业（集团）公司、三辰卡通集团公司等5家企业，国家文化产品和投融资项目服务交易平台、青岛有线数字电视、央视国际网络、中国思想家评传丛书等4个产业项目和西安曲江新区管理委员会一家机构荣获"中国文化产业创新奖"。

（2）国家文化出口重点企业和重点项目。2007年，商务部会同中宣部、外交部、文化部、广电总局、新闻出版总署、国务院新闻办等有关部门共同制定了《文化产品和服务出口指导目录》，根据《指导目录》评选并发布了《国家文化出口重点企业目录》和《国家文化出口重点项目目录》。同时，联合开展年度中国文化出口重点企业和重点项目的认定工作，以发现一批文化重点企业和重点项目，在资金、税收、项目促进、国际市场开拓等方面给予支持，更好地培育我国文化产业骨干企业，扩大文化产品和服务出口。2007年，全国共有142家企业和118个项目分别列入首届"国家文化出口重点企业和重点项目"。2014年5月，商务部、中宣部、财政部、文化部、国家新闻出版广电总局又评选出2013—2014年度国家文化出口重点企业和重点项目目录，366家企业入选国家文化出口重点企业目录，123个项目入选国家文化重点项目目录。这些重点企业和项目都成为参加文博会的主力。

（3）国家部委命名的全国文化产业示范基地。2004年，文化部颁布了《文化部关于命名文化产业示范基地的决定》。2006年2月，文化部办公厅又印发了《国家文化产业示范基地评选命名管理办法》，用于指导和规范我国文化产业示范基地的评选，以积极培育市场主体，增强微观活力，通过先进文化企业的示范、窗口和辐射作用，引导促进我国文化产业持续健康快速发展，不断提高文化产业的总体实力和竞争力。评选命名管理办法规定，文化行政部门管理的演出业、影视业、音像业、文化娱乐业、文化旅游业、网络文化业、图书报刊业、文物和艺术品业以及艺术培训业等领域的各类所有制的文化企业都可以参加命名评选。2004年11月，文化部命名第一批国家文化产业示范基地，共计42家文化企业入选国家文化产业示范基地。2014年12月，文化部命名第六批国家文化产业示范基地，共71家文化企业入选。这些国家级文化产业示范基地也成为参加文博会的主力。

（4）文化产业上市公司、国内外大型文化产业集团、著名文化品牌企业。近年来，我国文化产业进入了产业化发展的良好时期，文化产业上市公司是我国文化企业发展水平较好的代表。目前，我国A股市场的文化产业类上市公司（包括IPO上市和借壳上市）共有65家，东方明珠、中视传媒、中信国安、歌华有线、皖新传媒、新华传媒等是上市公司的代表，也是我国文化产业领域里的领军企业。这些企业亦不例外成为参加文博会的主力。除此之外，国内外一些没有上市的大型文化企业集团和著名文化品牌企业等都积极参加文博会，成为文博会的主角。

（5）各地文化产业龙头和品牌企业。为了抓住文博会的商机，我国各地的文化产业龙头和品牌企业也积极参会，希望在展会上寻得商机。从首届开始，我国各省市先后组团参加文博会，在展示本地优质文化产业项目的同时，积极开展交易，取得了良好的效果。

2. 文博会的参加者

文博会是一个文化企业盛会，也是文化产业相关人员的一次大聚会。从11届参会人员的类型来看，文博会的参加者主要有以下几种类型：

（1）国际、国内文化名人。这些文化名人，既是文化领域的领军人物，又是文化产业的宣传者和示范者，还是文化产品和服务的消费者。他们参加文博会，不仅能够更好地宣传文博会，还能够通过其消费的示范作用，更好地吸引文化消费者参与到文博会中，对提高文博会的影响力和知名度有着非常重要的作用。

（2）国内倡导文化战略的地方政府决策者和执行者、研究人员。文博会是一次国际、国内文化产业的盛会，地方政府决策者和执行者、研究人员自然要参加这样的展会，来获得自己平时无法得到的各种信息、情报。

（3）全国文化系统、新闻出版广电系统的各级官员和相关人员。文博会是全国文化产业和行业领域人员的一次大聚会，自然也是我国文化系统、新闻出版广电系统的各级官员和相关人员一次大聚会。通过聚会，可以交流信息、提高认识、交到朋友，从而实现双赢，甚至多赢。

（4）国际投资机构、投资银行、风险基金等。文化产业的发展需要资金的投入，而金融投资者则越来越看重文化产业的投资潜力，因此，众多金融投资者参加文博会也就不足为奇了！

（5）国内国际的文化产品和服务的采购商、流通商、经销商。这是文博会参加者中最为重要的一类人员，是文化企业产品和服务交易的中间商，对于文化企业产品和服务交易的成败具有决定性的影响。大批的文化产品和服务采购商、流通商、经销商可以为文化企业提供定单，规模采购文化产品和服务，甚至可以建立长期的合作关系。法国国际贸易有限公司、意大利慕目电影集团、日本大和集团、韩国叶尔娱乐、埃及国家电视台等一批年度在华采购上千万元的海外企业都参与了文博会的采购，给我国的文化企业带来了良好的市场效益。

（6）国内有意进军文化产业领域的大型企业。由于文化产业属于朝阳产业，市场前景好，其他领域的大型企业在实施多样化经营的战略思想指导下，会主动介入文化产业。作为我国文化产业领域最有代表性的文博会自然是这些业外企业关注的对象。这些企业可以通过文博会获得文化产业生产经营信息、寻找到合作对象、发现生产经营商机。

（7）国内外文化产品高端消费者。随着我国经济的不断发展，广大人民群众的生活水平不断提高，文化产品和服务已经成为消费品的重要组成部分。文博会集中了我国几乎所有的文化产品和服务，是文化消费者获取产品和服务信息、比较和购买产品的最好机会。而国外的文化产品消费者更是需要通过这样的平台，来消费中国的文化产品和服务。

四、文博会的营业推广及效果

作为我国国内规模最大的文化产业交易博览会，文博会尽最大可能为文化产业从业单位设计了多样化的营销方式，最大限度地满足了文化产业从业单位的营销需求。同时，为文化消费者提供了大量文化产品和服务，满足了消费者对文化产品和服务的消费需求。

（一）文博会的营业推广形式

从市场营销的角度来看，文博会的定期举办为我国的文化企业提供了一个极好的市场营销机会，对其文化产品和服务的促销起到了非常重要的作用。

1. 针对文化企业的营业推广

作为我国规模最大的文化产品和服务交易博览会，文博会主要为文化产品和服务的买卖双方提供各种博览和交易服务。其中，针对各种文化企业和中间商的营业推广活动是其最主要的工作。为了更好地吸引国内外的文化产业相关单位参加文博会，组织方通过各种方式向国际国内的相关文化产业单位发出邀请函，积极开展海内外招商，以扩大文博会的品牌影响力，吸引更多海内外买家参加，为文化企业的产品和服务营销提供机会。

2. 针对文化产品消费者的营业推广

文博会的举办,为文化企业提供了与消费者直接交流和营销的机会,从而扩大了文化企业产品和服务的宣传、促销的机会,为文化产品和服务的营销提供了广阔的区域空间。

由于我国文化产品和服务的生产经营还处于起步阶段,产品和服务的营销渠道相对较窄,普通消费者与文化产品和服务直接面对面的机会较少,因此,文化企业会出现非常尴尬的营销情形:产品和服务想卖卖不掉,消费者想买买不到。这种情况的出现,实际上反映了我国文化企业与消费者的联系还缺少一个中间环节。联系文化企业和消费者的中间环节可以多样化,但通过举办大型的会展活动,集中性地向一定区域的消费者提供文化产品和服务,是一个非常好的解决产销脱节的方法。文博会的举办,一方面为广大文化企业提供了与中间商进行直接交流和开展促销的机会,另一方面也为文化企业提供了与消费者直接交流的机会。珠三角区域,甚至全国和世界一些国家的文化产品和服务的消费者都有机会参加文博会,通过集中性的宣传推广活动,可以最大限度地吸引广大文化消费者购买和消费文化产品和服务。参加第十一届文博会各项活动的观众达到 523.79 万人次,比第十届增加 15.81 万人次,增长 3.11%。海外专业观众达到 20.13 万人次,同比增加了 3.93 万人次。

(二) 文博会的综合效益

自 2004 年第一届开始,经过主办方、承办方和全体与会者的共同努力,文博会所取得的成效越来越明显。可以说,连续 11 届的文博会不仅给组织方带来了巨大的经济效益,也给我国文化产业的发展带来了巨大的社会效益。同时,对于参会的各方来说,会展的效益也是非常明显的。

1. 宏观效益

作为由国家文化主管部门与地方政府联合举办的国家级文博会,其办会效益首先体现在文化产业的综合效益上。

(1) 产业示范效应。文博会的成功举办为我国政府举办文化产业博览会提供了可以借鉴和学习的成功模式,产生了积极的社会影响和社会效益。由此,文博会的示范作用在我国近年来逐步显现出来。原先只是参加文博会的我国部分地方政府先后组织了各具特色的文化产业交易博览会,使得我国的文化产业会展业进入了一个快速发展的阶段。

近年来,我国已经形成了国家级文化产业展会、区域性文化产业展会、省级文化产业展会、地市级文化产业展会为主体的四级文化产业会展体系,这一体系得到了不断的充实和发展,展会的综合效应不断显现出来。

目前,国家级的文化产业博览会主要有中国(深圳)国际文化产业博览会、中国义乌（国际）文化产业博览会、北京国际文化创意产业博览会等。而区域性的文化产业博览会代表则是于2005年12月首次举办的中国西部文化产业博览会，2005年9月由文化部文化产业司、辽宁省文化厅、吉林省文化厅、黑龙江省文化厅和沈阳市人民政府共同主办的首届东北文化产业博览会等。

省级文化产业博览会则是越来越多。2006年6月，山东文化产业博览会成功举办。2007年6月，重庆首届文博会成功举办。2013年6月29日，山西省首届文化产业博览会开幕。越来越多的省自治区和直辖市开始举办或者筹办文化产业博览会。

以城市为主体举办的文化产业博览会则呈现出遍地开花的势头。2006年4月，潍坊举办了首届（国际）文化艺术产业博览会。2007年4月，绍兴举办了首届文化产业博览会，2008年11月，首届海峡两岸（厦门）文化产业博览交易会在厦门举办。其他诸如合肥文化产业博览会、南京文化产业博览交易会、盐城文化产业博览交易会、大庆文化产业博览会、长春文化产业博览会等遍地开花。

2. 产业效应

文博会的成功举办，对促进我国文化产业的发展起到了良好的产业集群效应，文博会不仅进一步巩固和提高了我国文化产业先进地区文化产业的优势，还对文化产业相对落后地区的文化产业发展起到了非常重要的促进作用。对于落后地区的文化企业走向市场，特别是国际市场起到了非常重要的纽带和桥梁作用。通过参加文博会，落后地区的传统优势文化得到了向世人展示的机会，也得到了投资商的青睐，得到了海内外文化产品和服务经销商的重视，各种各样的合作形式最大限度地推动了优势传统文化向商品化、市场化的转移，使得文化真正开始走向市场化、产业化。

从2010第六届文博会开始到2015年的第十一届文博会，全国31个省、市、自治区及港澳台地区全部参展，为各地文化产品、服务和项目的交流、交易提供了极好的平台，各地通过文博会让自己的文化产品、服务和项目走出本地、走向全国，甚至于走出国门，走向世界。文化历史大省河南通过文博会让本省的文化产业大放光彩。从2006年第二届文博会开始，河南省政府精心组织参加每届展会，取得了丰硕的成果。河南省在每届文博会上都推出多个特色文化产业招商项目，涉及数字传媒、影视、文化旅游、文化创意、演艺娱乐、工艺美术、文化用品生产与销售等门类，每届文博会都有多个项目成功签约。

3. 品牌效益

经过11届的成功实践，文博会的运作机制日趋成熟，品牌效应逐渐显现。2006年11月，文博会正式被批准成为UFI（国际展览联盟）认证展会，成为我国文化产业综合展会当中唯一的 UFI 会员。文博会被列入《国家"十二五"时期文化发展规划纲要》、十七届六中全会《中共中央关于深化文化体制改革推动社会主义文化大发展大繁荣若干重大问题的决定》重点发展的展会之一。

从营销角度看，文博会为中国文化产品和服务的国际采购提供集中的"卖家资源"，实现更快捷、更便利、更低的成本采购，是中外文化产业界实现交流与合作的绝佳平台，更是中国文化企业对内、对外营销其产品和服务的最有效的形式之一。

文博会将汇聚的文化产品、服务和品牌，推荐享受国家文化产品出口目录的优惠政策，享受在税务、海关等方面的便利措施，更加有利于文化产品、服务的营销。

4. 市场效益

文博会的成功举办产生了巨大的、综合性的市场效益。主要体现在以下几个方面：

（1）文化产业交易总额不断增加，对我国文化企业的影响力越来越大。从首届文博会开始，文化产品和服务的交易额就呈现出快速增长的势头。首届文博会的交易额只有 356.9 亿元，而第十一届文博会的成交额则突破了 2648.18 亿元。历届累计成交额突破万亿元大关（参见图1）。

图1　历届文博会交易额统计

（2）参展人数不断增加，市场吸引力不断提高。经过组织方的不断努力，文博会的吸引力越来越大，越来越多的消费者开始参加文博会，在会上认识我国的文化产品和服务、购买文化产品和服务，对我国文化产业的发展起到了积极的推动作用。首届文博会上，参观各项展览和各项活动的总人数为 47.7 万人，而到了第十一届文博会，参加文博会各项活动的人数达到 523.79 万人次，专业观众 38.96 万人次，增长 1.47 万人次，境外 8.393 万人次（参见图2）。

图2 历届文博会参展人数统计

（3）市场空间的变化。文博会既是我国政府有关部门主办的国内展会，也是面向国际客商的国际性展会。从首届展会开始，文博会就坚持走国际化之路。文博会的组织方广邀四海客商参会，共同分享文博会的利益。大批海外文化官员、文化中介机构、专业文化团体、专业买家等纷纷受邀参加文博会。首届文博会就有海外43个国家和地区的2800采购商参加。第十一届文博会发展到包括美国、法国、日本、加拿大等97个国家和地区的海外采购商18542人参加，海外市场规模不断扩大（参见图3）。

图3 历届文博会参展国家和地区统计

（4）我国文化产品和服务受到了国际客商的青睐，产品和服务出口呈现快速上升势头。为了推进我国文化产品和服务的出口，文博会积极邀请海外的采购商入会采购我国的文化产品和服务。为了进一步加大文博会推进文化产品和服务国际化的力度，2009年5月，中国贸促会加入文博会，成为第五届文博会主办方，参与文博会的海外招商工作，共邀请来自美国、意大利、俄罗斯、埃及、卡塔尔、印度、日本等40个国家、309个机构的各类客商共计410

位,其中包括:政府高级文化官员、专业采购商、中介结构以及专业演出团体等。其中具有代表性的项目包括埃及国家电视台采购电视信号接收器材、机顶盒项目约 300 万台,价值 24 亿元人民币;俄罗斯萨马拉州影视集团采购影视产品项目价值 820 万元;香港绿味坊有限公司投资福建漳州圆明园项目,首期投资将达 3000 万元以及日本动漫联盟与北京一家文化公司签订 3000 万元的技术合作协议,等等(参见图 4、图 5)。

图 4　历届文博会海外采购商统计

图 5　历届文博会文化产品出口统计

其后,不断扩大文化产品、服务和项目的出口额,使得我国文化产品、服务和项目走出国门的速度不断加快,规模不断扩大。第十届文博会文化产品出口交易额为 161.38 亿元,十届文博会文化出口交易额已累计超过 1000 亿元。

2. 企业营销效应

文博会的参会主体是各种各样的文化企业,同样,受益的也是文化企业。一方面,文博会为文化企业提供了向国际、国内客商推荐其产品和服务的场地、技术等条件，另一方面又广邀国际、国内客商到会，直接与文化企业进行贸易洽谈，从而使得文化企业的营销活动省去了中间环节，减少了营销费用，缩短了营销周期，提高了营销效益。可以说，参加文博会的文化企业大都可以在展会上找到自己的合作伙伴，实现产品和服务的营销目标。

郑州歌舞剧院于2004年耗资2000万元精心打造的原创舞剧《风中少林》参加了第二届文博会，受到了观众的热烈欢迎。在展会上，郑州歌舞剧院与美国蓝马克娱乐集团签约。美国蓝马克娱乐集团以800万美元的高价，买断该剧在美国的演出权，2006年9月赴美国巡回演出。该剧在两年的时间内在美国巡回演出约800场。从2005年开始，《风中少林》先后"出口"新加坡、澳大利亚、美国、韩国等国。2009年1—3月到澳大利亚，在堪培拉、墨尔本和悉尼三大城市展开33场巡回演出，历时40余天，创造了中国艺术团体赴澳演出史上规模最大、时间最久、商业演出场次最多的纪录，被西方主流媒体喻为"中国打入西方主流社会的第一部舞剧"。

同时，《风中少林》借助在国际市场上的良好声誉，获得了国内演出商的青睐，先后在北京、上海、深圳、广州、武汉等地巡回演出。

《风中少林》在国际国内市场上上演多年，经久不衰，不仅受到了海内外各界观众的一致好评，收回了当初投资的巨额成本并已开始盈利，成为我国原创舞剧市场化经营成功的模板。

深圳华强文化科技集团股份有限公司是专业从事文化科技产业的集团公司。作为2009年文化企业30强公司，公司业务领域涵盖文化科技主题公园、特种电影、数字动漫、游戏软件、文化衍生品、主题演艺、影视后期等16个文化产业相关领域，在产业内部形成优势互补的产业链。华强公司通过参加文博会，获得了巨大的营销效益。2008年的文博会上，华强文化科技集团脱颖而出，"方特欢乐世界"主题公园作为华强集团的拳头产品出口到伊朗，我国成为继美国之后的第二个大型文化主题公园出口国，拉开了中国大型文化产业项目走出国门的序幕。华强伊朗伊斯法罕"方特欢乐世界"已于2014年8月开业，成为当地旅游热点。

2009年文博会上，华强又与南非约翰内斯堡达成了文化科技主题公园的大型项目。2010年的文博会上，则将海外输出市场发展到了意大利。作为国内唯一一家具有大型主题公园设计、研发和主题公园大型成套设备生产、安装及运营能力的公司，华强集团设计营运的大型主题公园成为中国人自己的第四代主题公园，在国际市场上有与美国迪士尼竞争的实力。

近年来，华强文化不但完成了乌克兰克里木半岛主题公园的总体设计，还为伊朗的主题公园提供了前期的概念设计、总体规划、建筑设计的全套服务，出口销售主题公园的全套设备和影片。目前，华强正重点推进与韩国、泰国、匈牙利等国家，就华强文化科技主题公园项目深入洽谈。

在动漫方面，华强动漫作品至今已累计出口20万分钟，覆盖到美国、意大利、俄罗斯、新加坡等100多个国家和地区，部分作品还登陆尼克儿童频道、迪士尼等全球知名主流媒体，不仅创下高收视率，更得到了国外网络媒体的关注与推介。动画电影《熊出没之夺宝熊兵》，已在韩国、俄罗斯、菲律宾影院上映，成为海内外知名的动漫品牌。

作为中国最好的文化产业博览交易会，中国国际文化产业博览交易会经过多年的发展，已经成为集中展示中国最优秀的文化产品、文化成果和中国文化产业整体实力的舞台。文博会将由"培育成长期"转向"发展成熟期"，文博会品牌也将更靓丽更有光彩，成为展会领域的世界品牌，为我国的文化产业发展和国际化作出重要的贡献。

参考文献

中国（深圳）国际文化产业博览交易会［DB/OL］. http://www.ce.cn/cysc/ztpd/.

（改编者：赵泽润）

思考题

1. 营业推广的方式有几种？各种方式的利弊分别有哪些？
2. 文化产品的营业推广与一般工业产品的营业推广有什么不同？
3. 文化企业如何才能做好营业推广工作，以实现营业推广目标？
4. 在实际应用中，营业推广存在哪些局限性？文化企业如何突破这些局限性，以推动企业营销的发展？

案例3

驶向品牌化、国际化"车道"
——上海国际汽车工业展

一、上海国际车展概况

(一) 历史概况

上海国际汽车工业展览（International Automobile and Manufacturing Technology Exhibition），又称上海国际车展（Automobile Shanghai），创办于1985年，每两年举办一届。2004年6月，上海国际车展通过国际博览联盟UFI的认证，成为中国第一个经UFI认可的汽车展。上海国际车展还以官方网站为平台，引进世界一流的网上互动多媒体交流与展览技术，举办"网上互动上海国际车展"，以高层次论坛配套，组织"中国汽车设计论坛"。车展期间，主办方邀请专家、媒体和观众代表组成评委会，举办"最佳展台设计""观众最喜爱的车"等评选活动，以及F1联动等配套活动。上海国际车展逢单数年举办，至2015年已经成功举办了16届，是亚洲最大规模的车展。伴随着中国汽车工业与国际汽车工业的发展，经过30年的积累，上海国际汽车展已成长为中国最权威、国际上最具影响力的汽车大展之一。从2003年起，除上海贸促会外，车展主办单位增加了权威性行业组织和拥有举办国家级大型汽车展经验的中国汽车工业协会和中国国际贸促会汽车行业分会，三家主办单位精诚合作，为上海国际车展从区域性车展发展成为全国性乃至国际汽车大展奠定了坚实的基础，确立了上海国际车展的地位和权威性。

从1985年首届上海国际车展以73家参展商、1.5万平方米展台面积起家，到1990年首届北京车展观众即突破10万；从1985年原装进口桑塔纳作为展会主推车型，到2004年凯迪拉克Sixteen概念车亮相国展，北京车展与上海国际车展的你追我赶共同见证了中国汽车工业的发展，当中国汽车工业以年产超越500万辆的业绩向世界第三大汽车生产国进发的时候，北京车展与上海国际车展也在为争夺中国第一张国际A级车展的名片展开了一场不见硝烟的战斗。在数字的增长之外，国内汽车产销量的增长与普及率的提高正在改变着京沪车展的内涵。从20世纪90年代初，上海观众为获得一把免费赠送的纸扇排起长队，到世纪之交怀有购车冲动的北京市民满头大汗在各个展台收集车型资料；从2004年北京车展中靓丽的车模与文艺演出成为最大亮点，到2015年上海国际车展自主品牌车周围的人头攒动，京沪车展在几十年间经历了庙会—

展销会—文化盛典—专业展会的变化过程；国际车展不但成为京沪等大都市白领生活不可缺少的组成元素，更成为加快汽车文化普及，中国步入汽车社会的推进剂。

（二）2015第16届上海国际车展新变化

1. 取消车模和媒体车马费

2015年第16届上海国际车展官方组委会展前就宣布取消车模。香车美女已经成为中国式车展一大特色，也是一些汽车厂家抓眼球的一大利器。但是，国内一些车展不在展车而在"展人"上下功夫，"非露肉、不车展"，车模变"胸模"让车模变了味，车展也变了味。本届上海国际车展之所以取消车模，一是防止出现车模着装暴露、低俗化的倾向。二是出于安全考虑，防止观众围观车模造成过度拥堵。此次车展，没有车模的首个公众日观众达到了6.6万人次，从散场之后乘地铁绕圈的壮观场面来看，车模的有无对于车展的拥挤程度似乎并没有之前很多人想象的那么严重，虽然夹杂着清洁工、前台、导购型的"假模特"，但有一点可以肯定：没有模特的车展，依旧是火爆如初。对于取消车模，绝大多数观众和参展商是满意的，他们认为这种做法让车展回归了车展的本质，没有车模对展会的效果并没有多少影响。一位媒体记者写道：第十六届上海国际车展没有车模，现场干净了许多，没有衣着暴露的问题，更没有对着车模乱拍照的现象，可以认认真真地拍车看车。但是也有人批评说，国外顶级车展也有车模。汽车模特是汽车文化的一部分，车展上香车美女相得益彰，取消车模会降低车展的观赏性。中国现在车展的现状是普通观众多于专业观众，于专业观众而言，他们注重的是汽车的设计、造型以及新技术、新产品，希望通过车展来了解世界汽车业的发展趋势、潮流和动向，而占观众绝大多数的非专业观众，更注重的是自己心仪的爱车和众多美女模特。

此次展会还首次取消了媒体车马费，但申请参加媒体日的各路记者，范围波及43个国家和地区共计2123家媒体，人数达9680名，再创新高。记者们的敬业精神也并没有受到影响，更没有影响到车展的传播。

2. 展馆场地和时间的变化

2015年上海国际车展首次移师国家会展中心举办。根据展期安排，4月20—21日为媒体日，对海内外新闻媒体开放；4月22—24日为专业观众日；4月25—29日为公众日。为缓解交通压力，相比往届车展，2015上海国际车展将首次延后至10时开展，推迟一小时。车展的开幕及参观时间调整为10：00—18：00。

2015上海国际车展主办方把展会地点设置在上海虹桥国家会展中心。此次的车展就使用了室内展区面积的93%，达37万多平方米，不仅是在国内创下了车展展馆面积之最，同时也为世界车展历史上展馆面积最大的一届。启用国家会展中心全部13个室内展馆，其中，乘用车8个馆（1H、2H、4.1H、

5.1H、6.1H、7.1H、7.2H、8.2H）；商用车展区 1 个馆（3H）；汽车零部件展区 3 个馆（4.2H、5.2H、6.2H）；媒体参展区和新闻中心为 8.1H 馆。此外，馆内还设立了餐饮区、休息室、医务室等功能区和服务区。

国家会展中心，整体造型似"四叶草"，总建筑面积 147 万平方米，地上建筑面积 127 万平方米，是目前世界上面积最大的建筑单体和会展综合体。中心位于上海市虹桥商务区核心区西部，与虹桥交通枢纽的直线距离仅 1.5 公里，通过地铁与虹桥高铁站、虹桥机场紧密相连。周边高速公路网络四通八达，2 小时内可到达长三角各重要城市，交通便利。国家会展中心由展览场馆、配套商业中心、配套办公楼和配套酒店四大部分构成，通过位于 8 米标高的会展大道连成一体，各类人群可便捷地穿越展览、商业、办公楼、酒店等场所。国家会展中心可展览面积 50 万平方米，包括 40 万平方米的室内展厅和 10 万平方米的室外展场，室内展厅由 13 个单位面积为 2.88 万平方米的大展厅和 3 个单位面积为 0.97 万平方米的小展厅组成，货车均可直达展厅。一层北片的 4 个大展厅和 1 个小展厅地面荷载 $5T/m^2$，电力配备充足，除 1 个大展厅为双层结构外，其余均为单层无柱展厅，特别适合举办重型、工业类展览；一层南片的 4 个双层结构大展厅地面荷载 $3.5T/m^2$，柱网 27×36 米，净高 11 米；二层的 5 个大展厅和 2 个小展厅地面荷载 $1.5T/m^2$，大展厅柱网 36×54 米，平均净高 16 米左右，同样可以满足大部分展览的需求。各展厅周边配套了充足的会议设施，由 60 多个大小不等的会议厅组成，可以分别组织几十人至 3000 人大小不等的会议。国家会展中心内部设计了先进的交通体系，人车分流、人货分流、各业态之间自成交通体系，确保展会布展、撤展以及日常交通安全。配套商业中心位于建筑中央位置，与各展厅相连，也可通过地铁直达，配备会议室、贵宾室、咨询台等展会服务设施，又集各类餐饮、休闲娱乐、展示营销、精品商店等功能于一体，既为展会提供配套服务，又延伸展览效应，提升商业价值，满足各类不同人群的需求，是国家会展中心的独特亮点。三栋办公楼和一座五星级酒店位于国家会展中心四片叶子的端部。其中，办公楼能满足各类会展产业链企业、贸易促进机构、商贸企业、金融机构等办公需求，也可为会展活动提供高效便捷的会议服务，配合举办各类产品的常年展示，与例展相辅相成，放大展览的贸易功能。五星级高档商务型酒店，可以满足展会高端人群的住宿、用餐和会议等需求。2014 年 9 月北片展厅、2015 年 3 月全部展厅、2015 年 6 月国家会展中心全面投入运营，一大批规模大、质量高、成效好、影响广、辐射强的国内外展会在这里落地生根；一大批与新型展会相关的现代服务业将在这里集聚，一个全新的商业娱乐休闲中心将在这里全面崛起。国家会展中心必将成为上海国际贸易中心建设的加速器，成为我国"调结构、转方式、促平衡"的大平台，成为国内外交流合作、互利共赢、商机无限的大舞台。

3. 跨国和合资新能源车型首超自主

主办方给出的数据显示，2015上海国际车展首发的109台新车中，有103台是新能源车，创历届之最。其中大众、奔驰、沃尔沃、通用等跨国车企，都是首次在国内车展亮相新能源车型，并且在参展数量上，跨国和合资车企也以52∶51的微弱优势，首度超越了本土车企。虽然奇瑞、北汽、上汽、比亚迪等国产品牌也推出了与之抗衡的新能源车型，尤其是比亚迪一口气推出已经面世的E6、秦、唐和将要上市的宋、元、商，清一色新能源车型，意欲做"新能源车领导者"，但相比跨国和合资车企的来势汹汹，曾经在新能源市场一家独大的局面开始改变。凭借着国家政策补贴和地方政府新能源试点采购优势为主要生存方式的自主新能源，面对强大的合资对手，增强危机感的时刻已经提前到来。而且，从2015年一季度来看，新能源市场爆发式的销量增长已经到来，已累计生产新能源汽车2.54万辆，同比增长3倍。正在兴起的家轿市场一旦形成规模，中国品牌新能源将会同样遭遇到合资车企的围堵。

二、国内外其他较大车展及比较

（一）国内较大车展

1. 北京车展——规模大

每年4月下旬到5月上旬举办的北京国际汽车展览会，在国内车展中以创办时间早，最具权威性，规模盛大，参展商阵容强大，知名品牌齐全，展品品质高端、新颖，国际化程度高，文化底蕴厚重，媒体关注度强，观众数量众多等鲜明特色而享誉海内外，素有"中国汽车工业发展风向标"之称。迄今为止，北京车展在国内车展中依然在参展商质量、展品档次和水平、记者、观众数量等方面保持着多项纪录，成为与世界顶级车展比肩而立的品牌汽车展会。全球著名的汽车跨国公司、顶级品牌制造商、零部件厂商都把北京国际汽车展作为提升企业形象和品牌、展示其科技实力的大舞台。每逢展会期间，国内外汽车业的各路巨擘与数以万计热情如潮的海内外观众会聚一堂，人们就是冲着北京车展规模大而来的。

2. 广州车展——参与人数多

广州车展时间一般在12月左右，为的是和年初的北京、上海国际车展错开，避免冷场。由于在国内汽车行业中影响巨大的日本三大车商纷纷扎根广州，现在广州车展影响力正日益增强。广州的优势在于汽车市场以及后市场的领先。广东境内以广州为核心放射的城市群间便利的高速公路网为众多省外自驾游的朋友所羡慕。地处珠三角，临近港澳地区，广州的改装、音响甚至越野等汽车后市场比其他车展发展得更快一些，这些都是广州得天独厚的优越之处，因此广州车展的阵容逐年丰富、壮大也是不无道理的。

3. 成都车展——日益壮大

成都车展还在发展之中，时间暂不固定，如 2016 年在 3 月举行，而 2015 年是 9 月。经过十余年发展的成都国际车展，已被中国贸易促进委员会汽车行业分会认定为当今中国最具影响力的四大车展之一。

（二）国外五大车展特色

1. 法兰克福车展——博大

法兰克福车展创办于 1897 年，是世界最早办国际车展的地方，也是世界规模最大的车展，有世界汽车工业"奥运会"之称。展览时间一般在 9 月中旬，每两年举办一次，展出的车辆主要有轿车、跑车、商务车、特种车、改装车及汽车零部件等，此外，为配合车展，德国还举行不同规模的老爷车展览。这个车展的地域色彩很强，可能因为是名车发源的老家，靠近各大车商总部，看法兰克福车展的欧洲老百姓不但拖家带口、人山人海，而且消费心理非常成熟，汽车知识了解得很全面。车展上，各种品牌新车很多，参观者挑选车型重视的是科技状态的发展、汽配零部件质量，甚至是 DIY 维修问题、售后市场产品，理性实用的成分居多。不仅如此，法兰克福车展还富有专业精神，像之前入选车展两大"最高创新奖"的产品都是汽车零部件。与中国国内展览相比，展商们更易节省设备市场费用、运输时间和费用，所以运用的高科技手段也比较多，但成本也更高，因为要使用大型互动媒体演示、模拟驾驶、亲身体验等等。不像中国国内有些展览，只展出一些大众喜闻乐见的车型，展台还要用绳子围起来，观者不能入内，更别提其他演示效果了。

2. 巴黎车展——优雅

享誉全球的巴黎国际汽车展，自 1898 年创办以来，直至 1976 年，每年一届，以后每两年一届，是世界第二大汽车展。巴黎车展的展览时间一般在 9、10 月间，与德国法兰克福车展交替举办，展览地点位于巴黎市区，共有 8 个展馆，展出的车辆主要有轿车、跑车、商用车、特种车、改装车、古董车、电动车及汽车零部件等。巴黎是浪漫之都，车展也不例外，文化气息比较浓厚，每次车展都会专门拿出一个展馆来展出老爷车。那些汽车厂商不仅时兴玩"新品"，对"老古董"也饶有兴致，这自然就便宜了那些远道而来的看客们。当然，法国人浪漫之余是不会忘记发财的。去巴黎车展你就会发现，关于车展的资料居然是以价格表居多，每届车展上还会举行二手车拍卖，难怪有人说巴黎车展是五大车展中商业味最浓的车展。

3. 北美车展——妖娆

北美车展创办于 1907 年，原来叫做"底特律车展"，是世界最早的汽车展览之一，1989 年更名为"北美国际汽车展"。拉开每年车展序幕的是北美车展，时间固定在 1 月 5 日左右开始，举办地在美国的汽车之城底特律。展览面积约 8 万平方米，会议室、会谈室近百个。车展每年为底特律带来了可观的经济收益，年平均在 4 亿美元以上。北美车展"作秀"的味道很浓，看上去更像一个汽车的狂欢派对，吃喝玩乐加音乐灯光，热闹非凡。

4. 东京车展——细腻

东京车展是世界五大车展中历史最短的，创办于 1954 年，逢单数年秋季举办轿车展，双数年为商用车展，是亚洲最大的国际车展，历来是日本本土生产的各种千姿百态的小型汽车唱主角的舞台。展馆位于东京附近的千叶县幕张展览中心，是目前世界最新、条件最好的展示中心。展出的展品主要有整车及零部件。本车展的特点之一是车型极多，多得让人无法记住，几乎什么稀奇古怪的车型都有，但又不是概念车，而且以小车型居多。车型种类的繁多，恰恰体现了日本人的细腻所在。比如，在日本有很多专为残疾人设计的汽车，这类汽车在打开车门后，驾驶座会自动转 90 度，以方便乘坐，还有可用手控制的刹车等，这是为了让残疾人也享受到汽车文明带来的好处和便利。

5. 日内瓦车展——奢华

瑞士这个国家很特殊，虽然它没有自己的汽车制造公司，但它却是一个庞大的汽车消费市场。在瑞士的大街小巷，你常常可以看到本特利、保时捷等名车，名车就跟名表一样，成了一种标志。日内瓦车展上的展品不仅是各汽车厂家最新、最前沿的产品，而且参展的车型也极为奢华。由于各大公司纷纷选择日内瓦车展作为自己最新最靓的车型首次推出的场所，这就使日内瓦车展博得了"国际汽车潮流风向标"的美誉。日内瓦车展不仅档次高、水准高，更重要的是车展很公平，没有任何歧视，无论是汽车巨头还是小制造商，都可以在日内瓦车展上找到一席之地，就连各类车展的资料也被一视同仁地印成了英语、法语、德语等几种版本。

（三）国内外车展比较

1. 观众结构不同

国外车展观众以专业观众为主，而国内车展观众则以社会公众为主。

国外车展是业内的技术交流和产品展示，不是为了买车而去看车展，也没有那么多的社会观众。而中国观众把到车展看车作为购车必不可少的一个环节，经常在车展现场出现某某品牌豪华车被订购的现象。即便如此，但我国车展的观众不会关注什么主题、什么展示特点，因为他们层次不一，车展甚至将非专业观众的社会参观者人数拿来大肆宣传，以此为荣，专业水准如何似乎无人关注。国外车展参观者大都以专业观众为主，专业人士聚集在一起评说汽车、点评技术、交流行业发展、构思汽车流行脉络等。我国车展尽管比葫芦画瓢地设立了三两天的专业观众日，但是内容的专业水准也确实让观众不敢恭维。从全国来看，也只有北京、上海、广州的车展专业化程度较高，其他车展均以贴近民生、促进消费为主。

2. 车展现场氛围不同

国外车展现场也有美女模特，但场馆内没有那么大的噪音，相对比较安静。而国内车展更像是一场嘉年华，像是一个大 Party。在展馆里呆一天，耳朵都会被吵聋。和国际顶级车展区别最明显一点的就是展场氛围，国外车展更安静，而国内车展噪音问题向来为人所诟病。也许源于国人喜爱热闹，国内车展敲锣打鼓似乎已成常态，而各大参展商也跟风，高音箱、低音炮，劲歌热舞，似乎闹出的动静越大，名气也越大，参观的观众也就越多，而这一点在展览现场似乎还挺奏效。北京车展老毛病"噪音大、空气污染严重"等问题十分顽固，未能很好地解决。上海国际车展印象之一就是香车美女养眼，噪音苦了耳朵。如何在一个相对清静、轻松的环境中参展、观展，也许是我国车展改善展览环境最为紧迫的问题。

3. 车展资讯发布会安排不同

国外车展资讯发布会安排得井井有条，一个接一个，媒体不会感到太紧张。

上海国际车展和北京车展也安排了两天媒体日，但是几乎所有的发布会都安排在媒体日第一天的上午，搞得记者疲惫不堪。虽然国内车展的硬件超过海外车展，但在软件上确实还有差距。除去北京车展和上海国际车展新车发布会比较集中外，其他地区的汽车类展会则沦为了展销平台，某些车展以"秒杀"豪车为代表，仿佛展会上最大的亮点就是谁花大价钱买走了豪车，勾起众多观众的"羡富"心理，而主办方也乐于将此种举动作为炒作的一部分，大肆宣扬。殊不知，这却成了地区车展繁荣不起来的祸根之一，没有新车发布，没有行业最新动态，展会沦为了一般性的卖车市场。

我国车展向来讲究高规格，极力突出车展地位及品质，然而不管国内一流车展还是不入流车展，与其叫做车展，还不如叫做购车会、汽车促销会、汽车展销会来得恰当、贴切。国内二流车展自不待言，即便上海国际车展，依然把汽车销售作为美谈。车展动辄上百万甚至上千万的天价豪车频遭中国车主秒杀，争相购买的情形以"秋风扫落叶"来形容亦不为过，甚至不贵不买、不是豪车不买。国际定义的 A 级车展是以汽车技术、产品和品牌推广为目的，但是国内车展争相以汽车销售量为荣。说起卖点，试乘试驾活动也是炒作的另一个高潮。如某地区展会，偌大的试车体验区空无一人，而汽车则头顶 89998 元的牌子安静地趴在角落休息，想要试乘试驾，必须签订购买意向协议。从这个角度来说，展览会也失去了亲民的作用，不可能真正将汽车的魅力展现给大众群体，只能跟经济利益挂钩，始终缺少车展所谓的大气和豪气。

4. 车展参展的品牌不同

国外车展没有国内车展的品牌多。国外车展参展的主要是国际大品牌，数量有限。而国内车展除了国际品牌悉数参展外，还有国内的自主品牌，以及合资企业的自主品牌。

5. 车展定位和特色不同

若说我国车展现场的噪音令人身体受不了，我国车展展示特点不突出则令人精神上迷糊。时至今日还是很难清楚地看出上海国际车展究竟哪里展现出"创新与未来"。世界公认的五大车展都已形成各自的展示特色，扬名世界，诸如法兰克福车展规模大、商业性强，巴黎车展成为概念车的聚集地，日内瓦车展突出汽车时尚、潮流的展示，东京车展是各种小型汽车的展示天堂，北美车展是新车发布最集中的车展。我国车展形成了哪些特点？也许留给人的印象就是热闹、人多、锣鼓喧天。

有差距预示着巨大的发展空间，我国汽车行业伴随着国家经济飞速发展愈发成熟自信，作为汽车行业发展的风向标车展也将会更加成熟、强盛。综观中外车展差距，如何缩短差距、如何汲取国际顶级车展经验，创出具有中国特色的车展之路，才是业界亟待解决的问题，切不可沾沾自喜于规模大、参观人数多等而不思进取。

三、上海国际车展存在的问题和未来发展

(一) 存在问题

综观上海国际车展发展历程，无论在规模、服务手段、配套设施、参展商名气、参观人次和社会影响力等诸多方面，可以说达到了世界级的水准。其中，从厂商在上海国际车展的投入力度可以看出，这块炙手可热的土地已经受到跨国汽车制造集团的高度重视。然而，也要看到，目前上海国际车展与国际一流的车展之间依旧存在着巨大差距。

1. 参展商地域化效应明显

在国内车展数量爆发式的增长过后，不菲的车展经费投入加上地缘性与政治因素影响，使得出席车展必须有所取舍。大多车展"近水楼台先得月"：长春之于一汽、上海之于上汽、武汉之于东风、广州之于广汽。从"三大"到省会级大城市（如长春、杭州、南京、重庆、天津、哈尔滨等），再到二三级城市，大有"一城一展"的态势。基于车展对承办地经济与消费的潜在拉动作用，当地政府大多持积极响应态度；而经销商为了提升知名度，抢占本地市场份额与销售网络，会先在本地投入更多的精力。区域化效应越来越明显，参展商疲于奔命也变相地使车展同质化现象严重，数量多反而不利于国内车展做大做强，吸引更多来自世界的目光。

2. 缺乏精神层次的积淀，难以形成文化品牌

五大国际车展不是一朝一夕建立起来的，个个都是历经了百年的风雨洗礼，才造就了如今的地位。而我国的车展不过30来年的历史，与那些动辄上百岁的老人车展相比，还属于幼儿阶段，今后的发展道路还很漫长。同时，衡

量车展质量的最重要因素就是观众的职业素养和专业性,此外还体现在展会组织方面。在国外,一般媒体日就只有记者和专业人士,其余人员都只能在随后的公众开放日进入,这与国内车展在媒体日鱼龙混杂的情况大不相同。

具体而言,在中国的车展上,每到一个展台,都是大功率的音响,再加上展馆内喧哗的人声,让馆内噪音达到了"爆棚"的程度。国内车展花样繁多的宣传手段调动了参观者的热情,为拉动车展的"票房"作出瞩目的贡献。同时,让原本以展示汽车魅力,让消费者更加了解以新车、新技术为核心概念的车展,逐渐演变成为一场猎奇猎艳的热闹表演秀。车模与表演吸引了更多人的注意力,媒体对汽车与车模的报道基本趋于对等,拉动了参展人数的增加,也使得参观者从原有的以看新车、看技术、看品牌为主,演变成了看美女、看明星、看热闹。作为承办方和商家吸引眼球的手段,这一切无可厚非,但随着这一手段愈演愈烈,使得消费者对汽车产品的认识仅限于感官层面,购买也具有一定的盲目性。综观国外一流车展,车模由来已久,大多受到了承办方或是参展商的培训,对于展出的新车和新技术有一定程度的了解,能够熟练地演示产品特点,与参观者之间有一定互动,目的是让消费者对产品的认识更加理性。国内车展上的模特大多用以供摄影记者摆拍,选秀的成分早已违背了陪衬新车的本意。

总而言之,车展过后,虽然企业、经销商与承办方皆大欢喜,但是诸多车展千篇一律,只是规模上与厂家重视程度上不同,对于车展形成自身的文化品牌、成为真正意义上的"国际一流"仍有不利影响。

3. 本土车展品牌未占主导

对比国际五大车展可以看出,除日内瓦车展没有明显的倾向性之外,其余车展均是本土企业和品牌,依靠天时地利人和占据主导地位:法兰克福车展是德国企业的角斗场,北美车展是美国国产的擂台,巴黎车展上法国企业独领风骚,东京车展上日本企业争奇斗艳。可以说,国际五大一流车展除了历史悠久的共同点外,最大的特点就是本土特色,本土品牌的表现相当抢眼。反观国内,无论北京车展、广州车展还是上海国际车展都没有体现出本土特色,而自主品牌在品牌塑造和定位上,又发生了同一个平台上打造不同定位品牌车型的现象。在国外成熟市场上,不同的中高低端品牌车型在产品策划和设计、产品营销等多方面有着非常难以跨越的界限。我国本土品牌显然还没有很精准地理解品牌定位和产品规划的精髓。

中国自主品牌的车型不管是新车还是概念车,一下子推出太多了,而车型仅是向人们展示设计人员新颖、独特、超前的构思而已。概念车还处在创意、试验阶段,很可能永远不投产,但是随着人们对投入回报的追求,概念车或车上某部分投产的速度越来越快。概念车是体现汽车中内容最丰富、最深刻、最前卫、最能代表世界汽车科技发展和设计水平的汽车,并包含企业持久性的、独一无二(可辨识)的内涵。当然,可以更多地摆脱生产制造水平方面的束缚，尽情地展示自己的独特魅力。我国自主品牌概念车推出过多、过快，以至于缺乏自有的设计语言，无法向消费者传达一种清晰的未来意识，貌似有很多种可能和方向，最终的结果是没给人们留下实质的印象。

此外，我国车展还是可以看到模仿和逆向工程的痕迹，随着知识产权保护的深化，以及被模仿的外国品牌产品性价比日趋客观，模仿之路日益狭窄，而同时本土厂商们的品牌意识加强，因此，我们看到，全新开发、自主品牌的车型正在迅速增加，从这个意义上讲，2009上海国际车展是个转折点，中国制造开始转为中国创造，设计中的全球标准和本土化口味开始融合。

（二）政策建议

对于上海国际车展的运营而言，只有立足自身特色，更新经营运作理念，同时吸取借鉴其他国家和地区的车展成功运营的经验，方能持续健康发展。

1. 目标市场的细分化

针对参展商地域化的问题，可以根据不同的参展商实施分销策略。犹如汽车市场一样，将需求引导到不同的细分市场，这样才不至于让内容基本一样的大型车展只在规模上、收益上比高低，忽略了自身品牌价值和社会价值的建设，避免争抢参展商，避免同质化，避免参观者出现审美疲劳。具体而言，对于国内参展品牌，可以对上海的参展品牌与外地的参展品牌实施不同的营销策略，对外地的参展品牌实行优惠政策，比如降低展台的租赁费用及其他相关设施的费用。在拥有本地汽车品牌参展的优势下，积极吸引外地参展车商，杜绝"一城一展"的态势进一步扩大化。这样，将国内汽车参展市场细分化，不仅可以拉升上海国际车展的营销总额，进一步国际化，还可以提高参展车品牌在上海乃至世界范围内的声誉度。再者，对于成熟的细分化市场经验，可以继续运用于国内、国外汽车参展商的政策。

2. "兜售"懂车的理念，彰显车展个性

现在国内的各种大小车展如雨后春笋般应声而出，大都是以卖车为目的的展销会式的车展，同国外五大车展彰显汽车工业技术相比，我国车展的这种特点足以说明国内汽车行业发展不充分。以车展形式实现销售目的的手段，也足以说明我国汽车市场发展不健全，而参展商更是谙悉"香车美女"之道，不惜重金聘请车模辅助产品宣传。炫目的舞台灯光，巨大的背景墙，各类数码科技手段相映衬，甚至有车商将产品置于背景墙上以获得新鲜感与视觉冲击，这些在国内的车展上几近千篇一律，没有突出地方性车展文化，而随着这些手段愈演愈烈，消费者对汽车产品的认识仅限于感官层面，购买也具有一定的盲目性，车展已经与初衷渐行渐远。

鉴于自身所具备的诸如优越的经济区位、便捷的交通、完备的车展基础设施等，上海国际车展的硬件已经具备相当的优势，而在拥有完备的硬件设施的同时，软件的提高至关重要。对于车展而言，不仅要吸引国内外的优秀专业车

展专业人才，更需根据上海本地特色培训出适合自己的车展人才，将更多的成本、精力投注于人才的培养，而非仅仅重金聘请车模、耗费巨额装修场馆。此外，个性才是车展的灵魂。反观世界最著名的五大汽车展会，彰显自己鲜明的个性是这些车展的共同特点，比如，法兰克福作为汽车工业的发源地之一，其车展尤其重视传播汽车的文化性；日内瓦所在的瑞士因为没有自己的汽车工业，可以为各大汽车厂商提供公平竞争的舞台；北美车展则充满美国人的娱乐精神，吃喝玩乐无处不在，一应俱全；东京车展上众多匪夷所思的概念车和最新科技的展示也是吸引观众眼球的卖点。相比而言，上海国际车展还有很长的路要走，要强化出展产品与参观者之间的亲密度，让潜在的消费者更加了解汽车的基本知识、相关文化、技术特点、售后服务等，更好地体会新技术的科技感，将驾驶汽车上升到一个理性的层面。简言之，车展上兜售的不仅是汽车，还有车的理念。

3. 发展本土品牌，打造国际化品牌车展

世界五大车展，虽然规模大，但"鼻子是鼻子，眼睛是眼睛"，个性十分鲜明。北美车展是一扇"未来之窗"，大部分展品是概念车，通用、福特、克莱斯勒三巨头的美国拓荒精神在那里得到了充分的体现，车展甚至充满了娱乐色彩。日内瓦车展因为赶在年初3月举办，厂家在车展上投放的新产品最多，而因为瑞士的富庶和无汽车工业，吸引车价一向较高的欧洲厂商参展踊跃，参展车型的奢华程度也较高。而巴黎车展，有人说它商业，有人说它浪漫，赏心悦目、刺激法国国内购买欲望是它的特色。法兰克福车展作为"汽车工业奥运会"，是汽车技术比拼的舞台，在规模上无出其右者。东京车展则因日式的天马行空的小车而闻名。法兰克福车展、巴黎车展、北美车展和东京车展，它们所在的国家，无一不是汽车生产大国，拥有实力最雄厚的跨国汽车品牌。而五大车展中唯一没有汽车工业的日内瓦车展，由于独特的地理和历史原因，成为世界汽车工业的风向标。相比起来，上海国际车展的个性体现得远不够突出。我国的车展想要跻身于国际A级车展，不仅仅是靠展会规模，更重要的是依赖我们自身汽车工业的发展，只有当我们的自主汽车发展成真正的国际品牌、当我们的自主企业生产出真正的全球车型之时，中国的车展才有可能真正跻身全球一流行列，否则，我们的汽车市场只能成为各大汽车厂家菜板上的鱼肉，而我们的车展也只能成为它们饭桌上的配菜。

发展本地的汽车会展经济，必须面向国际，形成品牌。世界著名的展览城市无一不是如此：提到德国的汉诺威，我们就知道这座城市里有电信技术、机械和设备工程等行业的著名展览会；提到美国的拉斯维加斯，我们会很快联想到COMDEX展；被称为"展览之都"的法国巴黎，时装、化妆品等展览举世闻名，且始终领导世界潮流；而香港则以珠宝、皮草、玩具等展览著称。不难看出，一个城市展览业的品牌与其本身的经济及产业发展特点是密切相关的，而上海这个繁华大都市完全有能力以汽车展会来树立会展业的城市品牌。

本土品牌应该在国内的车展上强调其特色，从产品的稀有属性上去争取更高的利润空间，不应仅依靠由来已久的成本战术打遍天下。同时，应该积极地"走出去"，将自己最新的、最尖端的产品展示给世人，待到本土品牌综合实力与影响力堪比国际汽车巨头之际，国内车展跻身全球一流车展则水到渠成。

参考文献

[1] 李永钧. 今年上海车展有哪些看点[J]. 轻型汽车技术，2015（2）.

[2] 艾汽. 上海车展的前世今生——回眸上海国际车展30年历程[J]. 上海企业，2015（5）.

[3] 张蕊. 展会品牌化发展的策略研究[J]. 中外企业家，2015（22）.

[4] 都薇. 全媒体时代会展品牌的塑造与传播[J]. 新闻传播，2016（4）.

[5] 刘悟. 让车展回归到车展[J]. 中国汽车界，2012（12）.

[6] 高率，彭斐. 第十六届上海国际汽车工业展览会后的思考[J]. 汽车与配件，2015（19）.

（改编者：王文姬）

思考题

1. 我国车展与国外专业车展比，主要差距在哪里？
2. 展会品牌化的主要途径有哪些？

国际文化产业篇

 案例1

全球娱乐王国——迪士尼[*]

他用他的画笔画出无数个百年经典,构造了一个个神奇的动画世界;他把童话里的城堡变成生活中的乐园,唤醒了无数人的想象力和灵感;他缔造了一个庞大的迪士尼王国,开创了一个让每个人都热血沸腾的娱乐时代;他名满天下富可敌国,但是却从未停止奋斗,他就是——华特·迪士尼。

一、娱乐王国崛起

(一)华特·迪士尼和他的娱乐王国

迪士尼公司的创始人华特·迪士尼是美国著名的动画片制作家、演出主持人和电视片制作人,他以创造米老鼠和唐老鸭等卡通人物闻名,又通过迪士尼乐园和迪士尼公司享誉全球。

"一战"前的美国,电影还处在黑白和无声的时代,动画片是电影放映前的娱乐节目,只有短短十几分钟而已,而华特·迪士尼改变了这一局面,他的成功史至今仍是好莱坞的一段佳话。

1923年,华特·迪士尼与哥哥罗伊·迪士尼一起创办了"迪士尼兄弟动画制作公司"。1926年,公司改名为"华特·迪士尼制作公司"。1928年,华特·迪士尼制作了世界上第一部有声动画片《蒸汽船威利》,有声动画片和米老鼠从此走进人们的生活,在此之后,迪士尼公司引领了动画片的创意潮流和形式革命。

经典的动画电影并没有表现出华特所有的想象力,他在生活中寻找灵感,酝酿多年,终于将一个大胆而浪漫的幻想国度变成了真实存在的迪士尼乐园,在那里,无数人实现了自己对于童话的梦想。1955年,洛杉矶迪士尼乐园的开放开启了主题公园的时代和迪士尼的崛起之路。

迪士尼公司在动画电影上一直是世界的引领者,但是它没有局限于动画电影的世界,迪士尼公司的战略眼光十分独到,总是能够把握住时代发展的趋势,找到恰当的时机涉足其他的产业,但是迪士尼兄弟相继去世后,迪士尼公

---

[*] 本案例改编自倪宁《迪斯尼娱乐攻略》(南方日报出版社2005年版)。

司却迷失了方向。

华特·迪士尼去世后的近20年里，迪士尼公司经历了一段长期的困境，但是迪士尼公司经受住了考验，并且最终在第三代掌门迈克·艾斯纳的带领下破茧重出。1986年2月6日，迪士尼公司正式更名为"华特·迪士尼公司"，也就是在此后的3年，迪士尼公司开始了它的第二次黄金发展时期。今天的迪士尼公司已经成为一家成功的大型跨国集团，在世界500强中名列前茅。可以说，经过大半个世纪的发展，华特·迪士尼和他的迪士尼公司都取得了辉煌的成就。

（二）迪士尼四大主要业务

迪士尼公司是仅次于美国在线和时代华纳的世界第三大娱乐公司，是全球500强的大型跨国集团，年收入逾百亿美元，雇员超过10万人。迪士尼公司经营的业务类多而面广，涉及电影、主题公园、房地产、娱乐业、零售业等诸多领域，几乎占去了所有经济行业的半壁江山。其众多的业务分为四个业务主块：娱乐制作（电影发行、家庭娱乐、演出和音乐），主题乐园度假区，迪士尼相关消费品（迪士尼授权、出版、游戏、零售、直销），传媒网络（无线网络、有线媒体、互联网络）。

迪士尼的这四项主要业务中，有无数的子项目需要管理，这对集团的运营模式和经营能力有很高的要求，而迪士尼确实找到了高效的运行方法。它通过运用现代企业的管理手段，将所有业务编织成一个庞大的有机网络，并在这个网络中充分发挥领导者宏观统摄全局的作用，使他们庞大的娱乐王国能够高效地运转。

我们可以看看迪士尼的基本运营分工。

1. 影视娱乐

迪士尼公司是世界影视娱乐产业的领袖，整个迪士尼公司都是在影视娱乐业务的基础上建立的，这部分业务的核心是世界著名的动画长片和真人电影业务。迪士尼旗下有皮克斯动画工作室、Miramax电影公司、美国广播公司、ESPN体育频道、试金石电影公司等一大批知名公司，它们负责生产各种影片、动画片、电视节目，同时也负责音乐剧、冰上世界等舞台剧的制作发行以及迪士尼多品牌唱片的发行。

迪士尼下属的这些电影制片厂和各种影视机构制作能力强大，每年可以生产50部左右的故事片，是美国四大电视网的主要节目供应商。此外，迪士尼公司还创作了大批含有角色形象的电视节目，并且购买其他厂商的影视片向影院、电视台和家庭录影带市场销售。迪士尼集团名下的各个发行公司、录像公司和国际公司负责代理迪士尼生产的或拥有使用权的电影、电视、音像节目在美国和世界各国发行。

2. 媒体网络

迪士尼媒体网络部门负责运营迪士尼的各种媒体网络资产，其中包括迪士尼 1996 年完成收购的 ABC 集团业务，具体职能是负责电视节目的制作和电视台的运营。该部门同样负责广播的制作和广播台的运营，其中包括 Radio Disney。我们所熟知和喜爱的 ESPN 频道，也是迪士尼控股的。公司的有线网络部分掌控全球的迪士尼频道（The Disney Channel）以及一些其他拥有股份的频道，而迪士尼互联网集团负责运营迪士尼互联网资产。

3. 主题乐园和游乐场

该部门负责全球迪士尼主题乐园的设计、建造以及运营。除了全球 5 个迪士尼度假区、11 个主题乐园之外，该部门还负责运营迪士尼海上巡航线的两艘巨型邮轮。另外，迪士尼区域娱乐负责运营 ESPN Zone 主题餐馆。

迪士尼主题公园业务是迪士尼品牌的关键组成部分，也是迪士尼集团的重要支柱。为了保持迪士尼乐园的品牌，吸引来自世界各地的游客，迪士尼公司在美国本土市场和国际市场上，利用各种广告与促销活动对世界上六家迪士尼乐园的各种游乐项目进行市场营销。此外，每个迪士尼乐园都会通过长期协议形式与迪士尼集团的其他公司建立起业务关系。

4. 相关消费产品

该部门在 1929 年开始对其周边的消费品授权，利用在全球拥有无与伦比的娱乐品牌和新闻品牌优势，迪士尼已经成为全球最大的品牌消费品授权商，麾下拥有千百家遍布全球的零售商店，与成千上万家制造和零售商建立有买卖和特许关系。该部门和全球广泛的授权商合作推出包括服饰、玩具、食品等各种消费品。另外，迪士尼全球出版部门也在该部门旗下，该部门负责在世界范围内进行迪士尼公司创造的各种形象的知识产权交易。

（1）迪士尼旗下的出版社负责出版与迪士尼有关的图书和杂志，出版了《趣味家庭》《迪士尼历险》和科普杂志《发现》等，对与迪士尼相关的连环画、艺术图画书和杂志发放出版许可证。

（2）迪士尼对与迪士尼有关的玩具、礼品、家具、文具、体育用品发放生产销售许可证。

（3）迪士尼公司下属的软件商迪士尼互动公司，主要从事开发和营销家庭、学校使用的计算机教育与娱乐软件以及游戏软件，博伟游戏集团负责迪士尼互动软件的开发和发行。

（4）公司生产教育用的视听产品，包括录影带、电影、招贴画和其他教具。

（5）迪士尼公司的直销业务包括直销网站和迪士尼专卖店。

迪士尼公司一直在积极开发拥有自主知识产权的商品，不断寻求可以用于许可证产品的新的角色形象，并且参与具有许可证意义的出版物的写作和插图的创意工作。此外，公司还以"迪士尼专卖店"向市场直接推出与迪士尼有关的产品。可以这么说，迪士尼正在成为"一个全球消费品的最终制造公司"。

二、世界的乐园

（一）迪士尼快乐地图

迪士尼乐园是世界上第一个现代意义上的主题公园，是它开启了主题公园的时代，而又是华特·迪士尼缔造了迪士尼乐园。

主题公园是园中的环境布置和娱乐设施等都集中表现一个或数个特定的主题的公园，这种公园形式是20世纪人类最伟大的文化创造之一，它不仅丰富了人类的想象世界，还形成了一个成熟的娱乐产业。

华特·迪士尼建造迪士尼乐园的其中一个原因是他认为乐园的生命周期比电影长，他说过："电影一旦完成就无法更改，而乐园则有永恒的生命，它可以不断地发展下去，可以改变，可以扩建等，这一切令人多么的激动。"① 所以，他不仅仅要做动画拍电影，还要建造迪士尼乐园，他要用立体的想象给人们以快乐，用乐园的空间保存永恒的经典。

迪士尼乐园不是一个简单的游乐园，它充分地体现了美国文化的包容性和多元化。迪士尼乐园是一个"梦境和魔幻的王国"，乐园里的一砖一瓦、一景一物都是充满想象力的艺术设计作品，乐园内活动精彩丰富，给无数的游客带来了欢乐，不论是大人还是孩子都很喜欢那里。六家迪士尼乐园每年能吸引上亿游客，这充分说明了迪士尼乐园的巨大魅力。②

（二）世界六大迪士尼乐园③

通过执行全球战略，到目前为止，迪士尼公司除了在本土开设了洛杉矶迪士尼乐园和奥兰多迪士尼世界，还借助全球化浪潮积极拓展海外市场。从20世纪80年代开始，迪士尼公司相继打造了东京、巴黎和香港的三家迪士尼乐园，并且在上海开设了它的第四家海外迪士尼乐园，这对迪士尼的发展又将会是一次大力的推动，毫无疑问，迪士尼乐园正在逐渐成为世界性的娱乐形式。

为了研究迪士尼乐园，我们首先来了解各国迪士尼乐园的概况（见表1）。

---

① 倪宁：《迪斯尼娱乐攻略》，南方日报出版社2005年版，第54页。
② 同上。
③ 参见百度百科·迪士尼乐园（http://baike.baidu.com/view/74923.htm）。

表1　各国迪士尼乐园概况

国　家	城　市	开业时间	占地面积	每年游客人次
美　国	洛杉矶	1955年7月17日	207公顷	2000万
美　国	奥兰多	1971年10月	12228公顷	1600万
日　本	东　京	1983年	201公顷	1730万
法　国	巴　黎	1992年年初	1951公顷	1200万
中　国	香　港	2005年	126公顷	450万
中　国	上　海	2016年	400公顷	560万

1. 洛杉矶迪士尼乐园

迪士尼将动画片所运用的色彩、刺激、魔幻等表现手法与游乐园的功能相结合，推出了洛杉矶迪士尼乐园。它是世界上第一座现代化游乐园，也是世界上第一个现代意义上的主题公园，它分为八个主题区，分别是美国大街、边界地带、梦幻王国、冒险世界、米奇卡通城、动物天地、纽奥良广场、明日世界。

2. 奥兰多迪士尼世界

佛罗里达州奥兰多迪士尼世界由7个风格迥异的主题公园、6个主题酒店、6个高尔夫俱乐部组成，乐园内设有中央大街、小世界、海底两万里、明天的世界、拓荒之地和自由广场等。奥兰多迪士尼世界从建立时起，就储备了大面积的用地作为未来发展的空间，此举保证了其后来持续进行的发展规划能够顺利实施。

3. 东京迪士尼乐园

东京迪士尼乐园位于东京千叶县，于1982年建成，次年开业，被誉为"亚洲第一游乐园"。东京迪士尼乐园依照美国迪士尼修建，主要分为世界市集、探险乐园、西部乐园、新生物区、梦幻乐园、卡通城等7个主题区，占地面积780公顷，超过了美国本土的两个迪士尼乐园。东京迪士尼乐园建成后，在日本引发了"迪士尼热现象"，迪士尼乐园和迪士尼的服装等各种产品都流行起来，这使得美国迪士尼公司的实力大大提高，也使迪士尼公司对国际市场的拓展充满信心和憧憬。

4. 巴黎迪士尼乐园

继东京迪士尼乐园之后，迪士尼公司耗资440亿美元，在法国巴黎兴建了欧洲大陆上的第一个迪士尼乐园。巴黎迪士尼乐园位于巴黎市郊马恩河谷镇，面积500英亩，于1992年初开张。

巴黎迪士尼乐园不仅保留了迪士尼乐园的特色，还融入了本土的新元素，比如将巴黎特有的城堡风貌添加到迪士尼动画城中。巴黎迪士尼乐园分为五大部分：美国小镇大街让人重温牛仔时代的小镇风光；加勒比海海盗屋、炮火连天的战争场面、海盗的豪夺强抢，造型栩栩如生；探险世界里风靡世界的大轮船，以及大峡谷的峻峭山冈，尽显美国风情；独具匠心的夜间娱乐场地迪士尼村，新英格兰式的码头村，搭配形状各异的建筑物，流露出无限的创意美。

5. 香港迪士尼乐园

香港迪士尼乐园度假区位于香港新界大屿山，目前占地总面积126公顷，它是第一个以洛杉矶迪士尼乐园为蓝本建立的主题公园，由一个主题公园、一个主题酒店和一个水上活动中心构成，乐园中的代表娱乐地点有美国小镇大街、探险世界、明日世界、睡公主城堡等。

香港迪士尼乐园度假区由香港政府和迪士尼公司合作组成的香港国际主题公园有限公司建设、管理及运营，由华特·迪士尼公司负责设计。香港政府持有57%的股权，而迪士尼公司持有43%的股权。香港迪士尼乐园一方面促进了香港特区旅游业的发展，另一方面使迪士尼公司的全球战略得到进一步的实施。

6. 上海迪士尼乐园

上海迪士尼乐园位于上海浦东新区，是全球第六座迪士尼乐园，占地400公顷，总投资约340亿。该项目由中美合资运营，项目则由上海申迪（集团）有限公司与华特迪士尼公司合作建设，中美双方分别设立子公司合资建立三家公司，负责上海迪士尼的项目实施。上海迪士尼乐园包含六个主题园区：米奇大街、奇想花园、探险岛、宝藏湾、明日世界、梦幻世界，并将拥有全球迪士尼主题乐园中最大的奇幻童话城堡，每一个园区都有自己特色，为游客创造无限可能。

（三）迪士尼乐园的运营

迪士尼乐园之所以能够成功，有许多方面的原因：①高科技的娱乐硬件，并且对硬件采取了科学的管理。②准确的营销策略和品牌战略，树立了强大的品牌。③有自己系统而完善的运营模式，内部管理科学高效。④注重培训优秀的员工，拥有高质量服务的经验和先进的服务文化。而这是最重要的原因。

1. "三三制"原则

迪士尼公司经过多年调查，发现尽管迪士尼乐园占地广阔，娱乐内容丰富，并且设施齐全，但是总有1/3左右的项目是游客不太喜欢的，如果乐园一成不变，终有被游客厌倦的一天。为了使乐园保持对游客的吸引力，迪士尼提出"永远建不完的迪士尼"这个口号，坚持"三三制"原则。

所谓的"三三制"原则，是指迪士尼乐园每年都要淘汰1/3的硬件设备，新建1/3的新概念项目，保留1/3的经典娱乐项目。迪士尼乐园通过每年补充更新娱乐内容和设施，不断给游客创造惊喜，带来新鲜感，因此迪士尼乐园才能拥有高达70%的游客回头率，长盛不衰。

2. 经营理念与质量管理

迪士尼乐园一直致力于为游客提供高质量的服务，在长期的经营当中，整个迪士尼积累了丰富的高质量服务的经验，形成了先进的服务文化，这二者的核心是迪士尼的经营理念和质量管理模式，具体包括：①带给游客欢乐；②营造欢乐氛围；③把握游客需要；④提高员工素质；⑤完善服务系统。

例如，在香港迪士尼乐园，有一项类似期权的 fast pass（绿色通道）服务，利用 fast pass，不用排队就可以快速进入乐园，为游客节约了许多时间，也提高了乐园的运营效率。迪士尼乐园独特的内部管理方法还有很多，这些管理方法常常通过一些奇特的现象表现出来。

（1）迪士尼乐园中没有制服保安，因为在迪士尼的游客当中，带孩子的家庭居多，为了不吓到孩子，配枪的保安隐藏在人群中，既保障了游客的安全，又不影响游客游玩。

（2）白天在迪士尼乐园中除了零星的"点清洁"之外，看不到清洁工，所有大范围的清洁工作都在午夜所有游客离开后才进行。

（3）游客在迪士尼乐园里，看不到机动车辆，甚至连必不可少的送货车和巡逻车都无法找到它们的踪影。其实，每一个迪士尼乐园都有一个完善的地下送货系统，迪士尼就是利用游客游玩的时间和夜间，在地下空间里将数量庞大的货物输送到迪士尼乐园的每个地方。①

3. 严格的服务标准

华特·迪士尼说过一句话："我只想让游客高高兴兴地走进乐园，痛痛快快地玩，快快乐乐地离开。因为乐园就是为他们而建的。"

迪士尼一直以此为理念，并为实现这个目标制定了一系列严格的服务标准，这些标准全部被列入迪士尼的员工手册。这些服务标准十分详细，大致可将其概为以下的几个方面：

（1）座右铭——所有来访者都是我们的客人。

（2）SCSE 服务理念：安全性、礼貌性、表演性、效率性。

（3）员工四要素：殷勤有礼、善于沟通、能力胜任、反应敏捷。

（4）迪士尼员工 15 条基本守则。

1）迪士尼乐园的核心宗旨是让每一位来到乐园的人感觉到快乐，每位员工都应该理解这点并且懂得执行；

2）我们的座右铭是："所有来访者都是我们的客人"，给每位游客贵宾般的礼遇是我们的天职；

3）谨记服务的四个要点：安全性、礼貌性、表演性、效率性；

4）所有员工都要在迪士尼大学接受培训，培训内容是殷勤有礼、善于沟

---

① 参见倪宁《迪斯尼娱乐攻略》，南方日报出版社 2005 年版，第 64 页。

通、能力胜任、反应敏捷；

5）为游客提供最好的个性化服务和专业化服务，使服务超出游客的心理预期；

6）每位员工无论处于什么岗位，都要善于发现游客的需要，并主动及时地满足游客；

7）努力发挥团队合作精神，打造优秀工作团队，这对于每位员工都相当重要；

8）每位员工都有责任提出与自己的工作岗位相关的建议和意见，应该积极参与，畅所欲言；

9）应该给员工充分的权力去解决突发事件，保证随时满足游客的需求；

10）谨记"乐园就是舞台"，员工要做一名称职的演员；

11）注重自己的仪表着装，给游客良好的外在形象；

12）对待游客彬彬有礼，注意使用文明用语；

13）注重与游客互动体验，增强游客参与表演的体验，每位员工都要了解并记录游客的喜好；

14）不论游客提出的问题是否正确，都要谨记"游客永远是对的"；

15）每位员工都要随时注意发现乐园内部的问题和缺点，并尽快地改进或向相关部门报告。[1]

4. 迪士尼大学与员工培训

员工培训是一个成熟的企业必须做好的工作，迪士尼也是如此。迪士尼不仅将培训作为提高新人素质和水平的方法，更将培训作为企业价值观和企业精神教育的手段。

迪士尼为了做好员工培训工作，专门成立了迪士尼大学，迪士尼的每个员工都要在入职前进入迪士尼大学进行培训，无论是高层决策管理者还是一般的清洁员工。迪士尼大学负责研究迪士尼公司对员工的需求，然后制订出训练计划来满足这些需求。对于前往迪士尼应聘的人，迪士尼首先要求他们做一个自我评估，找到适合自己的位置，之后迪士尼大学会放一段影片给应聘者看，详细地介绍工作纪律、训练过程及服饰，然后再进入面谈。经过评选，被选中的人才能进入受训阶段。参与培训的人可以体验到迪士尼大学的各种课程，他们要做的包括最基本的发言、90分钟的演讲和进行几天的研讨会。

迪士尼大学的课程之一是8小时的新人指导课，目的是让新人了解公司的历史、哲学和对顾客的服务标准。课程之二是让他们了解自己所要担任的角色，并且学会如何扮演。接下来就是老员工引领新员工的"配对训练"，时间在16～48小时之间。只有完成了这三个部分的学习，并且熟练掌握训练单上所列的项目之后，新手才能单独接待游客。

---

[1] 参见莫少昆、陈静华《迪士尼乐园 贩卖快乐》，对外经济贸易大学出版社2007年版。

进入工作岗位后，每个员工的角色也不是完全固定的。迪士尼每年都会进行为期一周的角色交叉互补活动，在这个星期里，公司的管理人员要换上各种道具服装，在乐园的第一线为游客服务，去售票、卖爆米花、递冰激凌，或者帮助游客摆弄游戏装置，而一线员工和他们的亲属则可以在乐园里接受服务。在这样的人人平等的制度和氛围中，员工能感觉到自己受到公司和管理者的尊重，从而极大地提高归属感和忠诚度。

虽然如此，人人平等并不意味着人人相同，迪士尼对每个员工的角色定位还是十分明确的，乐园内的演员们对台前和幕后做了明确的区分，无论什么时候，只要在公园内的公众区域内或者游客的面前，每个员工都必须严格地扮演自己的角色，用迪士尼的语言进行交流，每一个细节都必须符合迪士尼的准则和规范。这里所说基本理念和行为规范并不是含糊的概念，在迪士尼的员工培训过程中，这些是必修的课程。①

迪士尼大学的核心课程包括以下几方面②：

（1）卓越领导——提供通过有效领导提高团队绩效的战略和方法。

（2）忠诚度——探究保留终身客户的技巧，确认通过更好的客户和员工忠诚度产生最优结果的战略。

（3）人员管理——挖掘如何选择、培训、激励员工，如何与员工沟通交流，同时展现维护迪士尼独特服务文化的系统。

（4）质量服务——学习如何将注意力放在细节上，创造世界一流的服务文化，能够持续、始终如一地超过顾客的预期。

（5）企业创新——研究领导人如何统一组织的定位、结构系统和协作文化，并结合员工的全部潜力来创造一个稳定的思维流程，最终形成创新的产品、服务和系统。

三、传媒帝国时代

迪士尼兄弟相继去世之后的十几年时间里，迪士尼在电视业取得了还算不错的成绩，但是电影在公司里的地位却随着为数不少的失败之作而日益下降。这个时代的迪士尼集团在传媒界，既不能与新闻集团和时代华纳媲美，又不能与好莱坞的大公司抗衡，处于十分被动的地位。

迈克·艾斯纳的出现改变了迪士尼公司的窘境，娱乐界把艾斯纳尊称为"迪士尼的拯救者"，他的上任成为迪士尼传媒帝国真正建立的起点。

迪士尼在传媒业的发展和迪士尼的动画片一样充满想象。从电影到电视，从一个电视节目到一个电视频道，从一个电视频道到一个电视网，又从电视到

---

① 参见倪宁《迪斯尼娱乐攻略》，南方日报出版社 2005 年版，第 7 页。

② 参见《迪士尼大学》，http://www.mbalib.com/。

网络，迪士尼通过多年的发展和并购已经成为一个深刻影响着全世界的传媒帝国。

（一）动画和电影

20世纪三四十年代是好莱坞的黄金时代，当时迪士尼公司并不是一家大公司，直到1937年，华特·迪士尼推出第一部动画长片《白雪公主与七个小矮人》（也称《白雪公主》）。《白雪公主与七个小矮人》是一部具有时代开创性的影片，在《白雪公主与七个小矮人》之后，迪士尼几乎每年都要拍摄一部动画长片，包括《匹诺曹》《幻想曲》《小飞象》和《小鹿斑比》。

20世纪40年代末，迪士尼公司开始涉足真人电影领域，题材大多数是冒险类型的。第一部迪士尼真人电影是改编自英国作家罗伯特·路易斯·史蒂文森的《金银岛》，影片的成功促使迪士尼拍摄更多的同类型影片，"二战"后，迪士尼公司推出科幻片《海底两万里》，该片大获成功，获得两项奥斯卡大奖。

迪士尼一直没有停止在电影事业上的开创和成功，但是迪士尼公司真正成为电影巨头是在迈克·艾斯纳上任之后。1984年，艾斯纳进入迪士尼，担任迪士尼董事长兼首席执行官，在此之前，艾斯纳是派拉蒙电影公司的总裁，他在电影创新方面有极高的天赋，在电影经营方面有丰富的经验，正是他使派拉蒙公司的业绩在20世纪80年代达到前所未有的高峰。

艾斯纳接手迪士尼之后立刻创办了试金石电影公司，专门针对成年观众制作浪漫喜剧片和动作片等类型的影片，并且很快就向迪士尼董事会交出了完美的答卷。1985年，试金石公司出品的《贝弗利山奇遇记》大获成功之后，迪士尼又推出了《娇娃万里追》和《锡人》两部电影，艾斯纳正是利用这几部成功的作品，将迪士尼打造成为一家大制片厂。

20世纪90年代，迪士尼电影进入黄金时代，真人电影和动画电影都不断有杰作问世。真人电影代表作有《三个奶爸一个娃》《早安越南》《谁陷害了兔子罗杰》和《风月俏佳人》，动画电影代表作有《狮子王》《风中奇缘》和《美女与野兽》。

2000年之后，迪士尼公司与好莱坞大牌制作人布鲁克海默合作拍摄了《加勒比海盗》三部曲以及《国家宝藏》系列，与瓦尔登传媒合作拍摄了《纳尼亚传奇》，这些票房火爆的大片使得迪士尼跻身好莱坞顶级电影公司行列。

好莱坞一直是国际电影市场的佼佼者，迪士尼作为北美六大电影公司之一，必然也十分注重国际市场的抢占。迪士尼的Miramax公司在欧洲建立了以英国为基地的电影公司，积极进军国际电影市场，迪士尼还成立了迪士尼博伟国际公司等一批国际部门来负责迪士尼电影产品的全球销售、发行和管理。

（二）广播电视

1. 发展时代

20世纪四五十年代，迪士尼在动画和电影上取得了一定的成功之后，将目光转向了电视业。从"二战"结束到20世纪80年代的30多年是美国电视业发展的黄金时代，华特·迪士尼感觉机会到了，开始采取行动，他的第一步是与美国广播公司签约开设了一个1小时的节目《迪士尼乐园》。

《迪士尼乐园》于1954年首播，全部由华特·迪士尼本人主持，该节目因为华特的"明星效应"获得了极高的收视率，而迪士尼公司也因此提高了声望。但是华特并没有满足于此，他以迪士尼公司强大的创意资源将电视节目办得充满娱乐性，在提高收视率的同时，借助电视面对大众的性质将迪士尼的产品宣传出去，塑造了迪士尼的品牌。

《迪士尼乐园》的成功被当时的评论界认为"它实际上改变了电视业和电影业的面貌"。而华特所做的还不限于此，1961年，他与国家广播公司合作，推出迪士尼"彩色世界"电视节目。从此，电视告别了黑白进入彩色时代，而迪士尼公司也从此将电视作为其强有力的传媒工具。

电视帮助迪士尼的品牌深入人心，但是日益壮大的迪士尼感觉只拥有自己的电视节目还不够，他们要开创自己的频道。1983年，公司成立"迪士尼频道"，专门用来播放自己制作的电影、卡通和电视节目，虽然"迪士尼频道"给迪士尼公司带来了诸多益处，但是因为没有一个强大的电视网，迪士尼根本不能在传媒界与时代华纳和新闻集团相比。①

2. 帝国时代

迈克·艾斯纳时代，迪士尼公司决定收购一个电视网以迅速建立自己的媒体网络。上帝给了迪士尼机遇，他们付出巨大的代价，成功地收购了Cap Cities/ABC，很快拥有了ABC电视网络集团、ABC广播网络以及包括ESPN和ESPN2在内的10家电视台。1995年，迪士尼公司又以190亿美元的巨大代价收购美国广播公司ABC，一跃成为当时世界上最大的娱乐媒体公司。并购使得迪士尼的动画片以及电视节目制作和ABC广播电视网络的传播能力有效结合在一起，使迪士尼成为一家综合性娱乐媒体公司。

迪士尼公司一直在充实其传媒帝国的根基，它收购了大量电视频道，已经有了卡通电影频道、家庭娱乐频道，甚至还购买了新闻频道和体育频道。借助电视的触角，迪士尼公司布下了天罗地网，促进了整个迪士尼集团的发展，从1984年以来，迪士尼公司已经创下了连续14年20%的年增长率和每年18.5%的资产回报率的成绩。②

---

① 参见倪宁《迪斯尼娱乐攻略》，南方日报出版社2005年版，第48页。
② 同上。

如今，迪士尼公司向全球电视市场发起了全面的攻势。

迪士尼的 ESPN 国际频道已经成为世界体育电视频道的领头羊，用 21 种语言向超过 165 个国家播放。ESPN 由于广泛开发国际市场，1998 年的盈利增长了 20%，达到约 17 亿美元，现金流动则增长了 17%，达到 7 亿美元。

迪士尼公司还是斯堪的纳维亚广播系统（SBS）最大的持股者。SBS 公司是挪威、瑞典、丹麦、芬兰、比利时和荷兰的主要地方商业电视的所有者和运营者，它的目标是分别垄断以上每一个国家的市场 25%～40% 的电视广告收入，并且在挪威、比利时已经成功地实现了这一目标。掌握 SBS 意味着迪士尼在北欧电视市场上具有相当大的影响力。

迪士尼从一个电视节目开始，经过半个世纪的发展，已经在国际电视市场上建立起一个电视帝国。

（三）互联网

20 世纪末互联网热潮席卷全球，互联网和手机迅速地渗透人们的生活，并且全面而深刻地影响人们获取资讯的途径和娱乐的方式，这对迪士尼是一个严峻的挑战。当年轻人将娱乐转移到互联网和手机这些平台之后，迪士尼几十年来精心营造、无缝衔接的欢乐世界急需弥补一个重要的新平台。

在新的形势之下，迪士尼将互联网新媒体作为公司发展战略的支柱之一。1994 年，迪士尼开通迪士尼网站 Disney.com，为了与 Yahoo 和 AOL 争夺互联网市场，迪士尼在 1998 年又斥资 20 亿美元收购了搜索引擎公司 Infoseek，并更名为 Go.com。2000 年 8 月，迪士尼成立互联网集团，该集团负责管理迪士尼所有的互联网业务。

迪士尼互联网集团并不像同行那样通过收购以新的品牌来拓展新媒体领域，而是把既有的迪士尼、ABC 和 ESPN 品牌内容延伸到互联网上。迪士尼门户网站 Disney.com 提供影音娱乐等多媒体内容，位居美国十大网站之列，而 ABC 和 ESPN 的网站则是结合优质的电视内容，为观众提供点播下载和互动交流的功能，大大加强了消费者与迪士尼品牌的接触和联系。

迪士尼互联网集团得益于迪士尼优质的娱乐内容和积极的并购策略，发展十分迅速，已经建立了强大的迪士尼家族品牌网站群，下属 Disney.com、ESPN.com、ABC.com、ABCNEWS.com、Family.com、Movies.com 等一大批网站和网络服务项目。

迪士尼互联网集团也是一家领先的手机内容提供商。2003 年 7 月底，迪士尼公司同几家无线通信公司和手机制造商的谈判吸引了华尔街的注意力。迪士尼公司基于《怪物公司》和《亚特兰迪斯：失落的帝国》等迪士尼拍摄的电影，开发了一批面向手机的电子游戏，希望建立一种无线娱乐服务，并吸引欧洲和美国的无线通信运营商向各自的用户转售这种服务。①

迪士尼的努力的确吸引了多家电信运营商成为自己的合作伙伴。在亚洲，迪士尼同日本的两家无线通信运营商 NTT DOCOMO 公司和 J–PHONE 公司开展合作，推广包括手机游戏、视频内容在内的多项无线通信内容服务。在美国，包括 SPRINT PCS 等企业在内的美国无线通信运营商向用户提供由迪士尼开发的手机游戏服务。目前，仅日本市场就已经为迪士尼公司提供了 300 万注册用户。

2003 年 6 月，迪士尼公司与世界上最大的手机运营商沃达丰公司结成合作伙伴，向 3G 手机用户提供迪士尼品牌的卡通人物、游戏和音乐等多项服务内容。尽管对于上述服务的需求因为第三代手机推出缓慢而大为受阻，但是，已经有人预计，随着 3G 手机的推出，这项新业务将为迪士尼带来额外的注册用户收入。

可以预见的未来是，迪士尼会将传媒帝国的疆土扩张到新兴的网络产业，给后人留下另一段传奇故事。

四、经营快乐的艺术

迪士尼不是一般的娱乐公司，它对自己的定位是"三维娱乐的王国"。迪士尼把娱乐看成无所不在的"管理梦想的事业"，它不仅有音乐、动画、影视、表演、传媒业务，还有实体的乐园，而它所拥有的娱乐角色又可以转变成授权的各式各样的商品，有专门的"消费品部"，产品行销全世界。在迪士尼和好莱坞，艺术品被看做是一种产品，而不是一种"作品"。很少有人能像迪士尼一样，把艺术本身的商业价值发挥到极致，所以说，迪士尼既是商业中的娱乐，又是娱乐中的商业。

（一）想象创造动画世界

世界上任何事物都不是凭空产生的，华特·迪士尼的想象力也必然萌发于现实世界的土壤，他的想象力来自于美国人的想象空间，他的创造灵感来自于美国的文化背景和美国人的生活环境，当这个天才同时拥有了美国文化中潜在的娱乐因子和创新精神后，一切可能都变成了现实。

1928 年，华特·迪士尼制作了世界上第一部有声动画片《蒸汽船威利》，而后在 1937 年，享誉全球的百年经典《白雪公主与七个小矮人》在他的手中诞生了。

《白雪公主与七个小矮人》从诞生之日起就引起了巨大的轰动，今天依然家喻户晓。《白雪公主与七个小矮人》是世界上第一部有剧情的长篇动画电

---

① 参见倪宁《迪斯尼娱乐攻略》，南方日报出版社 2005 年版，第 48 页。

影,是世界上第一次发行电影原声音乐唱片,它还是世界上第一部使用多层次摄影机拍摄的动画片,当然这些并不是全部,《白雪公主与七个小矮人》还包揽了许多其他的荣誉。

《白雪公主与七个小矮人》是迪士尼经典动画电影的先驱,从此,动画电影突破了儿童娱乐方式的局限性,成为主流的电影形态。在《白雪公主与七个小矮人》之后的不同时期,迪士尼公司又推出了《匹诺曹》《睡美人》《小美人鱼》《小熊维尼历险记》《狮子王》等一大批经典动画片,这些经典动画片的深入人心使得经典动画最终成为迪士尼动画的象征。当然,除了迪士尼经典动画,迪士尼动画电影还包括迪士尼真人动画、迪士尼计算机动画、迪士尼电影版卡通等类型。

世界上有很多流行的东西都如昙花一现,而迪士尼动画却经久不衰。今天的迪士尼动画能一直保持风靡世界,除了凭借源源不断的创意和大半个世纪的积淀,还有一个重要的原因,那就是迪士尼精湛的制作技术。

迪士尼深知,如今的动画已经进入了技术的时代,因此,网罗了全美国乃至全世界最顶尖的动画制作技术人员,迪士尼动画片《花木兰》的制作队伍由700名艺术家、动画片制作人员和技工组成,迪士尼还拥有全世界最先进的动画制作设施。再以《花木兰》为例,为了制作这部动画片,奥兰多工作室进行了一年半的实验,在计算机图像CG1上进行了几次技术革新。正是由于这些技术革新,才能在银幕上展现2000名匈奴骑兵在马背上穿越雪山、全力进攻的真实场景。虽然技术和专家不是动画成败的根本决定因素,但是确实保证了迪士尼在全球竞争中占有战略优势。

(二) 动画世界里的商业法则

1. "轮次收入"模式

迪士尼公司在动画制作上硕果累累,但迪士尼公司最大的成就并不是创造出那些经典的卡通人物,而是将这些卡通人物带进产业化的浪潮。迪士尼的策略是利用其巨大的制造能力、完善的行销技能、良好的品牌信誉在各个行业进行拓展,将许多不同的行业整合成一个以卡通人物为核心的紧密的产业链。在这个过程当中,迪士尼创造了许多其独有的商业模式,其中就包括"轮次收入"。"轮次收入"模式通俗地说,就是"一鱼多吃"。

(1) 第一轮收入。迪士尼将其年度动画巨作,通过在本土和海外发行拷贝和录像带赚到第一轮收入,此轮收入可以让迪士尼收回成本。

(2) 第二轮收入。迪士尼每发行一部新的卡通片,就会在主题公园当中增加一个新的人物,电影和公园结合产生的广告效应和共同营造的娱乐氛围,能够吸引大批游客的游览消费,迪士尼通过特许经营,借助后续产品的开发和主题公园的创收获得第二轮收入。

(3) 第三轮收入。迪士尼的第三轮收入来自于品牌商品的销售。迪士在品牌产品的连锁经营上非常成功,通过在美国本土和全球各地建立大型的迪士尼商店,销售品牌产品,此轮收入不容小觑,约占迪士尼利润的40%。①

2. 发行模式

"轮次收入"并不是简简单单就能实现的,它有赖于一个好的发行模式,迪士尼正是利用其丰富的发行手段,将无数的产品送到全球消费者的手中。

(1) 进行"轰炸式"宣传。迪士尼每次推出新片之前,整个集团都会上下一致,全力配合,动用所有的宣传机器设备进行宣传。迪士尼电视频道、旗下 ABC 电视网、迪士尼网站、迪士尼乐园、迪士尼玩具专卖店都会利用自己特有的手段进行宣传,同时迪士尼会与有着战略合作伙伴关系的电影院、麦当劳和可口可乐公司等多方合作进行宣传。可以说,在迪士尼的宣传时期,"满世界"都是迪士尼!

(2) 利用其全球化的发行网络进行国际宣传。全球化是迪士尼化的自然延伸,迪士尼通过其遍布全球的发行网络让迪士尼走出了美国,实现了全球化,因此全球发行网络是全球化的基础。日本动画片的质量有时也能与迪士尼动画相媲美,但是由于发行网络有限,日本动画难以与迪士尼动画一争高下。除了影片的发行网络之外,迪士尼还拥有商品、书籍、玩具、服装、电视以及录像带等其他商品的全球发行网络,所有的这些构成了迪士尼复杂完备的基础设施。

(3) 利用连环套式的发行。连环套的发行方式延伸"轰炸式"宣传,但是并不是把人们"轰"到电影院那么简单。迪士尼的影片名副其实、魅力无限是自然的,但更重要的是要让影片的生命得到长期延续。通常情况下,一部电影要轰动一时并不难,而要成为长期的宠儿甚至永恒的经典,就必须有所作为。迪士尼则采用连环套的方式保持其作品的生命力,影片放映过后,电视播放,接着推出录像带、光盘、书籍、出版物,同时将影片"明星""偶像"制作成玩具或者印制在服装上,让它们走进孩子和家长的日常生活与内心深处。

(三) 品牌创造明日世界

1. 迪士尼品牌核心

如果说迪士尼的成功神话源于华特·迪士尼的天才创意,那么迪士尼的发展与强盛靠的就是品牌效应。作为一个娱乐品牌,迪士尼的品牌价值在 2008 年《商业周刊》的世界 100 强品牌中,排名第九位,是全球最强势的品牌之一。然而,品牌并不是与生俱来的,迪士尼经过多年经营,才赋予了迪士尼这个品牌深刻的文化内涵,才让迪士尼的品牌深入人们的感情世界。

迪士尼公司从 1928 年推出《蒸汽船威利》以来已经经历了近 80 年的发展,纵观迪士尼 80 年的发展历程,就是一部品牌化生产、品牌化传播、品牌

---

① 参见喻国明、张小争《传媒竞争力》,华夏出版社 2005 年版。

化生存的历史。在漫长的 80 年里，迪士尼这个品牌的核心却一直都没有改变。它们就是：①创新。迪士尼一直坚持创新的传统。②品质。迪士尼不断努力达到高质量标准进而做到卓越，在迪士尼品牌的所有产品中，高质量都是必须得以保证的。③共享。对于家庭，迪士尼一直创造积极和包容的态度，迪士尼创造的娱乐可以被各代人所共享。④故事。每一件迪士尼产品都会讲述一个故事，永恒的故事总是给人们带来欢乐和启发。⑤乐观。迪士尼娱乐体验总是向人们宣传希望、渴望和乐观坚定的决心。⑥尊重。迪士尼尊重我们大家每一个人，迪士尼的乐趣是基于我们自己的体验，并不取笑他人。①

2. 迪士尼品牌维护②

创业艰难，守业更艰难。同样，创造一个品牌虽然非常重要，但是维护和保护品牌更加不容忽视。在维护自己的品牌上，迪士尼也做了许多的努力，迪士尼维护品牌主要借助其控制体系和法律武器。

（1）制定标准化的控制体系。迪士尼公司在进行海外扩张的时候，会通过一系列手册详细地规定场地管理、顾客服务以及演员的培训规程。同时，迪士尼全程参与乐园的建筑设计，这样既使各个特许经营部门严格遵守迪士尼的经营理念和管理方式，又能使迪士尼乐园很好地控制乐园的运营，有利于迪士尼进行品牌管理和品牌维护。

（2）打造多样化的品牌授权体系。迪士尼的品牌授权主要表现在米老鼠、唐老鸭、小熊维尼等动画形象的授权，授权对象是玩具制造商和服饰加工商。迪士尼对授权对象的商品和服务质量有严格的要求，以防止对自己的品牌形象造成不良影响。同时，迪士尼非常注意保持授权对象的商品和服务的多样性，这样既减少了被授权方冲突的可能，又增加了产品的互补性。迪士尼借助这种多样性，将迪士尼品牌的多种类授权商品在市场上密集渗透，形成消费者的族群效应，进一步增强了自己的品牌形象。

（3）控制低质量授权产品。艾斯纳发现公司许多电视电影的海外版在配音和翻译上错误百出，影响了影片的质量，于是成立了迪士尼人物声音部门，对迪士尼馆藏电影进行重新配音，所用语言多达 35 种。经过精心的控制和处理，迪士尼影片的海外版本在配音上逐渐成熟和完善，这一举措也维护了迪士尼的品牌。

（4）启用法律武器。在扩张过程中，迪士尼非常重视商标和专利注册。不论是在美国本土还是在国外，迪士尼都及时将自己的产品和品牌进行专利注册，对品牌授权进行严格的控制和管理，一旦发现侵权，立刻采取法律手段来维护迪士尼的品牌。

---

① 参见莫少昆、陈静华《迪士尼乐园 贩卖快乐》，对外经济贸易大学出版社 2007 年版，第 101 页。

② 参见倪宁《迪斯尼娱乐攻略》，南方日报出版社 2005 年版，第 99 页。

（四）合作扩大发展空间

迪士尼的合作是品牌的合作，其品牌合作有两层含义：一种是企业参加合作制，即品牌与品牌的合作，简而言之，就是通过品牌之间的相互促进，使双方品牌都获得更加广泛的宣传，一般是迪士尼和知名公司之间的合作形式。另一种是品牌许可授权制，即品牌与产品的合作，是指其他公司用迪士尼的品牌促销其产品，而迪士尼利用其产品来提升自身的品牌，一般是迪士尼和不知名的公司间的合作形式。

那么企业参加合作制和品牌许可授权制究竟又是怎样的合作形态呢？

1. 企业参加合作制

何为企业参加合作制？我们通过东京迪士尼海洋乐园的运营方式来分析。在东京迪士尼海洋乐园，绝大多数的景观建筑以及娱乐设施都是由日本的知名企业提供的，"海底两万里"由日本可口可乐公司提供，"地球中心"由第一生命保险公司提供，"夺宝奇兵"由松下电器公司提供，而园内的各色餐饮、交通工具、图片装饰也均由明治乳业、日产汽车、富士胶卷等知名企业担当。这些企业不仅出资，而且还派出自己的员工参加迪士尼乐园的建设和服务。因此，在迪士尼的建设和运营过程中，迪士尼并不需要一手包办所有的事务，通过这种合作方式，迪士尼能够得到世界一流的免费设施，为游客提供全方位的优质服务，但是与迪士尼合作的企业能够从合作中得到什么呢？

作为合作的交换条件，迪士尼会在景观、餐厅或游园车上提供企业的招牌，并且允许合作企业参加迪士尼的广告活动。与这些企业为迪士尼做的一切相比，迪士尼做的看起来确实太简单了，那么这些企业的利益关键点在哪里呢？

（1）巨大的广告效应。众所周知，迪士尼公司是名牌企业，其品牌具有极强的号召力，并且有数量庞大的忠实消费者，仅前五个迪士尼乐园，每年的游客数量就能够突破1亿人次，除此之外，迪士尼电影的观众、迪士尼消费品的购买者更是不计其数。因此，利用迪士尼的平台为自己的企业做广告，将获得良好的广告效应。

（2）责任分担，利益共享。这是迪士尼与其他企业合作时的一大宗旨，迪士尼乐园为合作企业挂牌做广告，既是分担责任的象征，又能够实现双方利益共赢。迪士尼能够因此节约相当一部分的资源和资金，而挂牌企业也能够节约广告成本，因为如果通过电视杂志等广告方式达到和迪士尼相当的宣传效果，那么所要付出的代价绝对远远高于这种合作方式。

（3）学习先进，提高自我。迪士尼公司是做文化创意产业的，创意经验丰富，其他企业能够在与迪士尼的合作过程中，学到迪士尼的创意理念和经营方法，从而提高自我创新的意识和能力。

因此，是巨大的广告效应、强烈的学习欲望、现实的经济利益驱使许多世界知名企业争先恐后地与迪士尼合作，并且为迪士尼提供资金，送上最尖端的技术和最优良的服务。

2. 品牌许可授权制

品牌许可授权制又是怎样一种模式呢？其实授权的方法和原理简单易懂，如果某个公司想将米老鼠等迪士尼的卡通形象印在自己的产品上，只要支付特许使用费，且产品符合最低质量保证条件，一切便大功告成了。在多年的品牌管理中，许可授权一直是迪士尼公司最擅长的品牌运营方式。

在迪士尼的四大业务主块之中，管理消费品的是迪士尼消费公司，消费公司是运用迪士尼许可授权最为广泛的，它主要负责经营所有迪士尼的日常消费品，从服装到食品，从饰品到玩具，无所不包。但是，迪士尼消费品公司几乎没有自己去生产消费品，近90%的收入都来自于发放特许经营证。20世纪80年代，《星球大战》和《外星人》风靡世界，根据电影制作的玩具也成为年轻人心爱之物。迪士尼看到了这一商机，于是出巨资邀请大导演斯皮尔伯格执导《谁杀死了兔子罗杰》，同时把其中的卡通形象推广到商场。在影片拍摄前，恩斯诺便与打算使用《谁杀死了兔子罗杰》中的形象的商家签订了34个生产500多种产品的协议，收益不言而喻。从此，迪士尼在特许经营上一发不可收拾，这类特许经营业务每年收入高达10亿美元。

据统计，最多的时候，迪士尼公司在全球发展了4200多个拥有迪士尼特许经营权的商家，产品范围从铅笔、橡皮、书包到价值数千美元的时髦服饰、数万美元的手表、汽车，应有尽有。这些特许经营商大多是规模不大的中小型企业，经过迪士尼授权，它们便可以利用迪士尼的品牌效应来提高自己产品的销量，而迪士尼也可以利用它们的产品将自己的创意和品牌带进千家万户。因此，迪士尼通过许可授权的合作方式，能够轻而易举地将无数的日常消费品变成它传播创意和宣传品牌的一大载体。

由此可以看出，是品牌与合作让迪士尼的创意成为风靡全球的商品，而创意又维护了迪士尼的品牌，促进了迪士尼的合作，可以说，这是迪士尼模式的精髓。

五、迪士尼的全球战略

（一）迪士尼的扩张之路

1. 东京起跑线

在全球化和世界经济一体化的当今世界，许多企业都选择了向国际市场发展，建立跨国集团，而迪士尼集团在30年前就已经在进行它的全球计划了。

20世纪80年代初，世界经济圈逐渐向东亚转移，亚洲最发达的国家日本正处在经济腾飞时期。那个时期的日本，一方面，国民收入大大提高，生活普遍富裕；另一方面，消费者有了更多的闲暇时间，却还没有形成度假的习惯。迪士尼公司认为，如果迪士尼乐园这时候进入日本，正好能与日本消费者寻找新型娱乐方式的需求相切合。基于这种情况，迪士尼决定将日本东京作为全球扩张的起点。

1983 年，东京迪士尼乐园开放，当年游客就突破了预计指标，到了 1997 年，东京迪士尼接待游客已高达 2.6 亿人次。2001 年，东京迪士尼海洋乐园开业，在不到一年的时间里就接待了 1000 万游客，从游客人数和票房收入看来，东京的两座迪士尼乐园创造了举世无双的成绩，迪士尼集团从中获得了巨大的经济收益和品牌效益。①

2. 巴黎"滑铁卢"

早在 1976 年，迪士尼集团的管理人员就提出在欧洲修建乐园的计划，但是建园的各种讨论持续多年而未果。在东京迪士尼乐园获得巨大成功之后，迪士尼集团受到了鼓舞，于是决定向欧洲大陆进军。经过对欧洲 200 多个地方的大量考察，迪士尼最终决定在巴黎修建欧洲迪士尼乐园。

1992 年年初，巴黎迪士尼乐园开张，借助迪士尼的品牌效应，它很快就成为全欧洲游客最多的付费游乐园。但是迪士尼公司并没有从巴黎迪士尼取得很好的收益，最初的几年，乐园甚至一直处于巨额亏损状态，直到 2003 年第二季度才实现开业 10 年来的首次盈利。可以说，迪士尼在巴黎遭遇了滑铁卢，其中的原因大致可以概括为以下几点：①欧洲经济衰退，银行利率提高，外汇市场上法郎币值坚挺；②巴黎迪士尼乐园的建设指导思想出现偏差；③迪士尼游乐方式与欧洲人长期形成的度假习惯存在冲突；④迪士尼对地理环境因素及其可能造成的影响估计不足；⑤法国人有排外心理，尤其排斥美国商业文化；⑥美国项目管理人员态度傲慢，与欧洲管理团队和当地新闻媒体产生了矛盾。②

虽然巴黎迪士尼乐园遭遇了挫折，但是迪士尼集团并没有怀疑其海外扩张战略的正确性，他们将中国香港作为亚洲的第二战略目标地，继续实施其全球化战略。

3. 迪士尼环游世界

迪士尼乐园在全球扩张的过程中，既收获了令人惊喜的成功，也遭遇了意想不到的失败，但是迪士尼对这一切并不是没有准备的，无论是国际市场的调查分析还是扩张战略的具体实施，迪士尼都有详细的计划和强大的执行能力。

迪士尼成立了专门的公司——迪士尼国际公司来管理迪士尼的国际扩张业务，负责调整、拓展和加强迪士尼公司的各项国际业务。其具体职能是创建和并购新的国外业务与发行渠道，通过零售方面的特许、合作、管理、新市场开

---

① 参见倪宁《迪斯尼娱乐攻略》，南方日报出版社 2005 年版，第 174 页。
② 参见倪宁《迪斯尼娱乐攻略》，南方日报出版社 2005 年版，第 221 页。

发等方式提高迪士尼经营业绩，整合迪士尼国际机构的人力、财物、信息技术、战略信息等资源。

为了进行国际业务管理，迪士尼成立了一些国际部门：ABC 有线电视网集团国际部门，负责 ABC 有线电视网在海外市场的拓展和运营；博伟国际公司负责迪士尼电影产品的全球发售、发行和管理；博伟国际家庭娱乐公司负责迪士尼旗下各种影视产品尤其是家庭录像制品和 DVD 的全球销售、发行和管理。

除了迪士尼国际公司和国际部门，迪士尼还通过国际合作进行全球扩张。在澳大利亚，迪士尼拥有维格勒斯公司的影片发行权。维格勒斯是一家娱乐集团，专门为学龄前儿童提供娱乐和教育内容的产品，而学龄前儿童正好是迪士尼重要的目标客户，这个合作对迪士尼在大洋洲的扩展帮助很大。在英国，迪士尼同亚马逊网站合作开发了一个实验性项目，消费者在亚马逊网站上点击迪士尼图标，就能进入带有迪士尼视频、出版物、音乐盒互动产品的网页，利用亚马逊的点击率进一步扩大其全球影响力。[①]

（二）迪士尼的中国战略

1. 入乡随俗

迪士尼公司 1978 年就进入了中国，可以说很早就进入了中国的市场。20 世纪 80 年代初，迪士尼与央视合作，授权央视播放《米老鼠和唐老鸭》；1994 年，迪士尼向央视提供《小神龙俱乐部》，播放迪士尼最新的动画片。迪士尼的动画片在中国深入人心，但是因为中国官方对于媒体和文化方面的外国公司有诸多政策限制，所以 2005 年之前，迪士尼公司在中国内地的业务进展非常缓慢。[②]

迪士尼的全球战略和中国紧密相关，迪士尼为了进入中国市场，可以说是做足了功课。迪士尼深知，要想进入中国市场，一要做好政府公关，适应中国的政策；二要融入中国文化。所以，迪士尼公司在中国市场上做的每件事情都在践行"入乡随俗"这一中国古训。

（1）香港迪士尼乐园为了方便孩子们识别其标识，耗费巨资将中国内地通常使用的"迪斯尼"更换为香港通用的"迪士尼"，将香港常用的"和路－迪士尼"改为全中国统一使用的"华特·迪士尼"，只因为"士"比"斯"的笔画更少，孩子们更容易读写辨认。

（2）迪士尼公司将亚太总部迁往上海。2009 年 8 月份，华特·迪士尼公司将消费品亚太区总部由香港迁往上海，并且正式成立了华特·迪士尼（上海）有限公司，大力扩展中国内地消费品市场。上海目前是迪士尼在中国内

[①] 参见倪宁《迪斯尼娱乐攻略》，南方日报出版社 2005 年版，第 170 页。
[②] 参见倪宁《迪斯尼娱乐攻略》，南方日报出版社 2005 年版，第 192 页。

地最大的销售市场，占全中国的20%，把亚太区总部搬到上海不排除是为兴建上海迪士尼乐园而作出的重要部署，但是其根本动因是在争取中国更大的消费市场，因为中国的14岁以下人口超过2亿，几乎等于美国的全国人口数量，迪士尼的卡通将获得巨大的潜在市场。

（3）将产品注入中国元素。迪士尼公司将中国古代故事《花木兰》改编成动画片，粤语版聘请成龙和陈慧琳配音，在心理上拉近了与中国观众的距离。在香港迪士尼乐园，为了避免水土不服，除了保留迪士尼乐园的精华之外，还注入了香港本地的新元素，所有乐园内的演绎人员都掌握中文、英文和粤语。饮食上体现得也很明显，香港迪士尼是全球唯一有中国餐厅的迪士尼乐园，园内有相当多亚洲特有的美食，能最大程度满足中国游客的需要。

2. 网络渗透

（1）网络宣传。虽然迪士尼的米老鼠和唐老鸭很早就进入中国，并被国人熟知，但是中国第一个以"迪士尼"作为品牌的项目却是迪士尼中国网站。2001年，迪士尼互联网集团与中国企业海虹公司达成战略合作协议，合作建设迪士尼中国网站。海虹独家经营迪士尼中文网站以及迪士尼收费游戏频道"迪士尼小旋风"，迪士尼向海虹提供境外广告顾客与赞助商资源。迪士尼中国网站涵盖迪士尼网上内容的主要精华，包括游戏、家庭、娱乐等内容，这些内容体现了迪士尼主题公园、迪士尼电影、电视产品在内的主要业务。2003年4月，迪士尼与海虹合作终止。同年10月，迪士尼与搜狐建立合作关系，搜狐接收迪士尼互联网集团在华的一切业务。

从海虹到搜狐，迪士尼互联网集团都没有花大力气去建设中国互联网公司，也没有投入太多的资金，只是提供了自己的品牌。从战略上说，迪士尼建设中国网站并不是为了"抢占中国互联网市场"，不是为了营利，而是为了开拓中国市场。迪士尼网站的真正作用在于攻占中国消费者的心理阵地，为迪士尼电影、迪士尼频道进入中国做前期准备。①

（2）网络游戏。迪士尼以影视动画起家，在进军中国市场之时，除了不断拓展影视动画、主题公园等传统业务之外，网络虚拟世界的举措也及时跟进。随着互联网的兴盛，网络游戏进入了迪士尼的视野，把米老鼠的故事再度成功转化到新型媒介是当前迪士尼的战略重点。

在国际市场上，迪士尼互联网集团还收购了游戏公司 Minds Eye Productions，迪士尼旗下的 BVG 博伟游戏公司收购了 Avalanche Software，这是迪士尼开始大举进军网络游戏行业的信号。

当然，迪士尼没有忽略中国市场，中国网络游戏市场潜力巨大，是迪士尼中国战略的重要组成部分。2003年8月开通了迪士尼中国网站，其小旋风频道的精彩互动游戏，使中国孩子们牵手迪士尼世界中的米老鼠、小熊维尼等人

---

① 参见倪宁《迪斯尼娱乐攻略》，南方日报出版社2005年版，195页。

物。如火如荼的中国网络游戏市场令迪士尼按捺不住内心的兴奋。

迪士尼公司还与空中网进行合作，在中国市场推出了一款专门针对女性玩家的手机游戏——米老鼠麻将。米老鼠麻是迪士尼为中国用户量身定做的第一款手机游戏。继这一款游戏的成功，迪士尼还将独具特色的迪士尼娱乐与中国传统文化完美地结合起来，不断推出本地化的网络游戏产品，从而抢滩中国网络游戏市场。

现在，迪士尼几乎所有的业务部门都在中国有部署，已经成为在中国内地最有影响力的娱乐传媒公司之一。

（三）战略基地——上海迪士尼

1. 上海迪士尼乐园

2009年11月4日8时30分，上海市人民政府新闻办公室受权宣布：上海迪士尼项目申请报告已获国家有关部门核准。

上海迪士尼乐园经过中美双方十余年的接洽和谈判，于2009年年初签订合作框架协议。2009年1月9日，美国迪士尼公司总部通过媒体发表声称，迪士尼与上海市政府正式签署了上海主题公园框架协议，并按照相关程序向国家有关部门上报了项目申请报告。2009年10月底，上海迪士尼项目正式获批，这表示上海迪士尼乐园即将进入实质性启动阶段。

上海迪士尼乐园将是全球第六个、中国第二个迪士尼乐园，不但拥有与全球迪士尼旅游目的地度假区一致的设施，还将具有中国本土的神奇特色。上海迪士尼项目采用日本迪士尼乐园建造模式，实行中方控股和分期建造的原则，主题公园项目预计耗资244.8亿元，游乐场部分占地约8平方公里，周边配有超大面积的辐射配套区，一期占地约1.5平方公里，将于2016年对游客开放。根据所签订的协议，迪士尼将持有上海迪士尼乐园43%的股份，上海市政府所有的一家合资控股企业则将持有57%的股份。

2. 上海迪士尼的战略意义

2005年开始，迪士尼中国总部从北京迁往上海，而迪士尼公司在亚太地区的业务也开始向上海倾斜，这些举动表明迪士尼已经在为下一步彻底进入中国市场实施战略调整。

迪士尼公司通过上海迪士尼能得到的绝不只是一家乐园那么简单，我们之前所说的，迪士尼在中国做的一切本土化经营和战略调整虽然能够将迪士尼融入中国人的消费领域，获得一定的收益，但是却无法将迪士尼文化融入中国人的生活，使迪士尼成为大多数中国人日常的娱乐和消费。上海迪士尼乐园的战略作用就是利用上海这个中国的经济中心的辐射能力，将美国的迪士尼的娱乐文化和产品文化传播到中国更多的地方，尤其是娱乐消费能力没有完全释放的二级城市，借此打开中国这个巨大的市场。

迪士尼是一个伟大的企业集团，它的发展是一个将艺术文化商业化的过程，它的成功是一个使娱乐走向产业化的典范。迪士尼的伟大体现在两方面：一方面，它开创了一种前所未有的娱乐文化，这种娱乐文化影响了几代人的精神世界，逐渐成为美国文化的一部分；另一方面，它在其娱乐文化的基础上进行运作，最终将这种娱乐文化经营成一个充满活力的产业，建立了一个庞大的娱乐王国。

今天的迪士尼是世界顶尖的跨国企业，它的产品和文化在世界各地广泛传播，并被越来越多的人接受。中国是迪士尼全球战略的重要组成部分，迪士尼乐园进入中国，是迪士尼全面进入中国市场的信号，是中国主题公园面对的一个重大挑战，同时也是一个提升行业水平的契机。面对即将崛起的上海迪士尼乐园，中国的主题公园产业只有整合力量，集合成一个拥有庞大竞争力的集团公司，才能与迪士尼相抗衡。

参考文献

[1] 倪宁. 迪斯尼娱乐攻略 [M]. 广州：南方日报出版社，2005.

[2] 莫少昆，陈静华. 迪士尼乐园　贩卖快乐 [M]. 北京：对外经济贸易大学出版社，2007.

[3] 喻国明，张小争. 传媒竞争力 [M]. 北京：华夏出版社，2005.

（改编者：陈　晶　范黎丽）

思考题

1. 总结迪士尼王国的成长历程，分析其成功和挫折的原因。

2. 深圳华侨城在发展过程中应如何借鉴迪士尼的经验？在面对迪士尼的挑战时又如何应战？

3. 从正反两方面讨论在上海设立迪士尼乐园的问题。

案例 2

儿童畅销书是这样炼成的*
——以"哈利·波特"系列为例

世界文化产业发展迅速，图书出版业的全球化运作，以美国为代表的文化产业经营模式，用独特的经营理念开发大众文化资源，整合文化产业链，形成独特经营模式，成为图书出版行业图书推广的典型。一本或一套优异的畅销书的连带效应是巨大的，有可能就此形成出版社新的出版方向、新的经营模式，甚至形成某种新的产业。而"哈利·波特"系列的成功，不仅仅是图书产业销售的一次创新，也是一个成功的跨媒体营销整合产业链的典范。"哈利·波特"系列风靡全球，被翻译成 70 多种语言，在全世界 200 多个国家累计销量达 3.5 亿多册，被评为最畅销的四部儿童小说之一，哈利·波特亦成为继米老鼠、史努比、加菲猫等卡通形象之后最成功的儿童偶像，这不能不说是文学史上的一个奇迹。

本案例以儿童畅销书的概念及构成的基本要素的相关理论为基础，浅析西方儿童畅销书"哈利·波特"系列的营销策略，研究这个造就出版界"神话"的魔幻之书的出版历程，通过对"哈利·波特"系列成功经验进行分析和总结，找出中国儿童图书出版方面遇到的市场环境恶劣、产业链难以形成、专业人才紧缺的问题与困难，并对其提出相应的对策，从而凸显营销策略的重要性。

一、西方儿童畅销书市场

（一）儿童畅销书的概念

所谓畅销书，就是当前销售取得最大发行量的新书。有的书即使累计销售量很大，也不能成为畅销书。而儿童畅销书的定位为年龄在 4～14 岁之间的未成年人和青少年看的书。"畅销书"（bestseller）一词起源于美国，1895 年，美国《读书人》登载了 19 个城市书店中最畅销的 6 本书的书名，这被认为是历史上第一张畅销书单。1897 年，这家杂志又发表了全美"最好销的书"的书单。自 1903 年开始，《读书人》月刊每期公布本月内最好销的 6 本书，称

---

* 本案例改编自张胜冰、马树华、尚光一、徐向昱《文化产业经营管理案例》（中国海洋大学出版社 2007 年版）。

为"畅销书6册"。可以说,"畅销书"一词在这时才首次正式出现,"畅销书6册"随即出现在全美各家书店最显眼的柜台上。第一次世界大战后,"畅销书"这一称法才逐渐普及美国以外的各国出版界。

(二) 儿童畅销书的基本要素

1. 具有畅销潜质的实质内容

儿童畅销书畅销元素有魔幻、冒险、正义与邪恶、友情等,要求故事幻想离奇,幽默风趣,惊险刺激。以儿童心理为本位思考而出版的图书,必须符合现代许多孩子的心理,满足孩子的心理需求,才能畅销。

2. 适合儿童口味的装帧形式

为了更适合儿童的口味,无论是插图还是封面、包装等一系列的图书制作环节,都必须符合儿童的审美趣味。

3. 选择恰到好处的出版时机,进行适当的营销运作

树立正确的出版营销意识,适时恰当地运用营销策略。针对不同的客户群体必须采用不同的营销策略。对于图书的营销,出版社应该注重多种营销传播手段整合运用。

在利用媒体宣传策略时,必须遵循三条基本原则:

(1) 从小众媒体走向大众媒体,而不是固守专业报刊。对媒体进行有机整合,而不是采用单一媒体。选取儿童和家长关注度高的媒体,作为宣传的重点渠道。

在当前的图书出版活动中,营销运作已经成为必需条件。在出版儿童畅销书的过程中,应该主动地有意识地采用各种合适的宣传渠道。儿童图书市场面对的购买群体不仅仅是儿童,还有大部分的家长,因此不要采用单方面的营销模式。

(2) 营销策划贯穿图书销售的始终。在当前的图书出版活动中,不能将图书的出版营销等同于宣传与广告,而是将之视为贯穿于选题策划—市场调研—图书销售—读者服务各个环节的营销活动。尤其是在儿童畅销书出版的前期,营销的作用显得越来越重要。

(3) 对图书的宣传介绍自始至终都不能间断。选取暑假作为宣传时间,针对儿童的畅销书不可错过这个时机,可采用整合媒体的方式,加大宣传力度,扩大影响。

此外,也要认识到营销不等于"炒作"。畅销书畅销的前提和基础是畅销书本身的质量,离开了这一前提和基础,一切营销手段都是无本之木,只有将二者巧妙地结合起来,才能形成最佳的营销方案。

这三个要素相辅而成,缺一不可,其中的营销要素尤其关键,它是畅销书实现价值的最终环节。

(三) 西方儿童图书市场的现状和问题

1. 西方儿童图书市场的现状

随着儿童出版业的发展,世界出版业面临着变革,大量企业并购的出现,造成企业数量越来越少。出版社内部的竞争也越来越激烈,在图书零售领域,由于大量独立书店在连锁书店和网上书店的共同压力下被迫关闭,图书零售领域也发生了巨变,并对图书出版方式产生了影响,电子革命也开始影响儿童图书市场,互联网日渐成为重要的销售口和信息源,出版公司纷纷制定电子出版战略规划。

2. 西方儿童图书市场出现的问题

由于新技术的发展,图书的销量出现大幅度滑坡。各种各样娱乐方式和阅读方式的出现,给传统的图书市场带来了致命的打击。

(1) 并购的后果。随着市场经济全球化的发展,大量文化企业进行并购,虽然说企业的并购有利于资源的整合、产品的推广(出版社能拿出大量的资金和人才来进行儿童图书的销售),其中最著名的便是时代华纳和 AOL 的并购案,但是由于存在企业文化融合等大量问题,企业失败的例子比比皆是。

随着儿童出版市场被寡头企业所垄断,未来小型出版社会大量消失,儿童图书出版也会出现同质化现象,同时,出版的儿童图书的种类会大大减少。

未来的儿童图书市场将是几本超级畅销儿童书的天下。以"哈利·波特"系列为例,英美这些年儿童图书市场呈上升趋势,这与"哈利·波特"的畅销密不可分。尤其是在英国,儿童图书市场的销售呈波浪式增长,有"哈利·波特"出版的年份,其销售量上升,无"哈利·波特"出版的年份,其销售量就呈下降趋势。

(2) 图书商业化。由于现在的儿童图书出版竞争日趋激烈,同时出版社的数量正在大大减少,图书出版商为了保证利润,常常选择一些大众化的作品出版,为了能在短期内获得收入,为了加大销售量,有时编辑还会篡改原作者作品,增加大量虚构情节,以迎合大众口味。

二、"哈利·波特"之母——J. K. 罗琳

"哈利·波特"之母——J. K. 罗琳(J. K. Rowling),本名乔安妮·凯瑟琳·罗琳。罗琳 1966 年 7 月 31 日出生于英国的格温特郡。小时候的罗琳是一个戴眼镜的相貌平平的女孩,非常爱学习,有点害羞,流着鼻涕,还比较野。

任何一个优秀作者的出现,都离不开他们童年的生活经验,罗琳也不例外。她从小喜欢写作和讲故事,年仅 6 岁就写了一篇跟兔子有关的故事。她不但爱写作,希望未来能成为一名作家,讲故事也是她的爱好:在家里,妹妹是她的听众;在学校,同学就是她的听众,创作的欲望和动力从没有离开过她。

同时，深厚的文化背景给罗琳带来极大的创作灵感。在欧洲大地上，很久以前就流传着关于古老巫术的各种传说和神话。进入中世纪以来，基督教的领袖们大肆迫害巫师，1692年在塞勒姆举行的女巫审判中，19名女巫被处死——这一事件标志着美国和欧洲迫害女巫运动的结束。在如此漫长的历史时期中，巫婆、巫医、炼金术演变成为一种文化，在欧洲的土地上广为流传，它给了童年时代的罗琳无尽的遐想，也为"哈利·波特"的诞生奠定了基础。

24岁那年，罗琳在前往伦敦的火车旅途中，一个瘦弱、戴着眼镜的黑发小巫师闯进了她的生活，使她萌生了创作"哈利·波特"的念头。写作的激情带给她无限的动力，她要把这个瘦弱的巫师带到人间，推向世界。于是，哈利·波特诞生了——一个11岁的小男孩，瘦小的个子，黑色、乱蓬蓬的头发，明亮的绿眼睛，戴着圆形眼镜，前额上有一道细长、闪电状的伤疤……哈利·波特成为风靡全球的童话人物。在此期间，罗琳经历了事业和爱情的双重打击，一度濒临自杀，为了她的女儿和她终身热爱的写作，她坚持了下来，在家附近的一家咖啡馆里进行"哈利·波特"故事的创作。不过，她的努力并没有得到回报，出版的历程也是困难重重，接连被12家出版社拒绝，但是她的执着感动了出版商，出版社首印了500册，从此"哈利·波特"之风开始刮起，令人难以抵挡它的魅力。图书一出版便备受瞩目，好评如潮，先后荣获英国国家图书奖儿童小说奖和斯马蒂图书金奖奖章。随后罗琳又分别于1998年与1999年创作了《哈利·波特与密室》和《哈利·波特与阿兹卡班的囚徒》，再次轰动世界。2000年7月，随着第四部《哈利·波特与火焰杯》的问世，世界范围的"哈利·波特"热持续升温，创造了出版史上的神话。2003年6月推出了第五部《哈利·波特与凤凰社》；2005年7月推出第六部《哈利·波特与"混血王子"》，销售势头一浪高过一浪，形成了一次比一次猛烈的"哈利·波特"飓风，被视为出版界的一个奇迹，而"哈利·波特现象"也成为众多专家学者热烈讨论的话题。

三、"哈利·波特"畅销书的营销策略分析

（一）畅销书的质量和定位

图书的质量决定着该书在市场上是否以及在多大程度上得到市场的认可。没有高水平的编辑，出畅销书是不可能的，不是出自高手的佳作，书也不可能得到畅销，所以图书更强调以质取胜、重视营销。图书本身要有丰富的内涵，切合读者需求，具有真正的原创性，能够提供崭新的理念和视角，能够独树一帜，使人耳目一新，并真正有所收益。任何一个好的商业典范，一个产业链整合的奇迹，其源头都是一个好的故事，好故事是畅销的基础，内容为王是文化产业发展的前提。

以"哈利·波特"系列为例，注重图书的质量尤为重要。"哈利·波特"的出版并非一帆风顺，在连遭 12 家出版商拒绝之后，布鲁姆斯伯瑞出版社仅以 1500 英镑的价格买断了该书的首版出版权，"哈利·波特"开始并没有开展多少营销活动，在"哈利·波特"第一册图书发行时，首印只有 500 册。是什么造就"哈利·波特"的畅销传奇？是高水平的作品，是一部口碑畅销商品的典范。

1. 内容为王

"哈利·波特"系列之所以能掀起"魔法热"，在于它讲述了一个内容奇特、充满魔幻的童话故事，激发了人类潜在的幻想心结。罗琳利用奇幻文学的表现手法，借助"魔法""巫术"等道具，描写了真实世界中人类潜在的善良、正义、勇敢、机智和永不退缩的精神追求。

（1）深厚的文化背景。在欧洲这片古老的大地上，很早以前就出现了关于巫术的各种各样的传说。其中，1945 年出版的著名小说《魔戒》就以其严密而具体地描述了霍比特人、小精灵、小矮人的故事，构建了一个庞大的魔幻第二时空，满足了人类对于魔幻的无限想象力，在此期间出现的大量欧洲文学作品，或多或少都烙上了魔法和巫术的痕迹。显然，罗琳正是生活在这种蕴涵着深厚巫术文化底蕴的环境中并深受影响，在此基础上做大胆的想象和整合。

在她所构建的"哈利·波特"的魔法世界中，大量神乎其神的描写并非横空出世，而是有很深厚的欧洲文化背景的，它们若隐若现地潜伏在罗琳的笔端，也潜伏在读者的心底。

"哈利·波特"有引人入胜的好莱坞式情节，完美融合的西方古典文学精粹，并从希腊神话、狄更斯小说、《魔戒》三部曲与电影《星际大战》中广泛取材，生动描绘了哈利·波特、赫敏·格兰杰、罗恩·韦斯莱等主要角色学习魔法、与同学冲突、与伏地魔对抗等情节，在"哈迷"眼前展开了一幅神奇、惊险、传奇、真实的魔幻画卷。

（2）现实和丰富想象力的完美结合。深厚的文化背景，使得读者在阅读此书的过程中，减少了文化折扣度的影响。同时，罗琳巧妙地把这些想象"身边化""家常化"——谁没有被同学搞过恶作剧？谁没有被家长咆哮过？谁不希望读书写作业时可以得到一支速写笔？这些遭遇和愿望，不分读者年龄，难道不是人人都经历和暗自希望的吗？正如许多商业品牌成功的奥秘一样，首先是文化本身，使"哈利·波特"这一文学作品轻易地突破了全球读者不同文化、种族和地域的界限。

虽然"哈利·波特"初问世时，曾被出版商定位为面向 9～15 岁读者群的书籍，同时，该系列的第二本《哈利·波特与密室》和第三本《哈利·波特与阿兹卡班的囚徒》其至都还获得了 9～11 岁年龄组 Nestlé Smarties 图书奖，但是这违背了作者罗琳的初衷，所以在对外的讲话中，她一再说明她在开始写"哈利·波特"系列小说时并没有针对某个年龄段读者的想法。大概也正是因为罗琳这个不刻意的想法反而为她赢得了更多的读者。

从哈利·波特的形象入手,我们可以发现他身上既有英雄的"神性",又有普通人的"人性",他不再像好莱坞大片中的英雄人物、蜘蛛侠、外星人那样,不是和我们生活在同一个时空。哈利·波特仿佛就是我们身边的邻家小男孩,所有的读者伴随着他一起成长,他暗合了后现代社会里人们的阅读期待。传统英雄的时代消失了,每个人都渴望奇迹般地出现不平凡的生活,哈利·波特身上折射出人们这样的心理愿望;而哈利·波特不时表现出来的慵懒、恐惧、信心不足……也几乎是每个读者都有的缺点,他属于这个时代,这也正是他之所以能赢得成年读者的原因。

套用郎咸平教授在著作《本质》中的观点——"哈利·波特"戳中了读者和观众的审美神经。如同百年可口可乐一样,"哈利·波特"戳中了多元化世界当中的"同质化"的审美神经,并且成为一种精神思潮的象征。①

好故事只是畅销的基础,成为超级神话,在全球热卖,"哈利·波特"的成功更要归功于这个时代,即经济、文化日益全球化的时代,全球化才是成就它的决定性因素。

2. 定位

(1) 基本定位是儿童图书市场。由于"哈利·波特"的基本定位是儿童图书市场,所以此书基本上以儿童的视角来阐述故事,这就涉及一个以儿童为中心的问题,正如著名儿童文学作家张之路所说:"用儿童的眼睛去看,用儿童的耳朵去听,特别是用儿童的心灵去感受。符合现代儿童们的心理特点、审美趣味,用儿童的眼睛发现这个世界的欢乐",这才是儿童文学成功的关键。

罗琳在"哈利·波特"系列中构建了一个完整而严密的魔法世界。随着故事的深入,作者严谨而富有层次地向我们展示了魔法世界的构成:政府机关(魔法部)、教育机构、新闻媒体(《预言家日报》《巫师周刊》《唱唱反调》)等和不同种族的魔法生物(纯种巫师、混血巫师、出身麻瓜家庭的巫师、半人半兽、其他非人类生物等)。正是由于构建了如此严密的、类似于现实世界的魔法世界,在此发生的纷繁复杂的故事才显得紊而不乱,极富条理。

同时,荒诞、变形、夸张、幽默、搞笑、魔幻、时空错位、任意组合、非物性、非逻辑性等艺术要素,在"哈利·波特"中都得到了淋漓尽致的发挥,而所有这一切,都恰到好处地顺应和符合了儿童思维的特征。

(2) 畅销书价格。图书的定价要考虑读者的经济承受能力和心理承受能力,在价格与销量成反比的市场规律作用下,畅销书的定价既是一个成本核算的过程,更是研究读者购买心理的过程,是科学性与艺术性相统一的过程。

"哈利·波特"也充分把握了儿童的心理,手头拥有可支配的收入,因此以儿童为图书的主要消费对象。以下以英国儿童为例对这个问题作具体诠释。

---

① 参见玉溪《〈哈利·波特〉:童话、产业与品牌》,载《新民周刊》2007年8月1日。

在英国图书市场上，儿童代表着一支主要的购买力量。7～16岁的孩子每周平均有7英镑的钱可用来支配，这还不包括圣诞节和生日的礼金，另外还有一些图书券，随着年龄的增长，儿童的资金会大大增加。

同时，无论在哪个国家，这一年龄段的读者对于图书的价格极为敏感，在一本书还未形成畅销之前，读者决定买不买的时间一般是5～10分钟。首先是看书名，然后看作者，之后就是看书的封面设计，接下来看内容简介和结构，最后看定价，这几项构成读者是否买书的决定因素。所以，出版社的编辑在出版书籍的时候，必须在这每一个环节都做到位，才能促成读者购买。

在中国，综观近几年来的畅销书价格，可以发现一个基本特点，即价格都在20元上下，单本书零售价格超过25元的比较少见，超过30元的可谓稀少。举例说明，拿19元和20元作为比较，虽然只差1块钱，但是一个是十几，一个是20，它实际上是两个层次。能不上20元，千万不要上20元，这是商家常玩的把戏，走进商场，经常能看到什么商品大促销，价格尾数为9，给人一种便宜的感觉，这是心理的陷阱。图书市场也一样，出版社必须了解读者的心理价位，在19～20元之间，上了20元，读者会认为出版社的定价太高。所以，尽管"哈利·波特"在世界图书市场上英文版价格折算高达200多元人民币，但是中文版的"哈利·波特"首版价格也只在19.5元。

（二）上市促销

做产品的营销，首先要确定产品的大类是什么，因为针对不同类别的产品实施营销活动所采取的手段是不同的，达到的效果也会有很大的差异。

畅销书一般定位为一般性图书，以下就以其特点来分析。

（1）在当今物质条件优越的现状下，转借阅读和再次传播的可能性是比较低的，一般图书很显著地呈现出快速消费品的特征：一般情况下很少会二次阅读，看完就扔一边或收藏起来是普遍的情形。

（2）一般性图书比快速消费品的生命周期还要短，由于新的图书会不断出现，为了保持流转，大多数书店给每种图书的上架周期平均只有3个月的时间。这样的情况下，营销者的压力是非常大的，极大地考验你的智力去争取读者的关注，尽可能地保持和维持上架周期。所以，一本一般性的好书，在竞争如此激烈的环境下，要想成为畅销书是很困难的，必须实施多方面的市场推广，要分阶段地采取多种方式做宣传，并且敢于投入。可以利用书市、订货会、报刊媒体、签售、网上论坛、读者俱乐部以及社会知名人士进行推广，并形成上述诸多方面的互动。

此外，畅销书的推出时间也必须精心设计，把握最佳推出时机，善于"借势"和"借力"，以期在最短时间内形成图书销售的轰动效应。成功的宣传策划能把漫长的销售时期急速缩短，让出版商和作者在最短的时间内名利双收。而图书的价值是通过市场交易的手段、通过出版商出售而读者购买和阅读来实现的，为了实现这一目标，促销宣传的策划及实施的重要性更加突出。这印证了当今出版业的一句话，现在的图书出版不叫"出书"，叫"做书"。

以"哈利·波特"为例，有人曾把2000年誉为"哈利·波特时代"，这或许有些夸张，但自2000年以来，"哈利·波特"的确演绎了一个让人难以置信的商业传奇。

而这个传奇的发生离不开一场"公开化秘密行动"，这个名字是媒体用来形容"哈利·波特"品牌营销方式的，这一营销方式全力用在了图书上。在酒香也怕巷子深的时代，没有品牌宣传的商品几乎是没有的，但能像《哈利·波特》系列图书这样倾力宣传的商品恐怕也是少见了。

其实，制造了这个商业奇迹的主角，是以英国著名出版商布鲁姆斯伯瑞出版社（以下简称"布鲁姆斯伯瑞"）及电影巨头时代华纳为首的商业集团，美国资本和美国式营销方式真正掌握着"哈利·波特"系列商业传奇的魔法。

虽然出版的成功离不开跨媒体的宣传，但是同时也不能抹煞英国出版商成功的营销策略的功劳。

（1）逆向推销。逆向营销是作者、出版商和发行商推销"哈利·波特"系列最常用的营销手段，即悬念营销。

负责出版"哈利·波特"中文版图书的人民文学出版社策划部主任孙顺林认为："吊足读者胃口，造成轰动效应，'哈利·波特'系列做到了极致。"延迟图书首发时间，让孩子们等待零点时刻的到来，在首发日的零时举办狂欢节，这些策划都非常成功。

以《哈利·波特7》为例，作为"哈利·波特"系列的大结局，为了造成该书巨大的轰动效应，布鲁姆斯伯瑞出版社早在《哈利·波特6》等前期图书的操作过程中，已经着手安排《哈利·波特7》的商业运作。

早在出版《哈利·波特1》与《哈利·波特2》时，布鲁姆斯伯瑞就已经与罗琳约定要出到《哈利·波特7》。至少五年以来，布鲁姆斯伯瑞都在时不时地营造读者对《哈利·波特7》的期待，大结局的概念更是被布鲁姆斯伯瑞炒得火热。当《哈利·波特7》进入创作阶段后，对于罗琳来说，创作意味着各种情节与结局的设计，而对于出版商布鲁姆斯伯瑞来说，炒作意味着如何向读者构思并参与一个个悬念。

另外，"哈利·波特"系列小说的出版与电影上映的时间和节奏控制得非常巧妙。"哈利·波特"的前四部差不多是每年出版一部，随着"哈利·波特"风靡全球，作者从第五部开始放慢出版节奏，隔一年才出版下一部。这期间还有"哈利·波特"系列电影的前后助阵，"哈利·波特"旋风足足刮了10年，人们对它的新鲜感不减。

（2）示假隐真的"保密"营销术。与悬念并生的炒作手段是保密。保密是为了真正保持麻瓜们（书中称不会魔法的人为麻瓜）的神秘感与兴趣，从《哈利·波特3》开始，布鲁姆斯伯瑞及英国学者出版社已经开始运用这一招了。

出版社发言人克里斯丁·马里安尼透露:"哈利·波特"出版商雇佣大量保安人员,并配备警犬,甚至使用卫星跟踪系统。① 专家估计,保卫费用可达1000万英镑(约合2000万美元)。"哈利·波特"丛书享有一个专门的区域用于放置,它们被完全隔离,周围有高达8英尺的围墙,入口只有很有限的几个,每个入口都有保安层层把守,只有佩戴特殊徽章的才能获准进入,而且每次出入都必须向保安出示徽章。

同时,出版商采用全球同步发售,为严防个别出版社提前泄密,两大出版社制定并炒作了极其严格的合作协议。新书出版之后,更是绝对做到悄悄运抵各国,在全球同步发售前一秒钟,有打开包装者,一经发现就将受到严惩。这一做法在中国也得到了严格的贯彻。中国图书进出口(集团)总公司对《哈利·波特7》的分发、运送、书店接货、存储和书店再分发等环节也都有特别的保密要求。

但在高度保密的同时,出版社有时故意安排一点泄密新闻,比如,英国《每日电讯报》称一名自称"Gabriel"的黑客攻入《哈利·波特7》出版商的电脑系统,窃取了《哈利·波特7》的文稿,泄露了小说结局,但出版商马上予以否认,此番炒作自然令麻瓜们的神经进一步受到刺激。

从《哈利·波特3》开始,强调"哈利·波特"首发前的保密工作,这主要不是出于防盗版的考虑,而是为了图书营销。

(三)跨媒体营销

"哈利·波特"的成功是国际传媒巨头无所不包的跨媒体传播力量的整合。

跨媒体营销是指现有各类相互独立的媒体趋向融合,形成一个全方位并以宽带网络信息服务为核心,整合各种传播媒介的跨媒体平台,给人们创造出一种整体的体验。跨媒体合作成功整合了IT业和传媒业的优势,使电影、娱乐业及相关产品的销售及时、迅速、低成本地走向世界。跨媒体经营的实质,是围绕知识产权形成的众多媒体与资本间的一条产业链。

而"哈利·波特"系列的成功,正是新型传播营销模式的一种尝试,即未来大型的媒体集团将走向并购,即一家传媒集团包揽所有图书出版以及后续的开发,来达到利益的最大化。

AOL-时代华纳整合了线上线下的资源,以跨媒体的名义,不遗余力吊足公众对"哈利·波特"的胃口。无论是美国在线的网络资讯、华纳的大西洋电影公告板,还是集团旗下著名的娱乐杂志《娱乐周刊》,都借近水楼台之便,大量报道《哈利·波特》电影的台前幕后。

---

① 参见张胜冰等《文化产业经营管理案例》,中国海洋大学出版社2007年版,第21页。

独特的优势使得整个AOL－时代华纳集团摇身一变，成为融庞大基础用户、快速娱乐业资讯、大范围销售渠道于一体的一个中心市场。跨媒体的优势在于其整合了当今时代最新科技成果，利用传统媒介和新兴媒介的长处，进行了整体的宣传营销。即利用媒体宣传电影，同时利用电影反推广衍生品的开发，相辅相成，最终形成一系列的产业链的开发。这个市场没有固定的形态，但是从它的辐射力来看，势力之庞大绝对超乎人们的想象。这个销售推广平台可以应用到娱乐行业的各个角落。

（四）衍生品开发

利用已经形成的品牌优势，开发相近或相关的系列产品，可以充分挖掘和利用品牌的潜在价值，实现新的利润增长点，从而达到效益和利润的最大化、最优化，这是品牌营销战略中十分强调的一点。对于图书营销来说，品牌的开发和经营同样显得十分重要。畅销书在市场上大受欢迎，说明在畅销期内畅销书的品牌已经形成，这时就要求相机而动，利用已有的品牌优势，推出与之相关的图书或其他产品，使这些"衍生"产品也能乘着原书的畅销之风而行销市场。反过来，这些图书或者产品也会使得原书更为走俏，从而延长了畅销的生命周期。

当今时代，创意产业和知识经济的诞生，仅仅只是产业链开发的手段而已，真正带来辉煌的是根据"哈利·波特"系列小说改编的电影及一系列的衍生品的开发，随之而来的是巨大的财富链。而庞大的产品集群无疑又加深了人们对于"哈利·波特"的品牌印象，以至于后来即使从未读过"哈利·波特"书籍的人们，也会存留下关于哈利·波特的新鲜印象。

不可否认，"哈利·波特"的成功是经济全球化、信息全球化的成果。

由一个好的魔幻故事开始成长到形成产业，"哈利·波特"形成了一个庞大的产业链，并且不断扩展、丰富，产业的边际和界限不断模糊。其大致经历了这样的延伸路径：系列图书畅销—系列电影—DVD上市—玩具及电玩等商品热卖—带动英国旅游发展—其他相关产业品牌不断出现—哈利·波特主题公园——一个更庞大品牌的出现。

收入来源可分为三部分：

第一层收入为电影业。在1997年，时代华纳在发现"哈利·波特"之后，十分看好这本书的潜力，购买了罗琳第一部到第四部小说的电影版权以及后三部小说的优先权。从此，时代华纳运用好莱坞巨头惯用的操作模式，利用手上买断的资源，对"哈利·波特"开始全商品化的经营。

据报道，《哈利·波特4》成为"哈利·波特"系列影片当中上映首个周末票房收入最佳的一部，其票房达到了1.014亿美元。《哈利·波特4》还是上映前三天票房收入第四的影片，仅落后于2002年的《蜘蛛侠》（1.148亿美元）及《星战3：西斯的复仇》和《史莱克2》（这两部影片上映第一个周末票房均为 1.08 亿美元)。

第二层收入为由电影所产生的原声唱片、DVD 等电子产品。时代华纳在这方面有着独特的优势,由于时代华纳和 AOL 网站的并购,原声唱片由其子公司录制,而影片放映后的许多信息出现在时代华纳的《财富》杂志上;AOL 网站成为在线宣传、网上订票和其他服务的最便捷之处。网站专门建立了一个叫"巫术之屋"的分站点,利用开奖奖券和免费电影票吸引儿童用户订票,并参加电影在纽约的首映式。作为回报,网站吸引了无数年轻的用户。

如果说早期报道说时代华纳和 AOL 网站并购是失败的案例,但是当今时代"哈利·波特"的跨媒体营销告诉了世界,内容整合与渠道统一的威力,跨媒体营销的时代已经到来。

第三层收入为与图书、电影相关的衍生品的开发。

(1) 与"哈利·波特"有关的文化产业。书籍如《我与哈利·波特的真实故事》《哈利·波特的魔法世界》《神奇的魁地奇球》《怪兽与它们的产地》《写给哈利·波特的信》《读哈利·波特学英语》等,随着"哈利·波特"问世而陆续上市,与图书相关的书包、挂历、笔记本等也在各地出现。例如,德国 Eichborn 出版社在奥地利与瑞士出售哈利·波特日历,英国布鲁姆斯伯瑞出版社在英国销售哈利·波特日历、日记、信纸、通讯录等。

(2) "哈利·波特"衍生品的开发。衍生品即当今充斥市场的各类文体用品、游戏玩具、生活用品和服装等品牌商品。

游戏行业,几乎每一部"哈利·波特"小说都会有一部相应的游戏,基本上由美国著名的游戏商电子艺界(EA)进行开发,而其他网上流传的小游戏则更是数不胜数。

主题网站、道具和玩具等行业。在哈利·波特的主题网站商店中可以买到巫师帽、文化衫、巫师袍、魔杖等道具。世界上最大的三家玩具商——丹麦 Lego、美国的 Mattel 以及 Hasbro 也将依照《哈利·波特与魔法石》中的人物、棋盘等做成玩具、纸牌、纸牌游戏等产品进行出售。

杜莎夫人蜡像馆与电影放映一同在全世界范围巡展。各行各业制造商模仿电影魔法物品,如"魔法扫帚"、魔杖、摄魂怪、火焰杯三强赛中的火龙等玩具,霍格沃茨四个魔法学院各自的院服、魁地奇球服、波特的隐形衣等风靡全球,拥有巨大且稳定的消费群体。

仅截至 2001 年 11 月,在第一部《哈利·波特与魔法石》公映时,向时代华纳购买商品特许经营权的公司就已经有 80 家,而产品品种达到 2000 种之多。有分析师依据好莱坞巨头的经验和"哈利·波特"受欢迎的程度预计,"哈利·波特"延伸的商品将超过 1 万种。

现在,与"哈利·波特"相关的产品已出现在世界各地。从美国到中国,从苏格兰到澳大利亚,只要你上街,"哈利·波特"的饮料、衬衫、盘子、魔法小屋、魔法长袍、飞天扫帚、金饰与各种糖果等几乎到处都是。而哈利·波特经济价值的深挖掘也已在进行中，伴随而来的是建造哈利·波特魔法世界体验式的主题公园。

四、"哈利·波特"畅销书带给中国的启示

（一）打造畅销书的畅销原则

内容为王。营销活动不管以何种方式展开，如果脱离了内容这个实质性的东西，营销活动做得再好，资金投入再多，声势如何浩大，都无法达到销售业绩和利润的增长，最终有可能是一场眩目过后的亏损。

营销者应该清醒地认识到，图书的内容这个强有力的支持才是获得持续销售业绩增长的保障。围绕内容做营销也易于操作，方法也简单，投入回报比率也较高。

（二）鼓励原创优秀作品出版

在中国近年来的少儿图书出版市场，盗版、克隆作品成风，一些出版社仅仅为了获得可观的经济利润，大量出版同一本畅销书的不同版本，造成了极大的资源浪费，同时扰乱了市场。

在中国，由于盗版盛行，缺乏对于知识产权的保护，虽有出台法律法规，但是执行力度低，管理部门人员构成复杂，多头管理，打击力度差。在中国有句话，看什么书畅销，只要看盗版就知道了。可见我国盗版之盛行。

当今是引进儿童畅销书的天下，国内的出版社看到"哈利·波特"引进中国所带来的巨大利润之后，纷纷大量引进国外的儿童畅销书。虽然这使得中国青少年能够阅读到大量国外优秀儿童图书，却不利于中国原创作品的出版。

要培养中国大批的原创作者，产生大量优秀的原创儿童畅销书，不再出版那些简单模仿儿童畅销书装帧或内容相似的跟风之作。

（三）培养专业人才

信息技术的高度发达，文化同质化的现象变得司空见惯。"哈利·波特"作为西方世界一部魔幻小说，是否能在中国畅销，会不会出现水土不服、文化折扣度高的问题，这都是中国出版界面临的问题。"哈利·波特"包含了大量的西方文学典故和文化术语，当它刚进入中国时，中国的图书代理商持谨慎态度。

新中国成立以来，中国的大多数出版社都是国有体制，出版的书籍大多是经典名著，尤其儿童图书这一块市场，与国外的差距很大。

中国离"哈利·波特"还有多远，中国没有优秀的畅销书吗？答案是否定的。美国维亚康姆中华区总裁李亦非说道：中国的孙悟空有着可以与哈利·

波特媲美的形象和故事,但是哈利·波特形成了产业,孙悟空却没有。

中国应该培养大量的人才来进行产业链的开发。中国现在有大量的创作者,却没有经营者,好的图书难以获得好的回报,对于图书产品的开发仅在初级阶段。就如上述观点所述,初级营销时代已经过去,中国应该加强这方面人才的培养。

(四)图书产品应该注重产业链的开发

"哈利·波特"之所以能成为一个完美的商业的经典,最成功的因素就是对于文化产品不断开发,最终形成产业链。发达的文化服务业是当今文化产业发展的重要标准。

以美国的学者出版社和英国的布鲁姆斯伯瑞出版社为例,它们充分挖掘利用"哈利·波特"系列图书所特有的历史文化资源,打造了一个魔法的国度,其后又连续开发了根据图书改编的电影和DVD以及一系列与其相关的其他产品,投资5亿美元,携手奥兰多环球影城建造"哈利·波特魔法世界"主题公园,成为包括图书出版、改编电影、DVD以及文具、游戏、服装等在内的成千上万种特许经营商品,再到主题公园。这已经聚集成了一个庞大的文化产业——以文化图书出版为开端、以跨媒体营销与衍生产品开发为特点的文化产业链架构。

美国著名经济学家罗默曾提出:"新创意会衍生出无数的新产品、新市场和创造财富的新机会,因此创意才是推动一国经济成长的原动力。"对精明的商家来说,"新创意"也是推广"哈利·波特"品牌的原动力。

单纯地对于文化产品的营销时代已经过去,哈利·波特案例的产生,为中国文化产业乃至世界提供了好的模板。

(五)规范法律法规,培育市场,吸引投资

规范法律法规,是培育市场的基础。我国出版社面临的重要问题之一,便是知识产权的保护。出版社支付高额的版权费来获得图书出版权,但是,中国的法律法规不完善,盗版问题导致出版社蒙受巨大损失,使之不仅面临行业内的竞争,还有与盗版商的竞争,严重不利于图书市场的正常、良性发展。

所以,如今国内文化产业应该把重点放在如何规范、培育市场,如何将产业链连接成型,如何建立更广泛的经营平台上。

同时,由于中国的出版社资金有限,难以形成大规模的图书宣传活动,使得大量优秀作品难以畅销,吸引投资是图书出版的必要手段。美国SMEC总裁戴英杰表示,对于一个企业来说,软体经济会带动硬体经济。比如,韩国影视剧在东南亚的风靡带动了韩国家用电器、手机等产业。所以,目前能为国内文化产业所做的就是积极鼓励、吸引企业投资,制造互惠互利的合作发展模式。

（六）宣传模式多样化，加强媒体间的互动

以"哈利·波特"为例，中国的图书出版商虽采用社店合作策划的形式，人民文学出版社与新华书店、民营书店和各地的图书批发商同舟共济，效益共享，调动各个方面的积极性，发挥整体运作的功效，将一个"局部战争"演变为一场"全民战争"，但还仅仅是利用传统的广告宣传及一些新闻发布会、研讨会等传统的营销手段。

而在美国，出版商特别注重宣传方式创新，给读者留下深刻印象。以"哈利·波特"的宣传活动为例，首发在深夜12点，美国各家书店点燃蜡烛，穿着黑斗篷、戴着小眼镜的"波特"穿梭店内，营造出节日般的气氛，给人留下深刻印象。

当今中国出版业的图书宣传模式主要选择纸质媒体进行宣传，在电视、广播的宣传上一般借助相关的电影、电视连续剧的播映来进行宣传，而很少通过电视栏目的宣传和推荐为畅销书造势，而且这类节目在中国的影响力也不大，开办并不成功。在利用新兴媒体——网络方面能力不足，网络只是用来传播图书信息，利用得还很不充分。

美国出版业则不同，熟练地掌握在各种媒体上以各种形式宣传畅销书的功夫是他们的必修课，宣传方式显得更为灵活多变，可选择的余地更大，也更能显现各种媒体配合起来宣传的优势。如前所述，电视节目的访谈和推荐、书评在美国对于畅销书的巨大推动作用无需多言，如著名的读书俱乐部的节目，网络也是图书宣传的途径。

美国出版商一般都会给畅销书建立专门的网页，并且设计得十分精美而有创意，如"哈利·波特"的网站，人民文学出版社的网页和美国Scholastic出版社的比较起来差距颇大。

因此，中国出版社在宣传活动中必须别出心裁，加强媒体的互动，使出更多新奇的宣传绝招，留给人深刻印象。

参考文献

[1] 蒋晞亮. 中国少儿图书市场的现状和发展 [DB/OL]. http://ekan.com.cn/ekan/news.jsp? id = 1036.

[2] 玉溪.《哈利·波特》：童话、产业与品牌 [J]. 文新传媒网—新民周刊，2007 - 08 - 01.

[3] 杨贵山，种晓明. 海外出版社概述 [M]. 苏州：苏州大学出版社，2007.

[4] 魏龙泉，邵岩. 纵览美国图书出版与发行 [M]. 北京：中国经济出版社，2007.

［5］郝振省．国际出版业发展报告［M］．北京：中国书籍出版社，2008．

［6］管晨．全球化背景下美国创意文化产业链［J］．艺术百家，2000（7）．

［7］吴晓燕．中国离哈利波特有多远［J］．经营者，2007（15）．

［8］王丹菁．哈利·波特系列产品热销带来的思考［DB/OL］．http://www.cqvip.com．

［9］朱浩．中美畅销书宣传比较［DB/OL］．http://www.cqvip.com．

（改编者：吴凯颜）

思考题

1. 儿童畅销书的基本要素有哪些？
2. 分析"哈利·波特"系列畅销书的营销策略。
3. "哈利·波特"系列畅销书给中国出版社带来的启示是什么？

案例 3

洋为中用
——CAA 经营模式及启示

CAA（Creative Artists Agency，创新艺人经纪公司）作为美国最顶级的娱乐经纪公司，运作了一系列优秀的影视娱乐节目及作品，是美国娱乐经纪行业的代表，也是美国甚至北美地区娱乐业最具影响力的机构之一。CAA 成立于 1975 年，总部位于美国洛杉矶，其经纪范围，从 20 世纪的影视、音乐、戏剧领域，到 21 世纪已扩展到体育、电子游戏、互联网等众多领域。CAA 拥有超过 70%的好莱坞一线明星[①]，在好莱坞电影中 CAA 客户常年是绝对的主角，在奥斯卡颁奖礼上，CAA 也常作为最大的赢家包揽奥斯卡八大奖项。据《洛杉矶时报》报道，全球电影票房有将近 50% 来自 CAA 导演所执导的影片。美国的文化、法律、政策环境造就了其与中国、日韩等亚洲娱乐经纪行业迥异的艺人经纪模式。CAA 与美国另一顶级娱乐经纪公司 WME 虽在 21 世纪初期已登陆中国，但由于与中国娱乐经营理念和发展程度截然不同，对中国的艺人经纪影响甚微，中国该如何借鉴？他国市场的成功经验又该如何本土化？本案例将从现状、模式、对比及借鉴四个角度透视 CAA 所代表的美国娱乐经纪模式下的艺人经纪。

一、CAA 与迈克尔·奥维茨

（一）美国娱乐经纪公司概况

1. 美国娱乐经纪的缘起

创始于 1898 年的 WMA（William Morris Agency）是美国最老牌的娱乐经纪公司，公司的变迁基本上代表了美国娱乐经纪的历史变迁。WMA 在美国洛杉矶贝弗利山庄、纽约市、田纳西州纳什维尔、迈阿密、英国伦敦，澳大利亚悉尼均设有办事处。[②] 20 世纪五六十年代，WMA 代理梦露、猫王、凯瑟琳·赫本等超级明星。它也是最早开始音乐经纪的经纪公司。WMA 以"收发室"培训系统闻名，经纪公司新人多被分配到公司的邮件收发室，从剧本分理、递

---

① 参见《CAA 助力 87 届奥斯卡 伊纳里多〈鸟人〉独揽 4 奖》，http://ent.163.com/15/0304/13/AJS7QGBE000333J5.html，2015-03-04。

② http://www.wma.com。

送合约、分发邮件这样的文件往来工作开始,由此了解娱乐经纪行业和公司的体系和流程。现在美国的娱乐经纪公司也基本沿用着 WMA 式的新人培训系统。由于美国娱乐经纪行业对谈判、商务等能力要求较高,同时需要熟悉娱乐行业、娱乐法的律师,因此,经纪公司通常会选择受过高等教育并拥有法律、心理学、工商管理专业背景的新人,他们具有未来在合约谈判、合同拟定方面的潜力。按照美国经纪人协会 2002 年颁布的最新标准,经纪人资格是需要在所选行业工作满 5 年以上。现在的公司新人往往需要适应 5 年多的低收入、高强度工作,通过这种训练,提高打字、说话、反应速度,提高工作效率。

2009 年 4 月,WMA 与成立于 1995 年的 Endeavor 公司合并,合并后的新公司命名为 WME(William Morris Endeavor)。据《名利场》统计,2011 年 WME 拥有经纪人 300 名,员工 800 名,签约艺人 5800 人,其中有 12 位艺人进入全美演员、制片人、导演收入排名前 40,仅次于 CAA。[①] 合并后的 WME 成为唯一能够与经纪行业霸主 CAA 抗衡的大公司。

2. 美国娱乐经纪公司现状

(1)七家娱乐经纪公司一统天下。美国娱乐经纪业经过近 120 年的发展,目前已基本形成两大顶级经纪公司——CAA(Creative Artist Agency)、WME(William Morris Endeavor)和五小经纪公司——UTA(United Talent Agency)、ICM(International Creative Management)、PARADIGM(Paradigm Talent Agency)、GERSH(Gersh Agency)、APA(Agency for the Performing Arts)一统天下的局面。美国的作家、作曲家、歌手、好莱坞电影或美国热门电视剧的演员、编剧、导演及制片等一线艺人几乎都归这七家娱乐经纪公司代理,其中 CAA 和 WME 更是占据了美国娱乐业半壁江山。

UTA 由 Neil Warnock 创办于 1981 年,Neil Warnock 曾与滚石(The Rolling Stones)、平克·弗洛伊德乐队(Pink Floyd)、迈克·杰克逊等最具影响力的音乐人合作,并一直独家代理多莉·帕顿、爱丽丝库珀、摩托头乐队等知名艺人。UTA 在洛杉矶、伦敦、迈阿密、纳什维尔、纽约、多伦多、马尔默均设有办事处。截至 2016 年,公司拥有 90 多位专业经纪人,125 位经纪人助理,代理 2300 多位艺人,其中 2000 多位是音乐人。公司为艺人提供在品牌整合/代言、数字/社会媒体、旅游营销、文学代理、大学演讲活动、赌场预订等方面的增值机会。[②] 签约艺人有约翰尼·德普、哈里森·福特、科恩兄弟、席琳·迪翁、河智苑、李冰冰等。

ICM 成立于 1975 年,由创意管理协会(Creative Management Associates)与国际著名经纪公司(International Famous Agency)合并而成,是世界最大的

[①] 参见王义之《五个历史细节看透好莱坞 资本时代,中国电影如何借鉴突围?》,http://news.mtime.com/2014/04/04/1526131 - all.html,2014 - 04 - 08。

[②] http://www.theagencygroup.com。

艺人和文学经纪公司之一，在纽约、洛杉矶、伦敦均设有办事处，主要代理电影、电视、书籍、音乐、表演、品牌娱乐、新媒体等创意和技术领域的艺人。①

PARADIGM 始建于 1992 年，由 Sam Gores 担任主席。公司主要为演员、音乐人、导演、作家和制片人进行职业生涯规划，由于将艺术家利益置于首位，公司在艺人间有着良好的声誉。PARADIGM 选择多元化客户，使其能与其他大型经纪公司进行有效竞争，同时也个性化地关注每位客户。公司在洛杉矶、纽约市、蒙特雷、纳什维尔均设有办事处，业务涉及电影、电视、音乐、公司活动、现场表演/喜剧、数字媒体、书籍出版、商业代言、文学版权等。②

GERSH 由好莱坞著名经纪人 Phil Gersh 创始于 1949 年，在贝弗利山庄和纽约设有办事处，重点发展演艺、电影文学、电视文学、戏剧、喜剧、制片和名模代理业务。③

APA 由 MCA 前高管 David Baumgarten，Roger Vorce 和 Harvey Litwin 始建于 1962 年，是洛杉矶最大的多元化艺人经纪公司之一，总部设在贝弗利山庄，在纳什维尔和纽约市也设有办事处。APA 代理艺术家、演员、品牌、知识产权以及全媒体平台作品，包括电影、电视、音乐、戏剧、出版以及数字产品。④

20 世纪 80 年代大制片厂时代结束，加上电视平台的崛起，娱乐经纪行业逐渐兴盛。美国娱乐经纪公司成为了美国出版、音乐、影视、演出、游戏乃至体育等各种文化娱乐行业的"策划者"。由于签约艺人的多元化，一家公司内部的签约客户可以完成将创意转化为脚本的整个过程，实现了艺人经纪的捆绑销售。

（2）经纪范畴愈加广泛。美国传统的娱乐经纪主要集中在音乐、演出、影视行业，从事的是艺人的居间、行纪、代理工作。现在的娱乐经纪已无法仅仅停留在以往的传统业务上，许多经纪公司还介入了数字出版、游戏、时尚、体育、旅游行业以及百老汇舞台等几乎所有与文化产业相关的领域。除此之外，它们还为企业客户提供产业咨询、品牌管理、营销策划、时尚活动以及商业情报的服务，早已不仅仅只是人才代理那么简单。

不断变化的内容市场对于经纪公司业务造成了一定的冲击，一方面，美国的娱乐经纪公司积极拓展广泛的业务范围，另一方面，传统的核心商业领域——影视、音乐、巡回演唱会、出版依然是经纪公司利润最为丰富的部分。

---

① http://www.icmtalent.com。
② http://www.paradigmagency.com/about/index。
③ http://gershagency.com。
④ http://www.apa-agency.com/about.aspx。

(二) 奥维茨与 CAA 的发展历程

1. 奥维茨生平

迈克尔·奥维茨（Michael Ovitz）1946年12月14日出生于美国芝加哥。父亲大卫·奥维茨对儿时的迈克尔·奥维茨产生了较大的影响。由于父亲在小镇上组织了小联盟棒球队，奥维茨从小就喜欢棒球，几乎参加每一场小组赛。这段经历不仅锻炼了奥维茨好胜的性格，还为他以后进军好莱坞积累了人脉。

1965年，奥维茨考上洛约拉法学院，主修医学。利用假期兼职，奥维茨申请了环球影视场内导游的职位，面试官恰恰是小联盟棒球队一位队员的父亲。除了认识面试官，更因为奥维茨小时候在棒球队经常担任场上队长，在学校一直担任学生会副主席，性格外向，勇气过人，有很强的组织领导能力，奥维茨当场通过面试。

1966年，奥维茨从医学专业转到商业与心理学专业。兼职期间进入20世纪福克斯担任场内旅游主管助理，并很快升任主管，主要负责设计旅游内容、线路及各种协调工作，管理着75名员工。

1969年，奥维茨大学毕业，进入WMA公司。由于大学读书期间丰富的工作经验，进入公司100天后，奥维茨开始担任总裁助理；进入公司7个月被授予经纪人资格。奥维茨的晋升之路创造了邮件室新人在经纪公司令人羡望的纪录。

1975年，奥维茨离开WMA，白手起家成立CAA。同时从WMA离开的还有负责公司哥伦比亚（CBS）电视节目的罗兰德·伯金斯（Rowland Perkins）、负责公司全国广播公司电视节目（NBC）的比尔·哈勃（Bill Haber）、负责公司美国广播公司电视节目（ABC）的迈克·罗森费尔德（Michael Rosenfeld）以及罗恩·梅耶（Ron Meyer）四位超级经纪人。

1995年，奥维茨离开CAA，入主迪士尼公司出任总裁。此时的CAA已成为好莱坞演艺行业的旗帜。喜欢挑战的奥维茨进入迪士尼公司后，仅呆了14个月就被踢出公司。

1998年，奥维茨再度出山，成立艺术家管理集团（Artists Management Group，简称AMG）。新公司面临要与CAA竞争的问题，而奥维茨本人建立的磐石帝国他自己也无法打破。2001年，奥维茨将AMG转手，本人也从此彻底退出演艺经纪行业。

2. CAA的发展历程

1975年，从WMA跳槽出来的五位超级经纪人租用朋友的一间办公室，借来一台打印机和电话，然后用200美元到旧货市场添置完全部办公设备，便开启了他们的明星帝国建设。

（1）从整合二流艺人的日间电视节目到发掘版权追星。作为初建公司，在没有任何资源与品牌优势的情况下，五位创始人无法签约电影明星客户。为维持公司运转，五人从二流艺人参演的日间电视节目入手，签到了一串客户，并与时代华纳、ABC、NBC等建立了联系。20世纪70年代的美国，只有20多年历史的电视相对于电影有点冷门，而电视的日间节目相对于晚间节目又有点冷门，冷门资源的整合让新公司避开了强大的竞争对手。虽然依旧艰难，但公司开始有了收入。

收益甚微的冷门电视节目依然无法让CAA签到大明星，于是奥维茨采取曲线追星的方式，从全美顶尖的文学代理公司下手，遍寻优秀版权，以此来吸引编剧、导演、明星。1976年，奥维茨结识了著名的文学代理人莫顿·詹克罗（Morton Janklow），并获得了小说《头儿们》的电视版权。奥维茨很快设计了相应的演员与电视节目形式，并成功销售给CBS，成为当年非常走红的电视小型系列节目。此后，奥维茨又获得了美国1975年畅销小说《幕府将军》的电视版权，并与NBC合作，历时三年制作成了12小时的电视系列片，节目播出后成为当季收视冠军。两部小说版权的运作，虽没有让CAA签下大腕明星，但让CAA彻底走出了财务困境。

（2）从挖小公司经纪人到通过律师追星。有了两部知名电视剧的成功运作经验，奥维茨从挖角小公司经纪人开始找大明星。名气大、公司小的经纪人，其背叛公司的成本较低，把他们挖来，他们服务的明星通常也会跟来。奥维茨将目标锁定在经纪人马迪·鲍姆身上。马迪·鲍姆的经纪公司虽然规模很小，但公司客户单上有一串明星，另外，马迪·鲍姆人脉广泛，与许多知名导演、制片人、律师、影视公司高管等好莱坞权力阶层关系不错。1976年9月，奥维茨以6%CAA股份及管理上完全平等的条件，说服马迪·鲍姆加盟CAA，一起投诚CAA的还有他的2/3客户。

经过马迪·鲍姆的点拨，奥维茨对好莱坞权力结构豁然开朗，除了经纪人，大腕律师也是明星背后的一只手。奥维茨于是将目标锁定在大律师加利·亨德勒身上。凭借极好的沟通交际能力，不久加利·亨德勒就向奥维茨引荐了正在寻找经纪人的肖恩·康纳利。一份非常贴心而又可行的演艺规划打动了肖恩·康纳利，1979年2月，肖恩·康纳利与CAA正式签约，成立整整四年后，CAA客户单终于出现了超级巨星。1980年CAA又陆续与达斯汀·霍夫曼、保罗·纽曼签约。很快，奥维茨又拿下动作明星史泰龙、新星汤姆·克鲁斯，以及当时已经大红大紫的比尔·默雷。CAA的明星帝国逐渐建成。

二、CAA的商业运作模式

CAA虽然不是美国最早成立的娱乐经纪公司，但是它只用了30年就完成了对手历经百年也未能成就的传奇，并远超许多老牌经纪公司。美国的许多权威杂志 *Fast Company*、《财富》《首映式消息》等都给予了CAA极高的评价。AMG的失败证明迈克尔·奥维茨创办的CAA模式自己也无法打破。

（一）充实代理客户，形成多元艺人

1. 发掘潜力新人，积累艺人资源

除了签约大腕明星外，发掘潜力新人也是经纪公司树立品牌、持续发展、培养核心竞争力的一种手段。20世纪80年代，CAA慧眼识珠签下新人汤姆·克鲁斯，经过《危险的行业》（*Risky Business*）、《步步登天》（*All the Right Move*）、《壮志凌云》（*Top Gun*）等若干部电影的磨练，汤姆·克鲁斯逐渐成为美国一线男星。① 2005年CAA进入中国后，也陆续签约了许多青年导演、演员。

CAA的潜力新人发掘与日韩养成型模式存在较大差异。杰尼斯模式下培养的偶像通常通过星探或海选选出练习生，再通过经纪公司安排的一系列演艺课程学习后安排出道，成为明星。CAA则通常发掘已有一定作品的潜质新人，由于新人有一定知名度，签约风险通常较低。2005年以来，CAA在中国签约的许多年轻导演、演员在签约之前均已有少量作品：2006年，在《疯狂的石头》拍摄期间，CAA签下青年导演宁浩②；2006年，郭家铭拍摄《我自己的德意志》，这部电影为他赢得了2007年大学生电影节和数字电影百合奖最佳男主角的头衔，随后他获得了CAA的一纸合约③；2009年，杨庆凭借《夜店》这部处女作签约CAA④；对于没有背景的新人，CAA一般通过看演员作品，了解演员的表演水平；通过看导演的戏或者起码有自己开发的剧本，了解导演水平。⑤

2. 挖角顶级经纪人，获取明星资源

虽然并购经纪公司是简单直接地获得公司客户资源的一种方法，但毕竟并购风险较大，极可能因为经营理念、企业文化等问题导致并购失败。大部分娱乐经纪公司都是明星跟着经纪人走，并购公司不如直接挖角经纪人，尤其是握有顶级艺人的经纪人。因此，CAA建立初期的"追星"方式，在后续40年的时间一直被沿用：顶级经纪人拥有多年的行业工作经验，积累了大量稳定的客户资源，挖角顶级经纪人是获取明星客户资源的一条捷径。2005年，仅名义总裁洛维特一人就从WMA、UTA、Endeavor、ICM四大对手中挖走7位明星经

---

① http://www.tomcruise.com/，2010-02-08。
② 《宁浩签约美国最大经纪公司CAA》，http://sexy.163.com/06/0807/09/2NTP9BKI00031NJO.html#，2006-08-07。
③ 《郭家铭：海外公司与国内公司有基本理念的差异》，http://ent.163.com/08/0415/18/49JFA9GP00031H2L.html，2008-04-15。
④ 陈玲莉：《导演杨庆凭〈夜店〉签约CAA成李安王家卫师弟》，载《成都晚报》2009年6月5日。
⑤ 《CAA中国区总经理罗异：好莱坞法则中国生存之道》，http://ent.163.com/10/0316/16/61TLL2K500033RQH_3.html，2010-03-16。

纪人,直接带来了朱丽娅·罗伯茨等多位巨星。①

3. 拓展海外市场,占有海外客户

在娱乐资源全球化整合的大环境下,CAA 亦非常重视海外市场的拓展。CAA 除了在美国的洛杉矶、纽约、纳什维尔、亚特兰大、迈阿密、芝加哥设有办事处,也将手伸向了英国、中国、瑞典、德国、印度,在伦敦、北京、斯德哥尔摩、慕尼黑、孟买均设有办事处。2005 年以来,CAA 在中国签有李连杰、莫文蔚、吴彦祖、黄渤、徐峥、余男、王力宏等演员,吴宇森、宁浩、陆川、高群书、金依萌等导演。

(二)提供优质服务,稳定代理客户

1. 整合公司资源,为客户争利

发掘潜力新人、挖角大腕明星、拓展海外客户等为 CAA 积累了大量且多元的艺人资源,这使得 CAA 从节目策划,到作家、编剧、制片人,再到导演、演员,一应俱全,为实现整个项目运作而非仅对明星个人的运作打下了基础。奥维茨采取"一揽子"服务,在为投资方提供包括制片人、编剧、导演、演员甚至整部戏预算等全方位投资方向的分析报告,供投资方参考,在为投资方提供整个项目的同时,也实现了最大程度地争取艺人工作机会的目的。由于 CAA 艺人阵容强大,让许多制片公司欲罢不能。一方面,"一揽子"服务极大地提升了艺人的薪酬水平,也同时抬高了经纪公司面对制片公司的话语权;另一方面,一次交易输出多个艺人也为公司新人提供了更多机会,实则是经纪行业的一场革命。

2. 降低佣金比例,与客户平等

除了"一揽子"服务为客户争利,CAA 还主动让利。奥维茨将 CAA 美国的佣金标准从行业惯用的 10% 降到 6%,又从 6% 降到 5%,后来降到 3%。②

虽然佣金比例降低,但在艺人的高薪酬下,3% 的佣金比例仍比其他公司 10% 的佣金赚得更多。CAA 从成立之初便是一个独立的经纪公司,不参与任何制作,即便进入中国这块没有相关法规制约经纪公司与制作公司关系的市场,CAA 仍坚持"经纪与制作合一会破坏艺人利益"。在目前佣金比例普遍在 40% 以上甚至 90% 的中韩娱乐经纪市场中,CAA 中国的佣金比例始终规定在 15%。较低的佣金比例既可以刺激经纪人卖力工作,也能让经纪人在为艺人选择工作机会时,更多地为艺人的演艺生涯而非佣金着想。艺人是公司的客户而非员工,只有建立平等关系,才能实现更加长期稳定的合作。

---

① 《奥维茨:100 亿美元经营顶级明星》,http://finance.sina.com.cn/leadership/crz/20061106/11473052235.shtml. 2006 - 11 - 06。

② 《奥维茨:100 亿美元经营顶级明星》,http://finance.sina.com.cn/leadership/crz/20061106/11473052235.shtml. 2006 - 11 - 06。

3. 限制签约年限，便于双向选择

中韩有许多娱乐经纪公司由于与艺人收入分配不公、签约年限过长，而导致解约、翻脸的案例。美国经纪公司的合同纠纷以及违约赔偿都会按照美国娱乐经纪协会 ATA、美国演员平等权益协会 AEA 的相关规定来协调。经纪公司不会通过强硬的方式与艺人绑定，而是通过增加自己对客户的吸引力，完善对客户的服务，构建与客户的稳固合作关系。① CAA 在签约年限方面实行的是全球通用的两年制，同时艺人还可以随时解约。经纪人的工作没有成绩，艺人就会离开，这虽然为经纪人带来了更大的工作压力，但已形成良性循环的 CAA，其品牌价值能随着艺人身价的提高得以放大。单纯靠延长签约年限、设置高额违约金等方式并非开放式市场竞争的状态，火了的艺人若能为新公司带来高于违约金的收益，就会有新东家为其买单，没有价值潜力的艺人，留住也恐难靠剥削获益。CAA 式的"松散合同"秉承的是以艺人为中心的服务理念。

（三）实现资源共享，团队人人平等

CAA 的艺人归整个公司代理，而非个人，信息亦是公司共享，巨大的资源平台能提供给艺人很多别的公司提供不了的机会。团队代理的艺人运作模式使经纪人不会全盘负责一个艺人，项目工作由大家共同完成。在 CAA，即便是超级巨星，大部分服务也都由公司提供。资源共享、团队代理一方面使得很多竞争对手无法从 CAA 挖走艺人，另一方面，由于团队作战，同样数量的艺人经纪业务，CAA 只需要对手 1/3 的经纪人，从而实现了资源利用的最大化。

在 CAA 的员工名片上，只有名字，没有具体的头衔和职位。办公室不挂牌子，会议室与接待室谁都可以随时使用，员工工资单也是按姓氏字母排列。CAA 全公司都有义务服务于每个艺人，不仅员工或地区总经理，连主席也要亲自带艺人。公司内部人人平等，CAA 做到了不分地位和等级。

（四）不断拓展领域，延长资源链条

1975—1995 年，CAA 的代理业务主要集中在电影、电视与演出方面，运作项目及代理客户都主要集中于该领域。1996—2005 年，CAA 逐渐向音乐、文学、歌剧以及游戏领域拓展。由于当时的 CAA 已经拥有较高的知名度以及丰富的战略战术经验，所以 CAA 拓展新兴市场有着天然的竞争优势。CAA 一方面通过直接联系歌星、作家、乐队、歌舞剧团等吸收代理客户，另一方面通过作曲家、音乐监制、律师、经纪人等进行迂回接触、谈判，或者直接进行并购吸收客户。2006 年，CAA 开始大举进入体育代理市场。2015 年，CAA 也挺进了与体育相关的一系列其他领域，例如，品牌代言交易中为运动队和代言人

---

① 参见袁玥《美国娱乐经纪公司商业运行模式分析——从中介视角透视美国娱乐产业》，载《艺术百家》2010 年第 7 期。

提供经纪代理，在费城76人和德克萨斯游骑兵等球队的转售交易中提供顾问服务。大学体育正成为重要阵地。①

三、美国与中国娱乐经纪对比

美国经纪人、经理人、娱乐律师作为经纪主体，在不同的权责范围内帮助艺术家获得工作或者为艺术家提供咨询，形成了与中韩娱乐经纪较大的差异。

（一）美国娱乐经纪主体

1. 经纪人

美国加州劳动法对经纪人有明确的规定：人才经纪指在求职过程中，从事于帮助艺人获得工作或者承诺提供工作机会的个人或公司，经纪人必须获得相应的经纪执照。这里的经纪人（经纪公司）和中韩娱乐经纪公司的经纪范围有所不同。好莱坞经纪公司所面向的客户范围更加广泛，它们不仅仅服务于艺人，还为编剧、制片、导演或者其他剧组工作人员提供服务（在好莱坞，剧组其他工作人员的地位也不低于演员，而且这些剧组人员还有工会），艺人们不会通过"卖身契"被经纪人捆绑，经纪人只是作为中介，来为自己的委托人联络工作机会，进行相关谈判，从委托人的工作报酬中收取一定比例的手续费。委托人和经纪代理公司之间是平等的合作关系，各取所需。② 经纪公司从设立到联络工作、完成业务亦会受到多方约束：持证上岗、信用备案、劳动法律、行业协会等。美国州立法和行业规章规定了经纪公司抽取的佣金比例最高不应超过行业习惯定下的10%，收高就有被吊销执照的风险。ATA（经纪人协会）限定了经纪人和艺人合同的最长期限，一般是1~3年。相应地，TMA（经理人协会）也设置了不超过3年的合同期限。这种无为而无不为的管理方式使得美国的娱乐经纪行业在宽松的环境、严格的法律法规范围内有序运行，这与美国对文化各行业的管理方式不谋而合。

加州法律和好莱坞的各行业工会对经纪人和制片公司的职责范围进行了明确的划分，经纪人虽然为艺人联络工作，却被禁止通过制片和发行之类的实体公司获得经济利益。制片公司与经纪公司独立的原因在于：一方面，20世纪80年代，美国联邦贸易委员会（FTC）与好莱坞之间在"垄断"与"反垄断"交锋20多年后，最高法院以派拉蒙为例，作出了对传统大制片厂的最终判决，即大制片厂捆绑销售多部电影的模式被打破，从制作到放映的垂直整合体系亦

---

① 《好莱坞经纪公司瞄上体育明星，赛场外的对抗也很精彩》，http：//www.qdaily.com/articles/15036.html，2015-09-18。

② 参见刘茂《扒一扒好莱坞艺人经纪行业的状况》，http：//zhuanlan.zhihu.com/Entertainment-law，2015-08-27。

被动摇。制片公司以项目制的方式与艺人合作，两者平等，而不再是制片公司雇佣艺人。另一方面，持有经纪牌照的经纪公司如果同时涉足制片业，相当于既当卖家又做买家，在演员工会眼中，会破坏行业竞争，不利于维护艺人的权益。这种分工顺应了专业化和职业化这一市场经济需求。在如此分工明确的行业里，好莱坞经纪人的核心竞争力表现为与制片公司谈判、周旋，尽一切可能为旗下的艺人创造更多、更好的工作机会，且在每一个工作机会中为艺人争取到更多的权利。为艺人争利也就意味着为自己争利，提高艺人片酬的同时，亦提高了经纪人的佣金收入，同时，这对经纪人与制片公司打交道时的交易能力有了更高的要求。

2. 经理人

经理人或称独立经纪人，其职责在于对艺人或名人在娱乐领域事务提供建议与咨询，以确保艺人事业的顺利发展。经理人和经纪人职能划分十分清晰：前者是为演员、少数编剧提供全天候的长期事业发展规划和建议，以及与艺人的经纪人进行沟通；后者则是为艺人寻求工作机会以及承担其中的谈判职能。

在现实中，不少经理人会做无照"黑中介"的生意，既为艺人事业进行规划和建议，又为艺人招揽工作进行谈判，承担经纪职能，抢占经纪公司业务。这种状况源于好莱坞对经理人管理法律法规的缺失。在好莱坞，成为经理人几乎没有任何限制，不属于州法律规制的范围，也缺少行业联盟的限制。经理人与艺人双方同意，就能够代表艺人去跟第三方谈判来谋求合作。当然，这并不意味着这些"黑中介"就可以逍遥法外。美国现行法律规定，如果艺人能够证明经纪人无照经营，劳动委员会就有权宣布其经纪代理合同无效，并可能要求其赔偿或返还这些合同产生的佣金。这一规定让无照经纪人和他们所代理的艺人陷入一种微妙的关系：无照经纪人继续当"黑中介"的话，就要防备艺人的"反咬"，承担起合同被宣告非法或无效的巨大风险。①

3. 娱乐法律师

娱乐法律师负责解决一切与艺人有关的合同谈判及法律事务。娱乐法律师是娱乐经纪主体中比较特殊的一类，他们的主要职能是保障艺人在法律层面上的权益，即法律层面上的合同谈判，而这个层面的内容，经纪人往往难以驾驭。通常情况下，娱乐法律师会与艺人的其他合作伙伴代表进行谈判，从各方面为艺人争取权益。虽然美国演员工会为保证演员片酬对其成员设置了最低报酬标准，但演员的代理律师们依然会在协议中约定比行业协会标准更加优厚的待遇：先期总票房分成、收支平衡点的优先票房分成、票房奖金、立项奖金、发行奖金乃至获奖奖金、第三方担保支付、合理认可权、平等置入权、确认权、更衣设施乃至署名位置、格式、大小等，无不事无巨细地为艺人争取。

---

① 参见刘茈《扒一扒好莱坞艺人经纪行业的状况》，http：//zhuanlan.zhihu.com/Entertainment-law，2015－08－27。

综上，美国的娱乐经纪代理机构分工明确、权责清晰，通过法律法规和行业自律，对经纪代理机构进行多方限制，使委托人利益得到了充分保护，避免了经纪代理公司的过度膨胀，经纪主体在娱乐经纪行业中发挥了其重要作用。

（二）中国娱乐经纪主体

对比美国行业细化、分工明确、权责明晰的经纪模式，中韩两国没有从法律和行业协会层面将娱乐经纪公司的制作与经纪业务严格分离开来，制作人、经纪人、经理人可以集成到一个娱乐公司身上。

目前，中国的经纪业务在制作、经纪垂直整合体系下呈现多头并举的状况：依托制作资源帮助艺人发展的制作人、经纪人、经理人三位一体模式，如荣信达的李小婉、海润千易常继红；依托制作公司成立艺人工作室模式，如华谊兄弟的李晨工作室；以明星、名导、名编为核心成立的独立艺人工作室模式，如范冰冰工作室；独立经纪人模式，如王京花、贾士凯；拥有资源整合平台以及海外市场操作能力的CAA模式。

相比之下，依托制作公司的艺人工作室模式更适合中国影视产业的现状，但CAA这样的独立经纪模式，未来肯定更符合产业发展的长期需要。依托制作公司成立艺人工作室，说明公司对该艺人重视程度较高。公司会为艺人提供相应的影视资源，艺人有权选择接受与否，同时艺人可以更灵活地去参加商演及自己争取来的演艺活动。艺人及工作室工作人员的收入有可能来源于公司，也有可能由艺人自己支配。华谊兄弟文化经纪公司目前采取这种制作公司内建立艺人工作室的模式，一改以往"保姆式"经纪，与公司分成更加灵活。以明星、名导、名编为核心成立的独立艺人工作室是在目前缺乏强大独立经纪公司环境下的产物。以往隶属于制作公司的艺人，进入成熟期后自立门户，艺人是自己的老板，对工作室其他艺人及员工负责。目前的独立艺人工作室其客户资源比较有限，难以更广泛地开展经纪业务，真正承担起经纪公司角色。

（三）中国娱乐经纪行业的问题

1. 缺乏独立经纪体制

制作与经纪垂直整合体系下的经纪模式虽然有利于发掘新人、形成明星，但在市场多元化竞争环境下，较易损害艺人利益，不利于艺人事业的长远发展。依靠《橘子红了》《大明宫词》等制作精良的影视作品而走入观众视线的周迅，就是荣信达模式的成功范例。但荣信达指望单凭自身的制作业务带动旗下经纪艺人的发展，虽然能"造星"，却无法真正地承担经纪公司的角色。成熟艺人会选择与经纪公司解约，寻求更大平台。在韩国存在同样的问题，SM公司的东方神起、EXO，DSP公司的李孝利、KARA等亦是如此。艺人在引入期及形成期需要制作公司强大的资金背景、优秀的作品帮助打造明星，而艺人进入成熟期后，制作公司的作品却很难始终符合艺人身价的增长，因此制作与经纪业务合一模式虽然对新人有一定吸引力，但成熟艺人的利益却得不到保障。成熟艺人需要的是一个开放、多元的职业机会，依靠类似"禁止解约"的合同条款也无法帮助公司来捆绑艺人，因为解约本身就是一个违约成本和预期收益的平衡，解约实质上是对经纪公司竞争力的考验。好莱坞艺人合约不能超过3年，就是为了让艺人有充分的自主选择权，根据经纪人的服务能力来选择是否续约。相比之下，荣信达与杨洋15年的绑定式经纪约、韩国动辄7~10年的签约期限确也有些卖身契的感觉。以艺人为中心，为艺人解决每个阶段的需求，提供匹配的专业服务，形成共赢局面，经纪公司才能持久存续。

2. 佣金比例偏高

CAA曾在美国独创了娱乐经纪行业的"沃尔玛革命"，将佣金比例一降再降。CAA中国区15%的提成比例，也是行业的较低标准。在中国，制作、经纪垂直整合体系下，经纪公司与艺人的佣金比例与美国存在较大差异。

湖南卫视背后的天娱传媒，号称中国内地的SM公司，其与艺人的分成比例通常为6∶4。自2004年第一届超级女声开始，2005年又捧红了李宇春、周笔畅、张靓颖等人，之后湖南卫视联手天娱传媒，几乎年年都办选秀节目，而每一次都会签下大量艺人。然而那些被大张旗鼓签下的选秀艺人们在天娱的日子却并不风光，不少艺人不受重视，生活受到压迫。作为2006年《超级女声》第四名的艾梦萌曾被媒体称为中国最穷的女明星，她皮夹里常年只有500元零花钱，用完之后，她妈妈会帮她补上。作为一个艺人，她只用过雅芳和ZA这样的品牌，生活水平甚至不及一般的白领。如果选秀艺人要想长久发展，就会投靠新的经纪公司。李宇春、尚雯婕、张靓颖、陈楚生这些艺人都是自天娱传媒解约单干或者签新公司之后走得越来越顺风顺水的选秀艺人。成功解约的代价就是天价违约金——尚雯婕500万，周笔畅600万，陈楚生更是高达2600万的天价。① 不公平分配比例下的结果往往就是艺人跳槽，离开老东家，实现报酬与艺人自身价值的平衡。

3. 明星片酬偏高

在美国，在CAA创造的"一揽子"服务模式下，美国演员片酬普遍上涨了10倍，这是制作与经纪分离模式下经纪公司最大化为艺人争利的结果。同时，好莱坞有非常严格的工会体系，演员工会对于其成员设置了最低报酬标准，即使演小角色，也有最低报酬保障。在制作与经纪业务合一模式下，利益天平会向制作方倾斜，损害艺人利益，最终导致艺人片酬偏低，例如韩国、中国香港。而同为制作与经纪业务合一模式下内地明星艺人片酬却明显偏高。

（1）中韩艺人片酬对比。

---

① 《如是娱乐法——艺人经纪公司那些事儿：分成比例的盘点》，http://www.xinwenge.net/know/zhihu/c478013a.html。

1）综艺节目片酬对比。2015 年，《奔跑吧兄弟》中国队长邓超一集的收入是 100 万元人民币左右，而在韩国，Running man（《奔跑吧兄弟》原版节目）"国民 MC"刘在石一集收入仅 6 万元人民币左右。① 2015 年 8 月，明星真人秀片酬曝光，有多位明星的薪酬水平位列榜上，其中《挑战者联盟》吴亦凡的报价为 1800 万一季，一季 13 集，一集 138 万元。② 韩国演员洪秀儿出演综艺节目《现场脱口秀 Taxi》，坦言在中国收入是韩国的 3～4 倍。③

2）电视剧片酬对比。2014 年，"21CN 综合数据"显示，中国内地男演员中，文章一集报价在 90 万左右，孙红雷在 70 万～80 万元之间，黄晓明和黄渤是 60 万～70 万元。据韩国 High Cut 杂志报道，在《来自星星的你》中饰演"都教授"的金秀贤，片酬是 5000 万韩元一集（折合人民币 30 多万元）。李敏镐高一些，但也不到 50 万元人民币。身价最高的张根硕也不到 60 万元人民币。④ 2015 年，前一年《来自星星的你》的热播让金秀贤身价倍增，玄彬在入伍前拍摄了《秘密花园》，奠定了其片酬基础。金秀贤、玄彬领衔韩国男星电视剧片酬榜，全智贤、李英爱领衔韩国女星电视剧片酬榜，四人均为每集 1 亿韩币（约 53 万人民币），位居一位。⑤ 而 2015 年，孙俪电视剧片酬为 87 万一集，姚笛为 84 万一集。⑥

3）电影片酬对比。中国电影片酬最高的要数李连杰和成龙，他们不仅在国内有着巨大的影响力，在好莱坞也是声名显赫。然而对于动作巨星来讲，如今的李连杰和成龙很少拍戏了。2015 年，周星驰片酬为 5000 万人民币，领衔中国艺人片酬榜，梁朝伟在《摆渡人》中的片酬为 4500 万，黄渤作为 60 亿影帝，其片酬为 3000 万。⑦ 韩国电影明星中片酬最高的要数李秉宪、宋康昊、金允石等人，其片酬约在 7 亿韩币（约合 400 万人民币），2015 年，李敏镐在《江南 1970》中的片酬约为 3 亿韩元（约合 168 万人民币），另一位主演电影明星金来沅的片酬是 2 亿韩元。获得过釜山电影节最佳新人奖的 Big Bang 成员 T. O. P，其主演的电影《老千 2：神之手》，片酬为 2 亿韩元（约合 113 万元

---

① 参见陆丹哲《明星真人秀片酬 中韩跑男对比：邓超一集 100 万刘在石仅 6 万》，http://www.cssn.cn/wh/zy/zyzx/201508/t20150817_2122958.shtml，2015-08-17。
② 参见《金秀贤领衔韩国男星片酬榜 中韩男星薪酬对比》，http://n.cztv.com/news/11939851.html，2016-03-03。
③ 参见王筱筱《韩国明星说：秋瓷炫在中国是女神级别，片酬 54 万》，http://ent.ifeng.com/a/20150812/42472437_0.shtml，2015-08-12。
④ 参见《曝韩星超高性价比 金秀贤片酬仅是文章1/3》，载《都市快报》2014 年 3 月 10 日。
⑤ 参见《金秀贤领衔韩国男星片酬榜 中韩男星薪酬对比》，http://n.cztv.com/news/11939851.html，2016-03-03；参见《宋慧乔全智贤朴信惠 韩国顶级女演员片酬揭秘》，http://www.nbd.com.cn/articles/2016-03-01/987511.html?all_page=true，2016-03-01。
⑥ 参见《2015 中国女星电视剧片酬排行榜》，http://xiuxian.sz.bendibao.com/news/201578/710615_10.htm，2015-07-08。
⑦ 参见程雪《2015 明星片酬排行榜 最新明星片酬榜单曝光》，http://henan.china.com.cn/finance/2015/0711/577605_15.shtml，2015-07-11。

人民币)。①

韩国艺人与中国艺人片酬存在较大差距,虽然韩国艺人在中国的报价通常比韩国贵30%~40%,但片酬依然偏低,除电视剧收入差距少于一倍以外,其他片酬差距均在10倍以上。随着中韩两国在文化产业领域的合作愈加深入,韩星与中国明星的收入差距会逐渐减小。

(2)中韩艺人片酬迥异的原因。

第一,韩国拥有成熟的造星机制,这使得韩国每年都有大批新人产生。从音乐团体到偶像演员,韩国艺人数量较多。而影视作品产量,与电视剧产量世界第一的中国比较,韩国年均2000集的电视剧产量相对较少,综艺节目、电影数量均如此,这使得多数韩国演员较难获得出演机会,而是选择来中国发展。僧多粥少的状况使得韩国艺人片酬相较中国普遍偏低。

第二,韩国对影视剧质量的重视程度远高于明星。在影视剧中,韩国编剧的地位非常高,甚至超过导演,对于选角、定片名、排演等,韩国编剧均有其发言权。演员片酬在整部作品中的资金比例远远低于中国。韩国电影话题之作《鸣梁海战》的导演金汉珉透露,这部投资200亿韩元(约合1.2亿元人民币)的电影,演员片酬只占10%。中国明星片酬占到一部剧总投资的50%甚至70%以上。②明星制让影片的生产、宣传全部围绕明星进行,明星成为影视片的品牌,但同时对剧本、导演、服装、化妆、道具、场景、后期等的资金投入也相对降低。

第三,韩国自2007年就已实行限薪令,由韩国各大制作公司组成的韩国电视剧制作公司协会,针对韩国电视剧市场规定,所有韩剧演员的酬劳不得超过13万韩元/集,随着市场的发展,这个数目也有所变动。③韩国电视剧制作公司协会在限薪方面的规定,对约束明星片酬起到了较明显的效果。而在中国,早在2006年8月,中国广播电视协会电视制片委员会通过了一个《中国电视剧制作行业自律公约》,向明星高片酬发出了宣战。然而目前还没有出台相关的法律法规对明星的最高片酬进行限制。我国一线明星片酬畸高,而普通演员及群众演员的超低收入与其形成了鲜明对比。

第四,我国的影视演出作品缺乏试水平台,明星成为多方选片的依据。由于市场缺乏让消费者检验作品的平台,观众通常通过自己喜欢的明星选择影视演出作品,电视台、制片人、制作人也会投"观众所好"选择大牌明星作品,以此降低其购买、制作风险,进一步助推了明星的高片酬。美韩电视剧的制作播出均采取边拍边播方式,及时把握市场动态,根据市场反应及需求作出调

---

① 参见裴秀智工作室《2015年最新韩国一线明星片酬大曝光》,http://www.pxzworld.com/news/html/? 1363.html,2015-11-30。
② 参见孙仲《评论:限制演员片酬不妨学学韩国》,载《北京晨报》2014年11月14日。
③ 参见《曝广电总局将颁"明星限薪令"》,载《华商报》2014年11月12日。

整。对于电影，当下美国制片商对系列电影的青睐也是电影寻求市场检验后的结果。因此，形成电视剧边拍边播模式、建立各内容产品试水平台（连载杂志、弹幕网站等），让消费者成为内容产品的购买者，而非电视台、制片人。让观众、电视台、制片人更多地将目光锁定在内容产品本身而非明星，亦能在一定程度上减少演员片酬。

第五，作为保护演权益的中国电视艺术家协会演员工作委员会其进入门槛较高，主要为一线演员服务，新演员如何维权等问题暂未被提及，这更进一步保证了一线明星的高片酬。虽然2013年演员工作委员会开会，呼吁演员就片酬问题加强自律，但演员工作委员会并未参与调控高片酬。此外，国内影视热让大量热钱涌入，演员片酬则在投资成本上随之提高。甚至，许多影视制作公司为实现所谓的"高票房""大制作"做高影片投资成本，更进一步抬高了演员片酬。

（四）中国娱乐经纪行业的启示

1. 形成独立经纪公司模式，建立平等经纪关系

相对比"好莱坞"的权利分治，中国电影市场缺少制衡垄断的法律依据，国内的制作公司可以进行全产业链布局，艺人与经纪人关系难以平等。艺人作为文化经纪合同中的委托人，与经纪公司或经纪人之间应该是各取所需、平等合作的关系。从艺人角度看，艺人成名前收入极低，有的甚至几乎没有收入，靠经纪公司"借款""记账"的方式生活，此时经纪公司签订与艺人间较高分配比例或较长签约年限等霸王条款的合同无疑极不公平。这种不公平的合作状态只会暂时存在于新人时期，因为处于引入期、形成期的艺人为了借助经纪公司的资源平台，只好甘受剥削。引入期及形成期的艺人收入有限，在高佣金比例下的经纪公司依然收入不高。步入成熟期的艺人往往在预期收益与违约成本达到平衡时会选择与经纪公司解约或在合同到期后另觅东家或自立门户。所以，不平等合作关系下的经纪合约无法形成长续久存的合作。良性的经纪公司与艺人关系是建立在以艺人为中心、为艺人解决各个阶段的需求基础上。在自由竞争的市场环境下，经纪公司同样需要向开放的市场竞争让步，而非以不公平条款垄断艺人。独立经纪公司模式，未来会更符合产业发展的长期需要。

2. 规范艺人及娱乐经纪行业，发挥行业协会作用

行业协会是介于政府与企业之间，为行业服务、沟通、协调、监督、公正、自律的社会中间组织。美国的演员工会、编剧工会、导演工会、表演艺术经纪人协会、娱乐经纪公司协会等在规范演艺行业、约束娱乐经纪行业、保护艺人利益等方面发挥了极其重要的作用。例如，经纪人不能同时靠获取制作公司收益获利，设置演员工资下限，佣金最高不应超过行业习惯定下的10%，经纪人和艺人的合同期限一般是1～3年，最长不超过3年。中国与娱乐行业相关的各行业协会发展还不够完善，如中国电视剧演员委员会、中国电视艺

家协会演员工作委员会 2011 年才建立起来，进入门槛极高，在对弱势群体群众演员的保护上依然是空白，在规范行业发展、保证行业公正、促进行业自律上还未很好地发挥其应有的作用。

3. 促进娱乐经纪业发展，建立成熟造星机制

我国长期的制作人、经纪人、经理人三位一体的经纪模式，导致了公司业务泛而不精。有制作背景的经纪公司会将主要精力放在内容制作方面，对艺人培训、包装、宣传推广等工作重视程度不高，难以实现工业标准化造星。我国一线演员片酬过高亦与我国娱乐经纪行业造星机制不够成熟有关。优秀的艺人资源在广大的电视、电影、音乐、演出等内容平台上显得尤为珍贵，片酬自然逐年攀升。对比韩国，成熟的练习生制度让娱乐经纪公司能快速大量地推出优秀艺人，很好地弥补了这类经验技能型文化资源的匮乏。要促进娱乐经纪行业发展，丰富多元的艺人资源必不可少。建立成熟的造星机制、艺人发掘模式，形成偶像生产的批量化、明星制造的制度化。

参考文献

[1] 罗伯特·斯雷特. 好莱坞首席明星代理人——迈克尔·奥维茨传 [M]. 李斯, 译. 海南：海南出版社, 2001.

[2] 奥维茨：100 亿美元经营顶级明星 [J]. 竞争力, 2006 (11).

（改编者：殷亚丽）

? 思考题

1. CAA 建立之初是如何挖角明星客户的？
2. CAA 创造了怎样的商业运作模式？
3. 试比较 CAA 与中韩经纪模式。
4. CAA 的成功经验对我国有哪些启示？